AWS 기반
AI 애플리케이션 개발

AWS 기반 AI 애플리케이션 개발

AI 유니콘 기업으로 도약하기

수브하시니 트리푸라네니 · 찰스 송 지음 노설빈 · 허준호 옮김

에이콘

에이콘출판의 기틀을 마련하신 故 정완재 선생님 (1935-2004)

지은이 소개

수브하시니 트리푸라네니 Subhashini Tripuraneni

다년간 금융 및 소매 유통 분야에서 AI 도입 업무를 주도하면서 다양한 업무 프로세스를 자동화해 AI로 사업상의 경쟁 우위를 확보하는 데 기여했다. 또한 여러 머신러닝 및 심층 학습 모형을 퍼블릭 클라우드에 구축한 경험이 있는 노련한 데이터 과학자이기도 하다. 와튼 비즈니스 스쿨Wharton Business School에서 사업 분석, 마케팅 및 운영, 기업 경영 분야로 MBA를 받았다. 현재 텍사스주 댈러스에서 남편, 자녀와 함께 살고 있으며, 여가 시간에는 테마파크에 가서 아이들과 시간을 보낸다.

찰스 송 Charles Song

응용 소프트웨어 공학을 전공한 솔루션 아키텍트다. 소프트웨어 개발, 아키텍처 설계 그리고 머신러닝에 능숙하며 새로운 기술을 활용해 혁신적인 솔루션을 도출하는 능력을 인정받고 있다. 많은 연구 및 산업 프로젝트에 머신러닝을 적용했으며 관련 주제로 몇 편의 논문을 발표했다. 메릴랜드대학교the University of Maryland에서 컴퓨터 과학 박사 학위를 받고, 거의 10년 동안 다수의 소프트웨어 공학 교과목을 가르쳤다. 현재 아내와 함께 메릴랜드주 베데스다Bethesda에 거주하고 있으며 여가 시간에는 가정용 수족관 앞에서 편히 쉬거나 무술, 자전거, 스노보드 등의 운동을 즐긴다.

감수자 소개

더그 오티즈Doug Ortiz

클라우드 및 빅데이터 분야에 정통한 솔루션 아키텍트로, 기업 솔루션 설계, 개발, 개선 및 통합 등의 경험이 풍부하다. 기타 전문 분야로는 아마존 웹 서비스Amazon Web Services, 애저Azure, 구글 클라우드Google Cloud 등의 퍼블릭 클라우드, 하둡Hadoop, 스파크Spark, NoSQL 데이터베이스 등의 빅데이터 분석 그리고 셰어포인트SharePoint 등이 있다. 또한 유한회사인 일러스트리스Illustris의 창립자이기도 하다.

훌륭한 아내 밀라Milla, 딸 마리아Maria 그리고 아들 니콜라이Nikolay의 지지에 무한한 감사를 전한다.

| 옮긴이 소개 |

노설빈(nohseolbin@gmail.com)

연세대학교 영어영문학과를 졸업하고 동 대학원에서 영어영문학과 석사 학위를 취득했으며 인천대학교에서 객원 교수로 재직했다. 현재는 한 아이를 둔 엄마로서 프리랜서 번역 활동을 하고 있다. 연세대학교 재학 시절 캐나다에 어학연수를 다녀온 뒤 건국대학교 TESOL 자격증을 획득함으로써 언어학 이론 전반과 실제 수업에 적용할 수 있는 능력을 얻었다. 그 후 번역 분야, 특히 출판 번역에 더 큰 관심을 갖게 됐는데 남편이자 공역자인 '허준호'가 몸 담고 있는 'IT 분야'의 책을 번역하는 일에 처음으로 과감히 도전하게 됐다. AWS AI 서비스가 처음에는 생소했으나 현실의 문제를 해결할 수 있는 애플리케이션 개발에 큰 도움이 된다는 점을 알게 됐고, AI 실무자로 성장하기 위해 필요한 점이 무엇인지도 알게 됐다. IT 비전공자이지만 머신러닝, 데이터 분석 등 인공지능 분야와 관련해서 열심히 공부하고 있는 중이다.

허준호(junho.her@gmail.com)

광주과학기술원에서 분산 및 병렬처리 알고리즘으로 박사학위를 취득했고 프랑스 국책연구소인 INRIA에서 박사후 연구원으로 재직하면서 과학계산용 병렬 수치라이브러리를 개발했다. 귀국 후에는 (주)에스코어에서 빅데이터 플랫폼 및 솔루션 개발 프로젝트에 참여했으며 현재는 한국정보통신기술협회TTA에서 클라우드 시험/인증과 AI 학습데이터 품질 검증 업무를 수행 중이다. 인공지능의 다양한 활용에 관심이 많은데, 특히 조합 최적화 문제를 머신러닝 기법을 이용해 풀어내는 일에 흥미를 느끼고 있다. 여유 시간에는 탁구와 골프를 즐기면서 보다 잘 하기 위해 노력하지만, 세상에 어떤 일이든지 쉬운 것이 없다는 점을 새삼 실감하고 있다.

옮긴이의 말

2016년 3월, 알파고 신드롬 이후 지금까지도 국내에서는 인공지능AI에 대한 열기가 식지 않고 있으며 다양한 사람들에게까지 그 관심이 확대되고 있다. 이런 분위기에 이끌려 새롭게 AI와 관련된 일을 하고자 한다면 AI를 연구의 대상으로 봐야 할지, 개발할 애플리케이션에 적용하기 위한 기반 기술로 봐야 할지 먼저 고민해야 할 것이다. 시중에는 AI 기초부터 최신 AI 기법까지 다루는 책들이 즐비하지만, AI 기본 지식만으로도 관련 애플리케이션을 개발하고 배포할 수 있는 방법을 다루는 책은 매우 드물다. 이 책은 이러한 갈증을 해소하기에 적합한 내용과 풍부한 실습 과정을 제공한다.

애플리케이션을 개발하는 데 기본 알고리즘 개발부터 시작할 필요가 없듯이 AI 애플리케이션을 구축하고자 AI 알고리즘을 일일이 개발할 필요가 없다. 더군다나 풍부한 데이터로 훈련한 AI 모델을 재활용하거나 훈련에 필요한 다양한 인프라가 뒷받침된다면 자신의 아이디어를 AI 애플리케이션으로 매우 빠르게 구현해 낼 수 있을 것이다.

이 책은 AI 기본 지식과 애플리케이션 개발 능력만 갖추고 있으면 다양한 AWS 서비스를 활용해 누구나 손쉽게 AI 애플리케이션을 개발할 수 있도록 하는 방법을 실습과 함께 제공한다. 뿐만 아니라 한번 구축한 AI 애플리케이션을 손쉽게 변경하고 개선할 수 있도록 하는 아키텍처 설계 측면도 다루고 있어서 시장 출시를 목표로 AI 애플리케이션을 개발하고자 하는 이들을 위한 지침서로 손색이 없다.

AI 기능을 구현한 엔진만으로는 실생활에 사용할 수 있는 애플리케이션을 개발해서 배포하기 어려우며 스토리지, DB, API 게이트웨이 등의 다양한 인프라가 지원돼야 한다. AWS에는 인프라 관련 서비스 외에도 다양한 AI 관련 서비스가 있으며 앞으로 활용 가치가 높은 서비스가 꾸준히 출시될 전망이다. 더군다나 특정 벤더가 제공하는 서비스들이기 때문에 서비스 간의 상호 연동성 및 운용성이 높아 큰 문제없이 애플리케이션을 운영하고 유지보수할 수 있다. 이 책에서 제시하는 방법을 익히고 AI 관련 아이디어 발굴에 집중하다 보면 머지않아 실생활에 도움이 되는 훌륭한 AI 애플리케이션을 개발해 성공적으로 출시할 수 있을 것이다.

– 역자 노설빈, 허준호

| 차례 |

2부 AWS AI 서비스를 활용한 애플리케이션 구축

들어가며

아마존 웹 서비스(AWS)의 다양한 인공지능(AI) 및 머신러닝 서비스를 설명한다. 그리고 실무 중심의 실습으로 훌륭한 애플리케이션을 개발하는 방법을 배운다. 또한 AWS에서 머신러닝과 심층학습 모형을 효과적으로 설계, 개발, 모니터링 그리고 유지보수하는 방법을 설명한다.

AI/머신러닝 서비스 및 플랫폼 관련 AWS의 개요와 더불어 AI 및 다양한 산업 분야에서 쓰이는 AI 응용 분야의 소개를 시작으로, 아마존 레코그니션Amazon Rekognition 및 아마존 트랜스레이트Amazon Translate로 텍스트를 탐지하고 번역하는 방법을 제시한다. 또한 아마존 트랜스크라이브Amazon Transcribe와 아마존 폴리Amazon Polly를 활용한 음성-텍스트 변환 방법을 배운다.

그런 다음 텍스트에서 정보를 추출하는 아마존 컴프리헨드Amazon Comprehend의 사용 방법과 음성 챗봇을 구축하는 아마존 렉스Amazon Lex에 대해서 다룬다. 한편 아마존 세이지메이커Amazon SageMaker의 주요 기능인 빅데이터 처리, 글 안의 주제 발견 그리고 이미지 분류에 대해서도 설명한다. 마지막으로 심층학습 및 자기회귀로 매출을 예측하는 방법과 모델 정확도 저하에 대응하는 방안을 다룬다.

이 책을 다 읽고 나면 AI 모형 개발 생명주기의 모든 측면을 다루는 실무 수준의 실습을 통해 AWS에서 AI 기능 및 애플리케이션을 개발하는 데 필요한 모든 지식을 습득하게 된다.

이 책의 대상 독자

AWS 서비스를 활용해 우수한 AI 솔루션을 개발하고자 하는 데이터 과학자, AI/머신러닝 개발자 및 연구자를 포함한 AI에 열의를 가진 모두에게 유익하다. 다만 머신러닝 개념을 기본적으로 이해하고 있어야 한다.

이 책의 구성

1장, 'AWS의 인공지능 서비스 소개' 머신러닝 및 심층학습을 포함하는 포괄적 용어인 "AI"를 소개하고 이미지 인식, 자연어 처리NLP, Natural Language Processing, 음성 인식 등 AI에서 가장 인기 있는 주제 몇 가지를 다루며 AWS의 AI 및 머신러닝 서비스와 플랫폼을 전반적으로 소개한다. AWS는 즉시 사용 가능한 AI/머신러닝 기능을 제공하는 관리형Managed 서비스뿐만 아니라 맞춤형 머신러닝 모형을 자체적으로 훈련할 수 있게 도와주는 관리형 인프라도 제공한다. 따라서 언제 관리형 서비스를 활용해야 하는지와 언제 맞춤형 머신러닝 모형을 직접 훈련해야 하는지를 안내한다. 또한, 개발 환경을 설치하고 설정하는 방법을 배운다. 책 전반의 실습 프로젝트에 필요한 파이썬Python과 AWS SDK, 웹 개발 도구를 설치하는 과정을 우선 설명하고, AWS 플랫폼과 프로그래밍 방식으로 상호작용하는 예제 코드로 해당 환경 설정을 확인할 수 있도록 한다.

2장, '최신 AI 애플리케이션의 구조' 최신 AI 애플리케이션의 아키텍처와 컴포넌트의 설명에 중점을 둔다. 우선 애플리케이션을 잘 설계하는 데 필요한 전형적인 패턴과 개념을 설명하는데 이러한 패턴과 개념은 제품 수준의 인공지능 솔루션을 설계하는 데 필요하다. 게다가 프로토타입 솔루션을 긴밀히 시험해 보고 애플리케이션 생명주기에 걸쳐 유연하고 확장 가능하며 유지 관리가 가능한 솔루션을 개발하는 데 도움이 된다. 또한 3장부터 등장하는 실습 과제의 아키텍처 틀을 구축해 본다.

3장, '아마존 레코그니션 및 트랜스레이트를 활용한 텍스트 탐지와 번역' 사진 속 외국어 단어를 번역하는 첫 번째 AI 애플리케이션의 구축 방법을 설명한다. 여기서는 아마존 레코그니션과 아마존 트랜스레이트를 활용해 실습해 본다. 먼저, AWS의 AI 및 머신러닝 기능으로 재사용 가능한 프레임워크를 구축한 다음 해당 프레임워크를 기반으로 애플리케이션을 구축한다. 기능과 애플리케이션 로직을 분리해서 유연성과 재사용성을 향상하는 방법을 보여주는데 유용성과 재사용성에 대한 개념은 이후 장의 실습 프로젝트를 계속하다 보면 더욱 명확해질 것이다.

4장, '아마존 트랜스크라이브 및 폴리를 활용한 음성-텍스트 변환과 텍스트-음성 변환' 한 언어로 된 음성 대화를 다른 언어로 번역해 주는 애플리케이션의 구축 방법을 설명한다. 여기서는 아마존 트랜스크라이브와 아마존 폴리를 활용해 실습해 본다. 재사용 가능한 새로운 AI 기능 프레임워크를 구축하면서 3장의 번역 기능 프레임워크를 재사용한다. 이러한 재사용성 패턴으로 솔루션 실험 횟수를 늘려 출시 속도를 높일 수 있다. 따라서 잘 설계한 제품 수준의 AI 솔루션 개념과 장점을 더욱 명확히 파악할 수 있다.

5장, '아마존 컴프리헨드를 활용한 텍스트 내 정보 추출' 명함 사진에서 정보를 추출해서 저장하는 애플리케이션의 구축 방법을 설명한다. 아마존 컴프리헨드를 사용해 보고, 4장의 텍스트 탐지 기능을 재사용한다. 이 외에도 사람이 개입하는 방식(human-in-the-loop)의 인터페이스를 소개한다. 즉, 사람이 개입(아마존 컴프리헨드에서 추출한 정보를 확인하고 수정)하는 방식의 그래픽 사용자 인터페이스를 구축해 본다.

6장, '아마존 렉스를 활용한 음성 챗봇 구축' 5장의 실습 프로젝트를 통해 명함에서 추출해서 저장한 연락처 정보를 조회하는 음성 챗봇을 구축해 본다. 아마존 렉스로 챗봇을 구축해 보고, 해당 인터페이스를 애플리케이션에 통합해 인공지능 비서를 완성해 본다.

7장, '아마존 세이지메이커로 작업하는 방법' 아마존 세이지메이커의 주요 기능을 경험해 본다. 그 주요 기능에는 빅데이터 처리, 특정 기본 제공 모형(Object2Vec)의 훈련 및 배포, 모형의 최적화 그리고 자체 모형과 컨테이너를 세이지메이커 에코시스템에 편입하는 방법 등이 있다. 도서 평점 데이터셋을 활용해서 이러한 기능을 설명하는데, 우선 사용자가 한 도서(즉, 사용자가 평가한 적이 없는 도서)에 매길 평점을 예측한다. 그런 다음 세이지메이커의 HPO 기능으로 초매개변수를 자동으로 최적화하면서 세이지메이커의 검색 서비스로 최고 성능의 모형과 당시 사용한 훈련 및 테스트셋을 찾는다. 마지막으로 세이지메이커에서 동일한 모형을 재구축할 필요 없이 자체 모형과 컨테이너를 세이지메이커로 원활히 가져오는 방법을 설명한다. 7장을 읽고 나면, 아마존 세이지메이커의 주요 기능의 활용법을 자연스레 익힐 수 있다.

8장, '머신러닝 추론 파이프라인 생성' 세이지메이커와 다른 AWS 서비스로 머신러닝 추론 파이프라인을 만드는 방법을 보여주는데 해당 파이프라인은 빅데이터를 처리해서 알고리즘을 훈련한 다음 학습한 모형을 배포해서 추론을 실행할 수 있다. 한편, 모형을 훈련할 때와 추론할 때의 데이터 처리에는 동일한 로직을 사용한다.

9장, '텍스트 집합에서 주제의 발견' 새로운 주제를 소개한다. 이전의 NLP 관련 장에서는 아마존에서 제공하는 몇 가지 NLP 서비스를 사용하는 방법을 설명했다. 9장에서는 아마존 세이지메이커에 내장된 알고리즘을 사용해서 해당 모형의 훈련 및 배포를 세밀하게 제어하고 확장성 있는 모형을 구축한다.

10장, '아마존 세이지메이커를 활용한 이미지 분류' 아마존 레코그니션 관련해서 배운 내용을 이어간다. 다만, AWS의 사전 훈련한 분류 모형을 레코그니션 API로 단순 이용하는 방법을 넘어서서 사용자가 보유한 이미지로 분류 모형을 훈련하는 방법을 배운다. 특히, 이미지 데이터셋에 레이블을 매기고 세이지메이커의 이미지 분류 알고리즘으로 맞춤형 이미지 탐지 모형을 구축하는 데 중점을 둔다. 이미지넷(ImageNet)으로 사전 훈련한 심층 잔차 학습 모형인 ResNet50으로 전이학습을 하는 방법을 배운다. 여기서 이미지넷은 명사로 레이블링할 수 있는 이미지들을 모아둔 데이터베이스로, 스탠퍼드 대학교 및 프린스턴 대학교의 지원을 받는다.

11장, '심층학습 및 자기회귀를 활용한 매출 예측' 심층학습 기반의 자기회귀DeepAR 알고리즘을 판매 예측에 이용하는 방법을 설명한다. 이를 통해 순환 신경망RNN, Recurrent Neural Network의 일종인 장단기 메모리(LSTM)를 완전히 파악할 수 있다. RNN은 루프가 있는 신경망으로 정보를 유지하고 연결해서 이전 정보를 현재 처리에 넘긴다. 자기회귀는 이전 시간 스텝에 나타난 관측 값을 회귀 방정식의 입력으로 사용해서 다음 시간 스텝에 나타날 값을 예측한다. 11장을 통해 아마존 세이지메이커로 강력한 판매 예측 모형을 구축하게 된다.

12장, '모형 정확도 저하 및 피드백 루프' 모형을 출시한 후에 성능이 저하되는 이유를 설명한다. 이때, 모바일 앱의 광고 클릭 전환을 예측하는 방법을 논의하면서 그 이유를 설명한다. 새로운 데이터를 얻을수록 최적의 성능을 가진 모형을 재훈련하고 조정하는 것이 중요하다.

13장, '다음으로 무엇이 필요한가?' 지금까지 살펴본 개념을 요약한다. 또한 앞에서 다루지 않은 AWS AI 프레임워크 및 인프라를 간략하게 설명한다.

책을 최대한 활용하는 방법

머신러닝 및 AWS 개념을 기본적으로 알고 있어야 한다.

예제 코드 다운로드

인터넷 웹 사이트 계정 www.packt.com에서 책의 예제 코드 파일을 다운로드할 수 있다. 이 책을 다른 곳에서 구매했을 경우에는 www.packtpub.com/support를 방문해서 회원 가입을 하면 해당 파일을 이메일로 직접 보내준다.

또한 깃허브 https://github.com/PacktPublishing/Hands-On-Artificial-Intelligence-on-Amazon-Web-Services에서도 예제 코드를 다운로드할 수 있으며, 에이콘출판사의 깃허브 저장소(https://github.com/AcornPublishing/ai-aws)에서도 동일한 예제 코드를 다운로드할 수 있다.

컬러 이미지 내려받기

책에 사용한 그림 및 다이어그램 관련 컬러 이미지가 들어 있는 PDF 파일은 http://www.acornpub.co.kr/book/ai-aws에서 다운로드할 수 있다.

규약

이 책에서 사용하는 몇 가지 텍스트 스타일 규약이 있다.

`CodeInText`: 텍스트 가운데 코드나 데이터베이스 테이블 이름, 폴더 이름, 파일 이름, 파일 확장자, 경로 이름, URL, 사용자 입력 그리고 트위터 계정Twitter Handle을 나타낸다. 예를 들면 다음과 같다. `ObjectDetectionDemo`라는 이름의 프로젝트 디렉터리를 생성해 보자.

코드 블록을 다음과 같이 표시한다.

```
{
  "Image": {
    "Bytes": "..."
   }
}
```

모든 명령행 입력 또는 출력은 다음과 같이 표시한다.

```
$ brew install python3
$ brew install pip3
```

볼드체bold: 새로운 용어를 가리키는데 중요한 단어나 화면에 나타나는 단어를 말한다. 예를 들어 메뉴나 대화 상자의 단어를 이와 같이 표시한다. 또 다른 예를 들면 "음성을 텍스트로 변환하고 텍스트 내 의도를 인식하려고 자동 음성 인식ASR, Automatic Speech Recognition과 자연어 이해NLU, Natural Language Understanding와 같은 심층학습 기술을 사용해서 기능을 구축한다."가 있다.

> 경고나 중요한 내용은 이 박스로 표시한다.

팁이나 요령은 이 박스로 표시한다.

소통 방법

이 책과 관련해 문의 사항이 있으면 customercare@packtpub.com으로 연락주길 바란다.

한국어판에 관한 질문은 이 책의 옮긴이나 에이콘출판사 편집팀(editor@acornpub.co.kr)로 문의해주길 바란다.

정오표: 내용을 정확하게 전달하기 위해 최선을 다했지만, 실수가 있을 수 있다. 팩트 출판사의 책에 실수가 있다면, 그 문제를 알려준다면 매우 감사하게 생각할 것이다. 오자를 발견한다면 http://www.packtpub.com/submit-errata를 방문해 이 책을 선택하고, 정오표 제출 양식을 통해 세부 오류 정보를 알려주기 바란다. 한국어판은 에이콘출판사 도서정보 페이지인 http://www.acornpub.co.kr/book/ai-aws에서 찾아볼 수 있다.

1부

소개 및 최신 AI 애플리케이션의 구조

1부에서는 인공지능(AI, Artificial Intelligence)을 소개하고, 아마존 웹 서비스(AWS, Amazon Web Services)가 제공하는 다양한 AI 기능을 간략히 살펴본다. 다음으로 AWS SDK(Software Development Kit) 및 파이썬(Python) 개발 도구 모음 등 AWS를 이용한 AI 애플리케이션의 개발에 필요한 요소들을 단계별로 설명한다. 또한, 최신 AI 애플리케이션의 참조 아키텍처와 관련 컴포넌트를 소개한다.

1부는 다음의 두 장으로 구성된다.

- 1장, AWS의 인공지능 서비스 소개
- 2장, 최신 AI 애플리케이션의 구조

01

AWS의 인공지능 서비스 소개

1장에서는 인공지능의 역사와 기술을 간략히 소개하고 세상을 크게 변화시킬 잠재력이 있는 몇 가지 AI 응용 분야를 살펴보겠다. 최근 AI에 대한 관심이 증가하면서 아마존Amazon을 비롯한 많은 기업이 AI(인공지능) 애플리케이션을 만들 수 있는 다양한 도구와 서비스를 제공하기 시작했다. 따라서 1장에서는 AI 관련 AWS 서비스를 간략히 소개한 후 이를 활용하기 위한 방법을 설명하고 AWS가 제공하는 데모를 활용해서 간단한 AI 애플리케이션을 개발해 본다.

1장에서 다룰 주요 내용은 다음과 같다.

- AI 및 AI 응용 분야 소개
- AI 관련 다양한 AWS 서비스 소개
- AI 애플리케이션 개발에 필요한 AWS 계정 생성 및 환경 설정 방법

- 아마존 레코그니션Rekognition 및 기타 지원 서비스 맛보기
- 첫 번째 AI 애플리케이션 개발 실습

기술 요건

1장의 소스코드는 이 책의 깃허브 저장소(아래 URL 참고)에서 확인할 수 있다.

https://github.com/PacktPublishing/Hands-On-Artificial-Intelligence-on-Amazon-Web-Services

AI 소개

AI(인공지능)는 지능형 에이전트agent를 만드는 데 목표를 두는 컴퓨터 과학의 한 분야이다. AI는 매우 기술적이고 전문적인 분야로 컴퓨터가 알아보고(컴퓨터 비전) 알아듣고(음성 인식), 언어를 이해하고(자연어 처리) 말을 하고(음성 합성) 생각(지식 추론 및 계획)할 수 있게 하는 광범위한 이론, 방법 및 기술을 포함한다.

인공지능은 최근 등장한 유행어인 듯하지만 1950년대부터 이미 있었다(그 당시 인간의 두뇌를 모방한 인공 신경망에 대한 기초 연구 결과에 많은 사람들이 열광했고, '생각하는 기계'의 출현에 큰 기대를 모았음). 오늘날 대중매체 등의 많은 관심에 비춰 보면 AI 분야가 이미 두 차례 시련의 시기를 거쳤다고 믿기는 어렵다. 최근 가용 데이터의 증가, 저장장치 가격의 하락, 처리장치 성능 및 알고리즘의 향상 등에 힘입어 AI가 다시 인기를 얻고있다.

머신러닝ML, Machine Learning은 AI의 중요한 세부 분야인데 요즘 이 두 용어를 혼용하기도 한다.[1] ML에는 AI를 실현할 수 있는 매우 유망한 기법들이 모여 있으며 데이터로부터 지식

1 인공지능의 세부 분야에는 지식 기반 전문가 시스템 등도 있으나 최근 각광받는 심층 신경망 학습은 머신러닝의 한 분야이기 때문이다.

을 도출할 수 있는 자가학습self-learning 알고리즘의 발전에 기여했다. 예를 들어 객체 탐지 ML 모형을 수많은 이미지 데이터로 훈련하고 나면 새로 입력한 이미지에서도 다양한 객체를 탐지할 수 있다. 이러한 자가학습 알고리즘 때문에 데이터는 기업의 새로운 지적 자산이자 경쟁력의 바탕이 됐다. 즉, 유사한(심지어 수준이 조금 낮은) ML 기법을 보유하고 있어도 좋은 데이터를 통해 더 나은 결과를 얻을 수 있다.

구관이 명관이듯 인공 신경망은 다시 한 번 ML 연구 및 개발의 구심점이 됐다. 더 많은 데이터와 더 뛰어난 계산 능력, 그리고 역전파backpropagation와 같은 새로운 알고리즘 덕분에 신경망은 많은 은닉층Hidden Layer을 둘 수 있게 됐다(이러한 신경망을 심층 신경망이라고도 하며 이 모형을 통해 학습하는 것을 심층학습이라고도 함). 불과 몇 년 전까지만 해도 심층학습의 정확도를 높이기가 불가능했으나 최근 심층학습의 성능이 급격하게 향상돼서 AI 붐을 주도하고 있다. 따라서 풍부한 데이터, 우수한 알고리즘 그리고 뛰어난 계산 능력에 힘입어 다양한 측면에서 인간 능력에 견줄 수 있는 지능형 에이전트를 만들 수 있게 됐다.

이제 AI는 일상의 중요한 기술이 됐으며 다양한 업무에 적용되고 있다. 즉, 인공지능 기술은 더 나은 기억, 시력, 인지능력 등을 제공하면서 우리 삶의 여러 측면에 영향을 주고 있다. 다만, 개별 AI 기능을 제품으로 출시하지는 않고 이미 사용 중인 제품에 AI 기능을 넣어 개선하거나 지능형 제품으로 변경하는 경우가 많다. 또한 최근에는 ML 등 AI 기술 및 서비스의 접근성 향상 덕분에 연구자가 아닌 실무자도 기존의 다양한 AI 기능을 제품에 추가해서 우리 삶에 영향을 줄 수 있다는 점이 흥미롭다.

이 책은 독자 여러분이 AI 실무를 익힐 수 있도록 다음과 같이 도움을 준다. 우선 실습 프로젝트를 통해 소프트웨어 솔루션에 AI 기능을 탑재하는 데 필요한 도구와 기법을 설명한다. 성공적인 인공지능 솔루션을 개발하는 데는 아키텍처 설계, 소프트웨어 공학 그리고 데이터 과학 기법을 모두 동원해야 한다. 따라서 제품 수준의 AI 소프트웨어 솔루션을 설계, 개발, 배포, 유지 및 관리하는 방법도 설명한다. AI를 기술 자체가 아닌 업무 기능의 관점에서 바라보는 점이 중요하기 때문에 이 책의 궁극적인 목표는 실제 문제를 해결하는 인공지능 솔루션 개발 능력을 향상시킬 수 있는 다양한 기술을 전달하는 것이다.

AI 응용 분야

AI는 이미 정보 검색, 제품 구매, 의사 소통 등 사람들의 삶에 큰 영향을 주고 있지만 인공 지능 소프트웨어의 부흥기는 이제 시작이라고 볼 수 있다. 혁신적인 AI 응용 분야가 많이 있으며 그중 몇 가지만 간략히 살펴본다.

자율 주행차

대중의 큰 관심을 끄는 AI의 응용 분야는 자율 주행차Autonomous Vehicle, Self-driving Car이다. 자율 주행차는 주변의 환경을 인식해 사람의 개입이 거의 없어도 주행할 수 있다.[2]

높은 수준의 자율 주행차는 센서와 AI 기술을 완벽하게 융합했을 때 실현 가능하며 실제 고속도로와 국도에서 아주 긴 거리를 주행(시뮬레이션에서는 훨씬 긴 거리를 주행)해서 자율 주행 능력을 향상시킨다. 다시 말해, 카메라, 레이더, 라이더LIDAR, Light Imaging Detection and Ranging, 음파탐지기SONAR, SOund Navigation and Ranging, GPS 등의 센서로 들어오는 방대한 데이터를 이용해 여러 가지 ML 모형을 훈련해서 다양한 인식과 구동을 수행하고 실제 환경에서 안전하게 주행하도록 한다. 컴퓨터 비전, 객체 탐지Object Detection, 예측 모델링Predictive Modeling 및 장애물 회피 등 ML 모형의 훈련 결과에 따른 AI 기능을 탑재한 차량의 컴퓨터는 차량 제어, 경로 계획, 차량 운행 등을 수행할 수 있다.

최고 수준의 자가 운전 기술은 사람의 실수로 발생하는 충돌이나 사고를 줄여 수많은 생명을 구할 수 있고 노인이나 장애인이 편리하게 이동할 수 있게 한다. 이 책을 쓰는 현재 대중화할 만한 완전 자율 주행차는 아직 없지만, 이 기술이 향후 수십 년 동안 얼마나 더 발전해서 혁신을 일으킬지 상상할 수 없다.

2 사람의 개입 정도에 따라 자율 주행 기술을 여러 수준으로 분류하기도 한다. – 옮긴이

의료 AI

AI는 헬스케어 등의 의료 산업에도 변화를 주고 있는데 현재 다양한 질병을 발견하고 치료 속도를 향상할 수 있도록 의사의 진단과 임상적 판단을 지원하는 데 사용되고 있다. 이러한 AI 애플리케이션은 질병 진단 시 미리 사람이 작성한 규칙을 따르지 않고 부정맥Heart Arrhythmias, 당뇨병 부작용으로 인한 시력 상실, (심지어) 암 등의 특정 의학적 증상을 스스로 인식할 수 있도록 훈련받는다.

의료 이미지는 환자의 건강을 나타내는 방대한 원천 데이터이기 때문에 특정 질환으로 분류한 수백만 개의 이미지(엑스레이, MRI 및 CAT 스캔의 고해상도 이미지)로 ML 모형을 훈련할 수 있다. 충분한 훈련 이미지 데이터가 있으면 ML 모형은 의사에 견줄 만한 정확도로 질병을 진단할 수 있다. AI 프로그램의 끊임없는 분석 결과로 나온 가치 있는 의학적 인사이트 덕분에 의사는 더 빠르고 정확한 진단을 내릴 수 있고 환자는 더 빨리 치료받을 수 있다.

한발 더 나아가 이러한 AI 기능은 뛰어난 의사의 지식과 경험을 반영해서 개발했고 대량 복제 및 배포도 가능하기 때문에 1차 의료기관(지역 의원 등)에서도 높은 수준의 의료 서비스를 제공받을 수 있다. 따라서 질병을 조기에 발견하고 치료해서 수많은 인명을 구할 수 있는데 특히 전문 의사가 부족한 세계 곳곳에 있는 사람들의 삶에 큰 영향을 주리라 본다.

맞춤형 예측 키보드

세상을 바꿀 획기적이고 혁신적인 분야를 대상으로 한 AI 애플리케이션에 많은 관심이 쏠리고 있지만 이렇게 본질적으로 세상의 어려운 문제를 해결하는 분야에만 AI 기술을 활용할 필요는 없다.

일상 생활의 문제에도 AI 기술을 적용할 수 있는데 대표적인 예는 모바일 기기에 설치할 수 있는 예측 키보드Predictive Keyboard이다. 터치 스크린의 모바일 기기가 인기를 끌면서 손가락 몇 개만으로 좁은 가상 키보드에 글자를 입력할 때가 많다. 예측 키보드는 사용자가 입력하려는 단어와 문장 부호를 제안해 더 빨리 타이핑하도록 돕기 때문에 모바일 기기를 이용해서 원활히 소통할 수 있다.

글자 입력 예측 기능은 주로 언어 모델, 맞춤형 사전 및 학습한 선호도 등을 통합한 ML 및 자연어 처리NLP, Natural Language Processing 기술을 사용해 개발한다. 현재 최고 성능의 예측 엔진은 순환 신경망RNN, Recurrent Neural Network의 일종인 장단기 메모리LSTM, Long Short-Term Memory를 주로 활용해 개발했다. 이러한 신경망은 입력 단어들의 윈도우[3]에서 다음 단어를 예측한다. 예측 속도와 개인화 수준(개인 특성에 잘 맞는 예측 정확도)이 예측 품질을 좌우하며 키를 누를 때마다 예측을 수행하므로 모바일 기기의 하드웨어 사양에서도 빠르게 실행돼야 한다. 이러한 예측 엔진은 사용할수록 예측 품질이 향상되게 설계하므로 사람이 개입하는human-in-the-loop 온라인 학습 시스템의 좋은 사례이기도 하다.

예측 키보드로는 인명을 구하는 훌륭한 일은 할 수 없지만, 키보드 입력 횟수를 획기적으로 줄일 수는 있다. 이처럼 AI 기술을 적재적소에 적용한 인공지능 소프트웨어 솔루션은 사람들을 매료시킨다. 독자 여러분도 이 책에서 소개하는 기술과 인사이트를 바탕으로 삶의 질을 개선하는 훌륭한 AI 애플리케이션을 발굴하고 개발할 수 있기를 바란다.

AI 솔루션 개발 시 AWS의 필요성

AWS는 현재 전 세계에서 가장 규모가 큰 클라우드 컴퓨팅 플랫폼으로 컴퓨팅, 스토리지, 데이터베이스, 네트워킹, 분석 등 다양한 주문형on-demand 클라우드 서비스를 제공한다. 수년 간 전 세계 개발자들은 다양한 AWS 서비스를 이용해 대규모 소프트웨어 솔루션을 빠르게 구축해 왔다.

흥미롭게도 AWS는 이미지 인식, NLP, 음성 인식 및 합성, 대화 에이전트Conversation Agents[4] 등 사전 훈련된 다양한 AI 서비스도 제공한다. 또한, 심층 신경망 등 다양한 ML 모형 기반의 맞춤형 AI 기능을 손쉽게 개발하고 훈련하고 배포할 수 있게 하는 ML 서비스도 있다. 소프트웨어 솔루션에 인공지능 기능을 추가하고자 할 때, 이러한 서비스들을 다른 AWS

3 시계열 데이터 등 시간에 따라 순차적인 특성의 데이터를 처리할 때는 윈도우라 하는 특정 시간 스텝만큼의 데이터로 한정해서 예측하는 것이 일반적이다. – 옮긴이

4 요즘 흔히 사용하는 용어인 '챗봇(Chatbot)'이라고 볼 수 있다. – 옮긴이

클라우드 컴퓨팅 서비스처럼 쉽게 활용할 수가 있다.

AWS AI 및 ML 서비스들만 이용해서 솔루션에 인공지능 기능을 추가하는 것도 좋지만 AWS 서비스들을 모두 통합해서 인공지능 솔루션을 개발한다면 큰 이점이 있다. 즉, 대상 AI 솔루션을 확장성과 보안성이 좋은 클라우드 컴퓨팅 플랫폼에서 매우 안정적으로 운영할 수 있고 대량 데이터 수집 및 전처리, AI 기능 통합, 신속한 시제품화prototyping, 솔루션의 반복 시험 등을 쉽게 할 수 있다.

이 책은 제목 그대로 '실습 지침서'이므로 종단 간end-to-end의 전체 AI 솔루션을 설계하고 AWS 플랫폼에서 구축하는 데 필요한 다양한 기술을 모두 다루고자 한다. 또한, 기술에 초점을 맞춰 AI의 핵심 개념을 소개하고 여러 실습 프로젝트를 통해 이러한 개념을 실제로 적용할 수 있도록 한다. 실습 경험을 바탕으로 해야만 인공지능 솔루션을 잘 설계하고 개발하는 능력을 기를 수 있기 때문이다. 이 책의 실습 프로젝트는 AWS 클라우드 플랫폼에 배포할 수 있는데 이를 통해 쉽게 동작을 파악해서 개선할 수 있고 더 나아가 다른 사람과 공유할 수도 있다.

아울러 처음으로 AWS 서비스를 활용하고자 할 때 높은 진입 장벽과 어려움에 부딪칠 수 있기 때문에 이 책은 AWS 플랫폼이 제공하는 다양한 서비스와 관련 APIApplication Programming Interface에 대해서도 설명한다. 또한 인공지능 솔루션을 개발하기 위한 설계 패턴을 다뤄 독자 여러분이 단순히 동작하는 애플리케이션을 개발하는 것을 넘어서 적절한 서비스와 설계 패턴을 잘 선택할 수 있도록 돕는다. 그 외에 AWS 플랫폼에서 실행되는 애플리케이션 개발에 필요한 다양한 요령과 기법도 설명한다.

AWS에는 이미 수많은 서비스가 있으며 앞으로도 새로운 서비스가 계속 늘어날 것이다. 다양한 AWS 서비스를 주제 별로 상세히 설명하는 책과 온라인 자료가 많이 있는데 이 책은 AI 애플리케이션 구축에 필요한 AWS 서비스를 중점적으로 설명할 것이다. 즉, 컴퓨팅, 스토리지, 네트워킹 및 데이터베이스 등 다양한 인프라 서비스뿐만 아니라 AI 관련 대부분의 AWS 서비스를 다룰 것이다. 다만, 해당 서비스의 상세 내용을 모두 다루지는 않는다.

AI 관련 AWS 서비스의 개요

AI 관련 AWS 서비스를 잘 파악하려면 두 가지 그룹으로 구분해서 살펴보면 좋다.

다음 다이어그램은 이 책에서 다룰 AI 관련 AWS 서비스를 AWS AI 서비스와 AWS ML 서비스라는 두 그룹으로 나눈 그림이다.[5]

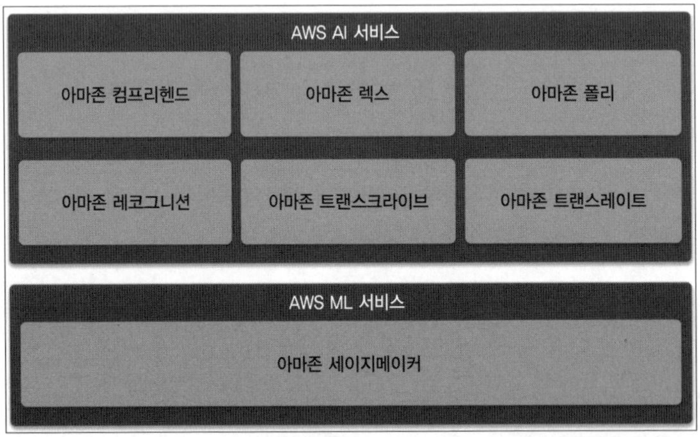

> AWS는 매년 새로운 AI 관련 서비스를 추가하고 있다. 예를 들어 아마존 퍼스널라이즈(Personalize), 포캐스트(Forecast), 텍스트랙트(Textract) 및 딥레이서(DeepRacer)는 AWS re:Invent 2018 컨퍼런스에서 처음 소개했는데 한동안 제한적으로 사용하다가 2019년 중반부터 일반적으로 사용할 수 있게 됐다.

앞의 다이어그램에서 AWS AI 서비스 그룹에 있는 서비스들은 사전 훈련한 ML 모형을 기반으로 구축했다. 따라서 이들 서비스는 애플리케이션에 손쉽게 인공지능 기능을 추가할 수 있도록 바로 사용 가능한 형태[6]로 동작한다. 이들 서비스의 동작원리(AI 기법)를 이해할

5 AWS 공식 페이지와 이 책의 원서에서 이러한 이름의 두 그룹을 표현하고 있는데 ML이 AI의 한 분야이기 때문에 단어만 놓고 보면, 무슨 차이인지 혼란스러울 수도 있으나 앞 절에서 두 그룹 간의 차이를 명확히 설명했으므로 이 용어를 받아들이도록 하자. – 옮긴이

6 원서상의 표현으로는 'out of the box'이며 주로 컴퓨터 관련 내용에서 '별도의 설치나 설정이 필요 없이 바로 사용할 수 있는' 이라는 의미가 있다. – 옮긴이

필요는 없으며 별도의 인프라에서 직접 운영할 필요도 없다. 왜냐하면 AWS가 충분히 개발한 후 내부 인프라에서 대신 운영하면서 API를 통해 해당 서비스를 이용자에게 제공하기 때문이다. 게다가 AWS가 꾸준히 AI 서비스 품질을 개선하고 있기 때문에 이를 활용하는 애플리케이션의 인공지능 기능도 덩달아 향상된다. 따라서 AWS AI 서비스를 활용하면 인공지능 솔루션을 빠르고 경제적으로 구축할 수 있다.

AWS AI 서비스 그룹에 속하는 서비스는 다음과 같다.

- **아마존 컴프리헨드**Comprehend: NLP 서비스로, ML 기법을 통해 텍스트에서 단어 간의 관계와 같은 인사이트를 찾아준다. 즉, 비정형의 텍스트 더미에서 주제, 주요 문구, 감정 상태 등 가치 있는 정보를 발견하거나 엔티티(회사명, 사람, 주소 등) 식별, 자동 문서 분류 등의 기능을 제공한다.
- **아마존 렉스**Lex: 애플리케이션에 음성이나 텍스트를 사용하는 대화형 인터페이스를 구축해 주는 서비스이다. 심층학습 기반의 자동 음성 인식ASR, Automatic Speech Recognition 및 자연어 이해NLU, Natural Language Understanding 기법으로 음성을 텍스트로 변환(음성 인식)하고 텍스트에 있는 의도를 파악하는 등의 기능을 갖추고 있다. 음성 비서Voice Assistant인 아마존 알렉사Alexa 내부에서 사용하는 것과 동일한 기술이며 챗봇 등의 애플리케이션을 개발할 때 이용할 수 있다.
- **아마존 폴리**Polly: 텍스트를 사람의 음성처럼 합성하는 기능이 있어 애플리케이션이 이 서비스를 사용해 사람의 목소리를 출력할 수 있다. 서비스의 내부 엔진에 있는 텍스트-음성 변환Text-to-Speech 기술은 다양한 언어, 성별, 억양 별로 음성을 합성할 수 있는 고급 심층학습 기법을 사용했다.
- **아마존 레코그니션**Rekognition: 이미지와 비디오를 분석해서 사물, 사람, 텍스트, 장면, 활동 등을 식별하는 서비스로, 다양한 종류의 애플리케이션 개발이 가능하도록 정확한 안면 분석 및 인식 기능도 갖추고 있다. AWS는 정확성을 높이기 위해 서비스의 내부 엔진에 있는 심층 신경망을 방대한 양의 이미지와 비디오로 훈련했다.

- **아마존 트랜스크라이브**Transcribe: 음성-텍스트 변환Speech-to-Text 기능을 제공하는 ASR 서비스로, 애플리케이션은 이 서비스를 사용해 실시간으로 저장된 오디오 파일 또는 라이브 오디오 스트림을 분석해서 텍스트로 변환할 수 있다.
- **아마존 트랜스레이트**Translate: 다양한 언어를 정확하고 자연스럽게 번역할 수 있는 심층 신경망 모형 기반의 기계 번역 서비스이다. 브랜드 이름, 제품 이름 등을 사용자가 따로 정의해 두면 번역 시에 반영할 수도 있다.

AI 관련 AWS 서비스의 두 번째 그룹은 AWS ML 서비스이다. 개발자는 ML 모형 및 기법으로 맞춤형 AI 기능을 구축하고 실행할 수 있다. AWS가 ML 모형의 훈련에 필요한 컴퓨팅 자원을 운영해 주고 맞춤형 AI 기능을 보다 쉽게 개발할 수 있도록 개발 도구를 제공하기 때문에 AI 실무자는 AI 기능 개발에 핵심적인 작업만 수행하면 된다. 예를 들어 AI 실무자는 훈련 데이터의 수집 및 정리, ML 라이브러리 및 알고리즘의 선택, ML 모형의 세부 조정 및 최적화, AI 기능에 접근하기 위한 인터페이스의 설계 및 개발 등에 집중하면 된다. AWS ML 서비스를 활용해 맞춤형 AI 기능을 구축하는 것은 관리형 AI 서비스를 바로 사용하는 것보다 번거로울 수도 있지만 더 유연하기 때문에 혁신적인 특화 기능을 솔루션에 내장할 수 있는 장점도 있다.

이 책에서 다룰 AWS ML 서비스는 아마존 세이지메이커SageMaker로 전체 ML 작업 흐름을 모두 지원하는 완전 관리형 서비스이다. 세이지메이커를 사용하면 훈련 데이터를 수집해서 처리할 수 있고 텐서플로TensorFlow, 파이토치PyTorch, 엠엑스넷MXNet, 사이킷런Scikit-learn 등의 ML 알고리즘 및 ML 라이브러리를 선택할 수 있다. 또한 ML에 최적화된 컴퓨팅 자원으로 ML 모형을 훈련할 수 있으며 애플리케이션에 특별한 AI 기능을 제공할 수 있도록 결과 모형을 세부 조정하고 배포할 수 있다.

> **TIP** 최대한 AWS AI 서비스를 먼저 활용할 것을 적극 추천한다. 특별한 AI 기능이 필요할 때만 AWS ML 서비스를 사용해 새로운 AI 기능을 직접 구축하자.

AWS 서비스 사용 실습

AWS 서비스 소개는 이 정도로 하고 몇 가지 AWS 서비스를 사용해 보자. 이 절에서 사용할 AWS 서비스와 설치 작업은 AWS에서 AI 애플리케이션을 개발하기 위한 준비 단계에 해당한다.

AWS 계정 생성하기

아직 AWS 계정이 없다면 AWS 홈페이지(https://aws.amazon.com/)[7]에서 계정을 등록할 수 있다. **AWS 계정 생성** 버튼을 클릭하면 다음과 같은 화면이 나타난다.[8]

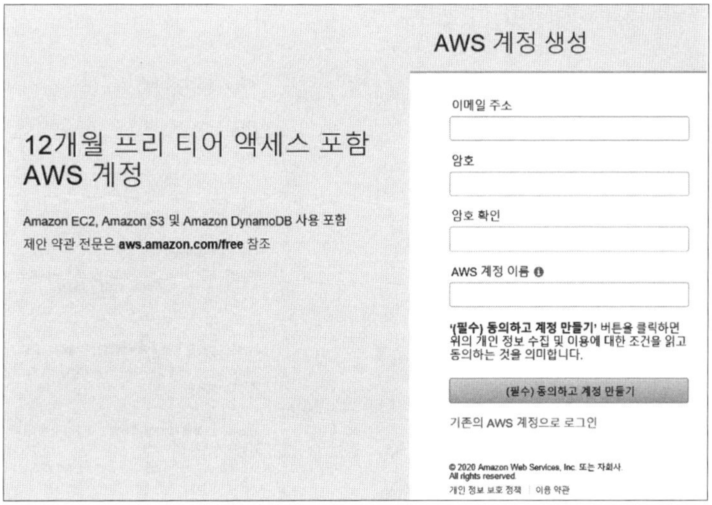

AWS 계정으로 로그인하면 AWS의 모든 서비스를 바로 사용할 수 있다. 그렇다고 당장 비용 걱정을 할 필요는 없는데, AWS의 종량제 요금 정책에 따라 실제로 사용하는 서비스에 대해서만 비교적 낮은 비용을 부과하기 때문이다. 더군다나 AWS 계정에 처음 가입하면 12개월 동안 '프리 티어' 혜택이 기본으로 적용된다. 프리 티어란 컴퓨팅, 스토리지, 데이

7 한국에서 접속하면 URL이 https://aws.amazon.com/ko/인 한국어 페이지로 넘어간다. – 옮긴이

8 아래 한국어 가입 화면에는 개인정보 관련 문구들이 표시되는데 지면 관계상 제거해서 나타냈다. – 옮긴이

터베이스 및 API 호출 등의 AWS 서비스를 특정 사용 한도 내에서 무료로 제공하는 것을 말한다. 참고로 12개월의 프리 티어 기간이 지나도 만료되지 않은 무료 자원이 있는데 상세 내용은 다음 사이트를 참고하자. https://aws.amazon.com/free

AWS 관리 콘솔 살펴보기

AWS 계정에 처음 로그인하면 다음 화면과 같은 AWS 관리 콘솔Management Console이 나타난다.

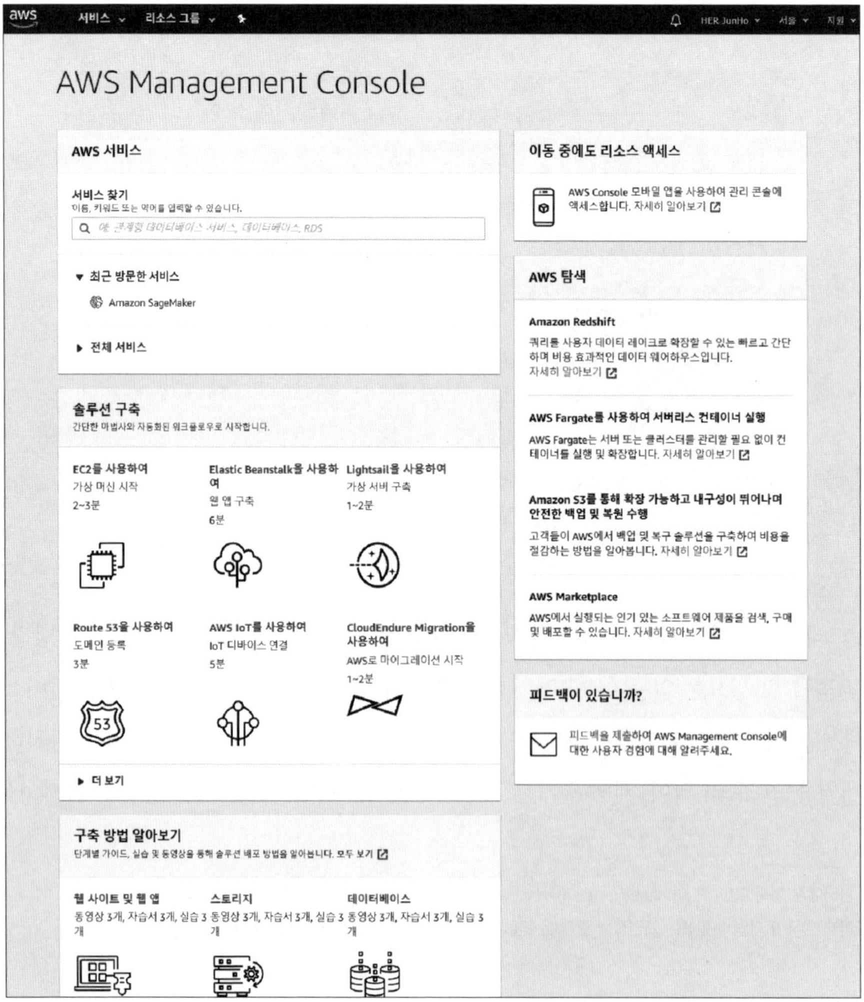

AWS 관리 콘솔은 AWS 클라우드 플랫폼을 관리하는 웹 인터페이스로, 클라우드 컴퓨팅 및 클라우드 스토리지와 같은 다양한 자원을 시작하고 중지하고 모니터링할 수 있다. 또한 월별 청구, 정밀한 접근 제어 등 AWS 계정의 설정 정보를 관리할 수 있고 전체 AWS 서비스에 대한 교육 자료를 이용할 수도 있다.

> AWS 관리 콘솔은 AWS 클라우드 플랫폼과 상호작용할 수 있는 세 가지 방법 중 하나이다. 다른 두 가지 방법은 AWS CLI(Command-Line Interface)와 AWS SDK(Software Development Kit)로 1장 후반부에서 다룬다.

AWS 서비스 찾기

AWS 관리 콘솔의 왼쪽 상단에 있는 **서비스** 탭을 클릭하면 다양한 AWS 서비스를 주제별로 묶어 놓은 것(그룹)을 볼 수 있고 이름으로 특정 서비스를 빠르게 검색할 수도 있다.

서비스 탭을 클릭하면 다음과 같은 화면이 나타난다.

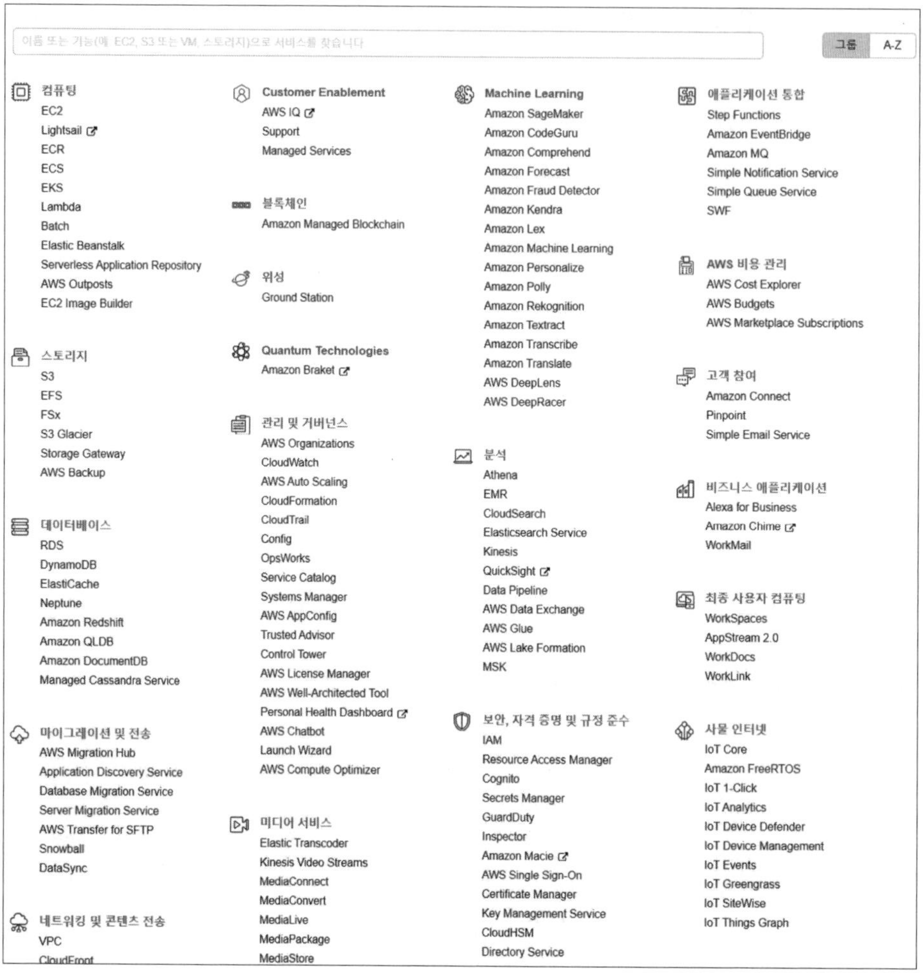

AWS 리전 선택하기

AWS는 리전region이라는 단위로 전 세계의 각 지역에 클라우드 데이터 센터를 구축하고 있는데 리전 별로 AWS 서비스의 배포 현황이 다르다. 모든 리전에서 전체 AWS 서비스를 사용할 수 있는 것은 아니다.[9]

9 책을 번역하는 현재까지도 없으며 서울 리전도 마찬가지이다. - 옮긴이

현재 선택한 리전에서 해당 서비스를 사용할 수 없으면 다음과 같이 Region Unsupported 라는 메시지가 나타난다.[10]

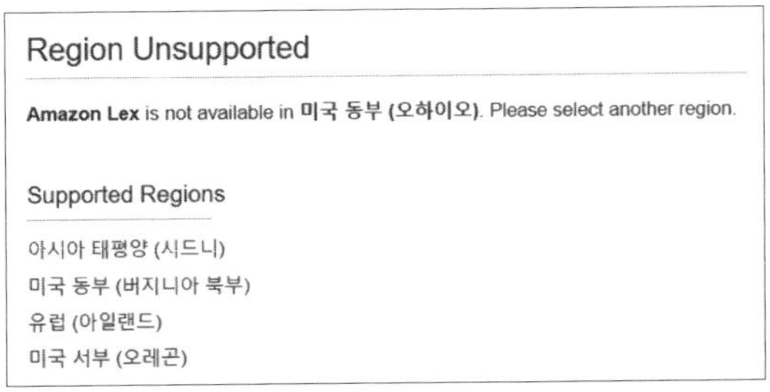

이 책의 예제와 프로젝트가 잘 동작하도록 하려면 별칭이 us-east-1인 **미국 동부(버지니아 북부)**로 리전을 변경하는 것이 좋다. 왜냐하면 현재 출시한 전체 AWS 서비스를 사용할 수 있고 신규 AWS 서비스가 가장 먼저 배포되는 곳이기 때문이다.

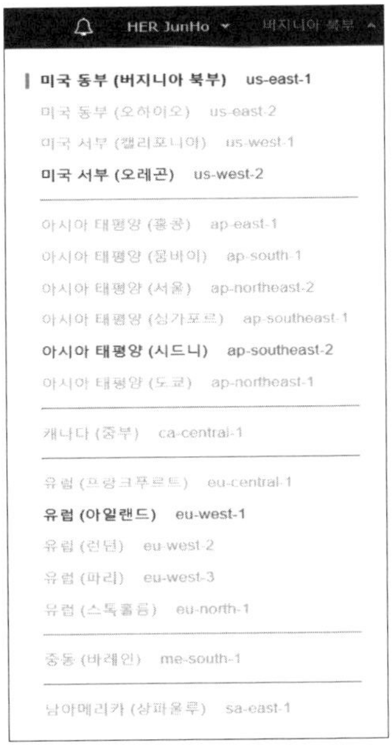

10 화면 아래 쪽에는 해당 서비스를 지원하고 있는 리전(Supported Regions) 목록이 있고 리전을 클릭하면 바로 변경할 수 있다. – 옮긴이

관리 콘솔에서 AWS 계정 옆에 있는 리전 이름을 클릭하고 다음 화면의 첫 번째 항목인 **미국 동부(버지니아 북부)**를 선택한다.

아마존 레코그니션 서비스 사용해 보기

AI 관련 AWS 서비스의 강력한 기능을 확인해 볼 수 있게 아마존 레코그니션을 사용해 보자.

1. Machine Learning 범주에 속하는 서비스 목록에서 Rekognition을 클릭해 해당 홈페이지로 이동한다.
2. 레코그니션은 이미지 및 비디오에 대한 다양한 시각적 분석 기능을 제공하기 때문에 이미지와 비디오에서 객체, 얼굴 및 텍스트를 탐지하는 강력한 기능을 애플리케이션에 바로 추가할 수 있다. 다만, 기능 내부 엔진의 심층학습 기법을 자세히 알 필요는 없다. 이 책 전체에 걸쳐 이러한 애플리케이션을 몇 가지 만드는 실습 프로젝트를 수행하고자 하는데 지금은 기본으로 제공하는 데모를 통해 레코그니션의 기능을 간단히 살펴보자.
3. 아마존 레코그니션 홈페이지의 왼쪽 메뉴에서 데모 범주 아래의 **객체 및 장면 감지**를 클릭한다.
4. AWS는 레코그니션의 기능을 보여주기 위해 몇 가지 표본 이미지를 제공하고 있다. 한 이미지를 보면 스케이트보드를 타는 사람이 양쪽에 두 줄로 주차된 차가 있는 도로에서 점프 묘기를 부리고 있다.[11]
5. 레코그니션이 분석한 결과를 보면 탐지한 객체 주위에 박스를 표시하고 있는데 그 위로 마우스를 가져가면 각 객체를 무엇으로 인식했는지 확인할 수 있다. 다음은 스케이트보더 이미지 탐지 결과를 나타낸 레코그니션 데모 페이지이다.

11 페이지에 진입하면 이 이미지를 대상으로 바로 분석을 수행하는 것을 확인할 수 있다. – 옮긴이

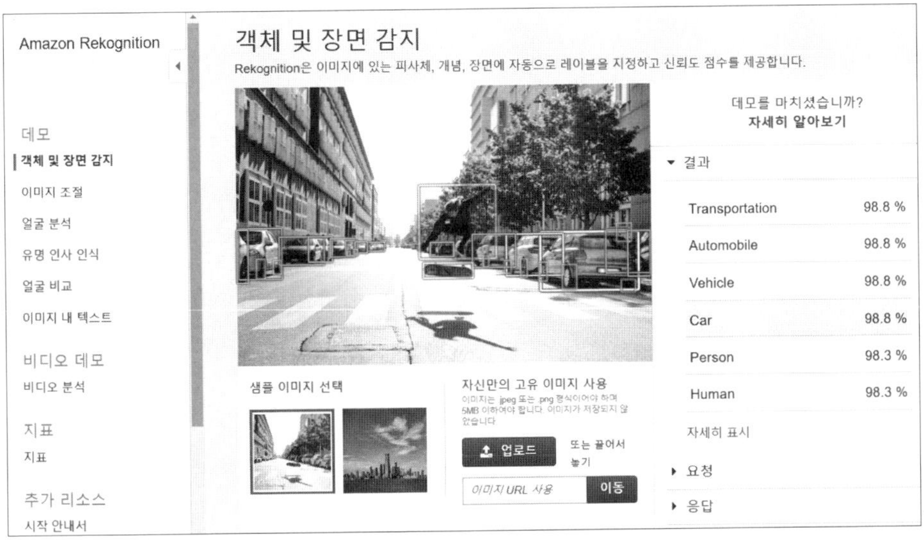

6. 이미지 오른쪽의 **결과**에는 탐지한 모든 객체에 대한 신뢰도(%)를 제공한다.

그보다 아래에는 **요청**과 **응답**을 표시하고 있다. 이 데모 페이지는 사용자 대신 레코그니션의 객체 및 장면 탐지 API를 호출했는데 **요청**을 클릭해서 확장해 보면 API 호출의 세부 정보가 나타난다.

```
{
  "Image": {
    "S3Object": {
      "Bucket": "console-sample-images",
      "Name": "skateboard.jpg"
    }
  }
}
```

이 요청은 JSON JavaScript Object Notation 형식이며 레코그니션 API로 분석할 대상 이미지(아마존 S3에 있음)를 지정한다. 요청 내용을 살펴보면 이미지 파일명이 `skateboard.jpg`이고 `console-sample-images` 버킷bucket에 저장돼 있음을 알 수 있다.

즉, 데모 애플리케이션이 아마존 S3에 표본 이미지를 저장하고 레코그니션은 S3에 저장된 이미지를 직접 분석하는 방식이며 이후 장의 여러 프로젝트에서도 이러한 패턴을 사용할 것이다. 앞에서 언급했듯이 AWS 에코시스템ecosystem의 큰 장점은 여러 서비스 간에 연동이 쉽다는 점이다.

응답도 JSON 형식이며 표본 이미지에서 탐지한 객체의 여러 정보를 포함한다. 예를 들어 객체의 이름(종류), 탐지 신뢰도, 이미지 내 각 객체 별 경계 박스의 좌표가 있다. 1장의 후반부에 있는 실습 프로젝트를 통해 이러한 JSON 응답을 어떻게 처리해야 할지 살펴본다.

이 데모로 직접 이미지를 업로드해서 레코그니션을 테스트할 수도 있기 때문에 이미지를 찾아서 시도해 보자. 데모 페이지에 이미지를 업로드하면 요청 내용이 약간 다르다는 것을 알 수 있는데 요청에 다음과 같은 내용이 나타난다.

```
{
  "Image": {
    "Bytes": "..."
  }
}
```

이제는 S3에 있는 이미지를 지정하지 않고 업로드한 이미지의 원시 바이트가 레코그니션 API로 직접 전송됐다. 즉, 레코그니션 API는 S3에 있는 이미지를 참조하거나 이미지의 원시 바이트를 가져오는 두 가지 버전이 있는데 애플리케이션의 특성에 따라 무엇을 사용할지 선택하면 된다.

S3 이용하기

아마존 S3 서비스는 AWS가 제공하는 서비스로, 안전하고 내구성 및 확장성이 좋은 오브젝트object 스토리지[12]를 비교적 저렴한 비용으로 제공한다. 오브젝트는 블록 또는 바이트

12 파일 단위의 클라우드 저장 서비스에서 파일을 일반적으로 '오브젝트' 또는 '객체'라고 표현하는데 '객체 탐지'에 등장하는 객체와 혼동을 피하기 위해 전자로 표기한다. – 옮긴이

단위가 아닌 파일 단위의 정보를 의미하므로 S3 서비스를 이용할 때는 파일 단위로만 접근할 수 있다. S3는 다양한 패턴으로 사용 가능한 매우 유연한 서비스인데 보다 자세한 내용은 해당 서비스의 안내 페이지(https://aws.amazon.com/s3)를 참조하자.

버킷 생성을 시작으로 아마존 S3 서비스를 이용해 볼 텐데 버킷은 파일(오브젝트)을 담을 수 있는 폴더에 해당하는 개념이다(폴더에 담을 수 있는 파일의 개수에는 제한이 없음).

아마존 관리 콘솔의 왼쪽 상단에 있는 **서비스** 탭을 클릭한 후 스토리지 그룹에 있는 **S3**를 클릭해서 아마존 S3 홈페이지로 이동한다. S3를 처음 사용한다면 다음과 같은 화면이 나타날 것이다.

이 책의 실습 프로젝트에서는 주로 세 가지 용도로 S3를 활용할 예정이다. 첫 번째 용도는 다른 AWS 서비스가 손쉽게 이용할 수 있게 미디어 파일 등의 파일을 저장하는 것이다. 앞의 레코그니션 데모에서 확인한 것처럼 AWS AI 서비스의 대부분은 S3와 밀접하게 통합돼 있다. 두 번째 용도는 S3을 사용해서 정지 상태의 전체 웹 사이트(HTML 파일, 이미지, 비디오 및 클라이언트 측 자바스크립트를 모두 포함)를 운영하는 것이다. 따라서 별도의 웹 서버가 없어도 웹 애플리케이션을 운영할 수 있다. 세 번째 용도는 맞춤형 ML 모형 훈련을 위해 데이터를 수집, 처리 및 분석하기 위한 저장소로 사용하는 것이다.

다양한 유즈 케이스와 비용 수준에 따라 설계한 여러 가지 S3 스토리지 클래스(class)가 있는데 엔터프라이즈급 애플리케이션의 경우 성능과 비용의 균형을 맞추기 위해 다양한 스토리지 클래스를 활용해야 할 수도 있다. 그러나 이 책의 프로젝트에서는 일반적인 용도에 사용하는 아마존 S3 표준 클래스(기본 클래스)를 사용해도 된다.

앞의 그림에 있는 **버킷 만들기** 버튼을 클릭하면 다음과 같은 화면이 나타난다.

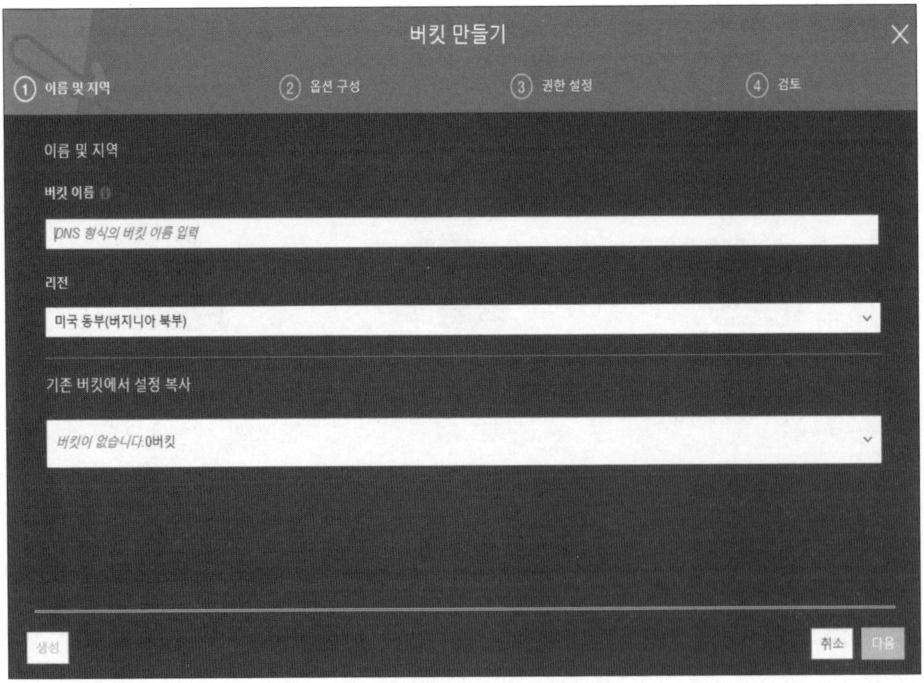

첫 번째 화면에는 '버킷 이름, 리전, 기존 버킷에서 설정 복사'라는 세 가지 정보의 입력 필드가 있는데 지금은 처음 버킷을 만드는 것이므로 세 번째 정보는 입력하지 않아도 된다.

S3 버킷 이름은 전 세계 모든 AWS 리전에서 유일해야 하므로 다른 사람이 만든 기존의 S3 버킷 이름과 중복되지 않게 주의한다. 전 세계 모든 AWS 리전을 통틀어 고유한 버킷 이름을 사용하기는 어려울 수 있는데 가령 `contents`, `website` 또는 `data`와 같은 일반적인 버킷 이름은 이미 사용 중일지도 모른다. 따라서 S3 버킷 이름을 도메인 이름 패턴과 유사한 형식으로 정하면 좋은데 그럴 때는 DNS 준수 기준[DNS-compliant]을 따라야 한다. 예를 들어 `aws.ai`를 루트 도메인으로 정했다면 충돌을 피하기 위해 `contents.aws.ai`, `website.aws.ai`, `data.aws.ai` 등의 이름으로 버킷을 만들 수 있다. 따라서 독자 여러분이 각자 어떤 루트 도메인을 사용할지 결정하고 맨 앞에 contents, website, data를 붙여서 세 개의 버킷을 생성해 보자.

> 특정 루트 도메인 이름을 이용해 버킷 이름을 정할 때 해당 도메인을 소유하고 있을 필요는 없다. 다만, 이미 어떤 도메인 이름을 보유하고 있을 때 되도록 그 도메인을 루트 도메인으로 사용하면 좋다.

다음으로 버킷의 리전을 선택해서 전 세계 리전 중 오브젝트를 실제로 저장할 곳을 지정한다. AWS 리전은 서로 완전히 분리되도록 설계했기 때문에 한 리전에 저장한 오브젝트로 다른 리전에서 실행 중인 서비스나 애플리케이션이 접근할 수 없다. 이 제약 사항은 애플리케이션과 데이터를 고객과 최대한 가깝게 배포해야 하는 고성능 요구사항이 있을 때나 애플리케이션과 데이터가 특정 지역에 있어야 한다는 산업 및 정부 규정을 준수해야 할 때 매우 중요하다.

그러나 이 책에 있는 실습 프로젝트는 이러한 상황과 관련이 없으므로 리전을 고민할 필요가 없다. 단지, 일관성을 위해서 **미국 동부(버지니아 북부)** 리전을 다시 선택한다.

버킷 생성 후에는 다음 화면과 같은 **S3 버킷** 페이지가 나타난다.[13]

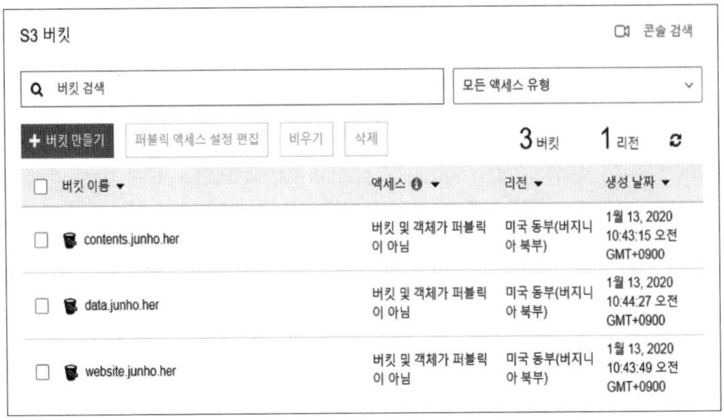

모든 버킷을 생성한 후에 contents.junho.her 버킷[14]을 클릭하면 다음과 같은 화면이 나타난다.

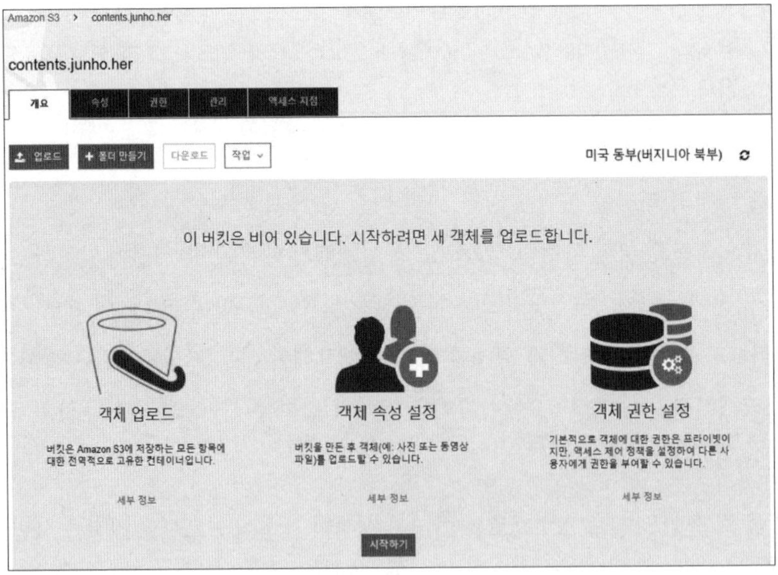

13 물론 버킷 이름의 루트 도메인은 다를 것이다. – 옮긴이

14 옮긴이의 버킷 이름 – 옮긴이

이 화면에서는 버킷에 파일을 업로드하고 버킷 속성 및 액세스 권한을 설정하며 생명주기 및 리전 간 복제 규칙을 설정할 수 있다. 지금은 레코그니션 서비스로 분석할 몇 장의 사진만 업로드하고 기타 설정 사항은 나중에 다시 설명하겠다. **업로드** 버튼을 누르거나 해당 페이지에 대상 사진을 끌어다 놓아 업로드하고 모든 파일 설정은 기본값으로 둔다.

축하한다. 99.999999999%의 내구성과 99.99%의 가용성이 있는 AWS 클라우드 플랫폼에 파일을 방금 성공적으로 저장했다.[15] 통계적으로 풀어서 설명하면 S3는 10,000개의 파일을 저장했을 때 천만 년마다 단 하나의 파일만 잃는 것과 같이 내구성이 좋다. 그리고 애플리케이션이 모든 파일을 매년 총 525,600분 중 525,547.4분 동안 문제없이 이용할 수 있을 정도로 가용성이 좋다.

신원 및 접근 권한 관리

다음으로 살펴볼 AWS 서비스는 신원 및 접근 권한 관리IAM, Identity and Access Management로 다른 AWS 서비스 및 자원에 대한 접근 권한을 안전하게 관리하기 위한 서비스이다. AWS는 엔터프라이즈급 보안 및 접근 제어 기능을 제공하므로 상용 수준의 애플리케이션을 클라우드에 구축하는 데 활용하면 좋다. 이 책의 실습 프로젝트 구축 시에도 IAM을 많이 활용할 것이다. 다만, AWS를 처음 사용하는 경우에는 IAM 사용이 다소 난해할 수 있어서 간단히 살펴보겠다. 우선, 애플리케이션이 어느 서비스에 작업을 요청할 때 적절한 접근 권한이 없으면 해당 서비스는 요청을 거부하기 때문에 애플리케이션에 적절한 접근 권한을 부여할 수 있도록 사용자, 그룹 및 역할role 등의 개념을 알아야 한다.

전체 AWS 서비스 중 보안, 자격 증명 및 규정 준수 그룹의 서비스 목록에서 IAM을 클릭해 IAM 홈페이지로 이동하면 다음과 같은 화면이 나타난다.

---

15 저자는 S3 서비스가 우수한 내구성과 가용성이 있는 안전한 오브젝트 스토리지라는 것을 강조하고 있다. – 옮긴이

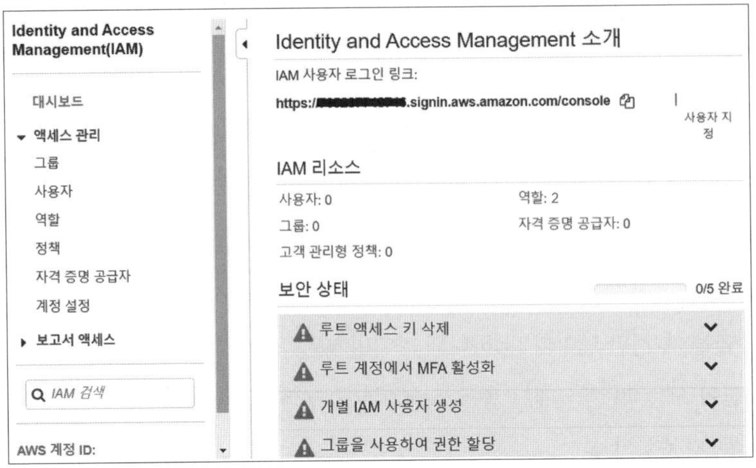

IAM 대시보드는 IAM 자원(리소스)과 그 보안 상태를 전반적으로 표시한다. 화면과 같이 아직 사용자나 그룹은 없지만 AWS가 기본적으로 두 개의 역할을 생성해 둔 것이 있다.

현재 루트 계정으로 AWS 관리 콘솔에 접속한 상태이며 이 계정은 기본적으로 AWS 관리 콘솔에만 접근할 수 있고 다른 AWS 서비스와 프로그래밍 방식으로programmatically 연동[16]할 수 없으므로 실습 프로젝트가 AWS 서비스에 프로그래밍 방식으로 접근할 수 있도록 새로운 사용자를 만들어 보자.

IAM 홈페이지 왼쪽에 있는 **사용자** 메뉴를 클릭해서 나온 다음 화면의 **사용자 추가** 버튼을 클릭한다.

16 관리 콘솔을 경유해서 여러 서비스의 홈페이지에 접근하는 것 외에 AWS API, CLI 및 SDK 등을 이용해서 코드를 작성하면서 해당 코드에 특정 AWS 계정을 부여하고 AWS 서비스를 이용하는 방식 – 옮긴이

원하는 사용자 이름을 입력한 후 AWS 액세스 유형에서 프로그래밍 방식 액세스만 선택한다. 참고로 각 사용자의 설정을 프로그래밍 방식 액세스나 AWS Management Console 액세스 중 하나로 제한하면 좋다. 프로그래밍 방식 액세스는 액세스 키 ID 및 비밀 액세스 키 쌍pair을 활성화하는데 그렇게 하면 AWS API, CLI 및 SDK가 이 키 쌍을 사용할 수 있다.

`aws_ai`라는 이름의 사용자가 프로그래밍 방식으로 AWS 서비스에 접근할 수 있게 다음과 같이 설정하고 **다음: 권한**을 클릭한다.

그다음 화면에서 권한을 관리할 그룹을 만들어 보자. 참고로 권한이나 정책을 각 사용자에게 직접 부여하지 말고 해당 권한을 가진 하나 이상의 그룹에 사용자를 추가하면 좋다. 이렇게 하면 수많은 사용자가 있는 조직에서 권한을 그룹 단위로 훨씬 쉽게 관리할 수 있다.

다음 화면에서 **그룹에 사용자 추가** 탭 아래의 **그룹 생성** 버튼을 클릭한다.

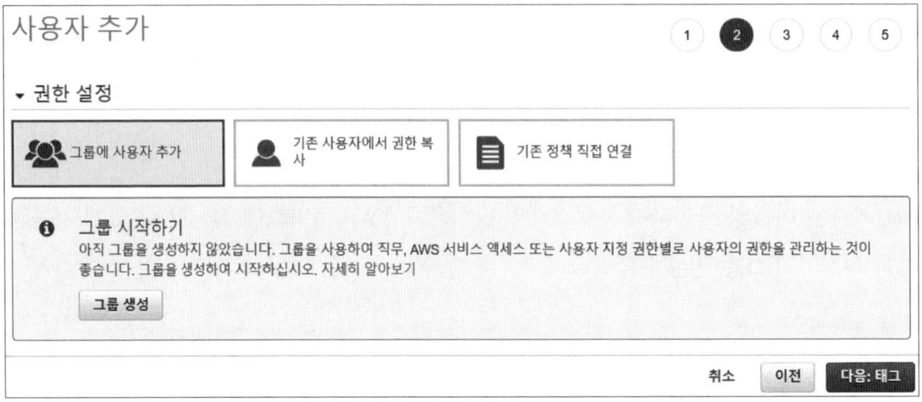

그룹 이름을 `Developer`로 지정한 후 AdministratorAccess 정책을 체크해서 이 그룹에 연결한다.

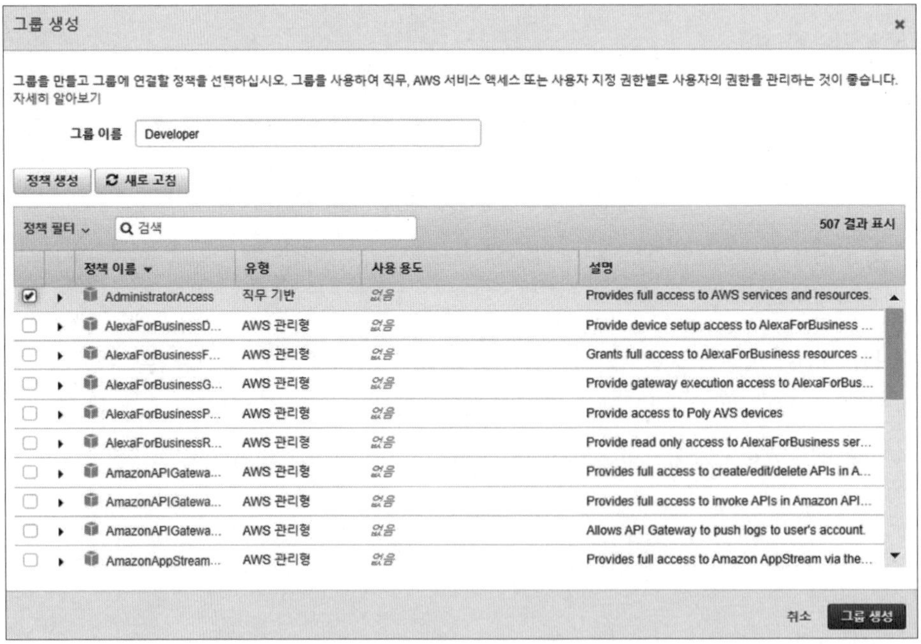

태그를 만들 필요가 없으므로 사용자 정보를 검토하고 **사용자 만들기**를 클릭한다.[17]

> 간단히 설명하기 위해서 모든 AWS 서비스와 자원에 접근할 수 있는 권한의 강력한 정책을 지정했지만 실 서비스 환경에서는 권한과 정책을 아주 세밀하게 설정해서 지정해야 한다. 즉, 시스템 보안 차원에서 항상 최소 권한의 원칙[18]을 준수해야 한다.

사용자가 생성되면 다음과 같은 성공 화면이 나타난다.

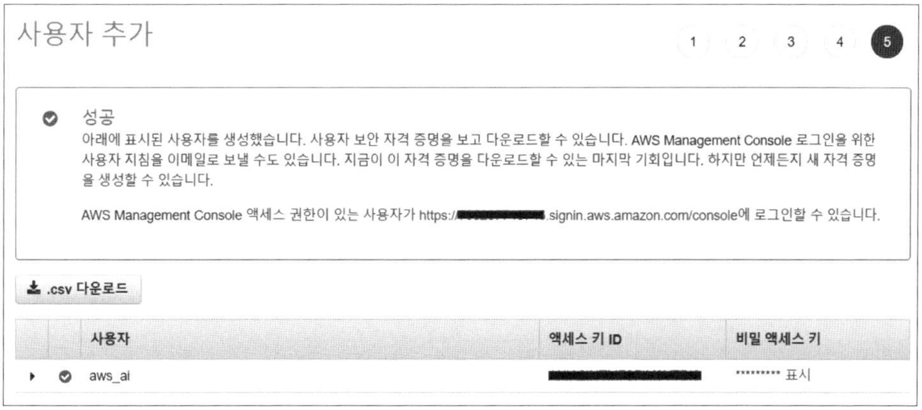

이 화면에서 앞에서 언급한 액세스 키 쌍을 보거나 다운로드할 수 있는데 나중에는 기회가 없으므로 CSV 파일을 컴퓨터에 다운로드 받아 둔다. 1장의 후반부에서 AWS CLI와 AWS SDK를 사용할 때 이 키 쌍이 필요하다.

17 그룹 생성이 끝나면 다시 사용자 생성 화면에서 Developer 그룹을 체크해서 사용자에 그룹을 지정하는 과정이 생략됐다. 그다음 태그 추가 단계가 나오는데 그냥 넘어가면 사용자 정보 검토 화면이 나온다. – 옮긴이

18 각 사용자, 역할, 그룹 별로 필요한 권한만 최소한으로 부여하는 보안 원칙이다. – 옮긴이

액세스 키 쌍은 사용자 이름과 비밀번호에 해당한다. 키 쌍을 다른 사람과 공유하면 의도치 않게 비용을 부담하게 되므로 공유하지 않는 것이 좋다. 참고로 소스코드에 키 쌍을 입력한 뒤에 공공 소스코드 저장소[19]에 올리지 않도록 주의한다. 자동화 봇(bot)으로 공공 소스코드 저장소를 스캔한 후 획득한 AWS 키 쌍으로 클라우드 자원을 도용해 해킹 또는 암호화 화폐를 채굴하는 사례가 있다.

이제 IAM 서비스를 이용해 성공적으로 사용자를 생성해서 관리 권한이 있는 그룹에 추가했다. 대시보드로 돌아가 보면, 다음 화면과 같이 사용자와 그룹이 IAM 리소스에 추가되고 보안 상태가 변한 것을 볼 수 있다.

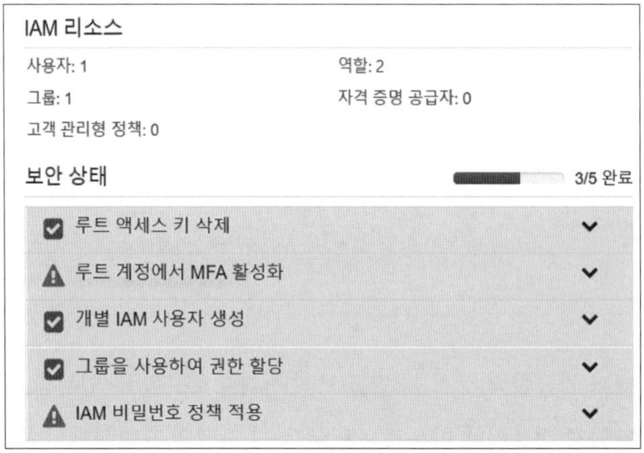

보안 상태 섹션의 나머지 두 설정을 완료할 것을 강력히 권장한다. 우선, 루트 계정에서 다요소 인증(MFA, multi-factor authentication)을 활성화한다. MFA를 활성화하면 루트 계정 암호(알고 있는 것)와 스마트폰 등의 기기(가지고 있는 것)용 일회성 토큰 등 두 가지 방식으로 로그인하도록 요구해서 루트 계정의 보안을 강화할 수 있다. 두 번째로 IAM 비밀번호 정책을 적용해서 길이, 복잡성, 만료 기간 등의 비밀번호 정의 요건을 준수하도록 설정한다.

19 예를 들어 깃허브 같은 곳에 공개 옵션으로 설정하는 것 – 옮긴이

AWS CLI 사용하기

AWS CLI는 사용자가 터미널 셸shell에서 명령을 실행해 AWS 서비스를 이용하도록 하는 도구이다. 1장의 전반부에서는 웹 기반 AWS 관리 콘솔로 몇 가지 AWS 서비스를 이용했는데 웹 관리 콘솔은 초보자가 AWS를 익히는 가장 쉬운 인터페이스로 소프트웨어 개발 프로세스에서 사용하기는 부적합하다. AWS CLI 도구를 사용하면 다양한 개발 도구가 이미 설치된 터미널 셸에서 웹 콘솔에 있는 기능을 모두 사용할 수 있다. 따라서 브라우저를 통하지 않으므로 개발 프로세스가 매끄럽다.

AWS CLI는 주로 파이썬 패키지 관리자를 통해 배포되기 때문에 개발용 컴퓨터에 파이썬을 먼저 설치해야 한다. 또한 실습 프로젝트 개발에도 파이썬을 사용할 것이므로 추후 개발 환경의 호환성을 유지하기 위해 다음 지침에 따라 파이썬을 설치해 두도록 한다.

파이썬 설치하기

macOS, 리눅스Linux 그리고 마이크로소프트 윈도우Microsoft Windows 등 세 가지 주요 운영체제에서 파이썬을 사용할 수 있으며 파이썬 공식 홈페이지(https://www.python.org)에 설치 프로그램과 설명서가 있다. 이 책은 별도로 언급하지 않는 한 파이썬 3.7.0 이상을 기준으로 하며 가능한 한 그 이상의 최신 버전을 사용하면 좋다.

macOS에 파이썬 설치하기

macOS에 사전에 설치된 파이썬 버전은 2.7이므로 최신 버전을 설치하려면 홈브루Homebrew라는 macOS 용 패키지 관리자를 사용하면 좋다. 홈브루는 흔히 macOS에 기본으로 탑재되지 않는 패키지 관리자이며 파이썬을 포함한 많은 macOS 소프트웨어 패키지 설치를 간단하게 해준다. 홈브루를 설치하려면 공식 홈페이지 https://brew.sh에 있는 지침을 따르는 것이 좋으며 이 책을 쓰는 현재[20] 터미널에서 홈브루를 설치하는 명령은 다음과 같다.

```
$ /usr/bin/ruby -e \
"$(curl -fsSL https://raw.githubusercontent.com/Homebrew/install/master/install)"
```

홈브루를 설치한 후 터미널 프롬프트prompt에서 다음 명령으로 최신 버전의 파이썬과 pip(파이썬 패키지 관리 시스템)를 설치할 수 있다.

```
$ brew install python3
$ brew install pip3
```

다음 명령으로 최신 버전의 파이썬과 pip를 시스템에 올바르게 설치했는지 확인한다.[21]

```
$ python --version
$ pip --version
```

이 명령의 출력에는 각각 3.7.0 및 18.0.0 이상의 버전 번호가 나타나야 한다.

리눅스에 파이썬 설치하기

리눅스 배포판은 여러 가지가 있으며 각 배포판에 따라 파이썬 설치 방법이 다를 수 있다. 우선, 터미널에서 다음 명령어로 시스템에 파이썬과 pip가 설치돼 있는지 확인한다.

```
$ python --version
$ pip --version
```

20 확인해 본 결과 홈브루 설치가 문제없이 잘 된다. – 옮긴이

21 2.x 버전의 파이썬이 설치된 상태에서 3.x 버전을 새로 설치하면 python과 pip 대신 python3와 pip3로 각 명령어를 대체해야 하는데 이 책에서 해당 명령어가 등장할 때마다 확인해야 한다. – 옮긴이

파이썬 또는 pip가 설치돼 있지 않거나 앞서 언급한 기준보다 하위 버전이 설치된 경우에는 각 리눅스 배포판의 패키지 관리자를 통해 제대로 설치한다.[22]

- 우분투Ubuntu 등 데비안Debian 계열은 다음과 같은 apt 명령어 구문을 사용한다.

```
$ sudo apt-get install python3 python3-pip
```

- 페도라Fedora 등의 레드햇 계열[23]은 다음과 같은 yum 명령어 구문을 사용한다.

```
$ sudo yum install python python-pip
```

- SUSE[24] 계열은 다음과 같은 zypper 명령어 구문을 사용한다.

```
$ sudo zypper install python3 python3-pip
```

마이크로소프트 윈도우에 파이썬 설치하기

마이크로소프트Microsoft 윈도우Windows 10과 그보다 하위 버전 간에 파이썬 환경 설정이 다르다.

윈도우 10

윈도우 10을 사용 중이라면 윈도우용 리눅스 지원 시스템WSL, Windows Subsystem for Linux을 설치하면 좋다. 왜냐하면 이를 이용해 윈도우 환경에서 원하는 리눅스 배포판을 실행할 수 있기 때문이다.

22 설치 전에 배포판 별 패키지 관리자 업데이트를 적용해 둬야 설치에 문제가 없는데 세부 방법은 배포판 별로 웹에서 검색해서 찾아보자. – 옮긴이

23 CentOS도 이 계열에 속한다. – 옮긴이

24 독일어 "Software und System-Entwicklung"의 약어인데 독일의 작은 소프트웨어 회사에서 개발을 시작한 리눅스 배포판으로 현재는 이 계열의 배포판 종류가 몇 가지 있다. – 옮긴이

먼저, 윈도우 10의 선택 기능인 WSL을 활성화해야 하는데 관리자 권한으로 파워셸PowerShell을 열고[25] 다음 명령을 실행한다.

```
> Enable-WindowsOptionalFeature -Online -FeatureName Microsoft-Windows-Subsystem-Linux
```

해당 명령어 실행이 끝나고 컴퓨터를 다시 시작하자.

마이크로소프트 스토어Microsoft Store에서 원하는 리눅스 배포판을 다운로드해서 설치할 수 있다. 이 책을 쓰는 현재는 다음의 다섯 가지 리눅스 배포판을 WSL에서 사용할 수 있다. 우분투, OpenSUSE, SUSE 리눅스 기업용 서버Enterprise Server, 데비안 GNU/리눅스 및 칼리Kali 리눅스[26] 중 원하는 리눅스 배포판을 설치한 후 앞의 '리눅스에 파이썬 설치하기'에 있는 해당 배포판에 대한 설치 지침을 따른다.

하위 버전의 윈도우

하위 버전의 윈도우를 사용 중인 경우 파이썬 배포 및 패키지 관리자인 아나콘다Anaconda를 사용하면 좋다. 아나콘다 설치 프로그램과 설명서는 다음 사이트에서 찾을 수 있다.

https://www.anaconda.com/download

AWS CLI 설치하기

개발용 컴퓨터에 파이썬 설치가 끝났으면 AWS CLI 설치로 넘어가자. AWS CLI는 앞서 설치한 파이썬 패키지 관리자pip를 통해 배포되는데 다음 명령으로 AWS CLI를 설치하고 확인할 수 있다.[27]

25 윈도우 하단 검색창에서 'PowerShell'을 입력해서 나타나는 아이콘에 마우스를 우클릭해서 [관리자 권한으로 실행]을 클릭하면 된다. – 옮긴이

26 데비안 기반의 리눅스 배포판으로 우분투보다는 칼리 리눅스에서 파이썬 최신 버전의 설치가 용이해서 추천한다. – 옮긴이

27 aws 명령어가 있는 디렉터리의 경로를 PATH 환경 변수에 등록해야 한다. – 옮긴이

```
$ pip install awscli
$ aws --version
```

설치한 패키지 이름은 awscli이지만 AWS CLI의 명령어는 aws로 시작한다.

AWS CLI 설정하기

AWS CLI를 사용하려면 몇 가지 설정이 필요한데 다음 명령을 사용하는 편이 가장 빠른 방법이다.

```
$ aws configure
AWS Access Key ID [None]: <각자의 액세스 키 ID>
AWS Secret Access Key [None]: <해당 액세스 키의 비밀번호>
Default region name [None]: us-east-1
Default output format [None]: json
```

터미널에 입력하는 내용은 다음과 같다.

- 처음 두 항목은 보안 자격 증명 정보로 각자의 AWS 사용자 권한을 CLI에 부여한다. 이 정보는 IAM 서비스로 새 사용자 생성 시 다운로드한 CSV 파일에 들어 있으므로 CSV 파일을 열고 액세스 키 ID와 액세스 키의 비밀번호를 각각 복사해서 터미널의 해당 입력 프롬프트에 붙여 넣으면 된다.
- 다음 항목인 기본 리전 설정에는 이 책 전체 프로젝트의 일관성을 위해 `us-east-1`을 입력한다.
- 마지막으로 기본 출력 형식 설정에는 `json`을 입력하는데 이렇게 하면 AWS CLI의 출력이 JSON 형식으로 설정된다.

aws configure 명령은 사용자 홈 디렉터리(예: macOS 및 리눅스의 경우는 ~/)에 숨은 디렉터리인 .aws를 생성한다. 또한 이 디렉터리 안에 두 개의 파일을 생성하는데 하나는 다음 내용이 들어 있는 credential이라는 파일이다.

```
[default]
aws_access_key_id = <각자의 액세스 키 ID>
aws_secret_access_key = <해당 액세스 키의 비밀번호>
```

다른 하나는 다음 내용이 들어 있는 config라는 파일이다.

```
[default]
region = us-east-1
output = json
```

각자의 시스템에서 해당 파일을 찾아 내용을 확인해 보자.

앞에서 액세스 키 쌍을 복사하거나 다운로드받지 않았다면 AWS 관리 콘솔에서 다음 절차를 수행해서 새 키 쌍을 얻을 수도 있다.

1. 보안, 자격 증명 및 규정 준수 그룹의 IAM 서비스로 이동한다.
2. IAM 관리 콘솔 왼쪽의 **사용자**를 클릭하고 각자의 사용자 이름을 클릭한다.
3. 해당 사용자 요약 페이지에서 **보안 자격 증명** 탭을 클릭한다.
4. 액세스 키 섹션에서 **액세스 키 만들기** 버튼을 클릭하면 새 액세스 키가 생성된다.
5. 새 키 쌍을 생성하고 나면 이전의 키 쌍은 반드시 삭제한다.

앞의 절차를 완료하면 다음 화면이 나타난다.

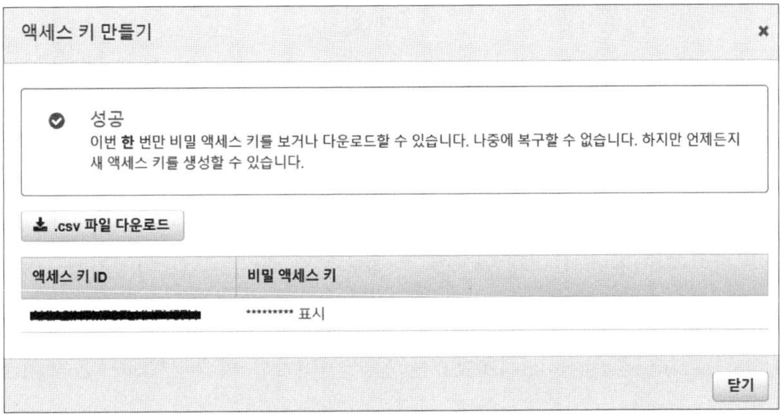

액세스 키를 변경할 때마다 다음 명령으로 AWS CLI를 재설정해야 한다.

```
$ aws configure
```

앞에서 설명한 대로 보안, 자격 증명, 기본 리전 및 기본 출력 형식을 입력한다.

이제 AWS CLI가 바르게 설정됐는지 확인하기 위해 다음 명령을 실행하자.

```
$ aws s3 ls
2018-12-01    18:01:20 contents.aws.ai
2018-12-01    18:01:49 data.aws.ai
2018-12-01    18:01:35 website.aws.ai
```

이 명령은 독자 여러분의 AWS 계정에 있는 모든 S3 버킷을 표시한다. 좀 더 구체적으로, 이 명령은 해당 액세스 키를 소유한 사용자가 볼 수 있는 모든 S3 버킷을 나열한다. CLI 설정에서 입력했던 키 쌍을 잘 기억해 두자. 앞에서 강력한 관리자 정책을 지정받은 사용자[28]의 소유이다. 강력한 관리자 정책은 모든 서비스에 대해 모든 권한(읽기, 쓰기 등)을 부여하는 것이므로 당연히 이 사용자는 S3에도 접근할 수 있다. 어쨌든 1장의 'S3 이용하기' 절에

28 엄밀히 말하면 그룹에 해당 정책을 지정하고 사용자를 이 그룹에 포함시킨 것이다. – 옮긴이

서 AWS 관리 콘솔로 생성한 S3 버킷들이 표시된다.

AWS CLI로 레코그니션 서비스 호출하기

AWS CLI로 아마존 레코그니션의 객체 탐지 기능을 호출해 보겠다. 이번에는 S3 버킷에 직접 저장한 이미지에서 객체 탐지를 수행해 보자. 많은 무료 이미지를 제공하는 웹사이트인 Pexels에 있는 표본 이미지를 사용할 것인데 `https://www.pexels.com/photo/animal-beagle-canine-close-up-460823/`에 있는 이미지를 다운로드해서 `contents` S3 버킷에 업로드한다.

해당 이미지를 열어보면 다음과 같이 귀여운 비글beagle 강아지 한 마리가 자갈이 깔린 곳에 웅크리고 있는 것을 볼 수 있다.

다음 명령으로 `contents` 버킷에 있는 오브젝트를 나열해서 해당 이미지 파일을 잘 업로드했는지 확인한다.

```
$ aws s3 ls s3://<YOUR BUCKET>
2018-12-02 13:31:32    362844 animal-beagle-canine-460823.jpg
```

S3에 이미지 하나가 저장돼 있으므로 다음 CLI 명령으로 레코그니션의 객체 탐지 기능을 호출할 수 있다. 역슬래시('\')로 '{' 및 '}' 문자 표현을 살려두고, S3 오브젝트를 지정할 때 공백을 포함하지 않아야 한다.[29]

```
$ aws rekognition detect-labels --image S3Object=\{Bucket=<YOUR BUCKET>,Name=animal-beagle-canine-460823.jpg\}
```

실행하면 다음과 같은 결과가 바로 나타난다.[30]

```
{
 "Labels": [
 {
 "Name": "Mammal",
 "Confidence": 98.9777603149414
 },
 {
 "Name": "Pet",
 "Confidence": 98.9777603149414
 },
 {
 "Name": "Hound",
 "Confidence": 98.9777603149414
 },
 {
 "Name": "Dog",
 "Confidence": 98.9777603149414
 },
 {
 "Name": "Canine",
 "Confidence": 98.9777603149414
 },
 {
```

29 이미지 파일 확장명이 jpeg 일수도 있으니 확인하자. – 옮긴이

30 실제로 해보면 각 객체 별로 "Instances"와 "Parents" 정보도 나타나고 "Confidence" 값이 더 높게 나오는 객체도 있다. – 옮긴이

```
"Name": "Animal",
"Confidence": 98.9777603149414
},
{
"Name": "Beagle",
"Confidence": 98.0347900390625
},
{
"Name": "Road",
"Confidence": 82.47952270507812
},
{
"Name": "Gravel",
"Confidence": 74.52912902832031
},
{
"Name": "Dirt Road",
"Confidence": 74.52912902832031
}
]
}
```

앞의 CLI 설정대로 출력은 JSON 형식이고 보는 바와 같이 레코그니션 서비스가 몇 가지 객체(레이블)를 감지했다. 레코그니션은 개를 거의 확실히 탐지했고 그 품종까지도 비글로 식별했다.[31] 게다가 레코그니션은 이미지에서 비포장 도로의 일부로 보이는 자갈gravel도 감지했다.[32] AWS CLI는 AWS 서비스를 단순히 확인해 볼 때나 애플리케이션 개발 프로세스에서 출력이 어떻게 표시되는지 확인할 때 매우 유용하다.

31 신뢰도 98% 정도의 높은 수치가 이를 입증하고 있다. – 옮긴이

32 신뢰도는 75% 정도로 확실하지는 않지만 어느 정도는 감지한 셈이다. – 옮긴이

AI 애플리케이션에 파이썬 사용하기

파이썬은 사용자가 매우 많은 프로그래밍 언어로, 최근 데이터 과학 및 ML 커뮤니티에서 큰 인기를 얻고 있어 사용자가 더욱 빠르게 증가하고 있다. 전 세계 여러 개발자와 오픈소스 커뮤니티가 개발한 수많은 파이썬 라이브러리가 있기 때문에 파이썬 개발자는 데이터 분석부터 심층 신경망 학습까지, 간단한 스크립트 작성부터 웹 애플리케이션 개발까지 거의 모든 일을 할 수 있다.

AI와 ML 분야에서 파이썬은 사실상de facto 표준 프로그래밍 언어이다. 예를 들어 여러 가지 유용한 ML 알고리즘을 제공하는 인기 있는 사이킷런 라이브러리가 있다. 또한 엠엑스넷, 텐서플로 등 심층 신경망 관련 라이브러리도 많이 있다.

이 책의 모든 실습 프로젝트에서는 다음과 같이 파이썬을 사용할 것이다.

- 이 책의 전반부에 있는 프로젝트에서는 AWS AI 서비스를 활용해 인공지능 솔루션을 만들 것인데 파이썬으로 후단부 컴포넌트, API 및 웹 애플리케이션 등을 개발해서 사용자에게 인공지능 기능을 제공한다. AWS는 Boto라는 파이썬 SDK를 제공하는데 이를 통해 애플리케이션이 AI 관련 서비스를 비롯한 모든 AWS 서비스와 연동할 수 있다.
- 이 책의 후반부에서는 AWS ML 서비스를 사용해 자체 개발한 ML 모형을 훈련시킬 것이다. 실습 프로젝트에서 데이터를 처리하고 ML 모형을 훈련하며 지능형 기능을 배포하는 데 파이썬을 사용할 것이다. 또한 세이지메이커SageMaker, 엘라스틱 맵리듀스EMR, Elastic MapReduce 등을 사용하기 위해 Boto SDK 외에 다양한 AWS 라이브러리를 사용할 것이다.

파이썬 개발 환경 구축하기

우선 로컬 개발 환경부터 구축해 보자. 실습 프로젝트에서는 종단 간 전체 솔루션을 구축할 예정이므로 필요 패키지와 의존 요건(패키지 별 버전 등)이 많다. 하지만 패키지는 항상 표준 라이브러리로 제공되지는 않으며, 패키지 간의 충돌 방지를 위해 특정 버전의 라이브러리를 설치해야 할 경우도 있다. 따라서 반드시 다음 지침에 따라 패키지를 설치해야 한다.

pipenv로 파이썬 가상 환경 구축하기

이 책의 실습 프로젝트에 필요한 패키지 관리를 위해 파이썬 가상 환경Python Virtual Environment을 사용한다. 파이썬 가상 환경은 특정 버전의 파이썬과 패키지를 포함하는 프로젝트 디렉터리 트리를 생성하기 위한 파이썬다운pythonic[33] 방법이다.

파이썬 가상 환경을 사용하면 다음과 같은 이점이 있다.

- 프로젝트의 모든 패키지 및 의존 요건이 하나의 설정 파일에 저장돼 있으므로 다른 개발자가 프로젝트 개발 환경을 쉽게 복제할 수 있다. 따라서 여러 사람이 같이 개발할 때 매우 유용하다.
- 혼자 작업하더라도 개발, 테스트 및 배포 등 별도의 환경을 구축(또는 재구축)하는 데 유용하다.
- 다른 버전의 패키지를 설치할 수 있는 별도의 파이썬 환경을 생성할 수도 있다. 이러한 식으로 한 컴퓨터 안에 프로젝트 별로 상충하는 파이썬 버전과 패키지를 설치할 수 있다.

pipenv는 파이썬 가상 환경 도구들 중에서 비교적 새로 나온 것이지만 최근 `python.org`의 공식 파이썬 패키징 도구로 인정받았기 때문에 이 도구를 사용하겠다. `pipenv`를 설치하려면 터미널에서 다음과 같은 pip 명령 구문을 실행한다.

---

33 파이썬 커뮤니티는 파이썬 코딩 스타일 지침서(PEP) 등 다양한 코딩 및 설계 지침을 제시하고 있는데 'pythonic'은 이러한 지침에 잘 부합하는 것을 의미한다. – 옮긴이

```
$ pip install pipenv
$ pipenv --version
```

위의 pipenv 명령으로 버전과 함께 설치 여부를 확인할 수 있다.

첫 번째 파이썬 가상 환경 구축하기

파이썬 툴셋을 설치했으므로 AWS 클라우드 플랫폼과 연동할 수 있는 파이썬 프로젝트를 개발하면서 이 툴셋을 사용해 보자. 먼저, 다음과 같이 ObjectDetectionDemo라는 이름의 프로젝트 디렉터리를 만들고 해당 디렉터리 안에서 pipenv로 파이썬 3의 가상 환경을 초기화한다.

```
$ mkdir ObjectDetectionDemo
$ cd ObjectDetectionDemo
$ pipenv --three
```

초기화가 완료되면 ObjectDetectionDemo 디렉터리에 Pipfile이라는 이름의 pipenv 설정 파일이 생성되는데 여기에 해당 프로젝트의 파이썬 패키지와 종속 요건이 저장된다.

이제 AWS 파이썬 SDK인 Boto를 다음과 같이 설치한다.

```
$ pipenv install boto3
```

pipenv가 파이썬 패키지 색인index 정보를 동기화하고 종속 요건에 따라 boto3 패키지를 설치하는 데 몇 분 정도 걸릴 수 있다. 설치 후 Pipefile 파일의 내용은 다음과 같아야 한다.

```
[[source]]
url = "https://pypi.org/simple"
verify_ssl = true
name = "pypi"
```

```
[packages]
"boto3" = "*"

[requires]
python_version = "3.7"
```

내용 중 packages 섹션에 boto3 항목이 있는데 버전을 '*'로 표기해 최신 버전을 사용하도록 하고 있다. 프로젝트에 따라 필요하다면 '*' 대신 특정 버전을 지정할 수도 있다.

AWS SDK로 첫 번째 프로젝트 개발하기

S3 버킷의 이미지에서 객체를 탐지하는 첫 번째 파이썬 애플리케이션을 개발해 보자. 우선, 애플리케이션이 아마존 S3 서비스 및 아마존 레코그니션 서비스와 연동할 수 있도록 boto3를 활용할 예정이다.

> TIP 파이썬 소스 파일 작성 시 원하는 텍스트 편집기나 파이썬 통합 개발 환경(IDE)을 사용해도 좋다. 선호하는 IDE가 없을 경우, 젯브레인(JetBrains)사의 파이참(PyCharm)을 추천한다(https://www.jetbrains.com/pycharm/). 파이참은 코드 편집, 코드 분석, 그래픽 디버거, 통합 단위 테스트 도구, 버전 제어 시스템과의 연동 등 강력한 기능을 제공하는 크로스 플랫폼[34] 파이썬 IDE이다.

1. 첫 번째로 작성할 소스 파일은 storage_service.py로 ObjectDetectionDemo 디렉터리 안에 생성한다. 다음은 storage_service.py 파일의 파이썬 코드이다.

```
import boto3

class StorageService:
```

34 운영체제(OS)에 상관없이 잘 실행되는 소프트웨어를 일컫는 용어로, 흔히 각 윈도우 버전과 리눅스 배포판에 부합하는 여러가지 버전의 해당 소프트웨어를 제공해 이를 실현한다. – 옮긴이

```
    def __init__(self):
        self.s3 = boto3.resource('s3')

    def get_all_files(self, storage_location):
        return self.s3.Bucket(storage_location).objects.all()
```

이 코드의 파이썬 클래스 StorageService는 아마존 S3와 연동하는 기능을 캡슐화한 것으로, get_all_files()라는 하나의 메소드만 구현했다. 이 메소드는 매개변수 storage_location으로 전달한 버킷의 모든 오브젝트를 반환한다. 이 외에 현재 권한으로 접근 가능한 버킷의 목록을 나열하고, 버킷에 파일을 업로드하는 등 아마존 S3와 관련된 다른 기능도 이 파일에 추가할 수 있다.

2. 다음으로 작성할 소스 파일은 recognition_service.py로 역시 ObjectDetectionDemo 디렉터리 안에 생성한다. 다음은 recognition_service.py 파일의 파이썬 코드이다.

```
import boto3

class RecognitionService:
    def __init__(self):
        self.client = boto3.client('rekognition')

    def detect_objects(self, storage_location, image_file):
        response = self.client.detect_labels(
            Image = {
                'S3Object': {
                    'Bucket': storage_location,
                    'Name': image_file
                }
            }
        )

        return response['Labels']
```

이 코드의 파이썬 클래스 RecognitionService는 아마존 레코그니션 서비스와 연동하는 기능을 캡슐화한 것으로, detect_objects()라는 하나의 메소드만 구현했다. 이 메소드는 레코그니션의 레이블 탐지 API[35]를 호출하고, 그 응답response에 들어 있는 레이블 정보를 추출해서 다시 반환한다. 이 메소드의 호출자caller는 매개변수 storage_location과 image_file을 통해 S3 버킷과 파일 이름을 각각 지정한다. 이 외에 텍스트 탐지, 얼굴 분석 등 아마존 레코그니션의 기타 기능을 활용하는 것도 이 파일에 추가로 구현할 수 있다.

3. 마지막으로 작성할 소스 파일은 object_detection_demo.py이며 마찬가지로 ObjectDetectionDemo 디렉터리 안에 생성한다. 다음은 object_detection_demo.py 파일의 파이썬 코드이다.[36]

```
from storage_service import StorageService
from recognition_service import RecognitionService

storage_service = StorageService()
recognition_service = RecognitionService()

bucket_name = 'contents.junho.her'

for file in storage_service.get_all_files(bucket_name):
    if file.key.endswith('.jpeg'):
        print(file.key + ' 이미지에서 탐지한 객체' + ':')
        labels = recognition_service.detect_objects(file.bucket_name, file.
key)

        for label in labels:
            print('-- ' + label['Name'] + ': ' + str(label['Confidence']))
```

35 detect_labels()는 레이블 자체를 탐지하는 것이 아니라 객체를 탐지해 그 결과에 레이블을 붙이는 것이므로 이름을 잘못 지은 듯하다. – 옮긴이

36 옮긴이의 이미지 파일 확장명에 맞게 수정하고 출력 제목을 한글로 표기한 소스코드이다. – 옮긴이

이 코드는 앞서 작성한 두 서비스 구현체를 활용해서 S3 버킷에 있는 이미지의 객체를 탐지하는 파이썬 스크립트이다.[37]

다음은 데모 애플리케이션의 작업 흐름을 나타내는 시퀀스 다이어그램이다.

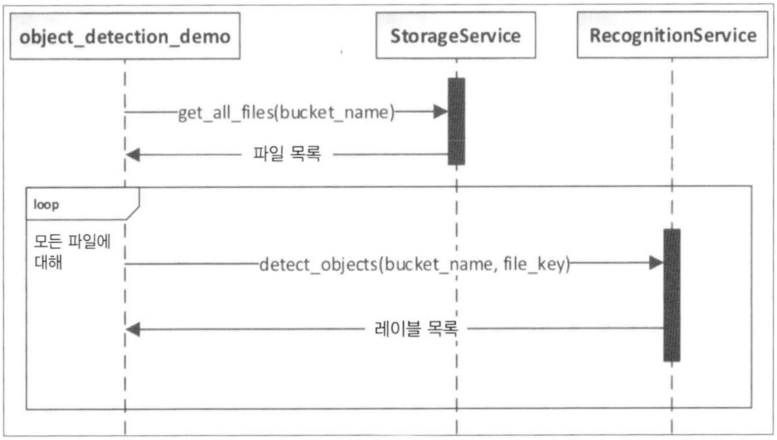

`object_detection_demo.py` 코드의 전반적인 흐름은 앞의 다이어그램에 표시돼 있으며 이 코드를 상세히 설명하면 다음과 같다.

- 우선 `StorageService`를 호출해 `contents.aws.ai` 버킷(코드의 해당 부분을 각자의 버킷 이름으로 변경해야 함)에 있는 모든 JPG 이미지 파일을 가져온다.[38] 여기서는 간단히 설명하기 위해 버킷 이름을 문자열로 직접 입력했지만 버킷 이름을 매개변수로 받게 일반화하면 좋다.
- 그런 다음 해당 버킷의 각 이미지 별로 `RecognitionService`를 호출해 객체를 탐지하고 결과 레이블을 반환한다.
- 마지막으로 레이블 및 탐지 신뢰도를 서식에 맞춰 인쇄한다.

37 별도로 클래스나 함수를 정의하지 않는 주 실행 파일이기 때문에 저자가 '파이썬 스크립트'라는 표현을 사용했다. – 옮긴이

38 S3에 있는 이미지 파일의 확장명이 jpeg라면 코드도 이에 맞게 수정한다. – 옮긴이

StorageService 및 RecognitionService 모두 boto3를 사용하고 있는데 boto3 객체는 실습 프로젝트 코드와 AWS 서비스 간의 세션[39]을 관리한다. 또한 해당 세션은 실행 환경에서 사용 가능한 자격 증명을 통해 생성되는데 로컬의 개발용 컴퓨터에서 애플리케이션을 실행 중이라면 ~/.aws/credentials 파일에서 AWS 액세스 키 쌍을 가져온다. 이와 다른 실행 환경에서 자격 증명을 사용하는 방법은 이 책의 다른 장에서 설명한다.

> 간단히 설명하기 위해 프로젝트 코드를 비교적 짧고 단순하게 작성했지만 이후의 실습 프로젝트에서는 각 파이썬 클래스를 향상시킬 것이다. 또한 데모 프로젝트이기는 하지만 관심사 분리(2장 참고)에 따라 코드를 여러 컴포넌트로 구성하면 좋다. 따라서 아마존 S3 서비스와 연동하는 모든 기능은 StorageService 클래스 내에 캡슐화했고 아마존 레코그니션 서비스와 연동하는 모든 기능도 RecogntionService 클래스 내에 캡슐화했다. 프로젝트의 규모가 더 커지고 복잡해질수록 이러한 설계 방식의 이점이 잘 부각될 것이다.

4. 이제 다음과 같이 파이썬 가상 환경 셸shell로 들어가서 실습 프로젝트 코드를 실행해 보겠다.

```
$ pipenv shell
```

이 명령으로 일반 터미널 셸에서 파이썬 가상 환경 셸로 들어가고 앞서 pipenv로 설치한 파이썬 버전과 패키지를 실습 프로젝트에 사용할 수 있게 된다.

5. 다음 명령으로 가상 환경에서 object_detection_demo.py 코드를 실행한다.

```
$ python object_detection_demo.py
```

39 원격에 있는 두 컴포넌트 간의 연결을 유지하는 동적인 정보 – 옮긴이

이 명령의 출력 결과에는 해당 S3 버킷의 이미지에서 탐지한 객체들이 나타나야 한다.[40]

```
animal-beagle-canine-460823.jpeg 이미지에서 탐지한 객체:
-- Hound: 98.95533752441406
-- Pet: 98.95533752441406
-- Animal: 98.95533752441406
-- Dog: 98.95533752441406
-- Canine: 98.95533752441406
-- Mammal: 98.95533752441406
-- Beagle: 97.99992370605469
-- Road: 85.60009765625
-- Dirt Road: 79.69739532470703
-- Gravel: 79.69739532470703
```

6. 다음과 같이 exit 명령으로 가상 환경에서 나와 일반 터미널 셸로 돌아간다.

```
$ exit
```

축하한다. AI 서비스를 활용해 AWS 플랫폼상에서 이미지 분석을 수행하는 첫 번째 인공지능 애플리케이션을 만들었다. 잠시 되돌아 생각해 보면, 몇 줄의 코드만으로도 세상에 있는 수많은 객체를 탐지하고 식별할 수 있는 소프트웨어를 개발했는데 이는 AWS AI 서비스를 활용했기 때문에 가능했다.

요약

AI 분야는 오랫동안 흥망의 과정을 거치면서 명맥을 유지하고 있었으나 최근 ML(특히, 인공 신경망)에 대한 폭발적인 관심으로 AI가 다시 대중화되고 있다는 사실을 1장을 통해 알아봤으며 AI와 ML의 실제 응용 몇 가지도 살펴봤다. AWS의 두 가지 AI 제품군인 AWS

40 다음 결과는 저자가 아닌 옮긴이의 환경에서 출력한 결과이다. – 옮긴이

AI 서비스와 AWS ML 서비스에 대해서 살펴봤는데 전자는 AI 애플리케이션을 빠르게 개발할 때 후자는 애플리케이션에 맞는 맞춤형 AI 기능을 구축할 때 활용할 수 있다. 우선, 기존의 AWS AI 서비스를 활용하고, 특별한 요건이 있거나 경쟁력 있는 데이터[41]를 보유하고 있을 때 맞춤형 AI 기능을 개발하면 좋다.

아울러 1장에서는 실습을 통해 AWS의 AI 서비스와 기타 클라우드 인프라 서비스를 사용해 봤다. 먼저, 파이썬, AWS CLI 및 파이썬 가상 환경 등 AI 애플리케이션을 위한 로컬 개발 환경을 구축한 뒤에 아마존 S3 및 아마존 레코그니션 서비스를 이용하는 첫 번째 AI 애플리케이션을 개발했다.

2장에서는 AI 애플리케이션의 아키텍처 설계와 필수 컴포넌트에 대해 살펴보고자 한다. 우선, 매우 중요한 아키텍처 설계 원칙과 관련 결정 사항을 다루고 이 책의 여러 실습 프로젝트에서 사용할 참조 아키텍처를 설계한 뒤에 해당 아키텍처 기반의 AI 애플리케이션을 개발해 본다.

참고자료

AWS의 AI에 대한 자세한 내용을 보려면 다음의 사이트를 방문하자.

- https://www.sciencenews.org/article/future-ai-may-diagnose-eye-problems
- https://www.sas.com/en_us/insights/analytics/what-is-artificial-intelligence.html
- https://adage.com/article/cmo-strategy/google-backed-video-puts-viewers-a-driving-cars/312542/

41 AWS가 보유 중인 데이터로 이미 훈련을 마친 AI 서비스를 사용하지 않고 자체 보유하고 있는 데이터로 ML 모형을 훈련해서 더 좋은 성능을 낼 수 있는 경우를 의미한다. – 옮긴이

- https://blog.swiftkey.com/whats-difference-predictive-keyboards-predictive-text/

02

최신 AI 애플리케이션의 구조

2장에서는 AI 애플리케이션의 아키텍처를 잘 설계하기 위한 방안을 논의한다. 우선, 아키텍처 설계 원칙을 살펴보고 실습 과제에서 활용할 참조 아키텍처를 설계한다. 참조 아키텍처를 바탕으로 아마존 레코그니션 데모(관련 컴포넌트 포함)를 재개발[1]하는 실습 과제를 수행할 것이다. 해당 실습 과제를 서버리스serverless 방식[2]으로 구축하고 AWS 클라우드상에 배포하기 위한 몇 가지 AWS 도구와 서비스의 사용법도 다룬다.

1 1장에서 AWS에서 제공하는 데모를 단순히 이용해 봤으며 2장에서는 이러한 데모 애플리케이션을 직접 개발해 본다. – 옮긴이

2 클라우드 이용자는 애플리케이션 개발에 집중하고 클라우드 인프라는 제공자가 사용자 요건에 맞춰 자동으로 생성하고 이를 운영해 주는 새로운 클라우드 제공 방식이다. – 옮긴이

2장에서 다룰 주요 내용은 다음과 같다.

- AI 애플리케이션의 성공 요인
- AI 애플리케이션의 아키텍처 설계 원칙
- 최신 AI 애플리케이션의 아키텍처 이해
- 맞춤형 AI 기능 개발
- AWS 챌리스Chalice를 이용해 로컬에서 AI 애플리케이션 개발하기
- 웹 사용자 인터페이스 기반의 데모 애플리케이션 개발

기술 요건

2장의 소스코드는 이 책의 깃허브GitHub 저장소(아래 URL 참고)에서 확인할 수 있다.

https://github.com/PacktPublishing/Hands-On-Artificial-Intelligence-on-Amazon-Web-Services

AI 애플리케이션의 성공 요인

AI 애플리케이션을 포함한 일반적인 애플리케이션의 성공 요인을 살펴보자. 애플리케이션의 성공을 결정짓는 핵심적인 두 가지 요소는 다음과 같다.

- 첫째, 애플리케이션이 당면한 문제를 제대로 해결하는지
- 둘째, 해당 문제를 해결하기 위해 애플리케이션을 얼마나 잘 개발했는지

두 가지 요소를 제대로 만족시키기는 어려우나 애플리케이션이 성공하려면 두 가지 요소가 모두 필요하다.

정확히 무엇을 만들지 결정하는 것이 더욱 중요한 요소인데 이를 놓치면 당면한 문제에 온전한 솔루션을 제공하지 못하는 결함 있는 제품을 만들게 된다. 결함 없는 제품을 만드는 데 아키텍처가 얼마나 훌륭한지 또는 코드베이스가 얼마나 깔끔한지는 사소한 문제이다. 다만, 무엇을 만들 것인지 단번에 정확히 결정하기 어렵고 완벽한 솔루션을 미리 다 설계할 수는 없다. 또한 고객의 대부분은 자신이 무엇을 원하거나 필요로 하는지조차 정확히 인식하지 못하기 때문에 성공적인 솔루션을 제공하려면 제품 개발, 고객 피드백 그리고 제품 요구사항 개선 작업을 여러 차례 반복해야 한다.

반복적인 확인을 통해 솔루션을 구축하는 것(즉, 어떻게 구축할지)이 무엇을 구축해야 할지를 정확히 파악하는 데 필요한 요소인 셈이다. 애플리케이션이 단순히 동작만 하도록 하는 데는 엄청난 기술이 필요하지 않다. 때로는 갑작스러운 결정과 압박에 의해 어쩔 수 없이 첫 번째 반복, 첫 번째 버전 또는 첫 번째 피벗pivot[3]을 만들기도 하는데 이 애플리케이션이 훌륭하지 않더라도 동작은 할 것이다. 그러나 첫 번째 반복에서 올바른 솔루션을 도출하지 못했을 때 더 훌륭한 아키텍처와 더욱 정갈한 코드베이스는 빠른 반복과 피벗을 유도해 무엇을 구축할지 파악할 수 있는 더 많은 기회를 준다.[4]

AI 애플리케이션의 아키텍처 설계 원칙

훌륭한 애플리케이션을 구축하는 것은 어려운 문제이며 AI 분야에서는 더 그렇다. 빠르게 진화하는 AI 기술에 부합하는 애플리케이션을 구축하고 유지하기 위해서는 좋은 아키텍처 설계 원칙을 이해하고 소프트웨어 역량을 향상시키기 위해 끊임없이 훈련해야 한다. 향후의 변경 사항을 모두 예측하는 것은 불가능하지만, 잘 설계된 아키텍처는 변경에 쉽게 적응할 수 있기 때문에 좋은 애플리케이션 아키텍처의 기반인 표준 설계 원칙을 숙지

3 스타트업(start-up) 업계에서 많이 사용하는 용어로, 원래 유지해 오던 비즈니스 모델이나 경영 전략의 방향을 틀어서 제품을 만들거나 서비스를 창조하는 국면을 의미한다. 즉, 제품의 버전보다는 상위 개념이라고 볼 수 있다. – 옮긴이

4 저자는 이를 통해서 앞서 언급한 훌륭한 아키텍처와 정갈한 코드베이스가 전혀 중요하지 않은 것은 아님을 강조하고 있다. – 옮긴이

해야 한다. 그 원칙은 다음과 같다.

- 업무 기능에 따라 작은 서비스로 구성해서 애플리케이션을 설계한다. 작은 서비스는 코드 분량이 적은 것이 아니라 단일 책임의 원칙에 따라 한두 가지 업무 기능만 수행한다는 의미이다. 아울러 작은 서비스는 구현, 테스트 및 배포가 훨씬 쉽고 재사용 및 조합을 통해 새로운 업무 기능 개발이 더욱 용이하다.
- 관심사 분리가 분명하도록 애플리케이션 아키텍처의 경계를 잘 정의해야 한다. 애플리케이션을 구성하는 (작은) 서비스와 컴포넌트는 내부의 상세 구현을 숨겨서 서로 분리해야 한다. 이렇게 분리하면 다른 부분에 미치는 영향을 최소화하면서 서비스와 컴포넌트를 교체할 수 있기 때문에 솔루션의 향상과 개선이 더욱 쉬워진다.

초보자로서 소프트웨어 아키텍처 설계가 좋은지 나쁜지 판단하기는 어렵다. 따라서 설계의 좋고 나쁨을 판단하는 데 필요한 지식과 기술을 습득하려면 아키텍처 설계 사례를 많이 접해 봐야 한다. 이 책은 AI 애플리케이션 개발의 출발점인 훌륭한 아키텍처 설계의 예를 제공한다.

최신 AI 애플리케이션의 아키텍처 이해

AI 애플리케이션이 성공하기 위해서는 개발 단계에서 아키텍처를 잘 설계해야 한다. 다음 네 가지 기본 계층[5]으로 AI 애플리케이션을 설계하면 좋다.

- **사용자 인터페이스 계층**: 애플리케이션의 업무 기능을 최종 사용자에게 전달하는 컴포넌트가 있는 계층이다.

5 원서에서는 '컴포넌트' 즉, 구성 요소라고 표현하고 있으나 여기서는 '계층'으로 표현하겠다. 일반적으로 컴포넌트는 계층적인 구조를 나타내지 않고 단지 작은 단위의 소프트웨어 모듈을 의미하기 때문이다. – 옮긴이

- 전단부frontends라고도 하며 사용자 인터페이스의 예로는 웹 사용자 인터페이스, 모바일 앱, 착용형 기기wearables, 음성 보조 장치 등이 있다.
- 동일한 애플리케이션이라도 서로 다른 장치 폼 팩터Form Factor[6], 상호작용 모달리티Interaction Modality[7] 및 사용자 인터페이스에 따라 특색 있는 사용자 경험User Experience을 제공할 수 있다.
- 인공지능 기능을 웹 페이지로 제공하는 방법은 착용형 기기로 제공하는 방법과 많이 다르다.

AI 실무자는 인공지능 기능을 잘 전달할 수 있도록 사용자 경험을 설계해야 하는데 이는 AI 애플리케이션의 성공에 매우 중요하다.

- **오케스트레이션orchestration 계층**[8]: 사용자 인터페이스로 호출하는 공개public API가 있는 계층으로 하위 수준의 업무 기능을 전달한다.
  - 일반적으로 공개 API는 후단부backend로 진입하는 관문 역할을 한다.
  - 공개 API는 뛰어난 사용자 경험을 제공할 수 있도록 특정 인터페이스와 (상호작용) 모달리티에 맞게 조정해야 한다.
  - 공개 API는 (비공개 API를 이용해) 몇 가지 작은 서비스를 호출해서 업무 기능을 제공한다.

  공개 API는 몇 가지 하위 수준의 기능을 결합해서 사용자에게 필요한 상위 수준의 기능으로 재편성한다. 아울러 공개 API 계층을 '전단부를 위한 후단부BFFs, Backends for Frontends' 또는 '경험experience API 계층'이라고도 부른다.
- **비공개 API 계층**: 비공개 API는 공개 API가 하위 수준의 서비스로 접근하는 데 필요한 규약을 정의한다.

---

6 컴퓨터 하드웨어 및 소프트웨어(화면 등)의 크기, 구성 또는 물리적인 레이아웃을 말한다. – 옮긴이

7 일반적인 사용자 인터페이스와 달리 착용형 기기와 같이 특별한 장치를 통해 사용자가 컴퓨터에 접근하는 다양한 방식을 뜻한다. – 옮긴이

8 일반적으로 다양한 서비스로 구성된 애플리케이션이 잘 동작할 수 있도록 서비스 간의 호출 순서와 조건을 관리하거나 운영하는 것을 뜻하는 용어지만, 이 책에서는 비공개 API를 적절히 조합해 특정 업무 기능을 제공하는 공개 API의 아키텍처 계층을 의미하고 있음을 유의하자. – 옮긴이

- 비공개 API는 서비스 구현의 세부 사항을 감싸서 숨긴다.
- 비공개 API는 소프트웨어 시스템의 결합성composability 및 교체성replaceability 품질을 좌우한다.
- 비공개 API는 여러 애플리케이션이 조합하고 재사용하는 공통 기능에 대한 인터페이스로 볼 수 있다.
- 서비스 지향service-oriented 패턴으로 비공개 API를 설계한다. 마이크로서비스microservice 아키텍처나 SOAService-Oriented Architecture 등의 유사 아키텍처도 이 패턴을 사용한다.
- 단일 책임의 원칙에 따라 비공개 API를 신중히 설계해야 한다.

잘 설계한 비공개 API 집합은 기업의 소중한 자산이자 경쟁력이다. 즉, 기업은 잘 설계한 비공개 API 집합으로 솔루션을 빠르게 혁신하고 개선해서 시장에 내놓을 수 있다.

- **벤더Vendor 및 맞춤형 서비스 계층**: AI나 다른 애플리케이션의 업무 기능을 구현한 계층이다.
  - 벤더 서비스는 벤더가 제공하는 웹 서비스를 이용하거나 자체 인프라에 설치해 내부에서도 이용할 수 있다. 한편 맞춤형 서비스는 개별 기업이 직접 구축한 특별한 솔루션이다.
  - 서비스도 RESTful 엔드포인트endpoint 또는 SDKSoftware Development Kit 형태의 자체 API로, 세부 구현을 감싸고 비공개 API는 이러한 API를 호출한다.

  이 책에서는 'boto3'라는 SDK를 통해 아마존의 여러 가지 웹 서비스를 활용하는 방법을 살펴본다. 또한 이 책의 후반부에서는 다양한 AWS 머신러닝 서비스를 이용해 맞춤형 AI 기능을 개발하는 방법과 이러한 기능을 머신러닝 모형으로 (클라우드에) 배포해 RESTful 엔드포인트로 제공하는 방법을 설명한다.

다음 그림은 앞에서 설명한 기본 아키텍처 컴포넌트와 계층의 구조를 나타낸다.

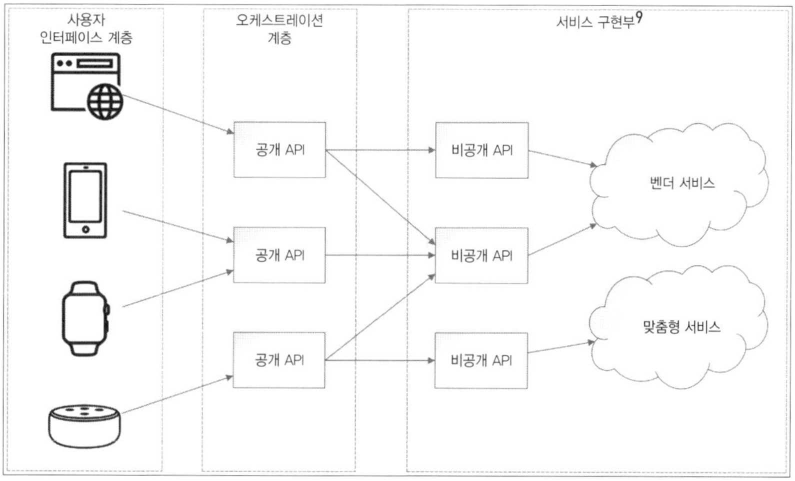

계층 간의 상호작용 규약을 잘 정의해서 여러 컴포넌트를 분리해야 훌륭한 아키텍처라고 할 수 있다.

- 사용자 인터페이스는 오케스트레이션 계층의 공개 API만 인지해야 한다.
- 공개 API는 관련 비공개 API만 인지해야 한다.
- 비공개 API는 서비스 구현을 감싸는 인터페이스만 인지해야 한다.
- 이것이 바로 아키텍처 수준에서 적용하는 정보 은닉의 원칙이다.

아키텍처 차원에서 논리적인 경계를 명확히 하면 여러 가지 이점이 있는데 예를 들어 이용 중인 벤더 서비스를 더 좋은 것으로 전환하고자 하는 경우를 보자. 이 경우에 공개 API와 비공개 API 간의 규약은 유지하면서 신규 벤더 서비스를 감싸는 비공개 API를 새로 만들기만 하면 된다(물론, 예전의 비공개 API는 추후 폐기해야 함). 이렇게 벤더 서비스를 교체해도 사용자 인터페이스와 공개 API에는 영향을 주지 않는다. 즉, 변경 사항이 애플리케이션의 특정 부분에 미치는 영향을 제한한다.

9 비공개 API 계층과 벤더 및 맞춤형 서비스 계층으로 다시 나뉜다. – 옮긴이

> 최근에는 애플리케이션을 전단부와 후단부로 나눠 설계한다. 대개 전단부는 (웹 브라우저를 통해) 개인용 컴퓨터나 모바일 기기에서 실행하는 반면, 후단부는 클라우드 또는 사설 데이터 센터의 서버에서 실행한다. 이 책에서 권장하는 아키텍처는 이러한 애플리케이션을 설계하기 위한 좋은 출발점이다. 임베디드 시스템과 같이 다른 방식으로 아키텍처를 설계해야 하는 특별한 애플리케이션도 있지만 이 책에서는 이러한 특별한 애플리케이션을 다루지는 않는다.

맞춤형 AI 기능 개발

AI 실무자는 다음 두 가지 개발 생명주기Life Cycle에 관여하게 된다.

- AI 애플리케이션 개발 생명주기
- AI 기능 개발 생명주기

흔히 큰 기업(직원 역할을 상세히 구분하는 기업) 소속 AI 실무자라면 한 가지 생명주기에만 참여하게 되는데 그렇다 해도 두 가지 모두를 잘 이해하는 것이 좋다.

AI 애플리케이션 개발 생명주기는 솔루션의 반복 (시험), 사용자 경험 설계, 애플리케이션 아키텍처 정의 그리고 여러 업무 기능의 통합을 모두 포함한다. 이는 기존 소프트웨어 개발 생명주기와 유사하지만 개발 중에 인공지능 기능이 솔루션에 잘 스며들게 해야 하는 점은 다르다.

AI 기능 개발 생명주기 동안 데이터 과학 및 머신러닝 기법으로 인공지능 기능을 개발해서 애플리케이션에 AI 기능이나 AI 서비스로 통합할 수 있다. 즉, AI 기능 개발 생명주기에서는 AI 애플리케이션 개발 생명주기 동안 사용할 맞춤형 AI 기능을 개발한다.

두 가지 생명주기 별로 다른 기술과 문제 해결 기법이 필요하다. 다음 그림은 AI 기능 개발의 전체 과정을 나타낸다.

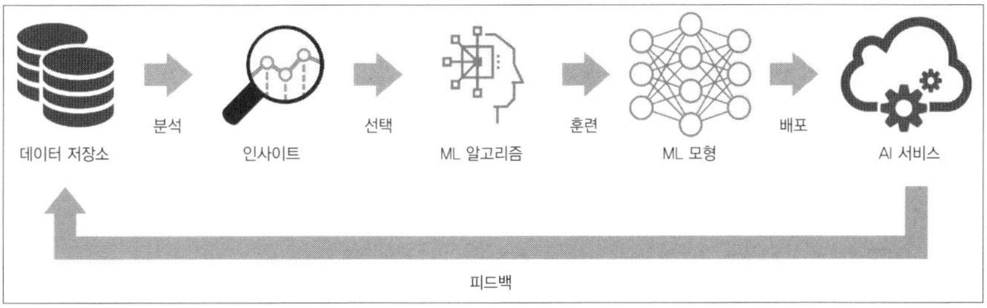

이렇게 개발한 AI 기능은 AI 애플리케이션에서 핵심적인 역할을 한다. 또한 1장(인공지능 및 아마존 웹 서비스의 소개)에서 설명한 대로 데이터는 최근 새롭게 등장한 지적 재산이므로 기업은 이를 수집, 저장, 처리 및 보급하는 데이터 전략을 잘 세워야 한다. 원본 및 가공 데이터 집합을 데이터베이스, 데이터 레이크lake 및 데이터 웨어하우스warehouse와 같은 데이터 저장 시스템에 안전하게 보존하고 사용할 수 있어야 한다.[10] 데이터 과학자는 저장 시스템에 있는 데이터를 업무 관점으로 분석해서 예측에 이용할 인사이트를 이끌어 낸다. 이러한 인사이트를 기반으로 데이터 과학자는 적합한 머신러닝 알고리즘을 선택해서 관련 머신러닝 모형을 훈련한 뒤에 예측이나 의사 결정을 이끌어 낸다.

훈련과 조율이 끝난 머신러닝 모형에 인터페이스를 추가하면 AI 서비스로 배포할 수가 있다. 예를 들어 아마존 세이지메이커는 다양한 머신러닝 모형을 훈련한 후 RESTful 엔드포인트를 설정한 웹 서비스로 배포할 수 있게 해주는 서비스이다. 마지막으로 향후에 AI 서비스를 개선할 수 있게 해당 서비스의 피드백 데이터를 수집하는 데이터 전략을 세운다.

> **TIP** 1장에서 언급했듯이 AI 애플리케이션을 개발할 때는 우선 AWS와 같은 벤더의 AI 서비스를 최대한 활용하기를 권고한다. 왜냐하면 서비스로 출시할 머신러닝 모형을 훈련하는 데는 엄청난 노력과 기술 그리고 시간이 필요하기 때문이다. 모든 AWS AI 서비스는 대부분의 기업이 보유하지 못한 방대한 데이터로 AI 기능 개발 생명주기를 반복해서 개발했다. 한편 기밀한 데이터 자산이 있거나 벤더 솔루션으로 해결되지 않는 요구사항이 있는 경우에는 맞춤형 AI 기능을 개발하는 편이 낫다.

10 데이터 웨어하우스는 기업 내 다양한 데이터베이스를 통합해 저장 및 분석하기 위한 시스템이고, 데이터 레이크는 스키마가 없는 비정형 데이터를 통합해 저장 및 분석하기 위해 최근에 등장한 시스템이다. – 옮긴이

이 책의 2부는 AI 애플리케이션 개발 생명주기에 초점을 맞추는 반면 3부는 AI 기능 개발 생명주기에 중점을 둬 설명한다.

AI 애플리케이션 아키텍처에 따른 실습 준비

앞 절에서는 최신 AI 애플리케이션 아키텍처 설계의 전형을 제시했고, 이 절에서는 해당 아키텍처에 따라 실습할 때 사용할 기술과 기술 스택Tech Stack[11]을 소개한다. 실습용 아키텍처에 따라 애플리케이션을 개발할 때 활용할 수 있는 다양한 제품 또는 서비스가 있다. 따라서 간결성, 학습 곡선(난이도), 산업 동향 등의 요소를 고려해서 이 책에서 사용할 대상을 선정했다.

이 책의 AI 애플리케이션 개발 실습에서는 다음 그림과 같은 아키텍처와 기술 스택을 사용한다.

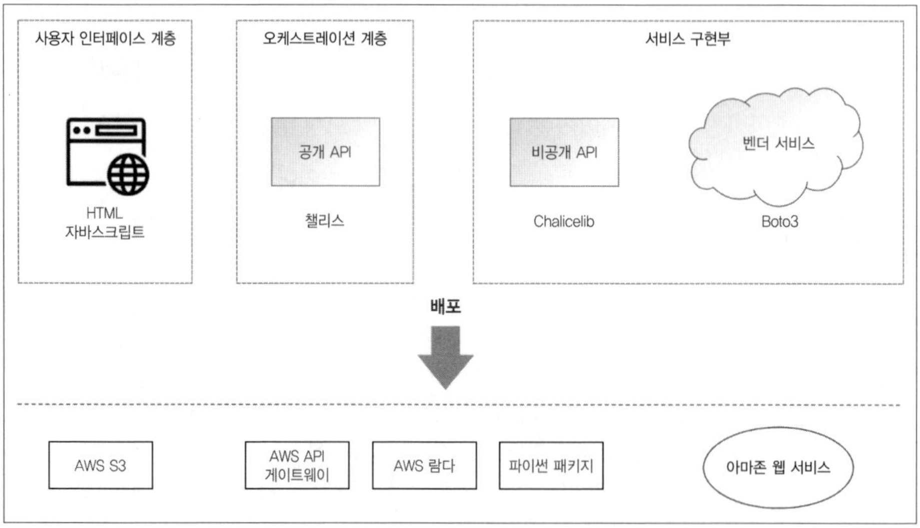

11 특정 목적을 달성하기 위해 필요한 소프트웨어 도구나 라이브러리들을 아키텍처 수준별로 잘 정리해 둔 체계를 의미한다. – 옮긴이

위의 그림과 같이 실습 AI 애플리케이션을 앞서 설명한 네 가지 아키텍처 계층으로 구성한다.

- **사용자 인터페이스 계층**: HTML, CSS 그리고 자바스크립트를 사용해서 비교적 간단한 웹 페이지 기반의 사용자 인터페이스를 개발한다. HTML과 CSS로 UI 구성 요소 표시 및 사용자 입력 처리를 구현하고 자바스크립트로 오케스트레이션 계층의 공개 API를 경유해 서버 후단부와 통신한다. 실습 프로젝트의 웹 페이지는 별도로 웹 서버를 두지 않고 정적static 웹 사이트로 AWS S3에 배포한다. 서버 인프라를 따로 관리할 필요가 없기 때문에 이러한 애플리케이션 배포 방식을 서버리스라 한다.

> **TIP**
>
> 위의 설명 범위를 제한하기 위해 단순히 HTML과 자바스크립트만 사용한다. 높은 수준의 웹 인터페이스를 도입하고 싶다면 책의 실습을 마친 뒤에 앵귤러(Angular), 리액트(React) 또는 뷰(Vue)와 같은 단일 페이지(single-page) 웹 애플리케이션[12] 프레임워크의 도입을 고려해야 한다.
>
> 게다가 AI 애플리케이션을 웹 애플리케이션 형태로만 개발할 필요도 없다. 스마트폰 또는 음성 보조 장치와 같은 사용자 인터페이스 및 모달리티가 때로는 더 나은 사용자 경험을 제공하기도 한다. 또 다른 사용자 인터페이스 및 모달리티를 지원하기 위해 애플리케이션 설계를 어떻게 변경할지 생각해 보면 좋다. 이러한 고민을 통해 AI 실무자는 설계 능력을 키울 수 있기 때문이다.

- **오케스트레이션 계층**: 이 계층에서는 파이썬 서버리스 마이크로 프레임워크Micro Framework[13]인 AWS 챌리스를 사용하겠다. 챌리스는 로컬 개발 환경에서 신속하게 파이썬 애플리케이션을 개발하고 테스트해서 손쉽게 아마존 API 게이트웨이Gateway 및 AWS 람다(가용성과 확장성이 좋은 서버리스 후단부)에 애플리케이션을 배포하도록 지원한다. 아마존 API 게이트웨이는 공개 API를 손쉽게 RESTful 엔드

---

12 '웹'을 빼서 단일 페이지 애플리케이션(SPA, Single-Page Application)이라고도 한다. 서버로부터 새로운 페이지를 다시 불러오지 않고 현재의 페이지를 로컬에서 동적으로 재생성해서 사용자와 상호작용하는 웹 애플리케이션을 말한다. – 옮긴이

13 마이크로서비스(microservice) 아키텍처로 애플리케이션을 개발할 수 있도록 지원하는 개발 프레임워크를 말한다. –옮긴이

포인트로 제공할 수 있도록 하는 서비스로, 공개 API에 들어오는 RESTful 요청을 오케스트레이션 기능이 있는 AWS 람다 함수에 전달한다. AWS 람다는 서버를 프로비저닝하거나 관리하지 않고도 코드를 실행할 수 있는 서버리스 인프라 서비스이다. 예를 들어 API 게이트웨이가 람다 함수를 호출하면 코드를 자동으로 트리거해 AWS 인프라에서 실행한다. 또한, 이들 서비스는 무료이며 서비스 이용 시에 소비한 AWS의 컴퓨팅 자원에 대해서만 비용을 지불하면 된다.

- **비공개 API 계층**: 챌리스 프레임워크를 이용해서 비공개 API를 파이썬 라이브러리로 패키징한다. 챌리스를 사용하면 서비스를 `Chalicelib` 디렉터리 안의 라이브러리로 구성할 수 있어서 모듈 단위로 개발하기 쉽다. 실습 프로젝트의 각 비공개 API는 일반적인 파이썬 클래스인데 서비스에 접근하기 쉽게 각 메소드 시그너처 signature가 잘 정의돼 있다. 이 책의 실습 프로젝트에서 공개 API와 비공개 API 간의 아키텍처 경계가 명확히 유지되도록 주의한다.

> 다양한 실습 프로젝트에서 비공개 API 몇 개를 재사용할 것이다. 재사용하는 메커니즘은 공유 라이브러리를 사용하는 방식과 유사하다. 일반적으로 큰 기업의 경우에는 비공개 API를 다른 애플리케이션이 쉽게 이용할 수 있도록 RESTful 엔드포인트 형태로 배포한다.

- **벤더 서비스**: 다양한 기능을 이용하기 위해 AWS 서비스를 활용한다. 즉, 이 책의 AI 애플리케이션을 개발할 때 AWS의 AI 관련 서비스 외에도 기타 다양한 서비스를 사용한다. 비공개 API는 `boto3` SDK를 통해 이러한 AWS 서비스에 접근할 수 있다. 비공개 API가 `boto3` 및 AWS의 구현 세부 사항을 완전히 감싸서 숨겨야 잘 설계했다고 볼 수 있으며 공개 API는 비공개 API가 어떤 벤더 서비스 또는 맞춤형 솔루션을 사용하고 있는지 몰라야 한다.

객체 탐지기 아키텍처

웹 전단부와 파이썬 후단부를 자체적으로 개발해서 아마존 레코그니션 데모[14]를 재현한다. 우선, 개발하고자 하는 객체 탐지기 애플리케이션의 아키텍처를 살펴보자.

앞에서 논의한 참조 아키텍처와 기술 스택을 사용한 객체 탐지기 애플리케이션의 아키텍처는 다음 그림과 같다.

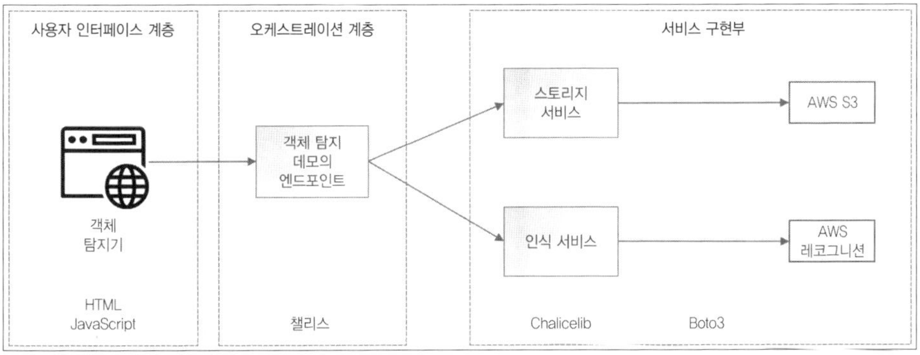

사용자는 다음과 같은 웹 사용자 인터페이스를 통해 객체 탐지기와 상호작용한다.

- 객체 탐지 데모를 눈으로 확인할 수 있도록 웹 사용자 인터페이스를 제공한다.
- 웹 사용자 인터페이스는 하나의 특정 RESTful 엔드포인트(객체 탐지 데모의 엔드포인트)가 있는 오케스트레이션 계층과 상호작용한다.
- 엔드포인트는 스토리지storage 서비스 및 인식recognition 서비스와 상호작용해 객체 탐지 데모를 수행한다.
- 스토리지 서비스와 인식 서비스는 Boto3 SDK를 사용해서 각각 아마존 S3와 아마존 레코그니션 서비스를 각각 호출한다.

---

14 1장에서 이용했던 AWS가 제공하는 데모 애플리케이션 – 옮긴이

객체 탐지기 컴포넌트 간의 상호작용

객체 탐지기 애플리케이션의 다양한 컴포넌트 사이에서 일어나는 상호작용을 살펴보자.

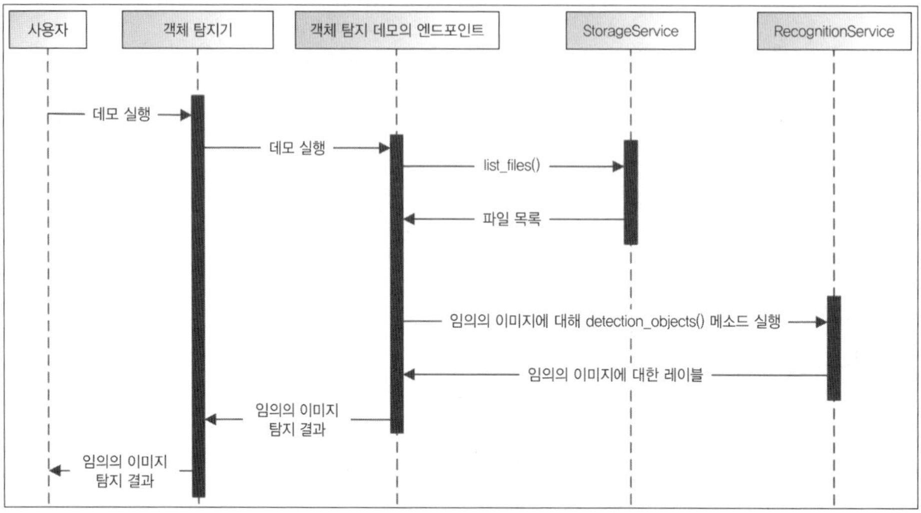

사용자가 보기에 애플리케이션은 임의의 이미지를 올리고 그 이미지에서 탐지한 객체(또는 레이블)를 표시하는 것이 전부이지만 애플리케이션 내부의 작업 흐름은 다음과 같다.

1. 웹 인터페이스는 객체 탐지 데모의 엔드포인트를 호출한다.
2. 엔드포인트는 특정 S3 버킷bucket에 있는 파일의 목록을 받기 위해 스토리지 서비스를 호출한다.
3. 엔드포인트는 파일 목록을 받은 후, 데모에 사용할 이미지 파일을 임의로 선택한다.
4. 엔드포인트는 선택한 이미지 파일에서 객체들을 탐지하기 위해 인식 서비스를 호출한다.
5. 엔드포인트는 객체의 레이블을 수신해 JSON 형식으로 정리한다.
6. 웹 인터페이스는 임의로 선택한 이미지 및 객체 탐지 결과를 표시한다.

기본 프로젝트 구조 생성하기

실습 프로젝트의 구조와 기술 스택을 생성하기 위해 다음 절차를 따른다.

1. 터미널에서 루트 프로젝트 디렉터리를 생성하기 위해 다음 명령을 입력한다.

```
$ mkdir ObjectDetector
$ cd ObjectDetector
```

2. Website라는 이름의 디렉터리를 생성해 웹 전단부를 저장할 공간을 만든다. 이 디렉터리 내에 다음과 같이 두 개의 파일(index.html, scripts.js)을 만든다.

```
$ mkdir Website
$ touch Website/index.html
$ touch Website/scripts.js
```

3. pipenv로 프로젝트의 루트 디렉터리에 파이썬 3 가상 환경을 생성한다. 프로젝트의 파이썬 코드는 두 가지 패키지(boto3, chalice)가 필요한데 다음과 같은 명령으로 설치할 수 있다.

```
$ pipenv --three
$ pipenv install boto3
$ pipenv install chalice
```

4. pipenv로 설치한 파이썬 패키지는 다음 명령으로 가상 환경을 활성화했을 때만 사용할 수 있다.[15]

```
$ pipenv shell
```

15 가상 환경에 들어가면 홈 디렉터리에서 셸이 시작되기 때문에 cd ContactAssistant를 다시 실행해서 프로젝트 디렉터리로 이동해야 한다. – 옮긴이

5. 가상 환경에서 다음 명령으로 오케스트레이션 계층(Capabilities라는 이름의 AWS 챌리스 프로젝트)을 만든다.

```
$ chalice new-project Capabilities
```

이 명령은 ObjectDetector 디렉터리 안에 챌리스 프로젝트 구조를 생성하는데 그 구조는 다음과 같다.

```
├── ObjectDetector/
    ├── Capabilities/
        ├── .chalice/
            ├── config.json
    ├── app.py
    ├── requirements.txt
...
```

이 프로젝트 구조에는 다음 파일이 있다.

- config.json 파일에는 챌리스 애플리케이션을 AWS에 배포하는 데 필요한 설정 정보가 있다.
- app.py 파일은 공개 오케스트레이션 API를 정의하고 구현한 파이썬 파일이다.
- requirements.txt 파일은 애플리케이션을 AWS에 배포해서 실행할 때 필요한 파이썬 패키지들을 나타낸다. 이 패키지들은 앞에서 pipenv로 설치한 패키지들과는 다르다. pipenv로 설치한 패키지들은 로컬 환경에서 개발할 때 필요한 패키지인 반면 requirements.txt 파일에 명기한 패키지들은 애플리케이션을 AWS 클라우드에서 실행할 때 필요한 패키지들이다. 예를 들어 애플리케이션 개발 중에는 AWS 챌리스가 필요하지만 애플리케이션을 AWS에 배포한 후에는 AWS 챌리스가 더 이상 필요하지 않다.

boto3는 AWS 클라우드에서 애플리케이션을 실행할 때도 필요하지만 AWS 람다(Lambda) 실행 환경에 이미 설치돼 있으므로 requirements.txt 파일에 따로 명시하지 않아도 된다. 다만, 애플리케이션 실행에 필요한 다른 파이썬 패키지들은 이 파일에 반드시 기입해야 된다.

6. 챌리스 프로젝트 구조의 Capabilities 디렉터리 안에 chalicelib라는 파이썬 패키지를 만든다. 챌리스는 chalicelib에 있는 모든 파이썬 파일들을 자동으로 배포 패키지에 포함한다. 따라서 비공개 API를 구현하는 파이썬 클래스를 저장하는 데 chalicelib를 사용한다.

chalicelib 패키지를 만들기 위해 다음 명령을 실행한다.

```
$ cd Capabilities
$ mkdir chalicelib
$ touch chalicelib/__init__.py
$ cd ..
```

참고로 __init__.py 파일로 chalicelib가 파이썬 패키지임을 선언한다.

프로젝트의 구조는 다음과 같아야 한다.

```
프로젝트 구조
------------
├── ObjectDetector/
    ├── Capabilities/
        ├── .chalice/
            ├── config.json
        ├── chalicelib/
            ├── __init__.py
        ├── app.py
        ├── requirements.txt
    ├── Website/
        ├── index.html
```

```
    ├── script.js
├── Pipfile
├── Pipfile.lock
```

이것이 ObjectDetector 애플리케이션의 프로젝트 구조이며 앞에서 정의한 AI 애플리케이션 아키텍처의 모든 계층이 들어 있다. 이 프로젝트 구조는 2부에 있는 모든 실습 프로젝트의 기본 구조이기도 하다.

AWS 챌리스를 이용해 로컬에서 AI 애플리케이션 개발하기

먼저, 공통 기능을 제공하는 비공개 API와 서비스[16]를 개발하자. 서비스는 두 가지가 있는데 모두 chalicelib 디렉터리 안에 만들어야 한다.

1. StorageService: storage_service.py 파일의 StorageService 클래스는 boto3를 통해 AWS S3에 연결해 애플리케이션에 필요한 파일을 처리한다.

   StorageService를 다음과 같이 작성한다.

```python
import boto3

class StorageService:
    def __init__(self, storage_location):
        self.client = boto3.client('s3')
        self.bucket_name = storage_location

    def get_storage_location(self):
        return self.bucket_name

    def list_files(self):
        response = self.client.list_objects_v2(Bucket = self.bucket_name)
```

16 아키텍처에 있는 벤더 또는 맞춤형 서비스가 아니라 이 서비스들에 대한 연결을 관리하는 파이썬 클래스를 의미한다. – 옮긴이

```
        files = []
        for content in response['Contents']:
            files.append({
                'location': self.bucket_name,
                'file_name': content['Key'],
                'url': "http://" + self.bucket_name + ".s3.amazonaws.com/"
                       + content['Key']
            })
        return files
```

앞의 코드처럼 클래스에는 생성자 하나와 메소드 두 개가 있다.

- 생성자 __init__()은 storage_location이라는 매개변수를 받는다. 이 코드에서는 storage_location이 파일을 저장할 S3 버킷을 나타내지만, 이 매개변수에 일반적인 이름을 사용한 이유는 StorageService가 추후에 AWS S3 이외의 다른 스토리지 서비스를 지원할 수 있게 일반화하기 위해서이다.[17]
- 첫 번째 메소드인 get_storage_location()은 storage_location에 저장된 S3 버킷 이름을 반환한다.[18] 다른 구현에서는 스토리지 위치를 가져오기 위해 이 메소드를 사용하게 된다.
- 두 번째 메소드인 list_files()는 storage_location에 명기한 S3 버킷의 파일 목록을 읽어 온다. 이 버킷에 있는 파일 정보는 파이썬 객체 형태로 받는데 각 객체는 파일 위치, 파일명 및 URL 등의 파일에 관한 정보가 들어 있다.

버킷 이름, 키, S3 URL이 아닌 위치, 파일명, URL처럼 일반적인 용어로 파일 정보를 나타내는 점에 주목하자. 게다가 기존의 boto3 응답 결과가 아닌 자체 JSON 형식의 새로운 파이썬 객체 목록을 반환한다. 이러한 식으로 비공개 API를 구현하면 AWS 구현 세부 정보[19]를 노출하지 않을 수 있다. 즉, 이용자에게 구현 세부 사항을 감추도록 StorageService를 설계했다. boto3와 S3의 세부 사항을 숨겼기

17 RESTful API를 지원하기만 하면 코드 하단의 직접 입력한 HTTP URL에 다른 스토리지 서비스의 도메인을 넣고 storage_location 매개변수 값에 해당 서비스에 부합하는 저장 단위의 이름을 넣으면 된다. – 옮긴이

18 storage_location으로 전달받은 버킷 이름을 self.bucket_name 변수에 저장하고 이를 반환한다. – 옮긴이

19 엄밀히 말하면 AWS 구현 세부 정보가 아니라 스토리지 서비스로 AWS S3를 사용하고 있다는 정보를 의미한다. – 옮긴이

때문에 StorageService를 자유롭게 변경할 수 있으며, 궁극적으로 다른 SDK나 서비스를 사용해서도 파일 저장 기능을 구현할 수 있다.

2. RecognitionService: recognition_service.py 파일의 RecognitionService 클래스는 boto3로 아마존 레코그니션 서비스를 호출해서 이미지와 비디오를 분석한다. RecognitionService를 다음과 같이 작성한다.

```
import boto3

class RecognitionService:
    def __init__(self, storage_service):
        self.client = boto3.client('rekognition')
        self.bucket_name = storage_service.get_storage_location()

    def detect_objects(self, file_name):
        response = self.client.detect_labels(
            Image = {
                'S3Object': {
                    'Bucket': self.bucket_name,
                    'Name': file_name
                }
            }
        )

        objects = []
        for label in response["Labels"]:
            objects.append({
                'label': label['Name'],
                'confidence': label['Confidence']
            })
        return objects
```

앞의 코드처럼 클래스에는 생성자와 메소드가 하나씩 있다.

- 생성자 __init __()은 필요한 파일을 가져올 수 있도록 StorageService 클래스의 인스턴스를 매개변수로 받는다. 이렇게 하면 RecognitionService에 (동일한 API 규약을 따르는) StorageService의 새로운 구현을 주입해서 이용할

수 있다. 이를 의존성 주입DI, Dependency Injection 설계 패턴Design Pattern이라고 하며, 소프트웨어 컴포넌트의 모듈성, 재사용성 및 가독성이 좋아진다.

- detect_objects() 메소드는 경로를 포함한 이미지 파일명을 받아 해당 이미지에 대한 객체 탐지를 수행한다. 이 메소드는 이미지 파일이 S3 버킷에 저장돼 있고 boto3 SDK에서 레코그니션의 detect_labels() 함수를 호출한다고 가정한다. boto3로 레이블을 받고 나서 파이썬 리스트를 생성하는데 리스트의 각 항목은 탐지한 객체와 그 신뢰 수준(%)을 나타낸다.

메소드의 시그너처(매개변수 및 리턴 값)는 S3 및 레코그니션 서비스의 사용을 드러내지 않는다는 사실에 주목하자. 이는 StorageService에서 사용한 정보 은닉 방식과 유사하다.

RecognitionService는 생성자로부터 전달받은 StorageService를 통해 이미지 파일을 로컬로 가져와 객체 탐지를 수행할 수도 있다. 대신, 실제 코드에서는 detect_labels() 함수를 통해 이미지 파일이 있는 S3 버킷과 파일 이름을 전달한다. 이렇게 구현하면 AWS S3와 아마존 레코그니션이 잘 통합돼 있다는 장점을 활용할 수 있다.[20] 비공개 API 규약은 두 가지 구현을 모두 허용하는데 이 코드에서는 후자의 설계 패턴을 선택한 점에 주목하자.

3. app.py: 이미지 인식 웹 애플리케이션에 적합한 공개 API를 구현한다. 이 데모 애플리케이션에는 공개 API가 하나만 필요하며 챌리스 프로젝트 구조에 있는 app.py 파일 안에 구현해야 한다.

   app.py에 이미 들어 있는 내용을 다음에 나오는 코드 블록으로 바꾼다. 또한 코드 블록에 있는 클래스의 각 구성 요소에 대한 설명은 다음과 같다.

   - demo_object_detection() 함수는 StorageService와 RecognitionService를 이용해서 작업을 수행하므로 chalicelib에서 이 둘을 임포트한 후에 각 서비스의 새 인스턴스를 생성해야 한다.

20 전자는 이미지 파일의 네트워크 전송이 두 번 발생하나 후자는 한 번만 발생하므로 많은 이미지를 처리할 때 애플리케이션 수행 속도 측면에서 큰 차이가 생긴다. – 옮긴이

- storage_location은 contents.aws.ai로 초기화되는데 이 버킷에 1장에서 업로드한 이미지 파일이 들어 있다. 단, contents.aws.ai를 각자의 S3 버킷 이름으로 바꿔야 한다.
- 이 함수는 @app.route('/demo-object-detection', cors = True)라는 어노테이션annotation이 달려 있다. 이것은 챌리스가 /demo-object-detection이라는 URL 경로로 RESTful 엔드포인트를 정의하기 위해 사용하는 특수 형식이다.
  - 챌리스는 이 엔드포인트를 파이썬 함수인 demo_object_detection()에 매핑한다.
  - 어노테이션에서 cors를 참으로 설정해서 이 엔드포인트의 응답에 특정 HTTP 헤더를 추가하도록 한다. 이 헤더는 교차 출처 자원 공유CORS, Cross-Origin Resource Sharing를 허용한다. 즉, 웹브라우저가 특정 출처(도메인)에서 실행 중인 웹 애플리케이션이 다른 출처(도메인, 프로토콜 또는 포트 번호)에 있는 자원에 접근할 수 있게 한다. 실제 코드는 다음과 같다.

> 챌리스 어노테이션 구문은 플라스크(Flask) 개발자에게 익숙할 수 있는데 AWS 챌리스는 플라스크 프레임워크의 설계 패턴과 구문을 많이 도입했기 때문이다.

```
from chalice import Chalice
from chalicelib import storage_service
from chalicelib import recognition_service

import random


#####
# 챌리스 애플리케이션 설정
#####
app = Chalice(app_name='Capabilities')
app.debug = True
```

```
#####
# 서비스 초기화
#####
storage_location = 'contents.aws.ai'
storage_service = storage_service.StorageService(storage_location)
recognition_service = recognition_service.RecognitionService(storage_service)


@app.route('/demo-object-detection', cors = True)
def demo_object_detection():
    """객체 탐지를 보여주기 위해 임의로 이미지 하나를 선택"""
    files = storage_service.list_files()
    images = [file for file in files if file['file_name'].endswith(".jpg")]
    image = random.choice(images)

    objects = recognition_service.detect_objects(image['file_name'])

    return {
        "imageName": image['file_name'],
        "imageUrl": image['url'],
        "objects": objects
    }
```

- 앞의 코드에서 `demo_object_detection()` 함수는 `StorageService`에서 이미지 파일(`.jpg` 확장자)[21] 목록을 가져와서 임의의 이미지 하나를 선택한다(간단히 보여주기 위해서 하나만 선택). 이미지를 임의로 선택한 후 `RecognitionService`의 `detect_objects()`를 호출한 다음 JSON 형식의 HTTP 응답을 생성한다.
- 챌리스는 응답 객체를 자동으로 적합한 HTTP 헤더, 응답 코드 및 JSON 페이로드payload로 감싼다. JSON 형식은 전단부와 이 공개 API 사이에서 일종의 규약이라 할 수 있다.

이제 애플리케이션의 후단부를 로컬에서 실행하고 시험할 때이다. 챌리스는 엔드포인트를 시험하는 데 사용할 수 있는 로컬 HTTP 서버를 포함하는 로컬 모드

21 이미지 파일 확장자가 jpeg일 수도 있으니 버킷에 저장된 파일의 확장자를 다시 확인하자. – 옮긴이

를 제공한다.

4. 다음 명령으로 pipenv 가상 환경에서 챌리스를 로컬 모드로 시작한다.

```
$ cd Capabilities
$ chalice local
Restarting local dev server.
Found credentials in shared credentials file: ~/.aws/credentials
Serving on http://127.0.0.1:8000
```

터미널 출력에 나타난 주소와 포트(http://127.0.0.1:8000)에서 로컬 HTTP 서버가 실행 중인데 엔드포인트를 로컬로 실행하더라도 엔드포인트가 호출하는 서비스[22]는 boto3 SDK를 통해 AWS에 요청을 보낸다.

챌리스의 로컬 모드는 자동으로 ~/.aws/credentials 파일에 있는 AWS 자격 증명credentials을 감지한다. boto3를 사용하는 두 서비스는 이 파일에 있는 키 쌍을 사용해 해당 사용자의 권한으로 요청을 보낸다. 이 사용자에게 S3나 레코그니션에 대한 권한이 없으면 엔드포인트에 대한 요청이 실패한다.

5. 이제 /demo-object-detection 엔드포인트를 시험하기 위해 로컬 서버에 HTTP 요청을 보낼 수 있다. 예를 들어 유닉스 curl 명령어를 다음과 같이 사용할 수 있다.

```
$ curl http://127.0.0.1:8000/demo-object-detection {"imageName":"beagle_on_
gravel.jpg","imageUrl":"https://contents.aws.ai.s3.amazonaws.com/beagle_on_
gravel.jpg","objects":[{"label":"Pet","confidence":98.9777603149414},{"label
":"Hound","confidence":98.9777603149414},{"label":"Canine","confidence":98.9-
777603149414},{"label":"Animal","confidence":98.9777603149414},{"label":"Do
g","confidence":98.9777603149414},{"label":"Mammal","confidence":98.9777603-
149414},{"label":"Beagle","confidence":98.0347900390625},{"label":"Road","confi
dence":82.47952270507812},{"label":"Dirt Road","confidence":74.52912902832031},
{"label":"Gravel","confidence":74.52912902832031}]}
```

22 StorageService와 RecognitionService – 옮긴이

이 명령에서는 로컬 HTTP 서버의 기본 주소 및 포트 번호 다음에 엔드포인트 URL 경로만 추가했다. 요청에 대해 로컬 엔드포인트는 JSON 형식의 출력을 반환해야 한다.

이 JSON 출력을 웹 사용자 인터페이스로 보내서 사용자에게 탐지 결과를 표시하는 데 사용할 수 있다.

웹 UI 기반의 데모 애플리케이션 개발

website 디렉터리의 index.html과 script.js 파일로 HTML과 자바스크립트를 각각 작성해서 간단한 웹 UI를 만든다.

다음과 같은 index.html 파일의 코드를 살펴보자.

```
<!doctype html>
<html lang="en"/>

<head>
    <meta charset="utf-8"/>
    <meta name="viewport" content="width=device-width, initial-scale=1.0"/>

    <title>객체 탐지기</title>

    <link rel="stylesheet" href="https://www.w3schools.com/w3css/4/w3.css">
    <link rel="stylesheet" href="https://www.w3schools.com/lib/w3-theme-blue-grey.css">
</head>

<body class="w3-theme-14" onload="runDemo()">
    <div style="min-width:400px">
        <div class="w3-bar w3-large w3-theme-d4">
            <span class="w3-bar-item">객체 탐지기</span>
        </div>

        <div class="w3-container w3-content">
            <p class="w3-opacity"><b>임의로 선택한 이미지</b></p>
```

```
            <div class="w3-panel w3-white w3-card w3-display-container"
                 style="overflow: hidden">
                <div style="float: left;">
                    <img id="image" width="600"/>
                </div>
                <div id="objects" style="float: right;">
                    <h5>탐지한 객체:</h5>
                </div>
            </div>
        </div>
    </div>

    <script src="scripts.js"></script>
</body>

</html>
```

이 코드는 표준 HTML 태그를 사용하고 있으므로 HTML에 익숙하다면 쉽게 이해할 수 있어야 한다. 다음과 같이 몇 가지 주요 사항을 살펴보자.

- 웹 인터페이스를 순수 HTML보다 좀 더 좋은 모양으로 만들기 위해 www.w3schools.com에 있는 몇 가지 CSS[Cascading Style Sheets]를 포함한다. HTML 태그에 있는 대부분의 클래스는 이 스타일 시트에서 정의한다.
- ID가 image인 <img> 태그는 임의로 선택한 데모 이미지를 표시하는 데 사용한다. 이 ID를 이용해 자바스크립트로 이미지를 동적으로 추가한다.
- ID가 objects인 <div> 태그는 데모 이미지에서 탐지한 객체를 표시하는 데 사용한다. 이 ID를 이용해 자바스크립트로 객체 레이블 및 신뢰 수준을 동적으로 추가한다.
- HTML 파일의 맨 아래에 scripts.js 파일을 명시해서 자바스크립트로 구현한 동적인 처리 기능을 추가한다.
- scripts.js 파일의 runDemo() 함수는 브라우저가 HTML 페이지를 로드하면 <body> 태그의 onload 속성[attribute]에 따라 자동 실행된다.

다음과 같은 scripts.js 파일의 코드를 살펴보자.

```
"use strict";

const serverUrl = "http://127.0.0.1:8000";

function runDemo() {
    fetch(serverUrl + "/demo-object-detection", {
        method: "GET"
    }).then(response => {
        if (!response.ok) {
            throw response;
        }
        return response.json();
    }).then(data => {
        let imageElem = document.getElementById("image");
        imageElem.src = data.imageUrl;
        imageElem.alt = data.imageName;
        let objectsElem = document.getElementById("objects");
        let objects = data.objects;
        for (let i = 0; i < objects.length; i++) {
            let labelElem = document.createElement("h6");
            labelElem.appendChild(document.createTextNode(
                objects[i].label + ": " + objects[i].confidence + "%")
            );
            objectsElem.appendChild(document.createElement("hr"));
            objectsElem.appendChild(labelElem);
        }
    }).catch(error => {
        alert("Error: " + error);
    });
}
```

앞의 코드에는 `runDemo()`라는 함수 하나만 있는데 이 함수는 다음과 같이 동작한다.

- 자바스크립트의 Fetch API(fetch())로 로컬 HTTP 서버에서 실행 중인 `/demo-object-detection` 엔드포인트에 HTTP `GET` 요청을 보낸다.
- 만일 로컬에 있는 엔드포인트의 응답이 `ok`이면 페이로드를 JSON 객체로 변환해 다음 처리 블록으로 전달한다.
- 다음으로 ID가 `image`인 HTML 요소(<img> 태그)를 찾아서 엔드포인트가 넘겨준 `imageUrl` 값으로 `src` 속성을 설정한다(`imageUrl` 값은 S3에 저장된 이미지 파일의 URL로 설정돼 있음). 또한 `<img>` 태그의 `alt` 속성을 `imageName` 값으로 설정하는데 만일 이미지를 로드할 수 없을 때는 `imageName` 값이 화면에 표시된다.[23] 웹 페이지에 이미지가 표시되게 하려면 S3에 있는 이미지를 공개적으로 읽을 수 있도록 설정해야 하는데 화면에 `alt` 값의 텍스트만 보인다면 이미지를 공개적으로 읽을 수 있게 설정했는지 확인하자.[24]
- 마지막으로 ID가 `objects`인 HTML 요소(<div> 태그)를 찾아 각 객체(로컬 엔드포인트가 반환한 레이블 및 탐지 신뢰 수준) 별로 `<h6>` 수준의 제목 요소를 추가한다.

이제 이 웹 사이트를 확인할 수 있는데 로컬에서 확인하려면 간단히 브라우저로 `index.html` 파일을 열면 된다. 그러면 다음의 그림과 같은 웹 페이지가 나타난다.

---

23 즉, 이미지 파일명을 화면에 표시한다. – 옮긴이

24 이미지 파일 권한 외에 이미지 파일의 버킷 권한도 확인하자. S3 버킷의 [권한] 탭에 들어가서 [퍼블릭 액세스 차단] 버튼을 클릭하고 네 개의 체크 박스를 모두 선택 해제한다. – 옮긴이

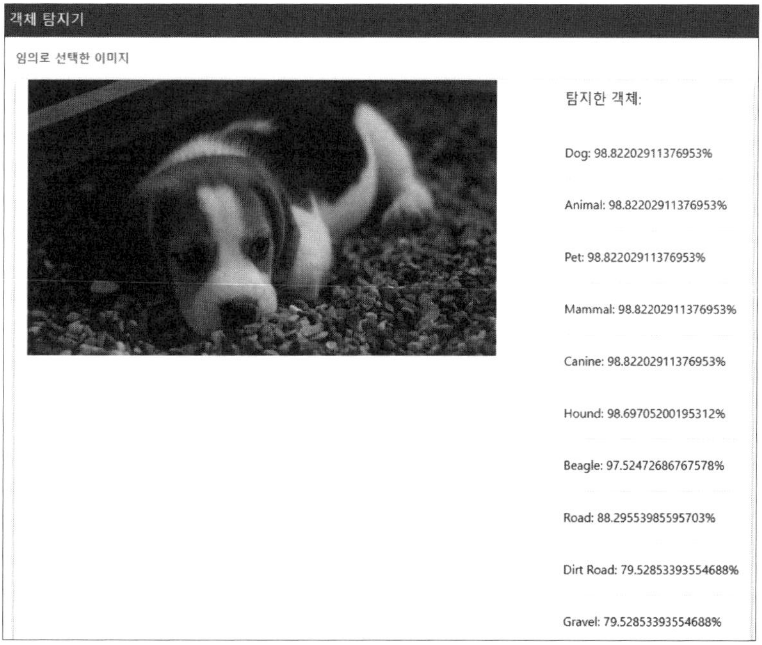

JPEG 이미지 파일 몇 개를 업로드하고 페이지를 몇 번 '새로고침refresh'해서 객체 탐지 데모의 실행을 추가로 확인해 보자. 데모는 실행할 때마다 S3 버킷에 저장된 다른 이미지를 선택하는 것을 볼 수 있다. `ObjectDetector` 애플리케이션은 아마존 레코그니션 데모만큼 훌륭하지는 않지만, AI 애플리케이션을 잘 설계하고 개발할 수 있다는 자신감을 심어 주기에 충분하다.

로컬 HTTP 서버는 강제로 종료하지 않는 한 계속 실행된다. 로컬 HTTP 서버를 멈추려면 `chalice local` 명령을 실행했던 터미널 창에서 Ctrl+C를 누르면 된다.

`ObjectDetector` 애플리케이션의 최종 프로젝트 구조는 다음과 같아야 한다.

```
프로젝트 구조
------------
├── ObjectDetector/
    ├── Capabilities/
```

```
    ├── .chalice/
        ├── config.json
    ├── chalicelib/
        ├── __init__.py
        ├── recognition_service.py
        ├── storage_service.py
    ├── app.py
    ├── requirements.txt
├── Website/
    ├── index.html
    ├── script.js
├── Pipfile
├── Pipfile.lock
```

이제 이 AI 애플리케이션을 AWS 클라우드에 배포해서 공개할 차례이다.

챌리스로 AI 애플리케이션 후단부를 AWS에 배포하기

챌리스로 AWS에 배포하는 것은 매우 간단하면서도 강력하다. 챌리스는 app.py에 있는 엔드포인트 어노테이션을 HTTP 엔드포인트로 자동 변환해서 아마존 API 게이트웨이에 공개 API로 배포한다. 또한 챌리스는 app.py와 chalicelib에 있는 파이썬 코드를 AWS 람다 함수들로 배포한 다음 트리거로 작용하는 API 게이트웨이 엔드포인트를 이 람다 함수들에 연결한다. 실습 프로젝트 개발에 사용할 서버리스 프레임워크로 AWS 챌리스를 선택한 이유는 이처럼 배포를 쉽게 해주기 때문이다.

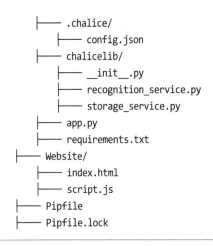

후단부를 로컬에서 실행할 때 챌리스는 개발 환경에 있는 AWS 자격 증명을 자동으로 감지해서 애플리케이션이 사용할 수 있도록 해준다. 그렇다면 애플리케이션이 AWS에서 실행될 때는 어떤 자격 증명을 사용할까? 챌리스는 배포 과정에서 애플리케이션에 대한 AWS IAM[Identity and Access Management] 역할을 자동으로 생성한다. 그런 다음 애플리케이션은 이 역할에 따른 권한을 갖고 AWS에서 실행된다. 챌리스는 필요한 권한을 자동으로 감지할 수 있지만, 책을 쓰고 있는 이 시점에서는 실험적인 기능이기 때문에 실습 프로젝트에서 제대로 동작하지 않을 수도 있다.[25] 따라서 본 실습 프로젝트에서는 .chalice 디렉터리에 있는 config.json 파일의 autogen_policy 값을 false로 설정해 챌리스가 사용자 권한 분석을 수행하지 않도록 한다. 다음은 autogen_policy 값을 false로 설정했을 때 config.json 파일의 내용이다.

```
{
  "version": "2.0",
  "app_name": "Capabilities",
  "stages": {
    "dev": {
      "autogen_policy": false,
      "api_gateway_stage": "api"
    }
  }
}
```

> 앞의 config.json 파일 설정에는 dev 환경이 있는 것에 주목한다. 챌리스는 애플리케이션을 다양한 환경에 배포하는 기능을 제공한다. 흔히 견실한 소프트웨어 개발 조직은 여러 환경을 격리해서 시험 및 유지 관리와 같은 다양한 소프트웨어 생명주기 관련 작업을 수행한다. 예를 들어 실험적 기능 구현을 위한 개발 환경(dev), 통합 시험을 위한 품질보증 환경(qa), 업무 요구사항 검증을 위한 사용자 인수 시험 환경(uat), 부하 시험을 위한 성능 검증 환경(prof) 그리고 최종 사용자의 실시간 트래픽을 처리할 제품 환경(prod) 등이 있다.

다음으로 .chalice 디렉터리 안에 프로젝트에 필요한 AWS 서비스를 수동으로 지정하는 policy-dev.json이라는 새 파일을 만들어야 한다.

```
{
    "Version": "2012-10-17",
        "Statement": [
```

25 번역하는 현재도 이 기능이 항상 잘 동작한다고 발표된 바는 없다. – 옮긴이

```
        {
            "Effect": "Allow",
            "Action": [
                "logs:CreateLogGroup",
                "logs:CreateLogStream",
                "logs:PutLogEvents",
                "s3:*",
                "rekognition:*"
            ],
            "Resource": "*"
        }
    ]
}
```

이 파일에서 프로젝트에 몇 가지 로그를 클라우드워치CloudWatch로 전달하는 동작 외에도 S3 및 레코그니션에 대한 모든 동작을 허용한다.

이제 챌리스 프레임워크 기반의 후단부를 AWS에 배포할 준비가 됐다.

1. Capabilities 디렉터리 안에서 다음 명령을 실행하자.

```
$ chalice deploy
Creating deployment package.
Creating IAM role: Capabilities-dev
Creating lambda function: Capabilities-dev
Creating Rest API
Resources deployed:
  - Lambda ARN: arn:aws:lambda:us-east-1:<UID>:function:Capabilities-dev
  - Rest API URL: https://<UID>.execute-api.us-east-1.amazonaws.com/api/
```

배포가 완료되면 Chalice는 "https://<UID>.execute-api.us-east-1.amazonaws.com/api/"와 같은 RESTful API URL을 출력에 표시한다. 여기서 <UID>는 고유한 식별 문자열이다. 해당 URL은 AWS에서 실행 중인 애플리케이션 후단부에 접근하기 위해 전단부에 필요한 정보이다.

이제 다음 세 가지 서비스에 대한 AWS 관리 콘솔에서 챌리스 배포 결과를 확인할 수 있다.

- 아마존 API 게이트웨이
- AWS 람다
- AWS IAM

해당 서비스의 각 콘솔 페이지를 살펴보고, AWS 챌리스가 실습 애플리케이션을 위해 어떤 설정을 했는지 확인해 보자.[26]

2. 다음과 같이 curl 명령을 사용해 원격 엔드포인트를 시험해 보자. 반드시 로컬 엔드포인트를 시험할 때와 비슷한 결과가 나타나야 한다.

```
$ curl https://<UID>.execute-api.us-east-1.amazonaws.com/api/demo-object-
detection
{"imageName":"beagle_on_gravel.jpg","imageUrl":"https://contents.aws.ai.s3.
amazonaws.com/beagle_on_gravel.jpg","objects":[{"label":"Pet","confidence":98
.9777603149414},{"label":"Hound","confidence":98.9777603149414},{"label":"Ca
nine","confidence":98.9777603149414},{"label":"Animal","confidence":98.977760
3149414},{"label":"Dog","confidence":98.9777603149414},{"label":"Mammal","con
fidence":98.9777603149414},{"label":"Beagle","confidence":98.0347900390625},{
"label":"Road","confidence":82.47952270507812},{"label":"DirtRoad","confiden
ce":74.52912902832031},{"label":"Gravel","confidence":74.52912902832031}]}
```

축하한다! 고가용성의 확장 가능한 AI 애플리케이션의 서버리스 후단부를 클라우드에 성공적으로 구축했다.

26 각 서비스 관리 콘솔에서 해당 애플리케이션에 대응되는 요소를 클릭해서 권한 등의 설정 사항들을 확인해 보자. – 옮긴이

AWS S3로 정적 웹 사이트 배포하기

전단부 웹 사이트를 AWS S3에 배포해 보자.

1장에서 만든 버킷 중 하나는 정적 웹 사이트를 호스팅하기 위한 것이며, AWS 관리 콘솔로 다음과 같이 호스팅 관련 설정을 해보자.

1. 관리 콘솔의 아마존 S3 서비스로 이동하고 해당 버킷(`website.junho.her`)을 클릭한다.
2. 다음 그림과 같이 **속성** 탭에서 **정적 웹 사이트 호스팅** 카드를 클릭한다.

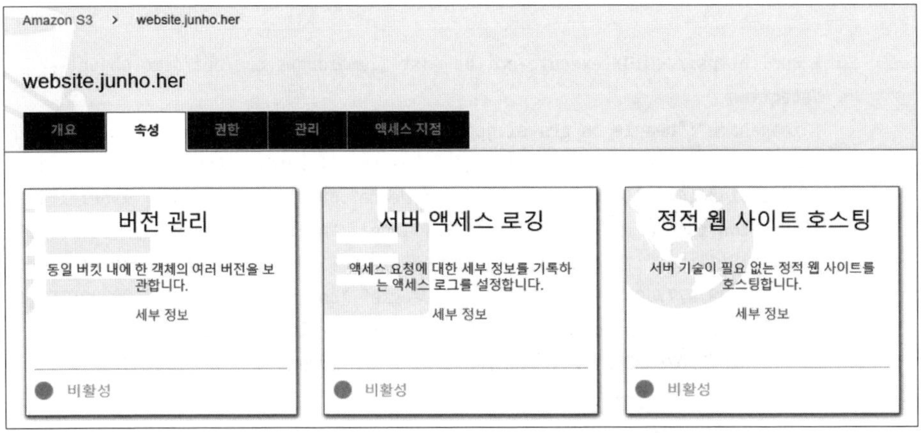

3. **정적 웹 사이트 호스팅** 카드를 클릭하면 구성 카드가 나타난다.
4. **이 버킷을 사용하여 웹 사이트를 호스팅합니다**를 선택하고 인덱스 문서와 오류 문서 필드에 `index.html` 및 `error.html`을 각각 입력한다.
5. 구성 카드에 나타난 엔드포인트 URL을 따로 복사해 둔 다음 **저장**을 클릭한다. 이 엔드포인트 URL은 이번 실습 정적 웹 사이트의 공개 주소가 된다.

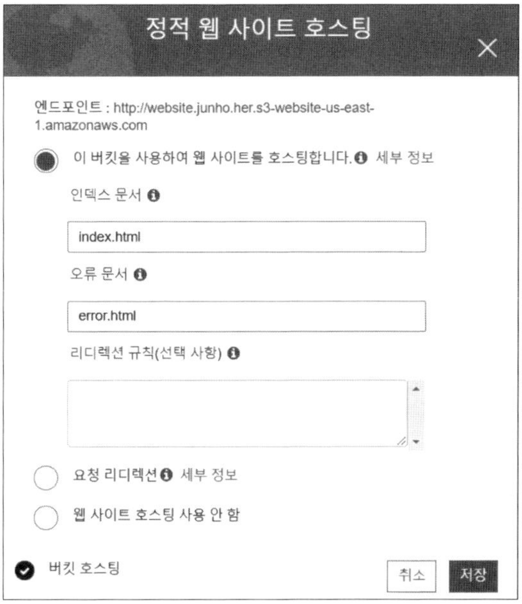

6. `index.html`과 `scripts.js` 파일을 S3 버킷(`website.junho.her`)에 업로드하되, 그 전에 `scripts.js` 파일을 먼저 변경해야 한다.[27] 이제 이 웹 사이트는 앞서 구동했던 로컬의 HTTP 서버와는 무관하며 클라우드에서 실행된다.[28]
7. 다음과 같이 `scripts.js` 파일의 로컬 서버 URL을 후단부 배포의 URL로 바꾼다.[29]

```
"use strict";

const serverUrl =
" https://<UID>.execute-api.us-east-1.amazonaws.com/api";

...
```

27 즉, 7번을 먼저 수행한 후 이 절차(두 파일의 업로드)를 수행한다. – 옮긴이

28 즉, 7번에서 HTTP 서버를 변경하기 때문이다. – 옮긴이

29 앞의 chalice deploy 명령어 실행 후 터미널에 표시되는 Rest API URL의 값을 넣는다. – 옮긴이

8. 다음으로 `index.html`과 `scripts.js` 파일의 읽기 권한을 공개로 변경하기 위해 **권한** 탭에 있는 S3 버킷 권한을 수정한다. 이를 위해 **퍼블릭 액세스 차단** 버튼을 클릭하고 네 개의 체크 박스를 모두 선택 해제한 다음 확인을 입력한다. 이렇게 하면 다음 화면과 같이 S3 버킷에 있는 파일에 모두 접근할 수 있도록 설정된다.

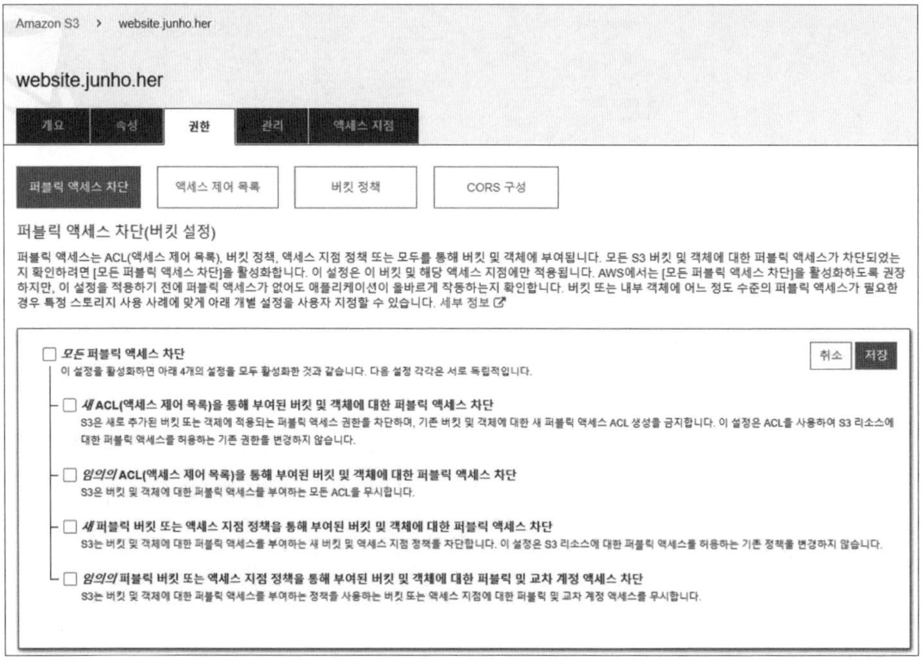

9. 마지막으로 다음 그림과 같이 두 파일을 모두 선택(체크)한 후 **작업** 메뉴를 클릭하고 **퍼블릭으로 설정**을 선택해 두 파일을 공개한다.

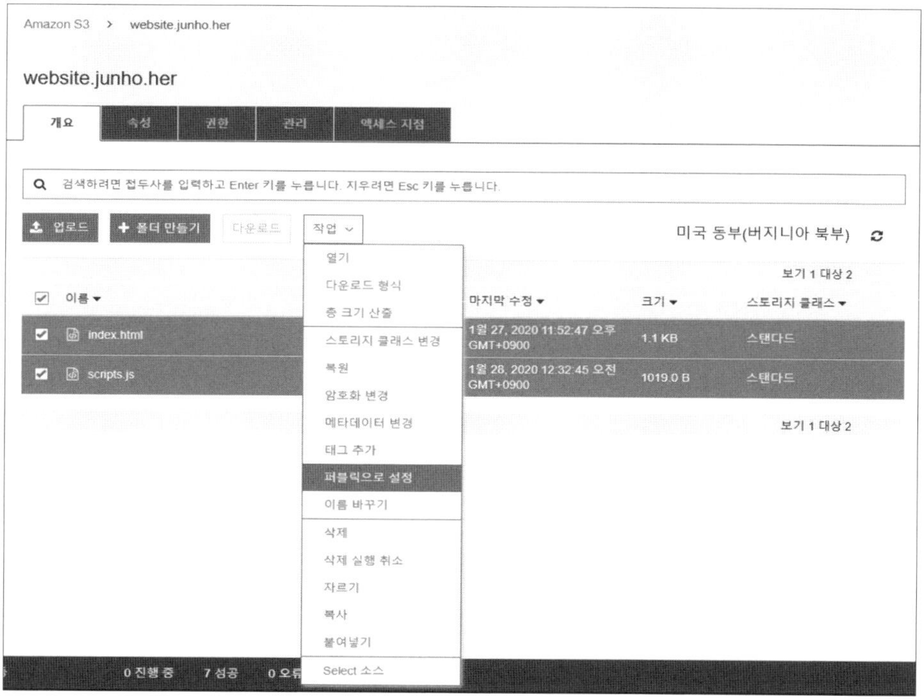

S3 엔드포인트 URL[30]을 브라우저의 주소창에 입력하자. 여기서 해당 URL은 다음과 같은 형태여야 한다.

http://〈BUCKET〉.s3-website-us-east-1.amazonaws.com/

이제 `ObjectDetector` 웹 사이트를 브라우저로 확인할 수 있으며, 이 웹 사이트는 AWS에서 실행 중인 후단부와 통신해서 AI 애플리케이션 데모의 기능을 제공한다. 전단부와 후단부 모두 서버리스 방식으로 AWS 클라우드 인프라에서 실행 중이며 사용자 수의 증가에 따라 자동으로 확장할 수 있다.

축하한다! 종단 간 AI 애플리케이션을 AWS 위에 구축했다. 이제 이 AI 애플리케이션을 전 세계의 모든 사람들이 브라우저를 통해 이용할 수 있다.

30 5번 단계에서 복사해 두었던 것 – 옮긴이

새 AWS 계정에 프리 티어가 있더라도 웹 사이트 URL 및 API 엔드포인트를 공유하는 사람의 수를 제한해야 한다. 왜냐하면 소비한 AWS 자원이 프리 티어 요금제의 한도를 초과하면 요금이 부과되기 때문이다.

요약

2장에서는 인공지능 애플리케이션의 아키텍처를 잘 설계하는 방안을 논의했고, 모든 실습 프로젝트의 템플릿이 될 웹 애플리케이션을 위한 참조 아키텍처를 설계했다. 여러 AWS 도구 및 서비스를 사용해 이 참조 아키텍처에 따라 서버리스 방식으로 아마존 레코그니션 데모 애플리케이션을 개발했다. AWS 챌리스와 `boto3`를 사용해 데모 애플리케이션의 후단부를 구축했으며, 업무 기능을 제공하기 위해 AWS S3 및 아마존 레코그니션을 활용했다. 명확한 아키텍처 경계와 우수한 설계가 어떻게 유연한 애플리케이션 개발과 향상에 도움이 되는지 실습 프로젝트를 통해 설명했다. 또한 HTML, CSS 및 자바스크립트로 데모 애플리케이션의 간단한 웹 사용자 인터페이스를 구축했다. 그리고 개발한 데모 애플리케이션을 서버리스 방식으로 AWS 클라우드에 배포했다.

2장에서 단순하면서도 그럴싸한 AI 애플리케이션을 구축해 봤으므로 이와 동일한 아키텍처 템플릿과 도구 세트를 사용해 2부에서 설명하는 다양한 AI 애플리케이션을 구축할 준비가 됐다.

더 읽을거리

최신 AI 애플리케이션의 구조에 대한 좀 더 자세한 내용은 다음 링크를 참조한다.

- https://developer.mozilla.org/en-US/docs/Web/HTTP/CORS

2부

AWS AI 서비스를 활용한 애플리케이션 구축

2부에서는 AWS의 다양한 관리형 AI 서비스를 살펴본다. 훈련용 데이터의 수집 및 정리, 자체 모형의 훈련 및 세부 조정, 훈련된 모형의 운영 및 유지 보수 등의 작업에 신경 쓰지 않아도 이러한 AWS AI 서비스를 애플리케이션에 적용할 수 있는데 AWS가 해당 작업을 대신 수행하기 때문이다. 따라서 AWS AI 서비스를 적용하면 제품 수준의 AI 솔루션을 신속히 설계, 개발 및 배포해서 조기에 출시할 수가 있다. 우선 AWS AI 서비스를 자세히 설명한 후에 이러한 서비스를 AI 솔루션에 통합 적용하는 가장 좋은 방법을 제시한다. 이러한 방법으로 아키텍처의 유연성, 빠른 검증, 장기적인 유지 보수 등을 보장할 수 있다.

2부는 다음의 네 장으로 구성된다.

- 3장, 아마존 레코그니션 및 트랜스레이트를 활용한 텍스트 탐지와 번역
- 4장, 아마존 트랜스크라이브 및 폴리를 활용한 음성–텍스트 변환과 텍스트–음성 변환
- 5장, 아마존 컴프리헨드를 활용한 텍스트 내 정보 추출
- 6장, 아마존 렉스를 활용한 음성 챗봇 구축

03

아마존 레코그니션 및 트랜스레이트를 활용한 텍스트 탐지와 번역

3장에서는 첫 번째 AI 애플리케이션을 구축한다.[1] 해당 애플리케이션은 단지 이론적인 설명을 위한 것이 아니라 실용적인 문제(사진 속의 외국 텍스트를 탐지해서 번역하는 문제)를 해결한다. 이 애플리케이션은 2장의 참조 아키텍처에 따라 두 가지 AWS AI 서비스(아마존 레코그니션 및 트랜스레이트)를 결합해서 구축한다. 이번 실습 프로젝트의 애플리케이션에 지능적인 기능을 단지 구축해 넣기만 하는 것이 아니라 이러한 기능을 향후의 실습 프로젝트에서도 재활용할 수 있게 컴포넌트 형태로 설계한다.

1 2장에서 구축한 애플리케이션은 AWS가 제공하는 레코그니션 데모를 재현한 것이다. – 옮긴이

3장에서 다룰 주요 내용은 다음과 같다.

- 지능적인 기능을 재사용 가능한 컴포넌트로 설계 및 구축하기 위한 방안 논의
- 아마존 레코그니션을 활용한 이미지 속의 텍스트 탐지
- 아마존 트랜스레이트를 활용한 텍스트 번역
- 애플리케이션에 지능적인 기능 구축
- AWS 서비스, RESTful API 및 웹 UI로 서버리스 AI 애플리케이션 구축

좁은 세상 만들기

2부에서는 인공지능 솔루션을 구축하는 여러 실습 프로젝트를 수행한다. 이러한 프로젝트를 통해 아마존의 다양한 AI 서비스에 익숙해질 뿐만 아니라 지능적인 기능을 어떻게 애플리케이션에 구축해서 실제 문제를 해결할지 배울 수 있다. 우선, 세상을 좁다고 느끼게 하는 애플리케이션부터 구축하겠다.

어느 날, 구글Google이 휴대 전화로 주변의 사물을 가리키면 자세한 정보를 얻을 수 있게 하는 구글 렌즈Google Lens라는 기능을 모바일 앱으로 출시했다. 본질적으로 구글 렌즈는 검색 기능을 현실 세계로 가져온 것이다. 이 앱의 한 가지 사용 케이스Use Case는 화면의 텍스트를 실시간으로 번역하는 것이다. 사용자가 카메라에 도로 표지판이나 식당 메뉴를 비추면 폰 화면에 증강 현실Augmented Reality 피드feed[2]로 번역 결과를 보여준다. 즉, 이 기능은 모든 사람의 일상에 편의를 제공한다.

3장에서는 AWS AI 서비스를 활용해서 이러한 사진 번역 기능을 구축하는 실습 프로젝트를 수행한다. 사진 번역기Pictorial Translator로 명명할 이 애플리케이션은 구글 렌즈보다 훨씬 더 단순한 사용자 인터페이스를 갖지만 유사한 번역 기능을 제공할 것이다.

2 사용자에게 자주 업데이트되는 콘텐츠를 제공하는 데 쓰이는 데이터 포맷 – 옮긴이

사진 번역기의 아키텍처 이해

2장(최신 AI 애플리케이션의 구조)에 정의된 아키텍처 템플릿에 따라 사진 번역기의 아키텍처를 다음과 같이 설계한다.

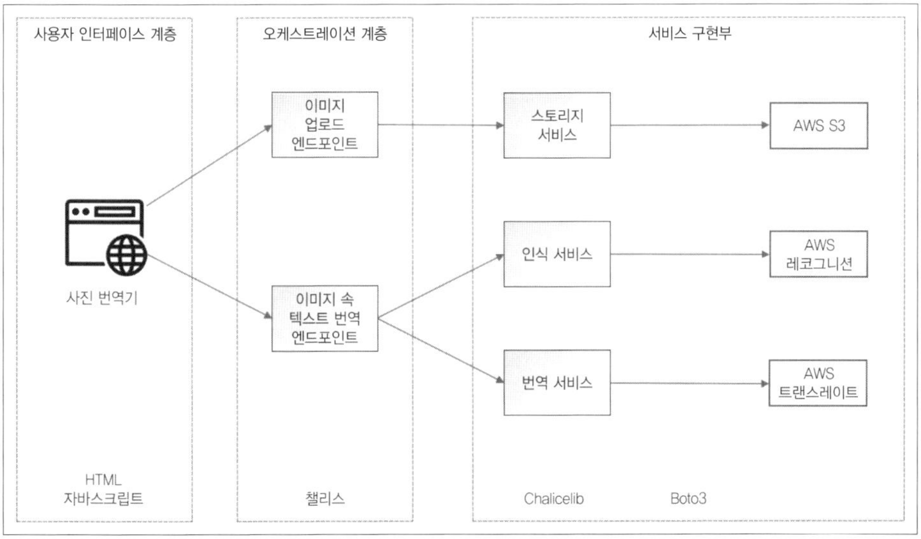

사용자는 웹 사용자 인터페이스를 통해 외국어 텍스트가 포함된 사진을 업로드해서 번역 결과를 볼 수 있다. 웹 사용자 인터페이스는 이미지 업로드와 번역을 다루는 두 개의 RESTful 엔드포인트로 구성된 오케스트레이션 계층과 연동한다.

- **이미지 업로드 엔드포인트**는 이미지를 **스토리지 서비스**Storage Service에 업로드 한다.
  - **스토리지 서비스**는 사진이 저장돼 처리되고 표시될 장소인 **AWS S3**에 대한 추상화 계층을 제공한다.
- **이미지의 텍스트 번역 엔드포인트**는 **인식 서비스**Recognition Service가 사진 속의 텍스트를 탐지하고, **번역 서비스**Translation Service가 탐지된 텍스트를 번역하도록 중재한다.

- **인식 서비스**는 아마존 레코그니션 서비스(더 구체적으로 레코그니션의 텍스트 탐지 기능)에 추상화 계층을 제공한다. **인식 서비스라**고 명명한 것은 일반화를 통해 AWS **레코그니션**과 강하게 결합하지 않기 위해서이다.
- **번역 서비스**는 번역을 위한 아마존 트랜스레이트 서비스에 대해 추상화 계층을 제공한다.

일부 독자는 **서비스 구현부**Service Implementation에 중복이 있다고 생각할 수 있다. 즉, 엔드포인트는 왜 AWS 서비스와 직접 통신하지 않고 다른 추상화 계층을 매개로 할까? 앞의 그림과 같이 애플리케이션을 설계하면 많은 이점이 있는데 다음의 몇 가지 예를 살펴보자.

- 개발 기간 동안 AWS 서비스에 의존하지 않고도 애플리케이션을 보다 쉽게 구축하고 테스트할 수 있다. 개발 속도, 비용 및 시험 등의 이유로 이러한 서비스에 대한 스텁stub[3] 또는 목mock[4]을 구현할 수도 있다. 따라서 애플리케이션을 더 빠르게 반복적으로 개발할 수 있다.
- 애플리케이션이 변화에 더 잘 적응할 수 있다. 가령, 더 좋은 저장, 인식 또는 번역 기능을 제공하는 다른 서비스로 전환 시 동일한 추상화 인터페이스를 갖는 새로운 서비스 구현으로 추상화 계층만 변경하고 사용자 인터페이스와 엔드포인트는 수정할 필요가 없다.
- 코드베이스의 조합 가능성 및 재사용성을 향상시킬 수 있다. 즉, AWS 서비스의 기능은 다른 애플리케이션에서도 재사용할 수 있는데 오케스트레이션 엔드포인트보다 더 쉽게 재사용할 수 있는 모듈식 패키지이기 때문이다. 보통 오케스트레이션 엔드포인트는 애플리케이션에 특화된 업무 로직도 포함하기 때문에 재사용이 어렵다.

---

3 특정 시스템 컴포넌트의 개발이 완료되지 않은 상황에서도 필요한 시험을 진행하기 위해 생성된 더미 컴포넌트(Dummy Component) – 옮긴이

4 'mock up'이 더 정확한 표현으로 장치의 제작에 앞서 나무 또는 이와 비슷한 것으로 만드는 모형을 일컬으며 소프트웨어에서 사용할 때 스텁과 유사한 의미를 가진다. – 옮긴이

사진 번역기 컴포넌트 간의 상호작용

구현에 들어가기 전에 애플리케이션의 컴포넌트가 서로 어떻게 상호작용하는지와 설계에 따라 사용자 경험이 어떻게 달라질지 생각해 보는 것이 중요하다.

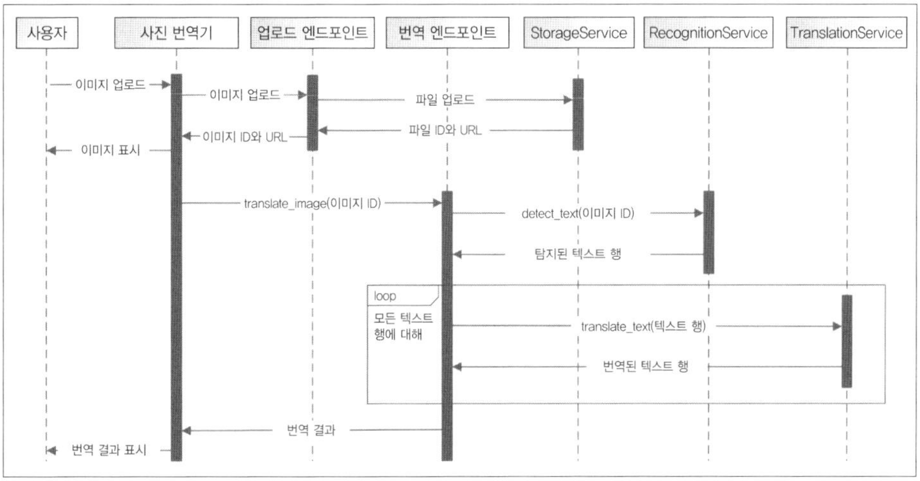

애플리케이션은 이미지 업로드, 업로드된 이미지 표시 및 번역된 텍스트 표시 순서로 순차적인 사용자 경험을 제공한다. 한꺼번에 많은 사진을 대량으로 업로드하지 않고 각각의 사진을 업로드하고 처리할 때까지 사용자가 대기하도록 설계했다. 이러한 설계는 이번 애플리케이션에 적합한데 그 주요 용법이 사용자가 결정을 내리거나 조치를 취하기 전에 번역을 진행하는 상황[5]에 있다고 가정하기 때문이다.

사진 번역기 애플리케이션이 이미지 업로드 엔드포인트 및 `StorageService`와 상호작용하는 것은 명료하다. 사용자의 요청은 궁극적으로 AWS S3로 전달돼 그 응답이 다시 되돌아간다. 물론, AWS S3의 스토리지 기능은 추상화 계층을 통해 엔드포인트와 애플리케이션으로부터 보호된다. 사진은 S3 버킷에 저장되고 텍스트 탐지 및 번역은 S3 버킷에서 이뤄진다.

5 휴대 전화 카메라를 어떤 것에 비추면 증강 현실 피드로 실시간 번역을 해주는 앱을 실행 중인 상황을 의미한다. – 옮긴이

이미지의 텍스트 번역 엔드포인트는 사진 번역기 애플리케이션의 일부 업무 로직을 간결하게 한다. 사진 번역기는 우선 이미지의 ID를 번역 이미지의 텍스트 엔드포인트로 전송한 다음 이미지에 있는 각 텍스트의 번역 결과를 수신한다. 이때 이미지의 텍스트 번역 엔드포인트는 배후에서 몇 가지 작업을 수행한다. 이 엔드포인트는 전체 이미지에 대해 `RecognitionService`에 있는 `detect_text()`를 호출하고 탐지된 모든 텍스트 행에 대해 번역 서비스에 있는 `translate_text()`를 반복 호출한다. 다만, 엔드포인트는 탐지 신뢰도가 임계 값 이상인 텍스트 행에 대해서만 번역 서비스를 호출한다.[6]

다음은 설계상의 두 가지 결정 사항이다.

- 첫째, 행[line] 수준에서 텍스트를 번역한다.[7] 실상에서 보이는 텍스트들이 항상 같은 문맥을 갖지는 않으며(예를 들어 한 사진에 있는 여러 종류의 도로 표지판) 심지어 다른 언어일 수도 있다. 다만, 사용자 경험 수준에서 입증할 수 있도록 이 설계 결정 사항의 적용 결과를 면밀히 모니터링해야 한다.
- 둘째, `RecognitionService`가 탐지한 텍스트 중 높은 신뢰도를 갖는 것만 번역한다. 실상의 상황은 어수선하기 때문에 사용자가 번역 작업과 관련 없는 텍스트(예를 들어 멀리 있는 도로 표지판)를 포함하는 사진을 업로드하거나 텍스트 탐지에 적합하지 않은 품질이 낮은 사진(예를 들어 어둡거나 초점이 맞지 않는 사진)을 업로드할 수 있다. 사용자가 부정확한 번역에 허덕이지 않도록 사진 속의 선명한 텍스트만 번역하도록 설계했다.

이 두 가지는 AI 애플리케이션 개발 시 AI 실무자가 평가하고 검증해야 하는 설계 결정 사항의 예이다. 유연한 아키텍처를 사용하면 평가와 검증을 훨씬 빠르게 반복할 수 있다.

---

6 이미지 안에서 텍스트로 확실히 식별되지 않은 것은 번역하지 않고 화면에 나타내지 않는다. – 옮긴이

7 텍스트를 탐지하는 서비스는 탐지한 단위로 행을 분리한다고 짐작할 수 있다. – 옮긴이

프로젝트 구조 구축하기

pipenv와 chalice 명령어를 사용하고 웹 파일도 작성하는 등 2장(최신 AI 애플리케이션의 구조)에서 수행한 절차에 따라 비슷한 기본 프로젝트 구조를 만들어 보자.

1. 터미널에서 루트 프로젝트 디렉터리를 생성하기 위해 다음 명령을 입력한다.

```
$ mkdir PictorialTranslator
$ cd PictorialTranslator
```

2. Website라는 이름의 디렉터리를 생성해 웹 전단부를 저장할 공간을 만들고, 이 디렉터리 내에 다음과 같이 두 개의 파일(index.html, scripts.js)을 만든다.

```
$ mkdir Website
$ touch Website/index.html
$ touch Website/scripts.js
```

3. pipenv로 프로젝트의 루트 디렉터리에 파이썬 3 가상 환경을 생성한다. 프로젝트의 파이썬 코드는 두 가지 패키지(boto3, chalice)가 필요한데 다음과 같은 명령으로 설치할 수 있다.

```
$ pipenv --three
$ pipenv install boto3
$ pipenv install chalice
```

4. pipenv로 설치한 파이썬 패키지는 다음 명령으로 가상 환경을 활성화했을 때만 사용할 수 있다.[8]

```
$ pipenv shell
```

8 가상 환경에 들어가면 홈 디렉터리에서 셸이 시작되기 때문에 cd ContactAssistant를 다시 실행해서 프로젝트 디렉터리로 이동해야 한다. – 옮긴이

5. 가상 환경에서 다음 명령으로 오케스트레이션 계층(Capabilities라는 이름의 AWS 챌리스 프로젝트)을 만든다.

```
$ chalice new-project Capabilities
```

6. chalicelib 파이썬 패키지를 만들기 위해 다음 명령을 실행한다.

```
$ cd Capabilities
$ mkdir chalicelib
$ touch chalicelib/__init__.py
$ cd ..
```

사진 번역기의 프로젝트 구조는 다음과 같아야 한다.

```
프로젝트 구조
------------
├── PictorialTranslator/
    ├── Capabilities/
        ├── .chalice/
            ├── config.json
        ├── chalicelib/
            ├── __init__.py
        ├── app.py
        ├── requirements.txt
    ├── Website/
        ├── index.html
        ├── script.js
    ├── Pipfile
    ├── Pipfile.lock
```

이것이 사진 번역기의 프로젝트 구조이다. 이 구조에는 2장(최신 AI 애플리케이션 구조)에서 정의한 AI 애플리케이션 아키텍처대로 사용자 인터페이스, 오케스트레이션 및 서비스 구현 계층이 있다.

서비스 구현

이제 우리가 무엇을 구축할지 이해했기 때문에 서비스 구현부를 시작으로 애플리케이션을 계층별로 구현해 보자.

인식 서비스 – 텍스트 탐지

아마존 레코그니션 서비스로 이미지의 텍스트를 탐지하는 기능을 활용할 것이다. 먼저, AWS CLI를 사용해 이 기능을 점검해 보자. 다음 그림의 독일 도로 표지판 사진을 사용한다.

이 사진의 출처는 다음과 같다. https://www.freeimages.com/photo/german-oneway-street-sign-3-1446112

S3를 사용해 사진을 보관할 예정이므로 먼저 1장(Amazon Web Services의 인공지능 서비스 소개)에서 만든 S3 버킷에 사진을 업로드해 보자. 이를테면 `contents.aws.ai` 버킷에 이미지를 업로드한다. 업로드한 후 다음의 AWS CLI 명령을 수행해서 `german_street_sign.jpg`라는 이름의 사진에 대해 텍스트 탐지를 실행한다.[9]

---

9 각자의 버킷 이름과 파일 이름을 다시 한 번 확인하자. – 옮긴이

```
$ aws rekognition detect-text --image
S3Object=\{Bucket=contents.aws.ai,Name=german_street_sign.jpg\}
{
    "TextDetections": [
        {
            "DetectedText": "Einbahnstraße",
            "Type": "LINE",
            "Id": 0,
            "Confidence": 96.92815399169922,
            "Geometry": {
                "BoundingBox": {
                    "Width": 0.4944124221801758,
                    "Height": 0.05993243306875229,
                    "Left": 0.3878776431083679,
                    "Top": 0.49862611293792725
                },
                "Polygon": [
                    ...
                ]
            }
        },
        {
            "DetectedText": "Einbahnstraße",
            "Type": "WORD",
            "Id": 1,
            "ParentId": 0,
            ...
        }
    ]
}
```

AWS CLI는 다음과 같이 AWS 서비스의 출력 형식을 점검해 보기 편리한 도구이다.

- 실행 화면에서 텍스트 탐지 결과를 JSON 출력 형식으로 확인할 수 있는데 이 책에서는 출력의 일부를 생략했다.
- 중괄호('{' 및 '}')로 둘러싸인 최상위 레벨의 객체가 있다. 최상위 객체 내에 이름–

값이 쌍으로 있는데 이름은 TextDetections이고 값은 대괄호('[' 및 ']')로 묶인 배열이다.

- 이 배열에는 탐지된 텍스트를 설명하는 0개 이상의 객체가 있다. 배열 내에 있는 탐지된 텍스트 객체를 보면 DetectedText, Type, ID, Confidence, Geometry와 같은 정보가 들어 있다.

해당 사진에는 단어가 하나만 있지만 레코그니션은 TextDetections 배열에 객체 두 개를 리턴했다. 왜냐하면 레코그니션은 두 가지 유형type의 DetectedText 객체를 반환하기 때문인데 하나는 LINE 유형이고 다른 하나는 LINE 유형 객체 안의 단어를 나타내는 WORD 유형이다. 따라서 이번 예제에서는 LINE 유형 객체 하나와 해당 행에 있는 WORD 유형 객체 하나를 리턴받았다.[10] 두 객체의 유형이 다르다는 것에 주목할 필요가 있다. 두 번째 객체(WORD 유형)의 ParentId는 첫 번째 객체(LINE 유형)의 Id를 나타내는데 행과 단어 간의 관계가 부모parent/자식child 관계임을 보여준다.

출력 형식에는 텍스트 탐지에 대한 Confidence 수준 값도 있는데 이 값은 번역할 텍스트 행을 필터링하는 데 사용할 것이다. Confidence 점수가 99.16583251953125(최대 100)인 것으로 보고, 레코그니션은 이미지 속의 단어가 Einbahnstraße라고 거의 확신한다고 볼 수 있다.

이미지에서 탐지된 텍스트의 위치를 기술하기 위해 Geometry 이름/값 쌍에는 다음 그림과 같은 두 가지 표시 체계가 들어간다.

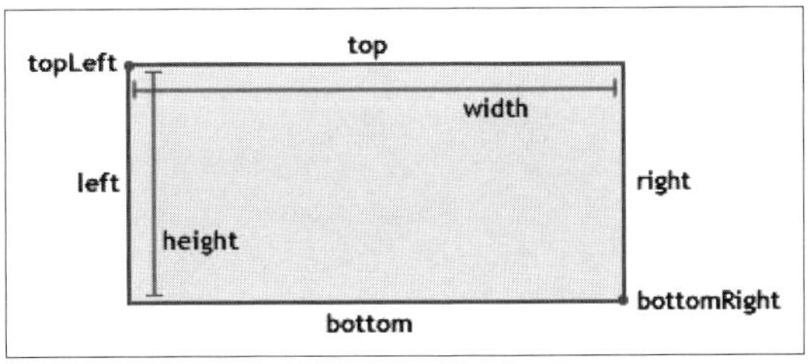

10 두 단어로 된 도로 표지판에 적용한다면 LINE 유형 객체 하나와 해당 행에 있는 WORD 유형 객체 두 개를 리턴받을 것이다. – 옮긴이

다음과 같이 이 다이어그램에 대해 살펴보자.

- BoundingBox는 텍스트가 있는 대략적인 직사각형을 나타낸다. 이 시스템은 BoundingBox를 기술할 때 사각형의 topLeft 점 좌표와 사각형의 너비와 높이를 사용한다.
- 좌표와 크기는 모두 이미지 전체 크기에 대한 비율로 제공된다. 예를 들어 이미지가 700×200픽셀pixel이고 서비스가 left == 0.5와 top == 0.25를 반환하면 사각형의 topLeft 점은 픽셀 (350, 50)에 있다(700×0.5=350 및 200×0.25=50).
- Polygon은 BoundingBox 안의 점 집합인데 탐지된 텍스트의 윤곽을 나타내는 세밀한 다각형을 말한다. 각 점의 x 및 y 좌표도 BoundingBox 좌표의 경우와 동일한 비율 시스템을 사용한다.

Geometry에 표시한 여러 정보는 이미지 속의 텍스트를 강조하거나 이미지 위에 다른 정보를 겹쳐 넣을 때 도움이 된다.

> 레코그니션의 텍스트 탐지 기능은 영어, 독일어 및 프랑스어와 같은 알파벳 기반 언어에서는 잘 동작하지만 중국어, 한국어 및 일본어와 같은 언어에서는 잘 동작하지 않는다. 이 때문에 해당 애플리케이션의 용법은 제한적이다.

이제 텍스트 탐지 결과 값에 대한 이해를 바탕으로 RecognitionService를 구현해 보자. chalicelib 디렉터리에 recognition_service.py 파일을 생성해서 다음과 같이 RecognitionService라는 이름의 파이썬 클래스를 만들어 보자.

```
import boto3

class RecognitionService:
    def __init__(self, storage_service):
        self.client = boto3.client('rekognition')
        self.bucket_name = storage_service.get_storage_location()
```

```
def detect_text(self, file_name):
    response = self.client.detect_text(
        Image = {
            'S3Object': {
                'Bucket': self.bucket_name,
                'Name': file_name
            }
        }
    )

    lines = []
    for detection in response['TextDetections']:
        if detection['Type'] == 'LINE':
            lines.append({
                'text': detection['DetectedText'],
                'confidence': detection['Confidence'],
                'boundingBox': detection['Geometry']['BoundingBox']
            })

    return lines
```

앞의 코드에 대한 설명은 다음과 같다.

- 생성자 __init__()은 레코그니션 서비스에 대한 boto3 클라이언트를 만드는데 S3 버킷 이름을 나타내는 storage_location 관련 매개변수를 받는다.[11]
- detect_text() 메소드는 boto3 레코그니션 클라이언트의 detect_text() 함수를 호출해서 이미지의 S3 버킷 이름과 파일 이름을 넘겨준다. 그런 다음 TextDetections 배열을 다음과 같이 처리한다.
    - LINE 유형의 텍스트 탐지 결과만 가져다 각 행의 DetectedText, 신뢰도 객체 및 BoundingBox 좌표를 저장한다.

11 엄밀히 말해 storage_service 클래스의 인스턴스를 받는데 해당 클래스에 변수 storage_location과 그 값을 리턴해 주는 메소드가 들어 있다. – 옮긴이

- RecognitionService의 detected_text() 메소드를 사용하는 모든 클라이언트는 이러한 정보가 text, confidence, boundingBox 변수에 파이썬 딕셔너리(키-값 매핑)의 리스트 형태로 반환된다고 예측할 수 있다.

AWS SDK 입출력 형식을 RecognitionService 인터페이스 규약으로 정의했고, 애플리케이션의 다른 부분은 RecognitionService의 메소드 매개변수와 리턴 유형을 예측할 수 있다. 본질적으로 말해서 어댑터adapter 설계 패턴을 구현한 것이다. 만일 AWS 레코그니션 서비스를 다른 서비스로 교체한다 하더라도 새로운 서비스 구현에 기존 인터페이스 규약을 적용하기만 하면 더 이상 애플리케이션 수정이 필요 없다.

텍스트를 탐지할 이미지를 지정하는 방법에는 다음과 같이 두 가지 방법이 있다.

- 첫째, 버킷 이름과 오브젝트 키를 갖는 S3Object를 제공하는 방법이다.
- 둘째, 이미지의 원시 비트를 제공하는 방법이다.

실습 애플리케이션을 위해서는 S3Object를 제공하는 방법이 더 좋다.

번역 서비스 – 텍스트 번역하기

언어 번역 기능을 위해 아마존 트랜스레이트 서비스를 활용한다. 다시 AWS CLI를 사용해 이 기능을 점검해 보자. 빠르게 번역하려면 앞 절에서 탐지한 텍스트인 Einbahnstraße를 복사해서 다음과 같은 명령을 실행한다.

```
$ aws translate translate-text --text "Einbahnstraße" --source-language-code auto
--target-language-code en
{
    "TranslatedText": "One way trap",
    "SourceLanguageCode": "de",
    "TargetLanguageCode": "en"
}
```

auto를 원시 언어로 사용했는데 이는 아마존 트랜스레이트가 텍스트의 언어를 자동으로 판단한다는 점을 보여주는 것이다. 목표 언어로는 영어인 en을 택했다.

아마존 트랜스레이트 서비스의 출력은 상당히 간단한데 단지 이름/값 쌍 세 개가 들어 있는 JSON 객체이다. 보다시피 아마존 트랜스레이트는 Einbahnstraße가 독일 단어이고 영어로 번역하면 '일방통행One Way'이라는 것을 정확히 판단한다. 이것은 One Way 도로 표지판이 있는 사진이 분명하다.

> **TIP** 원시 언어를 auto로 설정하면 편리하지만 원시 언어를 높은 수준의 신뢰도로 판단할 수 없는 상황도 발생한다. 그럴 때 AWS는 DetectedLanguageLowConfidenceException 예외(exception)를 던진다. 이 예외는 가장 유사하다고 판단한 언어를 포함하고 있기 때문에 애플리케이션이 낮은 신뢰도를 허용한다면 예외에 들어 있는 원시 언어로 번역을 다시 요청할 수 있다.

아마존 트랜스레이트는 다양한 언어 간의 번역을 지원하며 번역 가능한 언어 쌍의 수가 계속 늘어나고 있다. 그러나 이 책을 쓰는 현재 여전히 번역되지 않는 언어 쌍이 있다. 최근 지원되는 모든 언어 쌍을 보려면 AWS 문서(https://docs.aws.amazon.com/translate/latest/dg/pairs.html)를 확인하자. 지원되지 않는 언어 쌍에 대한 요청에 대해 AWS는 UnsupportedLanguagePairException 예외를 던진다.

chalicelib 디렉터리에 translation_service.py 파일을 생성해서 다음과 같이 TranslationService라는 이름의 파이썬 클래스를 만들어 보자.

```
import boto3

class TranslationService:
    def __init__(self):
        self.client = boto3.client('translate')

    def translate_text(self, text, source_language = 'auto', target_language = 'en'):
```

```
        response = self.client.translate_text(
            Text = text,
            SourceLanguageCode = source_language,
            TargetLanguageCode = target_language
        )

        translation = {
            'translatedText': response['TranslatedText'],
            'sourceLanguage': response['SourceLanguageCode'],
            'targetLanguage': response['TargetLanguageCode']
        }

        return translation
```

앞의 코드에 대한 설명은 다음과 같다.

- 생성자 `__init__()`은 트랜스레이트 서비스에 대한 boto3 클라이언트를 생성한다.
- `translats_text()` 메소드는 boto3 트랜스레이트 클라이언트의 `translate_text()` 함수를 호출해서 텍스트, 원시 언어 및 목표 언어를 전달한다. 이 메소드의 `source_language` 및 `target_language` 매개변수의 기본값은 각각 auto와 en이다.
- 그런 다음 `translate_text()` 함수는 AWS SDK 출력을 처리하고 `translatedText`, `Source Language` 및 `Target Language`를 키로 갖는 파이썬 딕셔너리를 반환한다. 다시 한 번 AWS SDK 입출력 형식을 `TranslationService`의 인터페이스 규약으로 정의했다.

아마존 트랜스레이트 서비스는 맞춤형 용어라는 기능을 지원한다. 이 기능을 통해 개발자는 번역 중에 이용할 맞춤형 용어를 설정할 수 있다. 원시 텍스트의 단어와 구가 회사 이름, 브랜드 및 제품과 같이 일반적인 단어가 아닐 때 사용하면 편리하다. 예를 들어 "팩트Packt"가 올바르게 번역되지 않는다면 번역을 수정하기 위해 AWS 계정에서 맞춤형 용어를 생성할 수 있다. 그러기 위해서는 다음과 같이 "팩트Packt"에 대해 다양한 언어 별로 번역할 단어를 매핑한 CSVComma-Separated Values 파일을 업로드한다.

```
en, fr, de, es
Packt, Packt, Packt, Packt
```

번역 서비스 호출 시 TerminologyNames 매개변수를 사용해 한 가지 이상의 맞춤형 용어를 지정할 수 있다. 이에 대한 상세한 내용은 다음 주소의 AWS 설명서를 참조하자.

https://docs.aws.amazon.com/translate/latest/dg/how-custom-terminology.html

스토리지 서비스 – 파일 업로드

chalicelib 디렉터리에 storage_service.py 파일을 생성해서 다음과 같이 StorageService 라는 이름의 파이썬 클래스를 만들어 보자.

```
import boto3

class StorageService:
    def __init__(self, storage_location):
        self.client = boto3.client('s3')
        self.bucket_name = storage_location

    def get_storage_location(self):
        return self.bucket_name

    def upload_file(self, file_bytes, file_name):
        self.client.put_object(Bucket = self.bucket_name,
                               Body = file_bytes,
                               Key = file_name,
                               ACL = 'public-read')

        return {'fileId': file_name,
                'fileUrl': "http://" + self.bucket_name + ".s3.amazonaws.com/" + file_
name}
```

앞의 코드에 대한 설명은 다음과 같다.

- 생성자 __init__()은 S3 서비스에 대한 boto3 클라이언트를 생성한다. 생성자는 S3 버킷 이름을 나타내는 storage_location에 관한 매개변수를 받는다.
- get_storage_location() 메소드는 S3 버킷 이름으로 storage_location을 리턴한다.
- upload_file() 메소드는 업로드할 파일의 원시 바이트와 파일 이름을 받는다. 그런 다음 boto3 S3 클라이언트의 put_object() 함수를 호출해서 버킷 이름, 원시 바이트, 키 및 **접근 제어 목록**ACL, Access Control List 매개변수를 넘겨준다.
- upload_file()의 첫 세 가지 매개변수의 값은 특별한 설명이 필요 없다. ACL 매개변수의 값public-read은 파일이 S3 버킷에 업로드되면 공개 읽기 가능으로 지정한다. S3 버킷은 이미지 및 파일과 같은 정적인 자원을 제공할 수 있으므로 S3를 사용해 웹 사용자 인터페이스의 이미지를 제공한다.
- 그다음에 upload_file() 메소드는 S3에 업로드한 파일의 URL과 파일 이름을 리턴한다. ACL이 public-read로 설정돼 있으므로 해당 URL로 누구든지 인터넷에서 이 파일을 볼 수 있다.

이 클래스와 클래스의 첫 두 가지 메소드는 2장(최신 AI 애플리케이션의 구조)에서 구현했던 StorageService와 완전히 동일하다. 각 실습 프로젝트의 설명 내용을 독립적으로 나타내려고 바로 앞에 있는 코드 부분에 동일 메소드 등을 복제해 놓은 것일 뿐 실제 코드 작성 시에는 upload_file() 메소드를 2장(최신 AI 애플리케이션의 구조)의 StorageService 구현에 덧붙이면 된다.

단위 테스트에 대한 권장 사항

단위 테스트하는 것에 대한 상세 내용은 이 책의 범위를 벗어나지만 AI 애플리케이션이나 다른 것을 개발할 때 단위 테스트를 작성하는 습관 들이기를 강력히 추천한다. 애플리케이션의 모든 계층을 대상으로 단위 테스트를 작성해야 한다. 단위 테스트는 기능을 실행하고 버그를 잡기 위해 자주 실행해야 한다. 애플리케이션을 계층별로 테스트하면 버그를 찾는 범위가 제한되기 때문에 디버깅하는 시간과 노력이 줄어든다. 저자는 이 책의 모든 실습 프로젝트에 대해 단위 테스트를 작성했다. 예를 들어 다음은 저자가 작성한 TranslationService용 단위 테스트 코드이다.

```
import os, sys
import unittest

from chalicelib import translation_service

class TranslationServiceTest(unittest.TestCase):
    def setUp(self):
        self.service = translation_service.TranslationService()

    def test_translate_text(self):
        translation = self.service.translate_text('Einbahnstrabe')
        self.assertTrue(translation)
        self.assertEqual('de', translation['sourceLanguage'])
        self.assertEqual('One way trap', translation['translatedText'])

if __name__ == "__main__":
    unittest.main()
```

이것은 간단한 단위 테스트이지만 다음 레이어로 이동하기 전에 텍스트 번역이 확실히 작동하는지 알 수 있다. 따라서 애플리케이션에서 문제가 발생하면 이 서비스 구현에서 생긴 문제가 아님을 확신할 수 있다.

RESTful 엔드포인트의 구현

서비스를 구현했기 때문에 이제 RESTful 엔드포인트를 포함하는 오케스트레이션 계층으로 넘어가 보자.

Chalice 프로젝트에 있는 app.py의 내용을 다음의 코드로 바꾼다.

```
from chalice import Chalice
from chalicelib import storage_service
from chalicelib import recognition_service
from chalicelib import translation_service

import base64
import json

#####
# 챌리스 애플리케이션 설정
#####
app = Chalice(app_name='Capabilities')
app.debug = True

#####
# 서비스 초기화
#####
storage_location = 'contents.aws.ai'
storage_service = storage_service.StorageService(storage_location)
recognition_service = recognition_service.RecognitionService(storage_service)
translation_service = translation_service.TranslationService()

#####
# RESTful 엔드포인트
#####
...
```

앞의 코드에 대한 설명은 다음과 같다.

- 코드의 처음 네 줄은 작성한 세 가지 서비스와 Chalice를 임포트한다.

- 다음 두 줄의 코드는 Capabilities라는 이름의 Chalice 앱을 선언하며 debug 모드를 활성화한다. 이 모드는 Chalice가 유용한 정보를 출력하게 하므로 개발 시 도움이 된다. 애플리케이션을 출시할 때 이 플래그를 False로 설정할 수 있다.
- 다음 네 줄의 코드는 storage_location 변수를 S3 버킷 이름으로 정의한 다음 저장, 인식 및 번역 서비스를 인스턴스화한다. 따라서 storage_location 변수의 값은 각자의 S3 버킷 이름으로 바꿔야 한다.

storage_location이라는 변수 이름은 S3 버킷 이름이라는 표현보다 더 일반적이라는 것을 명심하자. StorageService와 RecognitionService를 위한 이 변수는 서비스 구현에 따라 S3 버킷 이외(예를 들어 NFS 경로 또는 리소스 URI)의 스토리지 위치를 나타낼 수 있다. 따라서 StorageService와 RecognitionService가 기반 스토리지 서비스를 교체할 수 있게 한다. 그러나 이 설계에서는 StorageService와 RecognitionService가 동일한 스토리지 서비스를 사용하도록 했는데 RecognitionService의 텍스트 탐지 작업 수행 시 StorageService를 통해 업로드한 파일에 직접 액세스할 수 있다고 가정했기 때문이다. StorageService가 이미지의 원시 바이트를 반환해 RecognitionService로 전달하도록 설계할 수도 있었다. 이 설계는 동일한 스토리지 서비스라는 제한 사항을 없애지만 복잡성과 성능 오버헤드를 가중시킨다. 흔히 설계 시 상충하는 여건들이 있기 마련이고 AI 실무자는 개발하고자 하는 애플리케이션 특성에 따라 상충하는 여건들 중 적절한 것을 선택해야 한다.

이미지 속 텍스트 번역 엔드포인트

이미지 속의 텍스트 번역에 대한 엔드포인트부터 시작하는데 app.py의 내용에 다음의 파이썬 코드를 이어서 입력한다.

```
...
import json
```

```
...
#####
# RESTful 엔드포인트
#####
@app.route('/images/{image_id}/translate-text', methods = ['POST'], cors = True)
def translate_image_text(image_id):
    """특정 이미지에서 텍스트를 탐지하고 번역"""
    request_data = json.loads(app.current_request.raw_body)
    from_lang = request_data['fromLang']
    to_lang = request_data['toLang']

    MIN_CONFIDENCE = 80.0

    text_lines = recognition_service.detect_text(image_id)

    translated_lines = []
    for line in text_lines:
        # 신뢰도 체크
        if float(line['confidence']) >= MIN_CONFIDENCE:
            translated_line = translation_service.translate_text(line['text'], from_
lang, to_lang)
            translated_lines.append({
                'text': line['text'],
                'translation': translated_line,
                'boundingBox': line['boundingBox']
            })

    return translated_lines
```

앞의 코드에 대한 설명은 다음과 같다.

- translate_image_text() 함수로 해당 RESTful 엔드포인트를 구현한다.
- 이 함수 바로 위의 어노테이션은 이 엔드포인트에 접근할 수 있는 HTTP 요청에 대해 기술한다.
- translate_image_text()는 먼저 fromLang에 원시 언어와 toLang에 목표 언어가 들어 있는 요청 데이터를 받는다.

- 다음으로 RecognitionService를 호출해서 이미지에 있는 텍스트를 탐지한 뒤에 text_lines에 탐지된 텍스트 행들을 저장한다.
- 그런 다음 text_lines의 각 텍스트 행에 대해 탐지 신뢰 수준을 확인해서 신뢰 수준이 MIN_CONFIDENCE(80.0으로 설정됨)보다 높은 경우만 해당 텍스트 행을 번역한다.
- 그다음으로 text, translation 및 boundingBox를 호출자에게 JSON 형식으로 리턴한다(chalice가 translated_line에 있는 내용을 JSON 형식으로 자동 변환함).

다음은 이 RESTful 엔드포인트에 대한 HTTP 요청의 예이다. RESTful 원칙[12]에 따라 /images 경로는 컬렉션 자원으로 취급하며 image_id는 이 컬렉션 자원 안의 특정 이미지를 지정한다.

```
POST <server url>/images/{image_id}/translate-text
{
  fromLang : "auto",
  toLang : "en"
}
```

/images/{image_id} URL로 명시한 특정 이미지에 대한 HTTP POST 요청을 translate-text라는 처리 로직으로 보낸다. 번역할 언어 코드를 지정하기 위해 요청 본문에는 JSON 페이로드 형식으로 추가 매개변수(fromLang 및 toLang)를 넣는다. 이 RESTful HTTP 요청을 처리하기 위해 <server url>의 images 컬렉션에 있는 image_id의 이미지를 대상으로 translate-text라는 처리 로직을 수행할 것이다.

파이썬 가상 환경에서 chalice local을 실행한 뒤에 다음과 같이 S3 버킷에 이미 업로드한 이미지를 지정하는 curl 명령을 실행해서 이 엔드포인트를 점검해 보자.

12 원서에서는 'convention'(관습)이라고 표기하고 있으나 원칙(principle)이 옳은 표현이다. – 옮긴이

```
$ curl --header "Content-Type: application/json" --request POST --data '{"fromLang":"
auto","toLang":"en"}'
  http://127.0.0.1:8000/images/german_street_sign.jpg/translate-text
  [
    {
      "text": "Einbahnstraße",
      "translation": {
        "translatedText": "One way trap",
        "sourceLanguage": "de",
        "targetLanguage": "en"
      },
      "boundingBox": {
        "Width": 0.495918333530426,
        "Height": 0.06301824748516083,
        "Left": 0.3853428065776825,
        "Top": 0.4955403208732605
      }
    }
  ]
```

이 출력은 JSON 형식인데 웹 사용자 인터페이스가 받아서 사용자에게 번역 결과를 표시하는 데 사용할 것이다.

이미지 업로드 엔드포인트

이 엔드포인트의 클라이언트가 Base64로 인코딩한 이미지를 업로드할 수 있게 하는 엔드포인트를 만들겠다. Base64 인코딩을 사용하면 이미지 및 오디오와 같은 이진binary 데이터를 ASCII 문자열 형식으로 변환할 수 있다. 이 기능을 통해 애플리케이션이 HTTP 요청에 있는 JSON 페이로드를 사용해 이미지를 업로드할 수 있다. 걱정 말자, 본 프로젝트 구현에서는 Base64에 대해 상세히 알 필요가 없다.

다음과 같은 해당 엔드포인트 함수의 코드를 살펴보자.

```
import base64
import json
...

@app.route('/images', methods = ['POST'], cors = True)
def upload_image():
    """스토리지 서비스에 파일 업로드"""
    request_data = json.loads(app.current_request.raw_body)
    file_name = request_data['filename']
    file_bytes = base64.b64decode(request_data['filebytes'])

    image_info = storage_service.upload_file(file_bytes, file_name)

    return image_info
```

앞의 코드에 대한 설명은 다음과 같다.

- `upload_image()` 함수로 해당 RESTful 엔드포인트를 구현한다. 이 함수 바로 위의 어노테이션은 이 엔드포인트에 접근할 수 있는 HTTP 요청에 대해 기술한다.
- `upload_image()` 함수는 HTTP 요청의 JSON 페이로드로 업로드된 파일을 Base64로 디코딩한 다음 `StorageService`를 통해서 업로드한다.
- 이 함수는 JSON 형식의 `StorageService.upload_file()` 출력을 호출자에게 리턴한다.

다음은 RESTful 엔드포인트에 대한 HTTP 요청의 예이다. 다시 말하지만 다음 코드 블록의 `/images`는 RESTful 원칙에 따라 컬렉션 자원으로 처리된다.

```
POST <server url>/images
```

RESTful 원칙에 따라 컬렉션 내에 새 자원을 만들 때 컬렉션 자원(`/images`)에 `POST` 메소드를 사용한다.

파이썬 가상 환경에서 chalice local을 실행한 뒤에 다음과 같이 curl 명령을 실행해서 업로드 엔드포인트를 점검해 보자. echo 명령어로 Base64 인코딩 정보를 포함하는 JSON 페이로드를 엔드포인트로 전송한다. 이때 명령에 지정된 파일은 로컬 파일 시스템에 있어야 한다.

```
  $ (echo -n '{"filename": "german_street_sign.jpg", "filebytes": "'; base64 /<file
path>/german_street_sign.jpg; echo '"}') | curl --header "Content-Type: application/
json" -d @- http://127.0.0.1:8000/images
  {
    "fileId": "germany_street_sign.jpg", "fileUrl": "https://contents.aws.ai.s3.
amazonaws.com/german_street_sign.jpg
  }
```

실행 결과에 대한 해석은 다음과 같다.

- 이 결과는 JSON 형식인데 최종적으로 웹 사용자 인터페이스가 받는 것이다. 받은 응답 중 fileId는 /images 컬렉션 자원에 저장한 업로드 이미지를 지정하는 데 활용할 수 있다.
- fileUrl도 받는데 현재 StorageService의 구현이 S3 URL을 반환하겠지만, 이 fileUrl이라는 이름은 일반적이며 어떤 특정 서비스에 국한할 필요 없다.[13]
- 추후 이 fileUrl을 사용해 웹 사용자 인터페이스에 이미지를 표시할 것이다.

이제 S3 버킷으로 이동해 파일이 업로드됐는지 확인할 수 있다.

웹 사용자 인터페이스 구현

다음으로 Website 디렉터리의 index.html과 script.js 파일로 HTML과 자바스크립트를

13 URL 접근을 지원하는 어떤 스토리지 서비스의 형식이라도 권한 문제만 없다면 접근하는 데 문제 없다. – 옮긴이

각각 작성해서 간단한 웹 사용자 인터페이스를 만든다.

최종 웹 인터페이스는 다음 그림과 같다.

index.html

다음과 같은 코드 블록의 `index.html` 파일로 웹 사용자 인터페이스를 만들어 보자.

```
<!doctype html>
<html lang="en"/>

<head>
    <meta charset="utf-8"/>
    <meta name="viewport" content="width=device-width, initial-scale=1.0"/>

    <title>사진 번역기</title>
```

```
    <link rel="stylesheet" href="https://www.w3schools.com/w3css/4/w3.css">
    <link rel="stylesheet" href="https://www.w3schools.com/lib/w3-theme-blue-grey.css">
</head>

<body class="w3-theme-14">
    <div style="min-width:400px">
        <div class="w3-bar w3-large w3-theme-d4">
            <span class="w3-bar-item">사진 번역기</span>
        </div>

        <div class="w3-container w3-content">
            <p class="w3-opacity"><b>업로드</b></p>
            <input id="file" type="file" name="file" accept="image/*"/>
            <input class="w3-button w3-blue-grey" type="submit" value="Upload"
                   onclick="uploadAndTranslate()"/>

            <p class="w3-opacity"><b>이미지</b></p>
            <div id="view" class="w3-panel w3-white w3-card w3-display-container"
style="display:none;">
                <div style="float: left;">
                    <img id="image" width="600"/>
                </div>
                <div style="float: right;">
                    <h5>번역된 텍스트:</h5>
                    <div id="translations"/>
                </div>
            </div>
        </div>
    </div>

    <script src="scripts.js"></script>
</body>

</html>
```

여기서는 표준 HTML 태그를 사용하므로 해당 웹 페이지 코드를 이해하기 쉽지만, 다음과 같이 몇 가지 짚고 넘어갈 사항이 있다.

- 파일 선택 버튼과 업로드 버튼을 위한 <input> 태그가 두 개 있다. <input> 태그는 HTML 양식 안에 있지만, 업로드 버튼을 클릭하면 자바스크립트 함수인 uploadAndTranslate()가 실행된다.
- ID가 image인 <img> 태그는 업로드된 이미지를 표시하는 데 사용한다. 이 ID를 이용해 자바스크립트로 이미지를 동적으로 추가한다.
- ID가 translations인 <div> 태그는 탐지된 텍스트 행들과 번역을 표시하는 데 사용된다. 이 id는 자바스크립트가 동적으로 텍스트를 추가해서 번역하는 데도 사용될 것이다.

scripts.js

다음과 같이 scripts.js를 만들어 보자. 자바스크립트 함수는 엔드포인트와 상호작용하고, 사진 번역기의 사용자 경험을 모두 이어 준다. 다음 코드를 살펴보자.

1. chalice local 명령과 관련된 로컬 서버 주소를 serverUrl에 정의한다.
2. HTTP 요청 중에 발생할 수 있는 예외를 처리하기 위해 새롭게 HttpError를 정의한다.
3. 이 자바스크립트 클래스(HttpError)를 scripts.js 파일 끝에 덧붙인다.

```
"use strict";
const serverUrl = "http://127.0.0.1:8000";
...
class HttpError extends Error {
  constructor(response) {
    super(`${response.status} for ${response.url}`);
    this.name = "HttpError";
    this.response = response;
  }
}
```

4. 다음으로 scripts.js에 네 개의 함수를 정의한다.
   - uploadImage(): Base64로 인코딩된 이미지를 UploadImage() 엔드포인트에 업로드한다.
   - updateImage(): S3 URL을 사용해 업로드된 이미지를 표시하도록 사용자 인터페이스를 업데이트한다.
   - translateImage(): 텍스트 번역 엔드포인트를 호출해 이미지에서 탐지한 텍스트를 번역한다.
   - updateTranslations(): 번역된 텍스트를 표시하도록 사용자 인터페이스를 업데이트한다.

이 함수들은 순차적으로 사용자 경험 단계를 수행한다. 자바스크립트 코드를 모듈화하고 가독성을 높이기 위해 개별 함수로 분리했기 때문에 각 함수는 특정 작업 하나만 수행한다.

다음 코드 블록의 uploadImage() 함수를 살펴보자.

```
async function uploadImage() {
    // 업로드하기 위해 입력 파일을 base64 문자열로 인코딩
    let file = document.getElementById("file").files[0];
    let converter = new Promise(function(resolve, reject) {
        const reader = new FileReader();
        reader.readAsDataURL(file);
        reader.onload = () => resolve(reader.result
            .toString().replace(/^data:(.*,)?/, ''));
        reader.onerror = (error) => reject(error);
    });
    let encodedString = await converter;

    // 파일 업로드를 위한 입력란을 초기화
    document.getElementById("file").value = "";

    // 이미지 번역을 위해 서버를 호출하고
    // 서버의 응답을 회신
    return fetch(serverUrl + "/images", {
        method: "POST",
```

```
        headers: {
            'Accept': 'application/json',
            'Content-Type': 'application/json'
        },
        body: JSON.stringify({filename: file.name, filebytes: encodedString})
    }).then(response => {
        if (response.ok) {
            return response.json();
        } else {
            throw new HttpError(response);
        }
    })
}
```

앞의 코드에 대한 설명은 다음과 같다.

- uploadImage() 함수는 index.html 입력 필드의 파일에 대해 Base64로 인코딩된 문자열을 생성한다.
    - 파일을 읽고 인코딩할 때까지 기다려야 하므로 이 함수를 비동기로 선언한다.
    - 이 함수는 FileReader를 사용해 파일을 읽은 Promise 함수를 생성한 다음 readAsDataURL() 함수를 이용해 파일 내용을 Base64로 변환한다.
- 이 함수는 향후 다른 이미지를 쉽게 업로드할 수 있도록 해당 업로드가 끝나면 파일 입력 필드를 지운다.
- 그런 다음 이 함수는 JSON 페이로드를 포함하는 POST HTTP 요청을 이미지 업로드 엔드포인트 URL로 보내고 받은 응답을 response.json으로 리턴한다.

다음 코드 블록의 updateImage() 함수를 살펴보자.

```
function updateImage(image) {
    document.getElementById("view").style.display = "block";

    let imageElem = document.getElementById("image");
    imageElem.src = image["fileUrl"];
```

```
    imageElem.alt = image["fileId"];

    return image;
}
```

앞의 코드에 대한 설명은 다음과 같다.

- updateImage() 함수는 ID가 view인 <div> 태그의 이미지가 표시될 수 있도록 한다.
- 이 함수는 ID가 image인 <img> 태그를 찾아서 src 속성을 S3에 저장된 이미지 파일의 URL로 설정한다.
- 어떤 이유로 이미지를 로드할 수 없을 때는 <img> 태그의 alt 속성이 파일 이름으로 설정된다.

> alt 속성을 사용하면 시각 장애인과 같은 다양한 사용자가 웹 페이지에 더 쉽게 액세스할 수 있다. 웹 페이지 접근성에 대한 더 자세한 내용을 보려면 508 compliance에 대해 검색해 보자.

다음 코드 블록의 translateImage() 함수를 살펴보자.

```
function translateImage(image) {
    // 이미지 번역을 위해 서버를 호출하고
    // 서버의 응답을 회신
    return fetch(serverUrl + "/images/" + image["fileId"] + "/translate-text", {
        method: "POST",
        headers: {
            'Accept': 'application/json',
            'Content-Type': 'application/json'
        },
        body: JSON.stringify({fromLang: "auto", toLang: "en"})
    }).then(response => {
        if (response.ok) {
            return response.json();
        } else {
```

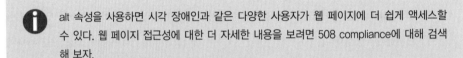

```
            throw new HttpError(response);
        }
    })
}
```

앞의 코드에 대한 설명은 다음과 같다.

- translateImage() 함수는 JSON 본문을 포함하는 HTTP POST 요청을 이미지 속 **텍스트 번역 엔드포인트**Translate Image Text Endpoint URL로 전송한다.
- 그런 다음 이 함수는 번역 텍스트를 포함하는 응답 JSON을 리턴한다.

다음 코드 블록의 annotateImage() 함수를 살펴보자.

```
function annotateImage(translations) {
    let translationsElem = document.getElementById("translations");
    while (translationsElem.firstChild) {
        translationsElem.removeChild(translationsElem.firstChild);
    }
    translationsElem.clear

    for (let i = 0; i < translations.length; i++) {
        let translationElem = document.createElement("h6");
        translationElem.appendChild(document.createTextNode(
            translations[i]["text"] + " -> " + translations[i]["translation"]
["translatedText"]
        ));
        translationsElem.appendChild(document.createElement("hr"));
        translationsElem.appendChild(translationElem);
    }
}
```

앞의 코드에 대한 설명은 다음과 같다.

- updateTranslations() 함수는 ID가 translations인 <div> 태그를 찾아서 이전 이미지에 대한 번역 내용을 제거한다.

- 그런 다음 각 텍스트 행에 대한 `<div>` 태그에 새로운 `<h6>` 태그를 추가해서 탐지한 텍스트와 그 번역 결과를 표시한다.

다음의 `uploadAndTranslate()` 함수는 네 가지 함수를 모두 연결한다.

```
function uploadAndTranslate() {
    uploadImage()
        .then(image => updateImage(image))
        .then(image => translateImage(image))
        .then(translations => annotateImage(translations))
        .catch(error => {
            alert("Error: " + error);
        })
}
```

`uploadAndTranslate()` 함수에 있는 이벤트 시퀀스가 얼마나 분명한지 살펴보자.

1. `uploadImage()` 함수가 성공하면 해당 이미지 정보로 `updateImage()`를 실행한다.
2. 그런 다음 해당 이미지 정보로 `translateImage()` 함수를 실행한다. `translateImage()` 함수가 성공하면 `updateTranslations()`를 실행한다.

- 이 체인 중의 어떤 오류라도 포착해서 팝업[pop-up] 모달[modal] 형태로 표시한다.

사진 번역기 애플리케이션의 최종 프로젝트 구조는 다음과 같아야 한다.

```
├── Capabilities/
│   ├── app.py
│   ├── chalicelib/
│   │   ├── __init__.py
│   │   ├── recognition_service.py
│   │   ├── storage_service.py
│   │   └── translation_service.py
│   └── requirements.txt
├── Pipfile
```

```
├── Pipfile.lock
└── Website/
    ├── index.html
    └── script.js
```

이제 사진 번역기 애플리케이션의 구현을 완료했다.

사진 번역기의 AWS 배포

사진 번역기 애플리케이션을 배포하는 절차는 2장(최신 AI 애플리케이션의 구조)에 나타난 레코그니션 데모의 배포 절차와 동일하나 온전히 설명하기 위해서 여기에도 기술한다.

1. 프로젝트 구조의 .chalice 디렉터리에 있는 config.json 파일의 autogen_policy 값을 false로 설정해 챌리스가 사용자 권한 분석을 수행하지 않도록 한다.

```
{
  "version": "2.0",
  "app_name": "Capabilities",
  "stages": {
    "dev": {
      "autogen_policy": false,
      "api_gateway_stage": "api"
    }
  }
}
```

2. 다음으로 .chalice 디렉터리 안에 프로젝트에 필요한 AWS 서비스를 수동으로 지정하는 policy-dev.json이라는 새 파일을 만든다.

```
{
 "Version": "2012-10-17",
 "Statement": [
 {
```

```
                "Effect": "Allow",
                "Action": [
                  "logs:CreateLogGroup",
                  "logs:CreateLogStream",
                  "logs:PutLogEvents",
                  "s3:*",
                  "rekognition:*",
                  "comprehend:*",
                  "translate:*"
                ],
                "Resource": "*"
              }
            ]
          }
```

3. 다음으로 Capabilities 안에서 다음 명령을 실행해 챌리스 후단부를 AWS에 배포한다.

```
$ chalice deploy
Creating deployment package.
Updating policy for IAM role: Capabilities-dev-api_handler
Updating lambda function: Capabilities-dev
Creating Rest API
Resources deployed:
  - Lambda ARN: arn:aws:lambda:us-east-1:697049166981:function:Capabilities-
dev
  - Rest API URL:
https://<UID>.execute-api.us-east-1.amazonaws.com/api/
```

배포가 완료되면 챌리스는 "https://<UID>.execute-api.us-east-1.amazonaws.com/api/"와 같은 RESTful API URL을 출력에 표시한다. 여기서 <UID>는 고유한 식별 문자열이다. 해당 URL은 AWS에서 실행 중인 애플리케이션 후단부에 접근하기 위해 전단부에 필요한 정보이다.

4. 다음으로 index.html 및 scripts.js 파일을 이 S3 버킷에 업로드한 다음 공개적으로 읽을 수 있는 권한을 설정한다. 그러나 그 전에 다음과 같이 scripts.js의

내용을 변경해야 한다. 웹 사이트는 이제 클라우드에서 실행되며 더 이상 로컬 HTTP 서버에 접근할 수 없다는 점을 명심하자. 로컬 서버 URL을 배포된 후단부의 URL로 바꾸자.

```
"use strict";

const serverUrl =
"https://<UID>.execute-api.us-east-1.amazonaws.com/api";

...
```

이제 사진 번역기 애플리케이션은 인터넷상의 모든 사람에게 접근 가능하기 때문에 세상을 좁다고 느끼게 할 수 있다.

프로젝트 개선 아이디어 논의

2부에서는 각 실습 프로젝트 마지막에 해당 AI 애플리케이션을 향상하기 위한 몇 가지 아이디어를 제시한다. 사진 번역기를 개선하기 위한 다음의 몇 가지 아이디어를 살펴보자.

- 원문과 번역된 텍스트 모두를 음성으로 읽어 주는 기능을 더해 보자. 원문을 음성으로 읽어 줌으로써 사용자들이 외국어를 배우는 데 도움이 된다. 번역된 텍스트를 다시 음성으로 읽으면 시각 장애인에게 도움이 된다. AWS는 아마존 폴리 서비스를 통해 음성 생성 기능을 제공한다.
- 더 나은 사용자 경험(예를 들어 실시간 사진 번역을 위한 연속 카메라 스캔)을 위해 모바일 앱으로 만들어 보자. 모바일 앱은 사진 번역기 애플리케이션의 또 다른 전단부에 불과하므로 이 장의 두 엔드포인트를 그대로 활용할 수 있다.

요약

3장에서는 사진에 나타나는 텍스트를 번역하는 사진 번역기 애플리케이션을 구축했다. 먼저 아마존 레코그니션으로 사진 속의 텍스트 행들을 탐지한 다음, 이를 번역하기 위해 아마존 트랜스레이트를 활용했다. 이것은 실상의 문제를 해결하는 첫 인공지능 솔루션이다. 실습 프로젝트를 통해 이러한 솔루션을 구축하다 보면 AI 기능으로 문제를 해결할 수 있는 직관을 기를 수 있다. 그 과정에서 실상에서 애플리케이션을 사용해 보면서 검증해야 하는 솔루션 설계 결정 및 절충 사항에 대해서도 논의했다. 잘 동작하는 애플리케이션을 구축했을 뿐만 아니라 향후의 실습 프로젝트가 활용할 수 있도록 애플리케이션의 컴포넌트를 재사용 가능하게 설계했다.

다음 장에서는 AWS AI 서비스를 추가로 사용해 다른 인공지능 애플리케이션을 구축할 것이다. 이렇게 실습 프로젝트를 구축하면서 아키텍처 설계 결정 덕분에 얻는 재사용의 혜택을 느껴보자.

더 읽을거리

아마존 레코그니션 및 아마존 트랜스레이트를 사용한 텍스트 탐지 및 번역에 대한 자세한 내용은 다음 링크를 참조한다.

- https://www.androidauthority.com/google-lens-augmented-reality-785836/
- https://docs.aws.amazon.com/rekognition/latest/dg/API_DetectText.html
- https://www.cs.vu.nl/~eliens/assets/flex3/langref/flash/geom/Rectangle.html (rectangle image)
- https://en.wikipedia.org/wiki/Base64

04

아마존 트랜스크라이브 및 폴리를 활용한 음성-텍스트 변환과 텍스트-음성 변환

4장에서는 언어 간의 음성 번역 애플리케이션 구축을 통해 실용적인 AI 애플리케이션에 필요한 기술과 직관력을 계속해서 키워 가겠다. 우선, 음성–텍스트 변환과 텍스트–음성 변환 작업을 수행하기 위해 아마존 트랜스크라이브 및 아마존 폴리를 활용하는 방법을 살펴볼 것이다. 또한 참조 아키텍처에 따라 3장의 프로젝트에서 구현했던 서비스 구현을 어떻게 재사용할 수 있는지도 보여줄 것이다.

4장에서 다룰 주요 내용은 다음과 같다.

- 아마존 트랜스크라이브로 음성–텍스트 변환 수행
- 아마존 폴리로 텍스트–음성 변환 수행
- AWS 서비스, RESTful API 및 웹 UI로 서버리스 AI 애플리케이션 구축

- 참조 아키텍처에 따른 기존 AI 서비스 구현의 재사용
- 사용자 경험 및 제품 설계 결정 사항에 관한 논의

기술 요건

4장의 소스코드는 이 책의 깃허브GitHub 저장소(다음 URL 참고)에서 확인할 수 있다.

https://github.com/PacktPublishing/Hands-On-Artificial-Intelligence-on-Amazon-Web-Services

공상 과학 영화 속의 기술

구글은 최근 헤드폰 시장에 진출하면서 픽셀 버즈Pixel Buds라는 이름의 헤드폰이 가진 독특한 기능으로 리뷰어들에게 감동을 선사했다. 이 헤드폰은 수십 가지 언어를 실시간으로 통역할 수 있는데 이것은 공상 과학 영화에서나 나올 법한 일이다. 스타 트렉Star Trek에 나오는 만능 통역기Universal Translator는 스타플릿Starfleet의 승무원이 거의 모든 외계인 종족과 의사 소통하도록 돕는다. 픽셀 버즈는 공상 과학 영화만큼 강력한 인상을 주지 않을지라도 몇 가지의 놀라운 **인공지능** 기술이 들어 있다. 이 제품은 더 넓은 세상에서 더 많은 사람들과 소통할 수 있도록 도움으로써 AI 기능들이 사람들에게 어떤 혜택을 줄 수 있는지 보여준다.

AWS AI 서비스를 사용해서 유사한 통역 기능을 구현할 것이다. 만능 통역기라고 겸손히 부를 이 애플리케이션은 수십 가지 언어의 음성을 통역하는 기능을 제공한다. 그러나 엄밀히 실시간 통역은 아니며 인간의 언어만[1] 지원한다.

1 스타 트렉의 외계어 번역 기능에 빗댄 농담인데(앞에 '겸손히'라는 표현도 농담에 해당) 픽셀 버즈 얘기만 해도 충분할 것 같지만 그만큼 스타 트렉이 북미권 문화에서 차지하는 비중이 크기 때문일 것이다. – 옮긴이

만능 통역기의 아키텍처 이해

만능 통역기 애플리케이션은 사용자가 한 언어의 구절을 녹음한 후 다른 언어로 번역할 수 있는 웹 사용자 인터페이스를 제공한다. 해당 애플리케이션의 계층과 서비스를 강조한 다음 그림의 아키텍처 설계를 살펴보자. 이전 프로젝트에서 다뤄 봤기 때문에 다음과 같은 계층과 컴포넌트로 구성된 아키텍처는 익숙할 것으로 본다.

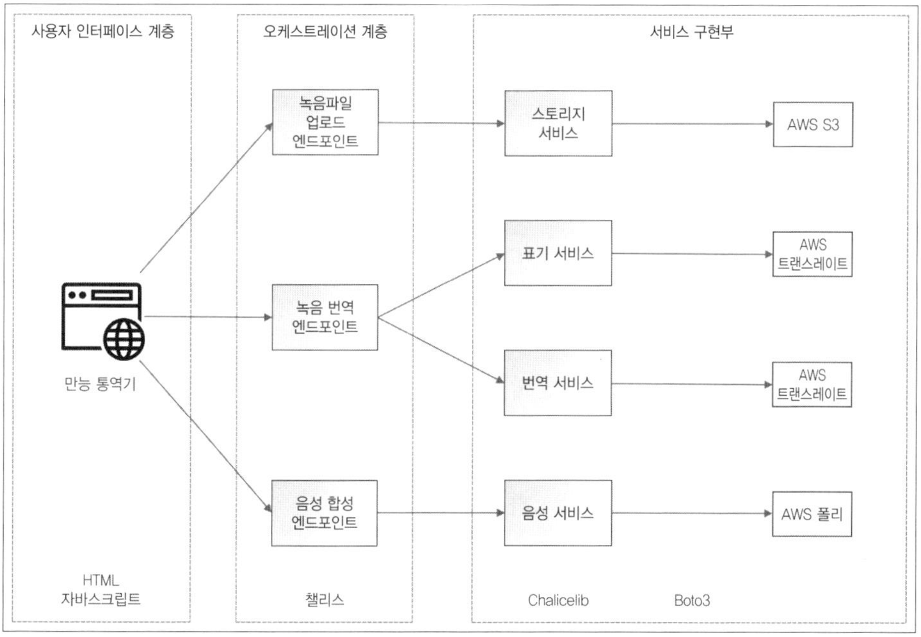

이 애플리케이션에서 웹 사용자 인터페이스는 오케스트레이션 계층에서 세 개의 RESTful 엔드포인트와 상호작용한다.

- **녹음 업로드 엔드포인트**는 오디오 녹음을 AWS S3의 추상화 계층인 스토리지 서비스로 업로드한다.
- **녹음 번역 엔드포인트**는 표기Transcription 서비스와 번역 서비스 두 가지 모두를 사용한다. 먼저, 오디오 녹음을 표기하고 해당 텍스트를 목표 언어로 번역한다. 표기

서비스와 번역 서비스는 각각 아마존 트랜스크라이브 및 아마존 트랜스레이트 서비스를 각각 추상화한다.

- **음성 합성 엔드포인트**는 번역한 텍스트를 음성으로 합성하는 것을 음성Speech 서비스에 위임하는데 이 음성 서비스는 아마존 폴리 서비스가 떠받친다.

곧 프로젝트 구현에서 나오겠지만, 번역 서비스는 수정 없이 사진 번역기 프로젝트에서 작성한 것을 재사용하며 스토리지 서비스 구현에서 나오는 업로드 파일 메소드도 이전 프로젝트에서 작성한 것을 재사용한다. 오케스트레이션 계층과 서비스 구현을 분리했을 때 좋은 점은 여기에서 확실하게 나타나는데 다양한 서비스 구현체를 오케스트레이션 계층에서 수정하지 않고 함께 연결해서 재사용하고 재결합할 수 있다. 각 애플리케이션의 고유한 업무 로직은 오케스트레이션 계층에서 구현되는데 반면에 기능은 애플리케이션-특화 업무 로직에 대한 지식 없이 구현된다.

만능 통역기 컴포넌트 간의 상호작용

다음의 다이어그램은 다양한 컴포넌트가 어떻게 서로 상호작용해서 만능 통역기 애플리케이션의 업무 로직 작업 흐름을 형성하는지를 보여준다.

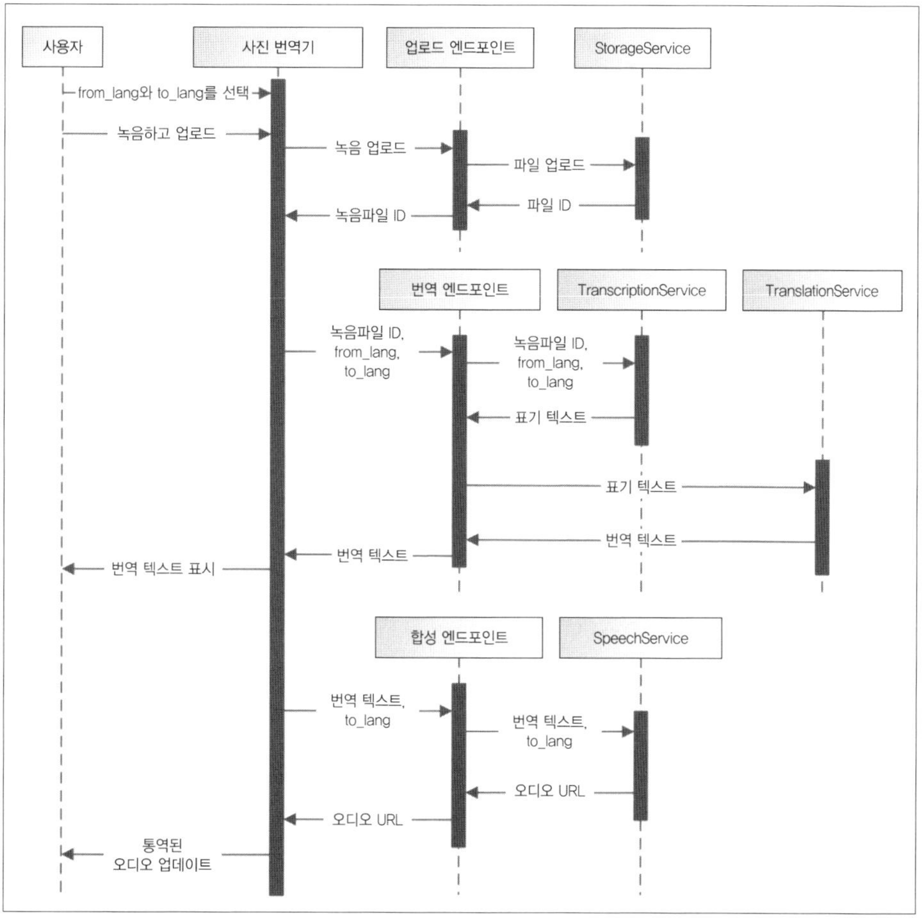

사용자 관점에서 필요한 애플리케이션의 동작은 다음과 같다.

- 사용자는 먼저 웹 사용자 인터페이스에서 음성 번역에 대한 원천 및 목표 언어를 선택한다.
- 사용자는 화면상의 제어 버튼으로 짧은 오디오 음성을 녹음한다.
- 녹음한 것은 웹 사용자 인터페이스를 통해 재생할 수 있고, 사용자는 녹음 품질을 확인하기 위해 기능을 사용할 수 있다.
- 사용자가 녹음에 만족하면 번역을 위해 해당 녹음을 업로드할 수 있다.

- 일정 시간이 지난 후에 웹 사용자 인터페이스는 웹 사용자 인터페이스에 음성 표기transcription 및 번역 텍스트를 모두 표시하게 된다.
- 마지막으로 번역 텍스트를 합성한 음성은 웹 사용자 인터페이스의 오디오 재생 기능으로 들을 수 있다.

종단 간 번역 과정은 다음 세 가지 주요 단계로 나뉜다.

1. 오디오 녹음 업로드
2. 번역 텍스트 수령
3. 음성 합성

번역 오디오가 합성되는 동안 이 설계 결정은 만능 통역기가 웹 사용자 인터페이스에 번역 텍스트를 표시할 수 있도록 한다. 이러한 식으로 하면 애플리케이션이 사용자의 필요에 맞춰서 더 쉽게 반응하는 것처럼 보일 뿐만 아니라 사용자는 오디오 합성이 끝날 때까지 기다릴 필요 없이 특정 상황에서 번역 텍스트를 활용할 수도 있다.

프로젝트 구조 구축하기

pipenv와 chalice 명령어를 사용하고 웹 파일도 작성하는 등 2장(최신 AI 애플리케이션의 구조)에서 수행한 절차에 따라 비슷한 기본 프로젝트 구조를 만들어 보자.

1. 터미널에서 루트 프로젝트 디렉터리를 생성하기 위해 다음 명령을 입력한다.

```
$ mkdir UniversalTranslator
$ cd UniversalTranslator
```

2. Website라는 이름의 디렉터리를 생성해 웹 전단부를 저장할 공간을 만들고 이 디렉터리 내에 다음과 같이 두 개의 파일(index.html, scripts.js)을 만든다.

```
$ mkdir Website
$ touch Website/index.html
$ touch Website/scripts.js
```

3. pipenv로 프로젝트의 루트 디렉터리에 파이썬 3 가상 환경을 생성한다. 프로젝트의 파이썬 코드는 두 가지 패키지(boto3, chalice)가 필요한데 다음과 같은 명령으로 설치할 수 있다.

```
$ pipenv --three
$ pipenv install boto3
$ pipenv install chalice
```

4. pipenv로 설치한 파이썬 패키지는 다음 명령으로 가상 환경을 활성화했을 때만 사용할 수 있다.[2]

```
$ pipenv shell
```

5. 가상 환경에서 다음 명령으로 오케스트레이션 계층(Capabilities라는 이름의 AWS 챌리스 프로젝트)을 만든다.

```
$ chalice new-project Capabilities
```

6. chalicelib 파이썬 패키지를 만들기 위해 다음 명령을 실행한다.

```
$ cd Capabilities
$ mkdir chalicelib
$ touch chalicelib/__init__.py
$ cd ..
```

만능 통역기의 초기 프로젝트 구조는 다음과 같아야 한다.

2 가상 환경에 들어가면 홈 디렉터리에서 셸이 시작되기 때문에 cd ContactAssistant를 다시 실행해서 프로젝트 디렉터리로 이동해야 한다. – 옮긴이

```
프로젝트 구조
------------
├── UniversalTranslator/
    ├── Capabilities/
        ├── .chalice/
            ├── config.json
        ├── chalicelib/
            ├── __init__.py
        ├── app.py
        ├── requirements.txt
    ├── Website/
        ├── index.html
        ├── script.js
    ├── Pipfile
    ├── Pipfile.lock
```

만능 통역기에 대한 이 프로젝트 구조에는 2장(최신 AI 애플리케이션의 구조)에서 정의한 AI 애플리케이션 아키텍처대로 사용자 인터페이스, 오케스트레이션 및 서비스 구현 계층이 있다.

서비스 구현

만능 통역기의 핵심 AI 기능이 있는 서비스 구현부를 시작으로 해당 애플리케이션을 계층별로 구현해 보자.

음성 표기 서비스 – 음성–텍스트 변환

만능 통역기로 어느 언어로 된 음성을 다른 언어로 번역할 텐데 그 전체 과정에서 어떤 단어가 발화됐는지를 먼저 알아내야 한다.[3] 이를 위해 아마존 트랜스크라이브 서비스를 활

3 이것을 음성 표기(transcription)라고 한다. – 옮긴이

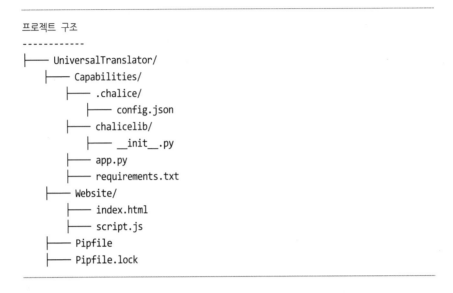

용하려고 한다. 아마존 트랜스크라이브는 음성에서 텍스트를 생성하기 위해 심층학습 기반의 자동 음성 인식ASR, Automatic Speech Recognition 알고리즘을 사용한다.

트랜스크라이브 서비스가 동작하는 방식을 살펴보기 위해 다음과 같이 음성 표기를 시작하는 AWS CLI 명령을 수행해 보자.

```
$ aws transcribe start-transcription-job
  --transcription-job-name <jobname>
  --language-code en-US
  --media-format wav
  --media MediaFileUri=https://s3.amazonaws.com/contents.aws.a/<audio file>.wav
  --output-bucket-name contents.aws.ai
{
  "TranscriptionJob": {
    "TranscriptionJobName": "<jobname>",
    "TranscriptionJobStatus": "IN_PROGRESS",
    "LanguageCode": "en-US",
    "MediaFormat": "wav",
    "Media": {
      "MediaFileUri": "https://s3.amazonaws.com/<input bucket>/<audiofile>.wav"
    },
    "CreationTime": 1552752370.771
  }
}
```

앞의 명령 실행에서 전달한 매개변수에 대한 설명은 다음과 같다.

- 작업 이름transcription-job-name은 각 음성 표기 작업에 대한 고유의 ID이다.
- 언어 코드language-code는 해당 오디오 음성의 언어 종류를 알려준다. 이 책을 쓰는 당시에 지원되는 언어의 종류는 "en-US", "es-US", "en-AU", "fr-CA", "en-GB", "de-DE", "pt-BR", "fr-FR"과 "IT-IT"이다.
- 미디어 형식media-format은 음성의 오디오 형식을 지정하는데 가능한 값은 "mp3", "mp4", "wav"와 "flac"이다.

- 미디어media 매개변수는 녹음한 오디오의 URI(예를 들어 S3 URL)이다.
- 출력 버킷 이름output-bucket-name은 음성 표기 출력을 저장할 S3 버킷을 지정한다.

이 명령을 올바로 실행하려면 오디오 녹음을 S3 버킷에 업로드해야 하는데 적당한 소프트웨어 도구로 오디오 클립을 녹음하거나 4장의 음성 서비스Speech Service 절로 넘어가 아마존 폴리 서비스로 음성 오디오를 생성하는 방법을 찾아볼 수도 있다.

흥미롭게도, 앞의 명령에 대한 출력에서 음성 표기 결과를 얻을 수 없는데 실제로는 방금 시작한 음성 표기 작업이 아직 완료되지 않았음을 확인할 수 있다. 출력에서 TranscriptionJobStatus 값은 여전히 IN_PROGRESS이다. 아마존 트랜스크라이브 서비스는 흔히 더 오래 작동하는 업무에 사용되는 비동기asynchronous 패턴을 따른다.

그렇다면 작업 완료 여부를 어떻게 알 수 있을까? 다음과 같은 또 다른 명령을 실행하면 방금 시작한 작업의 상태를 확인할 수 있다.

```
$ aws transcribe get-transcription-job --transcription-job-name <jobname>
{
  "TranscriptionJob": {
    "TranscriptionJobName": "<jobname>",
    "TranscriptionJobStatus": "COMPLETED",
    "LanguageCode": "en-US",
    "MediaSampleRateHertz": 96000,
    "MediaFormat": "wav",
    "Media": {
      "MediaFileUri": "https://s3.amazonaws.com/<input bucket>/<audiofile>.wav"
    },
    "Transcript": {
      "TranscriptFileUri": "https://s3.amazonaws.com/<output bucket>/jobname.json"
    },
    "CreationTime": 1552752370.771,
    "CompletionTime": 1552752432.731,
    "Settings": {
      "ChannelIdentification": false
    }
```

```
    }
  }
```

앞의 명령을 살펴보자.

- 이 명령에서 get-transcription-job 명령어는 하나의 매개변수를 전달하는데 이 매개변수는 작업을 시작했을 때 지정한 고유의 작업 이름이다.
- 작업 상태가 "COMPLETED"로 되면, "TranscriptFileUri"는 앞서 지정한 출력 버킷에 저장된 JSON 출력 파일을 가리킨다.

이 JSON 파일에는 실제 음성 표기 결과를 포함하는데 다음은 그 요약된 내용이다.

```
{
  "jobName":"jobname",
  "accountId":"...",
  "results":{
    "transcripts":[
      {
        "transcript":"testing testing 123"
      }
    ],
    "items":[
      ...
    ]
  },
  "status":"COMPLETED"
}
```

(음성 표기) 서비스 구현은 음성 표기 텍스트 추출을 위해 이 JSON 출력을 구문 분석parsing해야 하는데 다음과 같이 파이썬 클래스로 구현한다.

- 생성자 __init__()은 트랜스크라이브 서비스에 대한 boto3 클라이언트를 만드는데 나중에 사용하기 위해 스토리지 서비스를 매개변수로 받는다.

- transcribe_audio() 메소드에는 아마존 트랜스크라이브 서비스와 연동하는 로직이 들어 있다.
- extract_transcript() 메소드는 트랜스크라이브 서비스에서 받은 음성 표기 JSON 출력을 구문 분석하는 도우미helper 메소드이다.

```
import boto3
import datetime
import time
import json

class TranscriptionService:
    def __init__(self, storage_service):
        self.client = boto3.client('transcribe')
        self.bucket_name = storage_service.get_storage_location()
        self.storage_service = storage_service

    def transcribe_audio(self, file_name, language):
        ...

    @staticmethod
    def extract_transcript(transcription_output):
        ...
```

"transcribe_audio()"와 "extract_transcript()" 메소드 구현을 더 자세히 알아보기 전에 먼저 boto3 SDK 중에서 트랜스크라이브를 위한 API를 살펴보자.

AWS CLI 명령과 마찬가지로 아마존 트랜스크라이브 API도 비동기 패턴을 따른다. 음성 표기 작업에 대한 고유 식별자인 "TranscriptionJobName"으로 "start_transcription_job()"을 호출할 수 있는데 이 메소드는 음성 표기 프로세스를 호출하지만, API 호출이 끝나도 음성 표기 텍스트를 반환하지는 않는다. "start_transcription_job()" API 호출의 응답 내에는 "TranscriptionJobStatus" 필드가 있는데 그 값은 세 가지("IN_PROGRESS", "COMPLETED", "FAILED") 중 하나이다. 음성 표기 프로세스를 확인하려면 이전에 지정된

"TranscriptionJobName"으로 "get_transcritpion_job()" API를 호출하면 된다.

작업이 완료되면 음성 표기 텍스트가 S3 버킷에 저장된다. "start_transcription_job()"을 호출할 때 어느 S3 버킷을 "OutputBucketName"으로 지정하거나 아마존 트랜스크라이브가 해당 음성 표기 텍스트에 접근하기 위해 음성 표기 출력을 미리 지정한 URL의 기본 S3 버킷에 저장할 것이다. 작업이 실패하면 "start_transcription_job()" 또는 "get_transcription_job()"에 대한 응답에 들어 있는 또 다른 "FailureReason" 필드가 작업이 실패한 이유를 제공한다.

> 이 비동기 패턴은 비교적 오래 실행되는 프로세스에 흔히 사용한다. 프로세스가 끝날 때까지 API 호출자를 차단하는 대신 호출자가 다른 작업을 수행하고 추후에 프로세스를 확인할 수 있도록 해준다. 아마존(Amazon.com)에서 물건을 주문하는 고객 경험이 어떤지 생각해 보자. 고객은 자신이 웹 사이트에서 주문한 상품이 포장되고 운송되며 배달될 때까지 기다리는 대신 주문이 완료되었다는 확인 메시지를 즉시 볼 수 있고 나중에 (고유한 주문 ID로) 주문 상태를 확인할 수 있다.

TranscriptionService 클래스에 있는 "transcribe_audio()" 메소드는 아마존 트랜스크라이브 API의 이 비동기 패턴에 맞춰 동작한다.

```
    def transcribe_audio(self, file_name, language):
        POLL_DELAY = 5

        language_map = {
            'en': 'en-US',
            'es': 'es-US',
            'fr': 'fr-CA'
        }

        job_name = file_name + '-trans-' + datetime.datetime.now().
strftime("%Y%m%d%H%M%S")

        response = self.client.start_transcription_job(
```

```
            TranscriptionJobName = job_name,
            LanguageCode = language_map[language],
            MediaFormat = 'wav',
            Media = {
                'MediaFileUri': "http://" + self.bucket_name + ".s3.amazonaws.com/" +
file_name
            },
            OutputBucketName = self.bucket_name
        )

        transcription_job = {
            'jobName': response['TranscriptionJob']['TranscriptionJobName'],
            'jobStatus': 'IN_PROGRESS'
        }

        while transcription_job['jobStatus'] == 'IN_PROGRESS':
            time.sleep(POLL_DELAY)
            response = self.client.get_transcription_job(
                TranscriptionJobName = transcription_job['jobName']
            )
            transcription_job['jobStatus'] = response['TranscriptionJob']
['TranscriptionJobStatus']

        transcription_output = self.storage_service.get_file(job_name + '.json')
        return self.extract_transcript(transcription_output)
```

앞의 "transcribe_audio()" 구현에 대해 전체적으로 살펴보면 다음과 같다.

- 세 쌍의 언어 코드를 저장하기 위해 간단한 파이썬 딕셔너리를 사용했다. 약어 "en", "es", "fr"은 만능 통역기에서 사용하는 언어 코드이며, 각각 아마존 트랜스크라이브에서 사용하는 "en-US", "es-US", "fr-CA"의 언어 코드로 매핑된다.
- 실습 프로젝트에서는 간단히 설명하고자 이렇게 세 가지 언어로 제한해서 매핑했는데 언어 코드 매핑은 제3자 서비스의 구현 세부 사항인 언어 코드를 추상화

하는 기법을 보여준다. 즉, 제3자 서비스를 이용하더라도 이러한 식으로 실습 애플리케이션이 사용하는 언어 코드의 일관성을 유지할 수 있다.

- 각 음성 표기 작업에 대해 고유한 이름을 만들어 "job_name" 변수에 저장하는데 이러한 고유 이름은 오디오 파일명과 현재 시간에 대한 문자열 표시를 결합해서 생성한다. 이렇게 결합하면 동일한 파일에 대해 메소드를 여러 번 호출해도 작업 이름을 고유하게 지을 수 있다.
- 그런 다음 이 메소드는 고유한 "job_name", 언어 코드, 미디어 형식, 녹음 파일이 있는 S3 URI 그리고 버킷 이름으로 "start_transcription_job()"을 호출한다.
- 트랜스크라이브 API는 비동기식이지만, "transcribe_audio()" 메소드는 동기식으로 설계했다. 동기 메소드를 트랜스크라이브의 비동기 API와 작동하게 하기 위해서 대기 루프를 추가했다. 대기 루프는 POLL_DELAY(5로 설정) 초 동안 기다린 다음 "get_transcription_job()" 메소드를 호출해서 작업 상태를 여러 차례 확인하는데 작업 상태가 "IN_PROGRESS"인 동안 계속해서 작동한다.
- 마지막으로 작업이 끝나거나 실패하면 스토리지 서비스를 통해 지정된 S3 버킷에서 JSON 출력 파일의 내용을 얻는데 이것이 바로 스토리지 서비스를 생성자의 의존 요소로 삼은 이유이다. 그런 다음 "extract_transcript()" 도우미 메소드로 음성 표기 출력에 대한 구문 분석을 한다.

다음으로 "extract_transcript()" 도우미 메소드를 구현해 보고자 하는데 이 메소드는 기존에 아마존 트랜스크라이브 출력을 구문 분석하는 "transcribe_audio()" 메소드가 사용했던 메소드이다.

```
@staticmethod
def extract_transcript(transcription_output):
    transcription = json.loads(transcription_output)
    if transcription['status'] != 'COMPLETED':
        return 'Transcription not available.'
```

```
        transcript = transcription['results']['transcripts'][0]['transcript']
        return transcript
```

AWS CLI로 실행한 음성 표기 작업에 대한 JSON 출력 형식을 앞에서 살펴봤다. 이 도우미 메소드는 이 JSON 출력을 구문 분석하는 로직을 캡슐화한다. 도우미 메소드는 먼저 작업이 성공적으로 완료됐는지 확인하고, 작업이 실패하면 오류 메시지를 음성 표기 텍스트로 반환하고 그렇지 않으면 실제 음성 표기 텍스트를 반환하게 된다.

번역 서비스 – 문서 번역

3장(아마존 레코그니션 및 트랜스레이트를 활용한 텍스트 탐지와 번역)의 사진 번역기 애플리케이션처럼 아마존 트랜스레이트 서비스를 활용해서 언어 번역 기능을 제공하고자 한다. 앞에서 언급했듯이 사진 번역기 프로젝트에서 사용했던 다음 코드의 번역 서비스 구현을 재사용한다.

```
class TranslationService:
    def __init__(self):
        self.client = boto3.client('translate')

    def translate_text(self, text, source_language = 'auto', target_language = 'en'):
        response = self.client.translate_text(
            Text = text,
            SourceLanguageCode = source_language,
            TargetLanguageCode = target_language
        )
        translation = {
            'translatedText': response['TranslatedText'],
            'sourceLanguage': response['SourceLanguageCode'],
            'targetLanguage': response['TargetLanguageCode']
        }

        return translation
```

앞의 코드는 이전 프로젝트에 나온 `TranslationService` 구현과 완벽하게 동일한데 온전히 설명하기 위해 이 코드를 여기에 포함한다. 구현과 설계 선택에 대해 더 자세히 알고 싶다면 3장(아마존 레코그니션 및 트랜스레이트를 활용한 텍스트 탐지와 번역)을 참조하자.

음성 서비스 – 텍스트–음성 변환

번역 텍스트가 완성되면 아마존 폴리 서비스를 활용해 번역 텍스트를 음성으로 변환한다.

구현을 시작하기 전에 다음 AWS CLI 명령으로 아마존 폴리 서비스를 사용해서 짧은 오디오 음성을 생성해 보자.

```
$ aws polly start-speech-synthesis-task
  --output-format mp3
  --output-s3-bucket-name <bucket>
  --text "testing testing 1 2 3"
  --voice-id Ivy
{
  "SynthesisTask": {
    "TaskId": "e68d1b6a-4b7f-4c79-9483-2b5a5932e3d1",
    "TaskStatus": "scheduled",
    "OutputUri": "https://s3.us-east-1.amazonaws.com/<bucket>/<task id>.mp3",
    "CreationTime": 1552754991.114,
    "RequestCharacters": 21,
    "OutputFormat": "mp3",
    "TextType": "text",
    "VoiceId": "Ivy"
  }
}
```

이 명령에는 네 가지 필수 매개변수가 있다.

- 출력 형식output-format은 오디오의 형식이다.
    - 오디오 스트림의 경우는 `"mp3"`나 `"ogg_vorbis"` 또는 `"pcm"`이다.

- 음성 표시mark의 경우는 "json"이다.

- 출력 S3 버킷 이름output-s3-bucket-name은 생성된 오디오 파일이 저장되는 위치를 말해준다.
- 텍스트text는 텍스트-음성 변환에 사용할 텍스트를 말한다.
- 음성 IDvoice-id는 아마존 폴리에서 사용 가능한 많은 음성 종류 중 하나를 지정한다. 음성 ID는 여자 또는 남자 목소리뿐만 아니라 국가 언어를 간접적으로 지정한다. 미국식 영어를 구사하는 여자 목소리로 'Ivy'를 사용한다.[4]

아마존 폴리 서비스는 이전에 아마존 트랜스크라이브에서 봤던 것과 유사한 비동기 패턴을 따른다. 방금 시작한 작업의 상태를 확인하려면, 다음 AWS CLI 명령을 실행한다.

```
$aws polly get-speech-synthesis-task --task-id e68d1b6a-4b7f-4c79-9483-2b5a5932e3d1
  {
    "SynthesisTask": {
      "TaskId": "e68d1b6a-4b7f-4c79-9483-2b5a5932e3d1",
      "TaskStatus": "completed",
      "OutputUri": "https://s3.us-east-1.amazonaws.com/<bucket>/<task id>.mp3",
      "CreationTime": 1552754991.114,
      "RequestCharacters": 21,
      "OutputFormat": "mp3",
      "TextType": "text",
      "VoiceId": "Ivy"
    }
  }
```

앞의 명령에 대한 설명은 다음과 같다.

- "get-speech-synthesis-task" 명령어는 하나의 매개변수인 작업 ID(task-id)만 사용하는데 이 작업 ID의 값은 "start-speech-synthesis-task" 명령어의 출력에서 전달받은 것이다.

4 'Seoyeon'을 선택하면 한국어로 말하는 여자 음성을 얻을 수 있다. - 옮긴이

- 작업 상태가 "completed"가 되면 "OutputUri"는 앞에서 지정한 S3 버킷에서 생성한 오디오 파일을 가리키게 된다.
- 오디오 파일의 이름은 지정된 오디오 형식 파일 확장자를 갖는 작업 ID이다. 예를 들어 MP3 형식의 경우는 "e68d1b6a-4b7f-4c79-9483-2b5a5932e3d1.mp3"이다.

음성 서비스는 생성자인 "__init__()"과 synthetic_speech()라는 이름의 메소드가 있는 다음과 같은 파이썬 클래스로 구현한다.

```
import boto3
import time

class SpeechService:
    def __init__(self, storage_service):
        self.client = boto3.client('polly')
        self.bucket_name = storage_service.get_storage_location()
        self.storage_service = storage_service

    def synthesize_speech(self, text, target_language):
        POLL_DELAY = 5
        voice_map = {
            'en': 'Ivy',
            'de': 'Marlene',
            'fr': 'Celine',
            'it': 'Carla',
            'es': 'Conchita'
        }

        response = self.client.start_speech_synthesis_task(
            Text = text,
            VoiceId = voice_map[target_language],
            OutputFormat = 'mp3',
            OutputS3BucketName = self.bucket_name
        )

        synthesis_task = {
            'taskId': response['SynthesisTask']['TaskId'],
```

```
            'taskStatus': 'inProgress'
        }

        while synthesis_task['taskStatus'] == 'inProgress'\
                or synthesis_task['taskStatus'] == 'scheduled':
            time.sleep(POLL_DELAY)

            response = self.client.get_speech_synthesis_task(
                TaskId = synthesis_task['taskId']
            )

            synthesis_task['taskStatus'] = response['SynthesisTask']['TaskStatus']

            if synthesis_task['taskStatus'] == 'completed':
                synthesis_task['speechUri'] = response['SynthesisTask']['OutputUri']
                self.storage_service.make_file_public(synthesis_task['speechUri'])
                return synthesis_task['speechUri']

        return ''
```

생성자는 아마존 폴리 서비스에 대한 boto3 클라이언트를 만드는데 나중에 사용하기 위해 StorageService를 매개변수로 받는다.

synthetic_speech() 메소드에서 파이썬 voice_map 딕셔너리로 다섯 쌍의 언어 코드를 저장하는데 만능 통역기 애플리케이션에서 사용하는 언어 코드는 "en", "de", "fr", "it", "es"이다. 아마존 폴리는 언어 코드 대신 음성 ID(VoiceId)를 사용하는데 이러한 음성 ID는 여성/남성 목소리와 연관돼 있다. 다음 표는 폴리의 전체 음성 매핑 중 일부를 발췌한 것이다.[5]

5 최신의 전체 음성 매핑은 https://docs.aws.amazon.com/polly/latest/dg/voicelist.html에서 확인할 수 있다. – 옮긴이

언어	여성 ID	남성 ID
영국식 영어(en-GB)	Amy, Emma	Brian
독일어(de-DE)	Marlene, Vicki	Hans
프랑스어(fr-FR)	Celine, Lea	Mathieu
이탈리아어(it-IT)	Carla, Bianca	Giorgio
유럽식 스페인어(es-ES)	Conchita, Lucia	Enrique

이 메소드의 `voice_map` 딕셔너리에는 (폴리 전체 매핑 중) 각 언어별 첫 번째 여자 음성 ID[6]를 만능 통역기가 지원하도록 저장했는데 이러한 설계 선택은 프로젝트 구현을 간단하게 하기 위함이다. 보다 세련된 음성-음성 번역 애플리케이션을 개발하려면 더 많은 언어를 지원하고 자체적으로 다양한 목소리를 제공하면 된다. 이제 다시 `"voice_map"`이 실습 애플리케이션으로부터 제3자 서비스 구현 상세인 아마존 폴리의 음성 ID를 추상화하는 것이다.

여기서 지원되는 언어를 완전히 임의로 선택하지는 않았다. 미국식 영어, 미국식 스페인어, 캐나다식 프랑스어를 아마존 트랜스크라이브의 입력 음성으로, 유럽식 유사 언어를 아마존 폴리의 출력 음성으로 명확하게 선택했다. 본 실습에서는 이러한 최소 기능 제품MVP, Minimal Viable Product인 만능 통역기를 소지하고 유럽을 여행하는 북미 지역 고객을 주요 대상으로 삼았기 때문이다.

앞의 아마존 폴리 서비스 API는 `"start_speech_synthesis_task()"` 및 `"get_speech_synthesis_task()"` API를 호출하는 AWS CLI 명령과 동일한 비동기 패턴을 따른다. 음성 합성 구현은 음성 표기 구현과 매우 유사해 보인다. 또다시 `"start_speech_synthesis_task()"` 메소드 호출로 오래 실행되는 프로세스를 시작한 다음 해당 메소드의 구현을 동기식처럼 바꿔 주는 'while' 루프를 사용한다. 이 반복문은 `POLL_DELAY`(5로 설정) 초 동안 기다린 다음 `"get_speech_synthesis_task()"` 메소드를 호출해서 작업 상태 (`"scheduled"`,

6 'Ivy'는 미국식 영어에서 첫 번째 여자 음성 ID이므로 표에 있는 것과는 다르다. - 옮긴이

"inProgress", "completed" 및 "failed")를 확인하는데 작업 상태가 "scheduled" 또는 "inProgress"인 동안 계속 반복된다.

AWS API의 상태 값은 서비스마다 다르다는 점에 주목하자. 본 실습의 음성 합성 및 음성 표기 서비스는 애플리케이션의 나머지 부분을 위해 이러한 모든 구현 세부 사항을 감싸주기 때문에 다른 음성 합성 또는 음성 표기 서비스 구현[7]으로 교체하고자 한다면 서비스 구현부 계층만 변경하면 된다.

작업 상태가 "completed"이면 합성된 오디오 번역이 저장된 S3 URI를 얻는다. 디폴트로 S3 버킷의 파일은 비공개이므로 웹 사용자 인터페이스는 오디오 번역을 재생할 수 없다. 따라서 S3 URI를 반환하기 전에 스토리지 서비스의 "make_file_public()" 메소드를 사용해서 오디오 번역을 공개로 변경했다. 스토리지 서비스 구현에서 어떻게 오디오 번역을 공개로 변경하는지 다음을 살펴보도록 하자.

스토리지 서비스 – 파일 업로드 및 검색

대부분의 스토리지 서비스 구현 내용은 3장과 비슷해야 한다. 생성자 __init__(), "get_storage_location()" 메소드 그리고 "upload_file()" 메소드 모두 이전 구현 내용과 정확하게 일치하지만 StorageService 기능을 확장하기 위해 새로운 두 가지 메소드를 추가했다.

전체 구현은 다음과 같다.

```
import boto3

class StorageService:
    def __init__(self, storage_location):
        self.client = boto3.client('s3')
```

7 AWS의 음성 합성 및 음성 표기 서비스가 아닌 타사의 서비스를 의미한다. – 옮긴이

```
        self.bucket_name = storage_location

    def get_storage_location(self):
        return self.bucket_name

    def upload_file(self, file_bytes, file_name):
        self.client.put_object(Bucket = self.bucket_name,
                               Body = file_bytes,
                               Key = file_name,
                               ACL = 'public-read')

        return {'fileId': file_name,
                'fileUrl': "http://" + self.bucket_name + ".s3.amazonaws.com/" + file_
name}

    def get_file(self, file_name):
        response = self.client.get_object(Bucket = self.bucket_name, Key = file_name)

        return response['Body'].read().decode('utf-8')

    def make_file_public(self, uri):
        parts = uri.split('/')
        key = parts[-1]
        bucket_name = parts[-2]

        self.client.put_object_acl(Bucket = bucket_name,
                                   Key = key,
                                   ACL = 'public-read')
```

두 가지 새로운 클래스 메소드를 다음과 같이 살펴보자.

- get_file() 메소드는 파일 이름을 가져와서 해당 파일의 내용을 문자열로 반환한다. 이는 boto3 S3 클라이언트를 사용해서 버킷 이름(스토리지 서비스의 저장 위치)에서 키(파일 이름)로 오브젝트를 가져온 다음 파일 내용을 UTF-8 문자열로 디코딩하는 것으로 구현된다.

- `make_file_public()` 메소드는 파일의 URI를 가져와 해당 파일을 공개적으로 읽을 수 있게 ACL 값을 설정한다. 실습 스토리지 서비스는 AWS S3 기반이므로 해당 URI가 S3의 URI라 가정하고 버킷 이름과 키를 추출하기 위해 구문 분석한다. 추출한 버킷 이름과 키를 통해 해당 오브젝트의 ACL 값을 `'public-read'`로 변경한다.

스토리지 서비스의 모든 메소드는 일반적이도록 설계했기 때문에 다른 애플리케이션에서 재사용할 확률이 높다.

RESTful 엔드포인트 구현

서비스를 구현했기 때문에 이제 RESTful 엔드포인트를 포함하는 오케스트레이션 계층으로 넘어가 보자. 모든 실제 작업은 서비스 구현에서 처리하기 때문에 엔드포인트는 해당 기능들을 서로 연결하고, 이러한 기능을 사용할 사용자 인터페이스 계층에 HTTP 접근을 제공한다. 따라서 엔드포인트의 구현 코드는 간결하고 이해하기 쉽다.

`app.py` 파일에 여러 RESTful 엔드포인트 구현을 포함하는데 다음에는 `app.py` 코드 중에서 임포트, 설정 그리고 초기화에 해당하는 부분만 나타냈다.

```
from chalice import Chalice
from chalicelib import storage_service
from chalicelib import transcription_service
from chalicelib import translation_service
from chalicelib import speech_service

import base64
import json

#####
# 챌리스 애플리케이션 설정
```

```
#####
app = Chalice(app_name='Capabilities')
app.debug = True

#####
# 서비스 초기화
#####
storage_location = 'contents.aws.ai'
storage_service = storage_service.StorageService(storage_location)
transcription_service = transcription_service.TranscriptionService(storage_service)
translation_service = translation_service.TranslationService()
speech_service = speech_service.SpeechService(storage_service)


#####
# RESTful 엔드포인트
#####
...
```

app.py의 각 엔드포인트 구현에 대해서는 다음 몇 개의 절에서 자세히 논의할 것이다.

녹음 번역 엔드포인트

녹음 번역 엔드포인트는 요청한 본문으로 JSON 매개변수를 받는 HTTP POST 엔드포인트이다. 이 엔드포인트는 녹음 ID(recording_id)를 매개변수로 받고, JSON 본문을 통해 번역의 원시 및 목표 언어를 전달한다.

```
@app.route('/recordings/{recording_id}/translate-text', methods = ['POST'], cors =
True)
def translate_recording(recording_id):
    """해당 음성을 텍스트로 표기하고 번역"""
    request_data = json.loads(app.current_request.raw_body)
    from_lang = request_data['fromLang']
    to_lang = request_data['toLang']
```

```
    transcription_text = transcription_service.transcribe_audio(recording_id, from_
lang)
    translation_text = translation_service.translate_text(transcription_text,
                                                          target_language = to_lang)

    return {
        'text': transcription_text,
        'translation': translation_text
    }
```

앞의 코드를 살펴보자.

- "transcribe_recording()" 바로 위의 어노테이션은 이 엔드포인트에 접근할 수 있는 HTTP 요청에 대해 기술한다.
- 이 함수는 먼저 번역을 위해 fromLang에 원시 언어와 toLang에 목표 언어가 들어 있는 요청 데이터를 받는다.
- "transcribe_recording()" 함수는 음성 표기 서비스를 호출해서 해당 오디오 녹음을 텍스트로 표기한다.
- 다음으로 이 함수는 번역 서비스를 호출해서 녹음을 표기한 텍스트를 번역한다.
- 마지막으로 이 함수는 녹음을 표기한 텍스트와 번역 텍스트가 모두 들어 있는 JSON 객체를 반환한다.

다음은 이 RESTful 엔드포인트에 대한 HTTP 요청의 예이다. RESTful 원칙에 따라 /recordings 경로는 컬렉션 자원으로 취급하며 recording_id는 이 컬렉션 자원 안의 특정 오디오 녹음을 지정한다.

```
POST <server url>/recordings/{recording_id}/translate-text {
  "fromLang": <SOURCE LANGUAGE>,
  "toLang": <TARGET LANGUAGE>
}
```

파이썬 가상 환경에서 `chalice local`을 실행한 후 다음과 같이 S3 버킷에 이미 업로드한 오디오 클립을 지정하는 `curl` 명령을 실행해서 이 엔드포인트를 점검해 보자.

```
  $ curl --header "Content-Type: application/json" --request POST --data '{"fromLang":"
en","toLang":"de"}'
  http://127.0.0.1:8000/recordings/<recording id>/translate-text
  [
    {
      "text": "<transcription>",
      "translation": {
        "translatedText": "<translation>",
        "sourceLanguage": "en",
        "targetLanguage": "de"
      }
    }
  ]
```

`<recording id>`는 S3 버킷에 있는 오디오 파일의 이름을 나타낸다.

이 출력은 JSON 형식인데 웹 사용자 인터페이스가 받아서 사용자에게 번역 결과를 표시하는 데 사용할 것이다.

음성 합성 엔드포인트

음성 합성 엔드포인트는 요청한 본문으로 JSON 매개변수를 받는 HTTP POST 엔드포인트이다. 이 엔드포인트는 목표 언어와 음성으로 변환할 텍스트를 JSON 페이로드로 전달한다. 만능 통역기는 짧은 구절을 번역하도록 설계됐지만, 애플리케이션에 따라서 텍스트–음성 변환에 사용되는 텍스트 길이가 길 수도 있다. 더욱이 설계 관점에서 URL의 길이에 제한을 두고자 하므로 여기서는 URL 매개변수 대신 JSON 페이로드를 사용하고 있다. 이러한 설계 결정 덕분에 향후 다른 애플리케이션에서 이 엔드포인트를 더 많이 재사용할 수 있다. 게다가 애플리케이션의 URL을 짧고 정갈하게 유지하는 것은 실무적으로도 좋다.

```
@app.route('/synthesize_speech', methods = ['POST'], cors = True)
def synthesize_speech():
    """해당 텍스트를 지정 언어로 텍스트-음성 변환 수행"""
    request_data = json.loads(app.current_request.raw_body)
    text = request_data['text']
    language = request_data['language']

    translation_audio_url = speech_service.synthesize_speech(text, language)

    return {
        'audioUrl': translation_audio_url
    }
```

이 함수 바로 위의 어노테이션은 이 엔드포인트에 접근할 수 있는 HTTP 요청에 대해 기술하는데 다음은 이 RESTful 엔드포인트에 대한 HTTP 요청의 예이다.

```
POST <server url>/synthesize_speech
{
  "text": <TEXT>,
  "language": <LANGUAGE>
}
```

앞의 코드에서 적용되는 것은 다음과 같다.

- `synthetic_speech()` 함수는 음성 합성을 하기 위해서 JSON 데이터로 요청 본문을 구문 분석한 후 텍스트와 언어를 가져온다.
- 이 함수는 음성 서비스의 `synthetic_speech()` 함수를 호출한다.
- 이 함수는 URL을 오디오 파일로 반환한다. `synthetic_speech()`가 반환되기 전에 이미 오디오 파일을 공개적으로 읽을 수 있도록 했다는 점을 기억하자.

파이썬 가상 환경에서 `chalice local`을 실행한 뒤에 다음과 같이 JSON 페이로드를 전달하는 `curl` 명령을 실행해서 이 엔드포인트를 점검해 보자.

```
 $ curl --header "Content-Type: application/json" --request POST --data '{"text":"Dies
ist ein Test des Amazons Polly Service.","language":"de"}' http://127.0.0.1:8000/
synthesize_speech
{
  "audioUrl": "https://s3.us-east-1.amazonaws.com/<bucket>/<task id>.mp3"
}
```

이 출력은 JSON 형식인데 웹 사용자 인터페이스가 받아서 번역 음성을 들려주도록 오디오 플레이어를 업데이트하는 데 사용한다.

녹음 업로드 엔드포인트

녹음 업로드 엔드포인트는 3장(아마존 레코그니션 및 트랜스레이트를 활용한 텍스트 탐지와 번역)에 있는 사진 번역기 애플리케이션의 이미지 업로드 엔드포인트 함수와 기본적으로 동일하다. 따라서 다음과 같이 녹음 내용(Base64 인코딩됨)을 가져오기 위한 HTTP POST 엔드포인트 코드(@app.route 어노테이션)를 /recordings로 바꾸기만 한다.

```
@app.route('/recordings', methods = ['POST'], cors = True)
def upload_recording():
    """파일 업로드를 준비하고 스토리지 서비스에 파일 업로드"""
    request_data = json.loads(app.current_request.raw_body)
    file_name = request_data['filename']
    file_bytes = base64.b64decode(request_data['filebytes'])

    file_info = storage_service.upload_file(file_bytes, file_name)

    return file_info
```

온전히 설명하기 위해서 엔드포인트와 도우미 함수의 코드를 여기에도 나타낸다. 엔드포인트 및 해당 도우미 함수에 대한 코드 구현에 대해 더 자세한 설명을 보려면 3장(아마존 레코그니션 및 트랜스레이트를 활용한 텍스트 탐지와 번역)을 참조하자.

웹 사용자 인터페이스 구현

`website` 디렉터리의 `index.html`과 `script.js` 파일로 HTML과 자바스크립트를 각각 작성해서 간단한 웹 사용자 인터페이스를 만든다.

최종 웹 사용자 인터페이스는 다음과 같다.

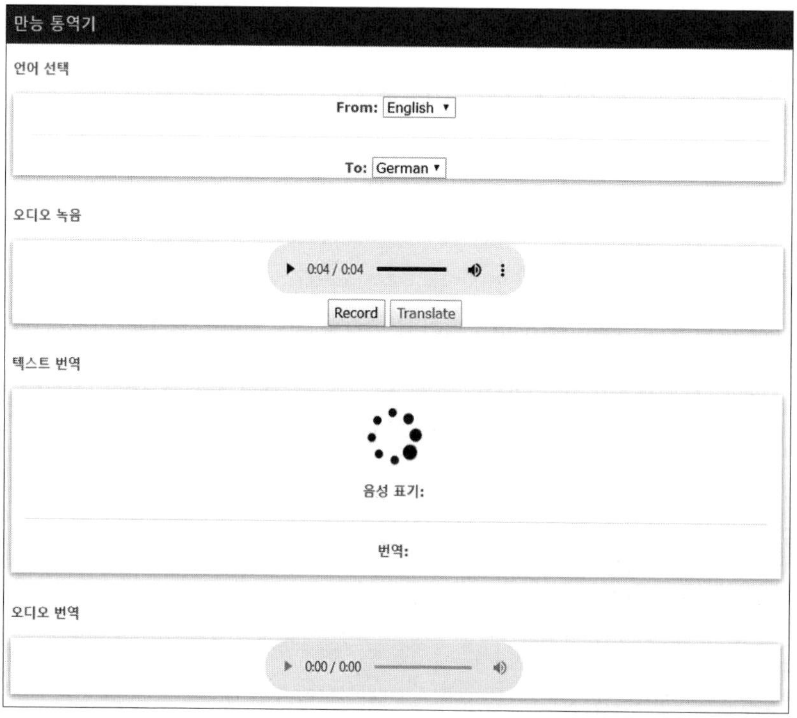

이 애플리케이션에서 사용자는 먼저 **언어 선택**Select Languages 섹션의 'From'과 'To'에서 번역할 언어를 각각 선택한다. 그다음으로 사용자는 **오디오 녹음**Record Audio 섹션에서 짧은 음성을 녹음하고 음질 확인을 위해 재생할 수 있다. 이후에 본격적인 번역 과정이 시작되는데 번역하는 버튼을 누른 뒤에 번역 텍스트를 사용할 수 있게 되면 **번역 텍스트**Translation Text 섹션에 표시된다. 그런 다음 텍스트-음성 변환 생성 과정이 시작되고 생성된 오디오 번역을 이용할 수 있게 되면 오디오 플레이어 컨트롤로 번역을 재생할 수 있다.

모든 번역 과정이 순차적으로 이뤄지도록 설계했는데 이는 한 번에 하나의 번역만 수행한다는 뜻이다. 각 종단 간 번역은 일정한 시간이 소요되는데 주로 아마존 트랜스크라이브와 아마존 폴리 서비스의 처리 속도와 관련 있다. 이러한 대기 시간과 관련해서 사용자 경험을 개선할 수 있는 몇 가지 기법을 살펴보자.

- 애플리케이션이 처리 중임을 사용자에게 알릴 수 있는 기법이 매우 중요한데 번역 텍스트와 번역 오디오Translation Audio 섹션에서 스피너spinners[8]를 사용했다. 스피너를 표시함으로써 이러한 단계에 일정 시간이 소요된다는 것을 사용자에게 알려준다.
- 또 다른 기법은 텍스트 번역 및 오디오 번역 단계를 나누는 것이다. 나누지 않았을 때와 비교해서 전체 시간이 거의 같기는 하지만, 사용자에게 진행 과정과 중간 결과를 보여줄 수 있다. 즉, 사용자가 진행 과정과 중간 결과를 앎으로써 심리적으로 대기 시간이 줄어들었다고 느끼도록 해준다.
- 음성 표기 및 음성 합성 서비스 구현의 POLL_DELAY 값을 줄일 수도 있다. 이 책에서는 음성 표기 서비스와 음성 합성 서비스의 POLL_DELAY를 각각 5초로 설정했는데 그 결과 처리가 완료돼도 각 서비스별로 평균 2.5초가 추가로 지연돼 총 평균 5초의 추가 지연이 생긴다.[9] 이러한 지연은 확실하게 줄일 수 있지만, 여기에는 상충하는 여건이 있는데 POLL_DELAY가 더 짧을수록 "get_transcription_job()" 및 "get_speech_synthesis_task()" 함수를 더 자주 호출해서 결국에는 AWS API 호출 횟수가 증가한다.
- 마지막으로 더 빠른 처리를 위해 가능한 한 실시간 서비스를 사용할 수 있다. 예를 들어 아마존 트랜스크라이브는 현재 스트리밍 트랜스크립션Streaming Transcription이라는 기능이 있어 실시간 음성 표기를 지원한다. 애플리케이션은 이 기능을 통

8 회전하는 모양의 아이콘 – 옮긴이

9 운이 좋으면 5초 기다리자 마자 처리가 끝날 수 있고, 최악의 경우에는 처리가 끝나기 직전에 5초 대기 루프에 새로 들어갈 수도 있기 때문에 추가 대기 시간 평균 예상 값이 각 서비스 별로 2.5초라는 계산이 나온다. – 옮긴이

해 실황live 오디오 스트림을 전달해서 실시간으로 텍스트 표기를 받을 수 있다. 아쉽게도 이 책을 쓰는 당시에 이 기능은 파이썬 AWS SDK에서 사용할 수 없었다.[10] 애플리케이션의 장기적인 발전 측면에서 유연한 아키텍처를 사용하면 향후에 AWS 기반 또는 다른 벤더 기반의 서비스 구현을 더 쉽게 교체할 수 있다.

index.html

다음은 index.html 파일인데 여기서는 표준 HTML 태그를 사용하고 있기 때문에 코드를 이해하기 쉬울 것이다.

```
<!doctype html>
<html lang="en"/>

<head>
    <meta charset="utf-8"/>
    <meta name="viewport" content="width=device-width, initial-scale=1.0"/>

    <title>만능 통역기</title>

    <link rel="stylesheet" href="https://www.w3schools.com/w3css/4/w3.css">
    <link rel="stylesheet" href="https://www.w3schools.com/lib/w3-theme-blue-grey.css">
    <link rel="stylesheet" href="https://cdnjs.cloudflare.com/ajax/libs/font-
awesome/4.7.0/css/font-awesome.min.css">
</head>

<body class="w3-theme-14">
    <div style="min-width:400px">
        <div class="w3-bar w3-large w3-theme-d4">
            <span class="w3-bar-item">만능 통역기</span>
        </div>

        ...
```

10 이 책을 번역하는 당시에도 사용할 수 없었다. – 옮긴이

```
    </div>
    <script src="scripts.js"></script>
    <script src="https://github.com/streamproc/MediaStreamRecorder/releases/
download/1.3.4/MediaStreamRecorder.js"></script>
</body>

</html>
```

이 코드 조각은 웹 사용자 인터페이스의 전체 프레임과 제목을 보여준다.

- 이전 프로젝트에서 사용한 W3 스타일시트stylesheet 외에 스피너를 위한 Font-Awesome CSS도 포함했다.
- 웹 사용자 인터페이스의 오디오 녹음 기능을 위해서 index.html 하단에 MediaStreamRecorder.js를 넣었다.
- index.html의 나머지 코드 조각은 <body> 내의 최상위 레벨인 <div> 태그 안에 다음과 같이 들어간다.

```
    ...
        <div class="w3-container w3-content">
            <p class="w3-opacity"><b>언어 선택</b></p>
            <div class="w3-panel w3-white w3-card w3-display-container w3-
center">
                <div>
                    <b class="w3-opacity">From:</b>
                    <select id="fromLang">
                        <option value="en">English</option>
                        <option value="es">Spanish</option>
                        <option value="fr">French</option>
                    </select>
                    <hr>
                    <b class="w3-opacity">To:</b>
                    <select id="toLang">
                        <option value="de">German</option>
                        <option value="fr">French</option>
                        <option value="it">Italian</option>
```

```
                        <option value="es">Spanish</option>
                    </select>
                </div>
            </div>
        </div>

        <div class="w3-container w3-content">
            <p class="w3-opacity"><b>오디오 녹음</b></p>
            <div class="w3-panel w3-white w3-card w3-display-container w3-
center">
                <div>
                    <audio id="recording-player" controls>
                        현재 브라우저가 오디오 요소를 지원하지 않음...
                    </audio>
                </div>
                <div>
                    <input type="button" id="record-toggle" value="Record"
onclick="toggleRecording()"/>
                    <input type="button" id="translate" value="Translate"
onclick="uploadAndTranslate()" disabled/>
                </div>
            </div>
        </div>
    ...
```

이 코드 조각에 대한 설명은 다음과 같다.

- 웹 사용자 인터페이스에 있는 언어 선택과 오디오 녹음 섹션을 생성한다.
- 언어 선택 섹션의 드롭다운dropdown 목록에 지원되는 fromLang과 toLang을 하드코딩한다.
- 오디오 녹음 섹션에서 <audio> 태그를 사용해서 두 개의 입력 버튼이 있는 오디오 플레이어를 생성하고, 이 버튼들로 녹음 및 번역 기능을 제어한다.
- 대부분의 동적인 수행은 scripts.js에서 구현된다.

계속해서 index.html에 다음의 코드를 넣는다.

```
    ...
        <div class="w3-container w3-content">
            <p class="w3-opacity"><b>텍스트 번역</b></p>
            <div class="w3-panel w3-white w3-card w3-display-container w3-center">
                <p id="text-spinner" hidden><i class="fa fa-spinner w3-spin"
style="font-size:64px"></i></p>
                <p class="w3-opacity"><b>음성 표기:</b></p>
                <div id="transcription"></div>
                <hr>
                <p class="w3-opacity"><b>번역:</b></p>
                <div id="translation"></div>
            </div>
        </div>

        <div class="w3-container w3-content">
            <p class="w3-opacity"><b>오디오 번역</b></p>
            <div class="w3-panel w3-white w3-card w3-display-container w3-center">
                <p id="audio-spinner" hidden><i class="fa fa-spinner w3-spin"
style="font-size:64px"></i></p>
                <audio id="translation-player" controls>
                    현재 브라우저가 오디오 요소를 지원하지 않음...
                </audio>
            </div>
        </div>
    ...
```

이 코드 조각에 대한 설명은 다음과 같다.

- 웹 사용자 인터페이스의 텍스트 번역과 오디오 번역 섹션을 만든다.
- 텍스트 번역 섹션에는 시작 시 보이지 않는 스피너와 번역 결과를 표시하기 위한 두 개의 <div>가 있다.
- 오디오 번역 섹션에는 번역 오디오를 재생할 때 사용하는 오디오 플레이어와 함께 시작 시 보이지 않는 또 다른 스피너가 있다.

scripts.js

다음은 scripts.js 파일이다. 만능 통역기의 대부분의 동적인 수행은 자바스크립트로 구현된다. scripts.js는 엔드포인트와 상호작용하고 애플리케이션의 사용자 경험을 모두 이어 준다.

```
"use strict";

const serverUrl = "http://127.0.0.1:8000";

class HttpError extends Error {
    constructor(response) {
        super(`${response.status} for ${response.url}`);
        this.name = "HttpError";
        this.response = response;
    }
}
```

이 코드 조각은 chalice local 실행에 따른 로컬 서버 주소를 serverUrl 값에 넣고 HTTP 요청 중에 발생할 수 있는 예외를 처리하기 위해 HttpError를 정의한다.

```
let audioRecorder;
let recordedAudio;

const mediaConstraints = {
    audio: true
};

navigator.getUserMedia(mediaConstraints, onMediaSuccess, onMediaError);

const maxAudioLength = 30000;
let audioFile = {};

function onMediaSuccess(audioStream) {
    audioRecorder = new MediaStreamRecorder(audioStream);
```

```
    audioRecorder.mimeType = "audio/wav";
    audioRecorder.ondataavailable = handleAudioData;
}

function onMediaError(error) {
    alert("audio recording not available: " + error.message);
}

function startRecording() {
    recordedAudio = [];
    audioRecorder.start(maxAudioLength);
}

function stopRecording() {
    audioRecorder.stop();
}

function handleAudioData(audioRecording) {
    audioRecorder.stop();
    audioFile = new File([audioRecording], "recorded_audio.wav", {type: "audio/wav"});

    let audioElem = document.getElementById("recording-player");
    audioElem.src = window.URL.createObjectURL(audioRecording);
}
```

이 코드 조각은 https://github.com/intercom/MediaStreamRecorder에 있는 오디오 녹음 구현 권고 사항을 따르는데 해당 권고 사항에 대해서는 이 책에서 다루지 않는다. 앞의 코드 조각에 대한 몇 가지 세부 사항은 다음과 같다.

- 만능 통역기는 `maxAudioLength` 상수로 정의했듯이 최대 30초까지 오디오를 녹음할 수 있도록 지원하는데 짧은 구절을 번역하는 데 충분한 길이이다.
- 오디오 녹음 형식은 `audio/wav`로 설정하는데 아마존 트랜스크라이브가 지원하는 여러 형식 중 하나이다.
- 오디오 녹음이 끝나면 다음의 두 가지 작업을 한다.

- 녹음 비트를 파일 이름이 recorded_audio.wav인 자바스크립트 파일 객체로 저장하는데 나중에 S3에 녹음을 업로드할 때 해당 파일 이름을 사용한다. 모든 녹음은 모두 동일한 파일 이름을 갖기 때문에 이전에 업로드한 파일은 새로 업로드한 파일로 교체된다.
- 오디오 녹음 섹션의 오디오 플레이어를 재생해 볼 녹음 오디오에 대한 객체 URL로 업데이트한다.

```
let isRecording = false;

function toggleRecording() {
    let toggleBtn = document.getElementById("record-toggle");
    let translateBtn = document.getElementById("translate");

    if (isRecording) {
        toggleBtn.value = 'Record';
        translateBtn.disabled = false;
        stopRecording();
    } else {
        toggleBtn.value = 'Stop';
        translateBtn.disabled = true;
        startRecording();
    }

    isRecording = !isRecording;
}
```

이 코드 조각에 있는 scripts.js의 toggleRecording 함수는 오디오 플레이어 바로 아래에 있는 첫 번째 입력 버튼을 토글toggle 버튼으로 만들어 준다. 이 토글 버튼은 이전 코드 블록의 MediaStreamRecorder 구현에 있는 오디오 녹음을 시작하거나 멈추는 기능을 한다.

다음으로 아래의 다섯 가지 함수를 정의한다.

- uploadRecording(): Base64로 인코딩한 오디오 녹음을 녹음 업로드 엔드포인트에 업로드한다.

- translateRecording(): 오디오 녹음을 번역하기 위해 녹음 번역 엔드포인트를 호출한다.
- updateTranslation(): 리턴받은 음성 표기와 번역 텍스트로 번역 텍스트 섹션을 업데이트한다.
- syntheticTranslation(): 번역 텍스트에 대한 오디오 음성을 생성하기 위해 음성 합성 엔드포인트를 호출한다.
- updateTranslationAudio(): 번역 음성 재생을 위해 번역 오디오 섹션에 있는 오디오 플레이어를 오디오 음성 URL로 업데이트한다.

이 다섯 함수는 번역에 관련된 사용자 경험의 순차적 단계에 대응된다. 자바스크립트 코드를 보다 모듈화되고 읽기 쉽게 하기 위해서 개별 함수로 분리한 것으로, 각 함수는 한 가지 특정 작업을 수행한다. 이 다섯 함수의 구현을 자세히 살펴보자.

다음 코드 블록에 나타난 uploadRecording() 함수를 살펴보자.

```
async function uploadRecording() {
    // 업로드를 위해 녹음 파일을 base64로 인코딩
    let converter = new Promise(function(resolve, reject) {
        const reader = new FileReader();
        reader.readAsDataURL(audioFile);
        reader.onload = () => resolve(reader.result
            .toString().replace(/^data:(.*,)?/, ''));
        reader.onerror = (error) => reject(error);
    });
    let encodedString = await converter;

    // 녹음을 업로드하기 위해서 서버를 호출하고
    // 서버의 업로드 응답을 리턴
    return fetch(serverUrl + "/recordings", {
        method: "POST",
        headers: {
            'Accept': 'application/json',
            'Content-Type': 'application/json'
```

```
        },
        body: JSON.stringify({filename: audioFile.name, filebytes: encodedString})
    }).then(response => {
        if (response.ok) {
            return response.json();
        } else {
            throw new HttpError(response);
        }
    })
}
```

앞의 코드에 대한 설명은 다음과 같다.

- `uploadRecording()` 함수는 오디오 녹음을 저장한 파일 객체로부터 Base64로 인코딩된 문자열을 생성한다.
- 이 함수는 엔드포인트가 받을 `filename`과 `filebytes`가 들어 있는 JSON 페이로드를 생성한다.
- 그런 다음 이 함수는 녹음 업로드 엔드포인트 URL에 JSON 페이로드를 포함한 HTTP POST 요청을 보내고 응답 JSON을 리턴한다.
- 이것은 사진 번역기 애플리케이션에 나오는 `uploadImage()` 함수와 거의 같은 코드인데 파일을 오디오 레코더에서 만들었다는 것만 다르다.

다음 코드 블록에 나타난 `translateRecording()` 함수를 살펴보자.

```
let fromLang;
let toLang;

function translateRecording(audio) {
    let fromLangElem = document.getElementById("fromLang");
    fromLang = fromLangElem[fromLangElem.selectedIndex].value;
    let toLangElem = document.getElementById("toLang");
    toLang = toLangElem[toLangElem.selectedIndex].value;
```

```
    // 텍스트 번역 중을 나타내는 스피너 시작
    let textSpinner = document.getElementById("text-spinner");
    textSpinner.hidden = false;

    // 녹음 오디오를 텍스트로 표시하기 위해 서버 호출
    return fetch(serverUrl + "/recordings/" + audio["fileId"] + "/translate-text", {
        method: "POST",
        headers: {
            'Accept': 'application/json',
            'Content-Type': 'application/json'
        },
        body: JSON.stringify({fromLang: fromLang, toLang: toLang})
    }).then(response => {
        if (response.ok) {
            return response.json();
        } else {
            throw new HttpError(response);
        }
    })
}
```

앞의 코드에 대한 설명은 다음과 같다.

- translateRecording() 함수는 먼저 웹 사용자 인터페이스의 드롭다운 메뉴에 있는 fromLang 및 toLang 요소로부터 언어 값을 얻는다.
- 그다음 이 함수는 스피너를 작동시켜 번역 과정의 시작을 사용자에게 알린 다음 녹음 번역 엔드포인트를 호출해서 응답을 기다린다.

다음 코드 블록에 나타난 updateTranslation() 함수를 살펴보자.

```
function updateTranslation(translation) {
    // 텍스트 번역 중을 나타내는 스피너 정지(숨김)
    let textSpinner = document.getElementById("text-spinner");
    textSpinner.hidden = true;
```

```
    let transcriptionElem = document.getElementById("transcription");
    transcriptionElem.appendChild(document.createTextNode(translation["text"]));

    let translationElem = document.getElementById("translation");
    translationElem.appendChild(document.createTextNode(translation["translation"]
["translatedText"]));

    return translation
}
```

앞의 코드에 대한 설명은 다음과 같다.

- 녹음 번역 엔드포인트가 응답하면 updateTranslation() 함수는 스피너를 숨긴다.
- updateTranslation 함수는 음성 표기 및 번역 텍스트로 번역 텍스트 섹션을 업데이트한다.

다음 코드 블록에 나타난 syntheticTranslation() 함수를 살펴보자.

```
function synthesizeTranslation(translation) {
    // 오디오 번역 중을 나타내는 스피너 시작
    let audioSpinner = document.getElementById("audio-spinner");
    audioSpinner.hidden = false;

    // 번역 오디오를 합성하기 위해 서버 호출
    return fetch(serverUrl + "/synthesize_speech", {
        method: "POST",
        headers: {
            'Accept': 'application/json',
            'Content-Type': 'application/json'
        },
        body: JSON.stringify({text: translation["translation"]["translatedText"],
language: toLang})
    }).then(response => {
        if (response.ok) {
            return response.json();
        } else {
```

```
            throw new HttpError(response);
        }
    })
}
```

앞의 코드에 대한 설명은 다음과 같다.

- syntheticTranslation() 함수는 스피너를 작동시켜서 사용자에게 음성 합성 프로세스가 시작됐음을 알려준다.
- 그런 다음 이 함수는 음성 합성 엔드포인트를 호출해서 응답을 기다린다. 이 엔드포인트는 fetch()가 생성하는 JSON 매개변수를 기다리고 있음을 기억하자.

다음 코드 블록에 나타난 updateTranslationAudio() 함수를 살펴보자.

```
function updateTranslationAudio(audio) {
    // 텍스트 번역 중을 나타내는 스피너 정지(숨김)
    let audioSpinner = document.getElementById("audio-spinner");
    audioSpinner.hidden = true;

    let audioElem = document.getElementById("translation-player");
    audioElem.src = audio["audioUrl"];
}
```

앞의 코드에 대한 설명은 다음과 같다.

- 음성 합성 엔드포인트가 응답하면 updateTranslationAudio() 함수는 오디오 합성 스피너를 멈추게 한다.[11]
- updateTranslationAudio() 함수는 합성한 번역 오디오의 URL로 오디오 플레이어를 업데이트한다.

11 엄밀히 말하면 숨기는 것이다. – 옮긴이

앞의 다섯 가지 함수 모두를 다음의 uploadAndTranslate() 함수가 연결한다.

```
function uploadAndTranslate() {
    let toggleBtn = document.getElementById("record-toggle");
    toggleBtn.disabled = true;
    let translateBtn = document.getElementById("translate");
    translateBtn.disabled = true;

    uploadRecording()
        .then(audio => translateRecording(audio))
        .then(translation => updateTranslation(translation))
        .then(translation => synthesizeTranslation(translation))

        .then(audio => updateTranslationAudio(audio))
        .catch(error => {
            alert("Error: " + error);
        })

    toggleBtn.disabled = false;
}
```

uploadAndTranslate() 함수에 있는 이벤트 순서가 얼마나 명확한지 주목하자. 이 함수의 마지막 단계에서는 사용자가 다음 번역을 시작할 수 있게 레코드 토글 버튼을 활성화한다.

만능 통역기 애플리케이션의 최종 프로젝트 구조는 다음과 같아야 한다.

```
├── Capabilities/
│   ├── app.py
│   ├── chalicelib/
│   │   ├── __init__.py
│   │   ├── speech_service.py
│   │   ├── storage_service.py
│   │   ├── transcription_service.py
│   │   └── translation_service.py
│   └── requirements.txt
├── Pipfile
```

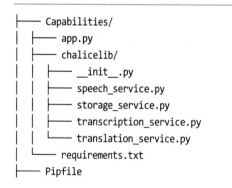

```
├── Pipfile.lock
└── Website/
    ├── index.html
    └── script.js
```

이제 만능 통역기 애플리케이션 구현을 완료했다.

만능 통역기의 AWS 배포

만능 통역기 애플리케이션을 배포하는 절차는 3장에서 프로젝트를 배포하는 절차와 동일하나 온전히 설명하기 위해서 여기에도 기술한다.

1. 먼저 프로젝트 구조의 .chalice 디렉터리에 있는 config.json 파일의 autogen_policy 값을 false로 설정한다.

```
{
  "version": "2.0",
  "app_name": "Capabilities",
  "stages": {


    "dev": {
      "autogen_policy": false,
      "api_gateway_stage": "api"
    }
  }
}
```

2. 다음으로 .chalice 디렉터리 안에 프로젝트에 필요한 AWS 서비스를 수동으로 지정하는 policy-dev.json이라는 새 파일을 만든다.

```
{
  "Version": "2012-10-17",
```

```
    "Statement": [
      {
        "Effect": "Allow",
        "Action": [
          "logs:CreateLogGroup",
          "logs:CreateLogStream",
          "logs:PutLogEvents",
          "s3:*",
          "translate:*",
          "transcribe:*",
          "polly:*"
        ],
        "Resource": "*"
      }
    ]
  }
```

3. 다음으로 Capabilities 안에서 다음 명령을 실행해 챌리스 후단부를 AWS에 배포한다.

```
$ chalice deploy
Creating deployment package.
Updating policy for IAM role: Capabilities-dev-api_handler
Updating lambda function: Capabilities-dev
Creating Rest API
Resources deployed:
  - Lambda ARN: arn:aws:lambda:us-east-1:697049166981:function:Capab
ilities-dev
  - Rest API URL: https://<UID>.execute-api.us-east-1.amazonaws.com/
api/
```

배포가 완료되면 챌리스는 "https://<UID>.execute-api.us-east-1.amazonaws.com/api/"와 같은 RESTful API URL을 출력에 표시한다. 여기서 <UID>는 고유한 식별 문자열이다. 해당 URL은 AWS에서 실행 중인 애플리케이션 후단부에 접근하기 위해 전단부에 필요한 정보이다.

4. 다음으로 `index.html` 및 `scripts.js` 파일을 이 S3 버킷에 업로드한 다음 공개적으로 읽을 수 있는 권한을 설정한다. 그러나 그 전에 다음과 같이 `scripts.js`의 내용을 변경해야 한다. 웹 사이트는 이제 클라우드에서 실행되며 더 이상 로컬 HTTP 서버에 접근할 수 없다는 점을 명심하자. 로컬 서버 URL을 배포된 후단부의 URL로 바꾸자.

```
        "use strict";
        const serverUrl = "https://<UID>.execute-api.us-east-1.amazonaws.
com/api";
        ...
```

이제 인터넷의 모든 사용자가 만능 통역기 애플리케이션을 이용할 수 있다.

프로젝트 개선 아이디어 논의

2부에서는 각 실습 프로젝트 마지막에 해당 AI 애플리케이션을 향상하기 위한 몇 가지 아이디어를 제시한다. 만능 통역기를 개선하기 위한 다음의 몇 가지 아이디어를 살펴보자.

- 사용자가 애플리케이션 내에서 원시 언어 및 출력 음성 종류의 디폴트 값을 저장할 수 있도록 하자. 사용자는 자신의 모국어를 원시 언어로 주로 사용하고 번역 음성을 자신의 성별 및 음성과 비슷한 것으로 선호하는 경향이 있기 때문이다.
- 아마존 트랜스크라이브의 스트리밍 트랜스크립션 기능으로 실시간 음성 표기를 추가하자. 이 기능은 음성 변환을 할 때 사용자가 기다리는 시간을 크게 줄일 수 있다. 그러나 이 책을 쓰는 당시에는 파이썬 SDK가 이 기능을 지원하지 않고 있어 구현하기 위해 다른 SDK가 필요할 수도 있다. 이 책의 아키텍처는 여러 가지 프로그래밍 언어를 수용하는 다중 언어polyglot 시스템을 지원한다.

- 만능 통역기와 사진 번역기 모두 번역 기능을 제공하는데 이 두 가지 형태의 번역 기능은 여행자와 학생을 위해 하나의 애플리케이션(특히, 일상의 모바일 앱)으로 통합할 수 있다.

요약

4장에서는 한 언어로 된 음성을 다른 언어로 번역하는 만능 통역기 애플리케이션을 구축했다. 아마존 트랜스크라이브, 아마존 트랜스레이트 그리고 아마존 폴리를 포함하는 AWS AI 서비스의 음성-텍스트 변환, 텍스트-음성 변환 기능을 결합했다. AI 실무자로서 실용적인 AI 애플리케이션에 필요한 기술과 통찰력을 기르기 위한 긴 여정에 이 실습 프로젝트도 한몫했다. 그 과정에서 만능 통역기 애플리케이션의 사용자 경험 및 제품 설계 결정도 논의했다. 또한 2장(최신 AI 애플리케이션의 구조)에서 정의한 참조 아키텍처에 따른 번역 서비스와 스토리지 서비스 코드를 재사용 방식을 보여줬다.

5장에서는 생활을 편리하게 하는 솔루션을 구축하기 위해 더 많은 AWS AI 서비스를 활용할 것이다. AI 실무자가 되려면, 단지 어떤 서비스 또는 API를 사용해야 할지 아는 것을 넘어서 AI 기능을 갖춘 좋은 제품들을 아키텍처 설계를 통해 융합하는 수완을 길러야 한다.

참고자료

아마존 트랜스크라이브와 아마존 폴리로 음성-텍스트 변환과 텍스트-음성 변환을 수행하기 위한 더 자세한 내용은 다음 링크를 참조한다.

- https://www.verizonwireless.com/wireless-devices/accessories/google-pixel-buds/
- https://github.com/intercom/MediaStreamRecorder

05

아마존 컴프리헨드를 활용한 텍스트 내 정보 추출

5장에서는 명함 사진에서 연락처 정보를 자동으로 추출하는 애플리케이션을 구축할 것이다. 이 애플리케이션의 자동화 기능으로 지루한 수작업의 양을 줄이고자 한다. 아마존 레코그니션을 사용해서 명함 사진에서 텍스트를 탐지한 후 아마존 컴프리헨드로 이름, 주소, 전화 번호와 같은 구조적 정보를 추출할 것이다. 자동화에 있어서 항상 완전 자율성을 추구할 필요는 없다는 점을 보여줄 것인데 솔루션에 사람이 개입하는 요소를 남겨둘 만한 가치가 다소 있기 때문이다.

5장에서 다룰 주요 내용은 다음과 같다.

- 업무에 적용할 인공지능의 역할 이해
- 아마존 컴프리헨드와 아마존 컴프리헨드 메디컬Medical로 정보를 추출하는 방법

- AWS 다이나모DB DynamoDB에서의 데이터 저장 및 조회
- AWS 서비스, RESTful API 및 웹 UI로 서버리스 AI 애플리케이션 구축
- 참조 아키텍처에 따른 기존 AI 서비스 구현의 재사용
- 자동화 솔루션에서 사람이 개입하는 인터페이스를 설계하기 위한 방안 논의

기술 요건

5장의 소스코드는 이 책의 깃허브 GitHub 저장소(다음 URL 참고)에서 확인할 수 있다.

https://github.com/PacktPublishing/Hands-On-Artificial-Intelligence-on-Amazon-Web-Services

인공지능과 협업하기

인공지능은 우리 삶의 자동화를 이끌고 있으며 대부분의 사람들은 지능적인 자동화에 대해 생각할 때, 삶을 편리하게 해주는 자동 온도 조절기 Smart Thermostats, 로봇 청소기 Vacuum Robots, 자율 주행차 Autonomous Vehicle 등을 떠올린다. 그러나 지능적인 자동화를 이용해서 업무를 개선할 기회도 매우 많다. 즉, AI는 회사에서 사람의 업무를 보완해 사업의 가치를 높이고 경제 성장에 기여하며, 사람의 업무에 창의성을 더해 준다. 자동화가 절실한 영역은 수동의 백 오피스 Back Office 업무인데 수표를 입금하거나 서비스에 가입하거나 온라인으로 물건을 구입할 때 사람이 수작업을 하는 상황은 아직도 비일비재하다.

자동화 때문에 일자리를 잃는다는 우려가 다분하지만, 하찮은 일을 자동화해서 노동자의 사기가 오르는 경우도 많다. 수동의 백 오피스 업무 대부분은 지루하고 반복적인 특성이 있는데 예를 들어 여러 가지 문서를 훑고 문서 내의 특정 정보를 식별해서 컴퓨터 시스템에 수동으로 입력하는 업무가 있다. 이처럼 수동으로 문서를 처리하는 것을 소위 "회전 의

자(swivel–chair)" 업무라고 하는데 그 이유는 작업자가 문서와 컴퓨터 화면 사이를 왔다 갔다 하려고 의자에 앉아서 끊임없이 회전하기 때문이다. 여기서 광학 문자 인식OCR, Optical Character Recognition을 이용해서 문서를 읽은 다음 자연어 처리로 정보를 추출하는 식으로 AI 기술을 활용해서 문서 기록 업무를 자동화할 수가 있다.

그러나 문서 처리를 자동화하는 것이 그리 쉽지만은 않다. 우선, 종이로 된 문서를 스캔해야 하는데 문서에 있는 이미지의 품질, 문서 구조의 복잡성, 문서 안의 손 글씨 등 다양한 조건에 따라 처리 정확도가 떨어질 수 있기 때문이다. 심지어 특정 업무 환경과 사용 케이스에서는 100%의 정확도만 수용하기도 한다. 이럴 때 자동화 개발자는 설계 시에 사람이 개입해서 업무를 이어 받는 장애 극복failover 기능을 염두에 둬야 한다. 예를 들어 어떤 자동화 솔루션은 은행에서 예치금을 처리하는 동안 수표상의 달러 금액을 추출할 수도 있는데 이 업무 과정 중 발생하는 오류는 은행 고객에게 큰 영향을 줄 수 있다. 해당 자동화 솔루션은 정확한 달러 금액이 입금되도록 입금이 완료 전에 추출된 금액을 작업자에게 보여줄 수 있다. 이러한 솔루션은 AI 기능으로 작업을 자동화하면서도 오류 발생 시 사람이 개입할 수도 있게 한다.

5장에서는 문서 처리를 자동화하는 연락처 관리기Contact Organizer 애플리케이션을 구현할 것이다. 더 구체적으로, 이 애플리케이션은 스캔한 명함에서 연락처 정보를 추출하는 데 도움을 준다. 해당 애플리케이션은 정확성을 보장하기 위해서 자동 추출 정보를 저장하기 전에 사용자가 검토하고 수정할 수 있도록 하는 인터페이스를 제공한다. 이러한 인터페이스는 사람의 판단을 통해 자동화 정확도를 손쉽게 높일 수 있기 때문에 널리 사용되는 접근 방식이다.

연락처 관리기 아키텍처 이해

연락처 관리기 애플리케이션은 사용자에게 웹 사용자 인터페이스를 제공해서 명함 이미지를 업로드할 수 있도록 하고 해당 연락처 정보를 추출해 분류한다. 또한 이렇게 자동으로 추출한 연락처 정보는 웹 사용자 인터페이스를 통해 사용자에게 표시한다. 사용자는 영구permanent 저장소에 연락처를 저장하기 전에 해당 정보를 검토해서 수정할 수 있다.

다음 다이어그램은 연락처 관리기 애플리케이션의 계층과 서비스를 강조한 아키텍처 설계를 보여준다. 해당 계층과 컴포넌트는 2장(최신 AI 애플리케이션의 구조)에서 정의한 것과 동일한 참조 아키텍처 템플릿을 따르기 때문에 이 다이어그램의 아키텍처 설계는 이제 매우 익숙할 것으로 본다.

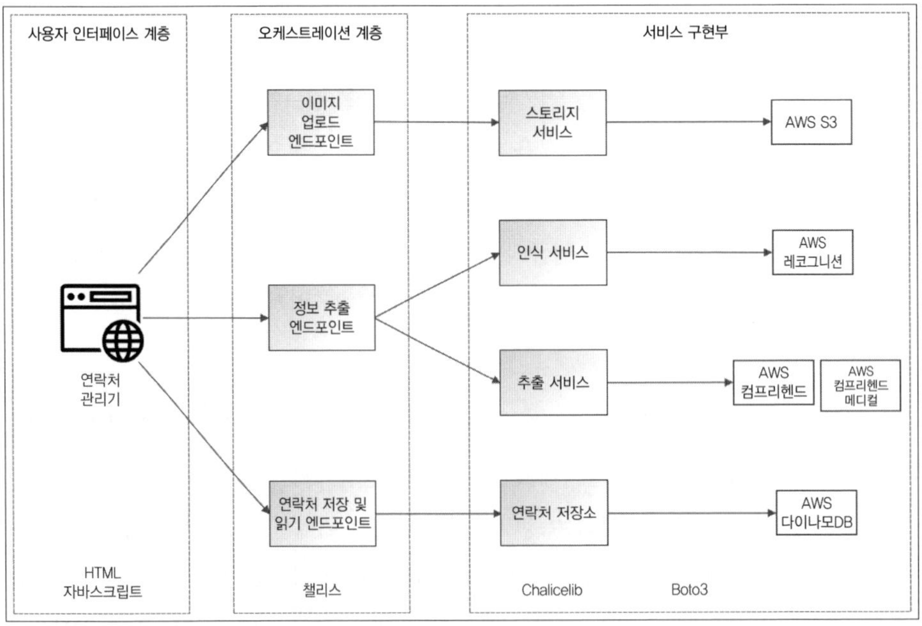

이 애플리케이션에서 웹 사용자 인터페이스는 오케스트레이션 계층에서 세 개의 RESTful 엔드포인트와 상호작용한다.

- **이미지 업로드 엔드포인트**는 이미지를 **스토리지 서비스**로 업로드하는 일을 한다.
- **정보 추출 엔드포인트**는 **인식 서비스**와 **추출 서비스**를 사용한다.

- ◦ 인식 서비스는 3장(아마존 레코그니션 및 트렌스레이트를 활용한 텍스트 탐지와 번역)의 사진 번역기 프로젝트에 있는 것을 재사용한다.
  - ◦ 추출 서비스는 아마존 컴프리헨드와 아마존 컴프리헨드 메디컬 모두를 이용해서 이름, 주소, 전화 번호와 같은 다양한 연락처 정보를 추출하고 분류한다.
- **연락처 저장 및 조회 엔드포인트**(Save/Get Contacts Endpoints)는 **연락처 저장소**Contact Store에서 쓰거나 읽는 기능이 있는데 해당 저장소는 AWS 다이나모DB라고 하는 NoSQL 데이터베이스를 활용한다.

연락처 관리기에서는 이전의 여러 프로젝트에서 구현한 컴포넌트를 재사용할 수 있다. 오케스트레이션 계층에서는 이미지 업로드 엔드포인트를 재사용할 수 있고 서비스 구현부 계층에서는 스토리지와 레코그니션 서비스를 재사용할 수 있다.

▌ 연락처 관리기 컴포넌트 간의 상호작용

다음의 다이어그램은 다양한 컴포넌트가 어떻게 서로 상호작용해서 연락처 관리기 애플리케이션의 업무 로직 작업 흐름을 형성하는지를 보여준다.

사용자 관점에서 필요한 애플리케이션의 동작은 다음과 같다.

1. 연락처 관리기 웹 사용자 인터페이스가 처음 로딩되면 기존 연락처를 모두 가져와서 표시한다.
2. 그런 다음 사용자는 웹 사용자 인터페이스를 통해 명함 사진을 업로드할 수 있다.
3. 업로드가 완료되면 다음 두 단계가 시작된다.
   1. 업로드된 명함 이미지가 사용자 인터페이스에 나타난다.
   2. 자동 연락처 정보 추출 프로세스가 시작된다.
4. 정보 추출이 완료되면 추출된 정보는 검토 및 수정 작업을 위해서 사용자에게 표시된다.

5. 사용자가 정보를 검토하고 수정한 후 **저장**Save 버튼을 눌러야 연락처 정보가 영구 저장된다.

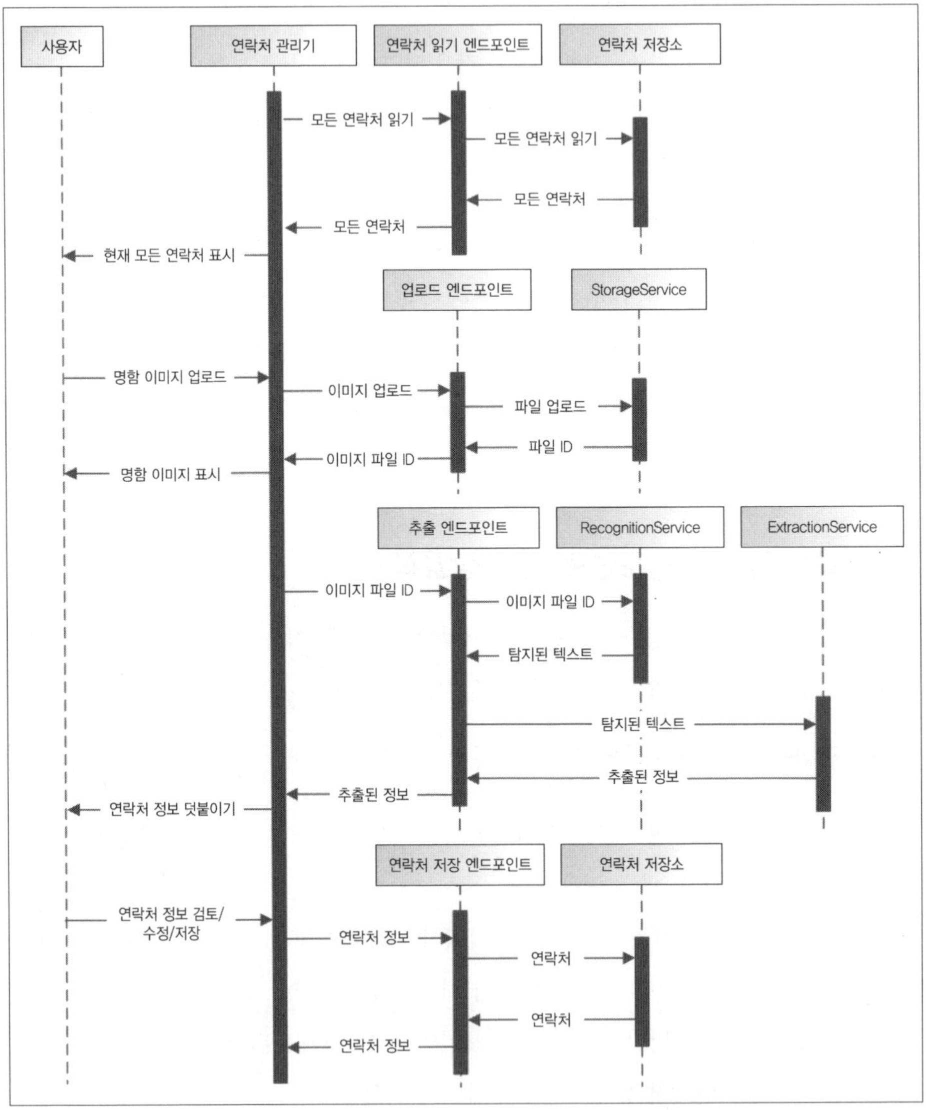

다음과 같이 사람의 개입을 위한 사용자 인터페이스를 갖추도록 연락처 관리기를 설계했다.

1. 업로드된 명함 이미지는 사용자가 본래의 연락처 정보를 볼 수 있도록 다시 표시된다.
2. 명함 이미지와 함께 자동으로 추출된 연락처 정보도 사용자에게 표시된다.
3. 사용자 인터페이스에서 추출된 정보를 변경하거나 수정할 수 있는 옵션이 있다.
4. 사용자는 명확히 **저장**Save 버튼을 눌러야 하는데 이러한 식으로 연락처 정보가 올바른지 사람이 확인하도록 유도한다.

> TIP 사람이 개입하는 사용자 인터페이스는 인공지능 솔루션에 나중에 덧붙이는 것으로 생각해서는 안 된다. 그러한 인터페이스 설계를 평가한 경험에 따르면 AI 기능이 사용자 인터페이스와 함께 반드시 표시될 필요는 없으며 단지 온전히 동작하도록 해야 한다.

프로젝트 구조 구축하기

pipenv와 chalice 명령어를 사용하고 웹 파일도 작성하는 등 2장(최신 AI 애플리케이션의 구조)에서 수행한 절차에 따라 비슷한 기본 프로젝트 구조를 만들어 보자.

1. 터미널에서 루트 프로젝트 디렉터리를 생성하기 위해 다음 명령을 입력한다.

```
$ mkdir ContactOrganizer
$ cd ContactOrganizer
```

2. Website라는 이름의 디렉터리를 생성해 웹 전단부를 저장할 공간을 만들고, 이 디렉터리 내에 다음과 같이 두 개의 파일(index.html, scripts.js)을 만든다.

```
$ mkdir Website
$ touch Website/index.html
$ touch Website/scripts.js
```

3. pipenv로 프로젝트의 루트 디렉터리에 파이썬 3 가상 환경을 생성한다. 프로젝트의 파이썬 코드는 두 가지 패키지(boto3, chalice)가 필요한데 다음과 같은 명령으로 설치할 수 있다.

```
$ pipenv --three
$ pipenv install boto3
$ pipenv install chalice
```

4. pipenv로 설치한 파이썬 패키지는 다음 명령으로 가상 환경을 활성화했을 때만 사용할 수 있다.[1]

```
$ pipenv shell
```

5. 가상 환경에서 다음 명령으로 오케스트레이션 계층(Capabilities라는 이름의 AWS 챌리스 프로젝트)을 만든다.

```
$ chalice new-project
```

6. chalicelib 파이썬 패키지를 만들기 위해 다음 명령을 실행한다.

```
$ cd Capabilities
$ mkdir chalicelib
$ touch chalicelib/__init__.py
$ cd ..
```

연락처 관리기의 초기 프로젝트 구조는 다음과 같아야 한다.

```
프로젝트 구조
------------
├── ContactOrganizer/
    ├── Capabilities/
```

1 가상 환경에 들어가면 홈 디렉터리에서 셸이 시작되기 때문에 cd ContactAssistant를 다시 실행해서 프로젝트 디렉터리로 이동해야 한다. – 옮긴이

```
    ├── .chalice/
    │   ├── config.json
    ├── chalicelib/
    │   ├── __init__.py
    ├── app.py
    ├── requirements.txt
├── Website/
    ├── index.html
    ├── script.js
├── Pipfile
├── Pipfile.lock
```

연락처 관리기에 대한 이 프로젝트 구조에는 2장(최신 AI 애플리케이션의 구조)에서 정의한 AI 애플리케이션 아키텍처대로 사용자 인터페이스, 오케스트레이션 및 서비스 구현 계층이 있다.

서비스 구현

연락처 관리기의 핵심 AI 기능이 있는 서비스 구현부를 시작으로 해당 애플리케이션을 계층별로 구현해 보자. 이 프로젝트에 필요한 많은 기능, 예를 들어 이미지 속의 텍스트 탐지와 파일 업로드 처리 기능이 이전 프로젝트에서 구현됐다. 실제 새로운 기능이 있는 서비스는 추출 서비스와 연락처 저장소Contact Store이다.

인식 서비스 – 텍스트 탐지

또다시 이미지 속의 텍스트 탐지 기능을 제공하는 아마존 레코그니션 서비스를 활용하고자 한다. 다음 코드와 같이 3장(아마존 레코그니션 및 트랜스레이트를 활용한 텍스트 탐지와 번역)의 사진 번역기 프로젝트에서 사용했던 인식 서비스 구현을 재사용한다.

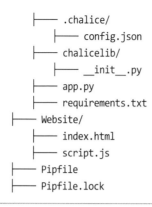

```
import boto3

class RecognitionService:
    def __init__(self, storage_service):
        self.client = boto3.client('rekognition')
        self.bucket_name = storage_service.get_storage_location()

    def detect_text(self, file_name):
        response = self.client.detect_text(
            Image = {
                'S3Object': {
                    'Bucket': self.bucket_name,
                    'Name': file_name
                }
            }
        )

        lines = []
        for detection in response['TextDetections']:
            if detection['Type'] == 'LINE':
                lines.append({
                    'text': detection['DetectedText'],
                    'confidence': detection['Confidence'],
                    'boundingBox': detection['Geometry']['BoundingBox']
                })

        return lines
```

인식 서비스의 구현과 설계 선택에 대해 더 자세히 알고 싶다면 3장(아마존 레코그니션 및 트랜스레이트를 활용한 텍스트 탐지와 번역)을 참조하자.

스캔한 문서에서 텍스트와 데이터를 자동으로 추출할 수 있는 아마존 텍스트랙트(Amazon Textract) 서비스가 최근에 새로 출시됐는데 명함에서 텍스트를 추출할 때 이 서비스를 사용할 수는 있지만, 몇 가지 고려해야 할 사항이 있다. 명함이 문서처럼 보이긴 하지만 5장의 실습 애플리케이션은 스캔한 명함 이미지가 아닌 명함을 찍은 사진을 처리한다.

아마존 텍스트랙트를 현재 사용할 수 있으므로 더 정확한 텍스트 추출을 위해 AWS 레코그니션을 이 서비스로 교체해서 이번 실습 프로젝트의 기능 향상을 시도해 볼 수 있다. 이러한 변화로 영향을 받는 해당 아키텍처의 컴포넌트나 상호작용에는 어떤 것이 있을지도 생각해보자.

추출 서비스 – 연락처 정보 추출

아마존 컴프리헨드를 활용해서 명함에서 탐지된 텍스트로부터 연락처 정보를 추출하고자 하는데 AWS CLI를 사용해서 이 서비스를 우선 살펴보자.

연락처 관리기는 명함에서 정보를 추출해야 하는데 일반적으로 명함 텍스트에는 사람의 이름, 직함Job Title, 기관organization, 주소, 전화 번호, 이메일 등의 정보가 들어 있다.

다음은 예를 들기 위해서 지어낸 연락처 텍스트이다.

```
AI Enterprise Inc.
John Smith
Senior Software Engineer
123 Main Street Washington D.C. 20001
john.smith@aienterprise.com
(202) 123-4567
```

이 예제 텍스트에서 아마존 컴프리헨드가 추출하는 내용을 살펴보기 위해 다음의 AWS CLI 명령을 수행해 보자.

```
$ aws comprehend detect-entities --language-code en --text "AI Enterprise Inc. John
Smith Senior Software Engineer 123 Main Street Washington D.C. 20001 john.smith@
aienterprise.com (202) 123-4567"
  {
    "Entities": [
      {
        "Score": 0.8652380108833313,
        "Type": "ORGANIZATION",
        "Text": "AI Enterprise Inc",
        ...
      },
      {
        "Score": 0.9714182019233704,
        "Type": "PERSON",
        "Text": "John Smith",
        ...
      },
      {
        "Score": 0.9006084203720093,
        "Type": "LOCATION",
        "Text": "123 Main Street Washington D.C.",
        ...
      },
      {
        "Score": 0.48333245515823364,
        "Type": "DATE",
        "Text": "20001",
        ...
      },
      {
        "Score": 0.998563826084137,
        "Type": "OTHER",
        "Text": "john.smith@aienterprise.com",
        ...
      },
      {
        "Score": 0.9999305009841919,
        "Type": "OTHER",
        "Text": "(202) 123-4567",
```

```
      ...
    }
  ]
}
```

아마존 컴프리헨드는 기관(ORGANIZATION), 사람의 이름(PERSON) 및 주소(LOCATION)를 포함한 몇 가지 정보를 추출했다. 그러나 AWS 컴프리헨드는 이메일과 전화 번호를 OTHER로 추출했고 우편번호를 DATE로 잘못 추출했으며, 직함은 아예 추출하지 못했다.

비록 연락처 관리기 애플리케이션의 추출 결과가 완벽하지는 않지만 사용자가 모두 수동으로 작성해야 하는 수고를 덜 수 있다.

한편, 이러한 정보 추출 결과를 개선할 수 있는 방법이 있다. 아마존은 AWS 컴프리헨드 메디컬이라는 컴프리헨드의 다른 변종 서비스를 제공한다. 이 변종 서비스는 다양한 의료 문서에서 정보를 추출하는 데 특화돼 있다.

이 변종 서비스는 이름, 연령, 주소, 전화 번호, 이메일 등의 PHIProtected Health Information[2]를 추출하는 기능이 있는데 명함 정보 추출 작업에 이 기능을 활용할 수 있다.

이 기능이 이전의 예제 텍스트를 어떻게 처리하는지 살펴보기 위해 다음의 AWS CLI 명령을 수행해 보자.

```
$ aws comprehendmedical detect-phi --text "AI Enterprise Inc. John Smith Software
Engineer 123 Main Street Washington D.C. 20001 john.smith@aienterprise.com (202) 123-
4567"
  {
    "Entities": [
      {
        "Text": "AI Enterprise Inc",
        "Category": "PROTECTED_HEALTH_INFORMATION",
        "Type": "ADDRESS",
        ...
```

2 미국 법률에 따라 보호되는 일련의 건강 정보를 지칭하는 고유명사이다. – 옮긴이

```
    },
    {
      "Text": "John Smith",
      "Category": "PROTECTED_HEALTH_INFORMATION",
      "Type": "NAME",
      ...
    },
    {
      "Text": "Software Engineer",
      "Category": "PROTECTED_HEALTH_INFORMATION",
      "Type": "PROFESSION",
      ...
    },
    {
      "Text": "123 Main Street Washington D.C. 20001",
      "Category": "PROTECTED_HEALTH_INFORMATION",
      "Type": "ADDRESS",
      ...
    },
    {
      "Text": "john.smith@aienterprise.com",
      "Category": "PROTECTED_HEALTH_INFORMATION",
      "Type": "EMAIL",
      ...
    },
    {
      "Text": "(202) 123-4567",
      "Category": "PROTECTED_HEALTH_INFORMATION",
      "Type": "PHONE_OR_FAX",
      ...
    }
  ]
}
```

아마존 컴프리헨드 메디컬은 아마존 컴프리헨드 결과와 동일한 정보에 추가로 직함(PROFESSION), 전화 또는 팩스 번호(PHONE_OR_FAX), 이메일(EMAIL)을 추출했다.[3] 추출된 주소(ADDRESS)는 원래 컴프리헨드 서비스보다 더 정확해 보인다. 따라서 두 가지 종류의 컴프리헨드 서비스 결과를 조합하면 일반적인 명함에 있는 연락처 정보를 잘 추출할 수 있다.

이러한 인사이트를 기반으로 추출 서비스를 구현해 보자. chalicelib 디렉터리에 extraction_service.py 파일을 생성해서 다음과 같이 ExtractionService라는 이름의 파이썬 클래스를 만들어 보자.

```
import boto3
from collections import defaultdict
import usaddress


class ExtractionService:
    def __init__(self):
        self.comprehend = boto3.client('comprehend')
        self.comprehend_med = boto3.client('comprehendmedical')

    def extract_contact_info(self, contact_string):
            ...
```

이 코드 발췌본에서는 해당 서비스에 필요한 패키지를 임포트하고, 아마존 컴프리헨드 및 아마존 컴프리헨드 메디컬 서비스에 대한 두 가지 boto3 클라이언트를 만드는 생성자를 정의한다.

이제 다음과 같이 두 가지 컴프리헨드 서비스로 extract_contact_info() 메소드를 구현하는 코드를 살펴보자.

3 기관을 주소(ADDRESS)로 잘못 추출한 것과 같이 원래 컴프리헨드에 비해 잘못 추출한 정보도 있다. – 옮긴이

```
def extract_contact_info(self, contact_string):
        contact_info = defaultdict(list)

        # 컴프리헨드로 정보 추출
        response = self.comprehend.detect_entities(
            Text = contact_string,
            LanguageCode = 'en'
        )

        for entity in response['Entities']:
            if entity['Type'] == 'PERSON':
                contact_info['name'].append(entity['Text'])
            elif entity['Type'] == 'ORGANIZATION':
                contact_info['organization'].append(entity['Text'])

        # 컴프리헨드 메디컬로 정보 추출
        response = self.comprehend_med.detect_phi(
            Text = contact_string
        )

        for entity in response['Entities']:
            if entity['Type'] == 'EMAIL':
                contact_info['email'].append(entity['Text'])
            elif entity['Type'] == 'PHONE_OR_FAX':
                contact_info['phone'].append(entity['Text'])
            elif entity['Type'] == 'PROFESSION':
                contact_info['title'].append(entity['Text'])
            elif entity['Type'] == 'ADDRESS':
                contact_info['address'].append(entity['Text'])

        # 주소 정보의 추가 처리
        address_string = ' '.join(contact_info['address'])
        address_parts = usaddress.parse(address_string)

        for part in address_parts:
            if part[1] == 'PlaceName':
                contact_info['city'].append(part[0])
            elif part[1] == 'StateName':
                contact_info['state'].append(part[0])
```

```
        elif part[1] == 'ZipCode':
            contact_info['zip'].append(part[0])

    return dict(contact_info)
```

앞의 코드에 대한 설명은 다음과 같다.

- extract_contact_info() 메소드는 boto3를 통해서 두 가지의 아마존 컴프리헨드 서비스를 각각 호출하고, 그 결과를 가공해서 contact_info 딕셔너리에 저장한다.
- contact_info는 defaultdict(list)로 선언되는데 이것은 빈 리스트가 값으로 설정된 딕셔너리 자료 구조이다.[4]

실제는 특정 유형type에 대해 여러 개의 결과가 추출될 수 있다. 예를 들어 단 하나의 명함에서 두 개의 전화 번호를 추출할 수 있는데 앞의 예시에 나타나듯, 이러한 일이 생기는 원인은 세 가지 이유 때문이다.

- 첫 번째 이유는 특정 유형에 대해 실제로 여러 가지 정보가 있을 때이다. 예를 들어 명함에 전화 번호와 팩스 번호가 있을 때이다.
- 두 번째 이유는 정보가 더 간단한 정보 조각으로 된 합성물일 때이다. 예를 들어 직함은 흔히 직책, 직급, 전문 분야를 실제로 포함한다.
- 세 번째 이유는 아마존 컴프리헨드 서비스의 추출 과정에서 발생하는 오류이다. 예를 들어 주소의 우편 번호가 실수로 전화 번호로 분류될 수 있다.

두 가지의 AWS 컴프리헨드 서비스를 다음과 같이 호출한다.

- 첫 번째로 아마존 컴프리헨드 클라이언트의 detect_entities() 함수를 호출하고 응답에 있는 이름과 기업을 contact_info에 저장한다.

4 따라서 특정 키에 대해 여러 값들을 계속해서 붙여 넣을 수 있다. – 옮긴이

- 두 번째로 아마존 컴프리헨드 메디컬 클라이언트의 detect_phi() 함수를 호출하고 응답에 있는 이메일, 전화 번호, 직함, 주소를 contact_info에 저장한다.

각 유형별로 여러 개의 결과가 있다면 defaultdict(list) 자료 구조의 각 유형별 리스트에 추가된다.

AWS 컴프리헨드는 주소 전체를 한 덩어리의 정보로 추출한다. 그러나 도시, 주, 우편 번호와 같이 여러 가지 주소 정보를 개별로 저장하는 편이 더 유용한데 이렇게 하면 연락처 정보를 더 쉽게 구성하고 검색하며 표시할 수 있다. extract_contact_info() 메소드에서는 usaddress라는 파이썬 패키지를 사용해 주소의 하위 구성 요소를 구문 분석한 다음 contact_info 자료 구조에 따로 저장한다.

마지막으로 extract_contact_info() 메소드는 contact_info를 표준 파이썬 딕셔너리 형태로 리턴한다.

> 연락처 관리기 애플리케이션에서 사용자가 명함 사진을 업로드하면 애플리케이션은 AWS 레코그니션으로 텍스트를 탐지하고 탐지된 텍스트를 AWS 컴프리헨드에 입력해서 정보를 추출한다. 또한 주소를 도시, 주, 우편 번호로 구문 분석하는 사후 처리 단계도 있다.
>
> 이 과정을 여러 순차적 단계의 파이프 라인으로 생각할 수 있는데 이전 단계의 출력은 다음 단계를 위한 입력 정보가 된다. 옮겨 말하기(game of telephone)[5]와 마찬가지로 최종 결과는 다른 어떤 단계의 출력 품질 때문이라도 엉망이 될 수 있다. 추출의 정확도는 사진의 품질, 사진 속 텍스트 탐지의 정확도, 텍스트에서 정보를 추출하는 정확도 그리고 사후 처리의 구문 분석 정확도에 따라 달라진다.

5 Chinese Whispers라고도 하며, 여러 사람이 순서대로 이웃 사람에게 어떤 단어를 전달해서 원래 단어를 맞추는 게임이다. – 옮긴이

연락처 저장소 – 연락처 저장 및 조회

사용자가 연락처 관리기에 연락처 정보를 저장한 다음에는 이러한 정보를 조회retrieve할 수 있어야 하는데 그렇게 하려면 데이터를 영구 저장소[6]에 저장해야 한다.

연락처 관리기에서 클라우드 기반의 확장성 좋은 NoSQL 데이터베이스인 AWS 다이나모DB를 활용한다. 개발자가 데이터베이스 서버를 관리할 필요가 없기 때문에 다이나모DB는 실습 프로젝트의 서버리스 아키텍처에 매우 적합한 데이터베이스이다. 또한 수요에 따라 자동으로 크기를 조정할 수 있는 테이블을 만들 수 있으므로 다이나모DB 테이블을 사용해서 연락처 정보를 저장하고 조회할 것이다.

AWS 웹 콘솔로 연락처 테이블을 생성해 보자.

1. DynamoDB 대시 보드 페이지로 가서 **테이블 만들기**를 클릭한다.

2. DynamoDB **테이블 만들기** 페이지에서 테이블 이름을 Contacts로 설정하고 기본 키를 name으로 설정한다. DynamoDB는 NoSQL 또는 문서document 데이터베이스이므로 전체 데이터베이스 테이블 스키마를 사전에 지정할 필요가 없다.

6 파일 저장소도 영구 저장소이긴 하지만 조회를 위한 영구 저장소는 데이터베이스라고 볼 수 있다. – 옮긴이

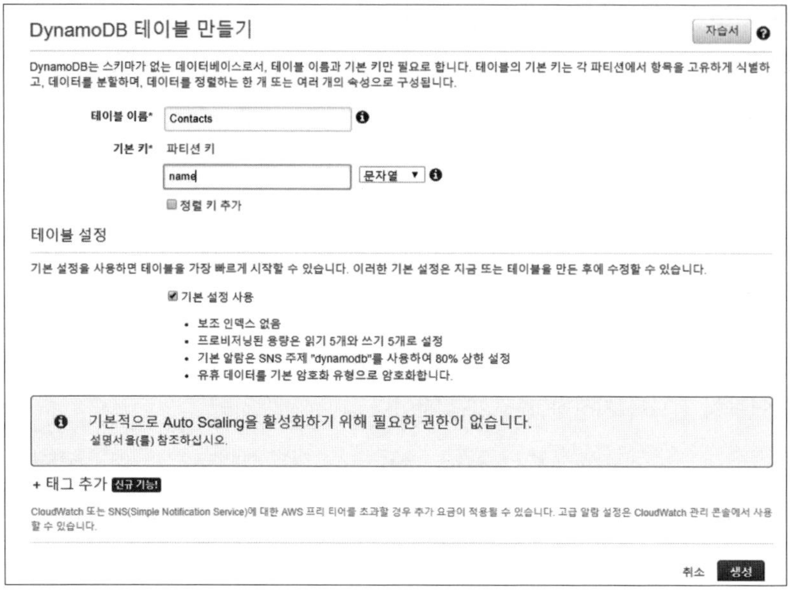
DynamoDB 테이블 만들기
자습서
DynamoDB는 스키마가 없는 데이터베이스로서, 테이블 이름과 기본 키만 필요로 합니다. 테이블의 기본 키는 각 파티션에서 항목을 고유하게 식별하고, 데이터를 분할하며, 데이터를 정렬하는 한 개 또는 여러 개의 속성으로 구성됩니다.
테이블 이름*
Contacts
기본 키*
파티션 키
name
문자열
정렬 키 추가
테이블 설정
기본 설정을 사용하면 테이블을 가장 빠르게 시작할 수 있습니다. 이러한 기본 설정은 지금 또는 테이블을 만든 후에 수정할 수 있습니다.
기본 설정 사용
보조 인덱스 없음
프로비저닝된 용량은 읽기 5개와 쓰기 5개로 설정
기본 알람은 SNS 주제 "dynamodb"를 사용하여 80% 상한 설정
유휴 데이터를 기본 암호화 유형으로 암호화합니다.
기본적으로 Auto Scaling을 활성화하기 위해 필요한 권한이 없습니다.
설명서 을(를) 참조하십시오.
+ 태그 추가
신규 기능!
CloudWatch 또는 SNS(Simple Notification Service)에 대한 AWS 프리 티어를 초과할 경우 추가 요금이 적용될 수 있습니다. 고급 알람 설정은 CloudWatch 관리 콘솔에서 사용할 수 있습니다.
취소
생성

3. **기본 설정 사용** 옵션을 선택하고 **생성**을 클릭해서 테이블 설정을 완료하자.

이것이 끝이다. 방금 하루에 10조 개 이상의 요청을 처리할 수 있는 웹 규모의 데이터베이스를 만든 것이다. 특히, 이 데이터베이스는 관리할 필요가 없어 좋다.

> **TIP**
>
> 프로젝트 실습을 위해서 간단히 AWS 웹 콘솔로 데이터베이스 테이블을 생성했지만 엔터프라이즈급 애플리케이션을 개발할 때 인프라스트럭처의 코드화(IaC, Infrastructure as Code)와 같은 최상의 규정을 따르기를 권고한다. 이는 AWS 웹 콘솔과 같은 수동 설정을 사용하는 대신, 코드 또는 설정 파일을 통해 자동으로 인프라를 프로비전(provision)[7]하고 관리해야 한다.
>
> 몇 가지 장점을 예로 들면 장애 발생 시 빠른 복구가 가능하고 기능을 빠르게 시험해 볼 수 있으며 시스템 환경 설정을 문서로 남길 수 있다는 점이다. Boto3 덕분에 다이나모DB 테이블 설정을 파이썬 코드로 작성할 수 있다. 한편, AWS 클라우드포메이션(CloudFormation)을 사용하면 다이나모DB 외에 더 많은 AWS 서비스를 자동으로 생성하고 설정할 수 있다.

7 자원을 체계적으로 분배하고 설정하는 것을 뜻하는 ICT 전문용어이다. – 옮긴이

이제 Contacts 테이블을 만들었으므로 ContactStore 서비스를 구현해 보도록 하자. chalicelib 디렉터리에 contact_store.py 파일을 생성해서 다음과 같이 ContactStore라는 이름의 파이썬 클래스를 만들어 보자.

```
import boto3

class ContactStore:
    def __init__(self, store_location):
        self.table = boto3.resource('dynamodb').Table(store_location)

    def save_contact(self, contact_info):
        response = self.table.put_item(
            Item = contact_info
        )
        # dynamodb로부터 직접 값을 리턴해야 하지만,
        # dynamodb는 ReturnValues = ALL_NEW를 지원하지 않는다.
        return contact_info

    def get_all_contacts(self):
        response = self.table.scan()

        contact_info_list = []
        for item in response['Items']:
            contact_info_list.append(item)

        return contact_info_list

    def get_contact_by_name(self, name):
        response = self.table.get_item(
            Key = {'name': name}
        )

        if 'Item' in response:
            contact_info = response['Item']
        else:
            contact_info = {}

        return contact_info
```

앞의 코드에 대한 설명은 다음과 같다.

- 생성자 `__init__()`은 `Contacts` 테이블을 가져오기 위해 다이나모DB에 대한 `boto3` 자원을 생성한다. 생성자는 `store_location`라는 매개변수로 테이블 이름을 얻어온다.
- `save_contact()` 메소드는 연락처 정보가 있는 파이썬 딕셔너리 자료 구조를 가져와서 `put_item()` 함수로 연락처 정보를 저장한다. 여기서 `put_item()` 함수는 항목item을 넘겨받아 다이나모DB 테이블에 넣어준다.
- `save_contact()`는 호출자에게 `contact_info` 데이터 객체를 리턴한다. 여기서 API가 새로운 자원(연락처)를 만들 때는 반드시 해당 자원(연락처)의 업데이트된 내용을 리턴해야 하는 RESTful API 원칙을 따르고자 한다.
  - RESTful 원칙은 자원을 만든 후 새로운 자원의 상태 표현을 리턴하도록 권장한다. 예를 들어 자원에 대한 새 ID가 생성됐을 수 있는데 `boto3`의 `put_item()` 함수는 현재 자원의 새로운 값을 리턴하지 않는다.[8] 그렇더라도 이번 실습의 연락처 관리기에서는 문제가 없는데 "name"을 연락처의 키 또는 ID로 사용하도록 했기 때문이다.[9]
- `get_all_contacts()` 메소드는 `scan` 함수로 다이나모DB에 저장된 모든 연락처를 조회한다. 테이블 이름만 전달해 주면 `scan` 함수는 해당 테이블의 모든 항목을 리턴해 준다.

스토리지 서비스 – 파일 업로드 및 조회

다음과 같이 이번 프로젝트에 필요한 메소드만 남겨두는 식으로 3장에 있는 프로젝트의

---

8 엄밀히 말하면 다이나모DB가 자원의 새로운 값을 리턴하지 않는 것이다. – 옮긴이

9 코드에 있듯이 put_item()의 리턴 값에 의존하지 않고 "name"이 들어 있는 contact_info를 직접 리턴해서 원칙을 지키고 있다. – 옮긴이

StorageService 구현을 재사용할 수 있다.

```
import boto3

class StorageService:
    def __init__(self, storage_location):
        self.client = boto3.client('s3')
        self.bucket_name = storage_location

    def upload_file(self, file_bytes, file_name):
        self.client.put_object(Bucket = self.bucket_name,
                               Body = file_bytes,
                               Key = file_name,
                               ACL = 'public-read')

        return {'fileId': file_name,
                'fileUrl': "http://" + self.bucket_name + ".s3.amazonaws.com/" + file_
name}
```

구현과 설계 사항에 대해 더 자세히 알고 싶다면 3장(아마존 레코그니션 및 트랜스레이트를 활용한 텍스트 탐지와 번역)을 참조하라.

RESTful 엔드포인트 구현

서비스에서 구현한 다양한 기능들을 서로 연결해 주는 오케스트레이션 계층으로 넘어가 보자. RESTful 엔드포인트는 사용자 인터페이스 계층이 업무 기능을 사용할 수 있게 HTTP 접근을 제공한다.

앞에서 언급했듯이 오케스트레이션 계층은 간결하고 이해하기 쉬워야 한다. RESTful 엔드포인트는 보다 높은 수준의 업무 로직을 제공하도록 서비스들을 조합하고 특정 HTTP 프로토콜을 처리하는 데에만 초점을 맞춘다.

TIP

오케스트레이션 계층 또는 RESTful 엔드포인트가 관심사 분리의 관점에서 잘 설계됐는지 평가하는 방법은 패키지의 임포트 내역을 확인하는 것이다. 오케스트레이션 계층이 서비스에 있는 패키지를 다시 임포트해야 할까?

가령, 실습 프로젝트의 RESTful 엔드포인트는 AWS와 상호작용하는 boto3를 임포트하는가? 오케스트레이션 계층과 RESTful 엔드포인트는 boto3를 임포트하지 않아야 한다.

일반적으로 RESTful 엔드포인트는 서비스 구현(storage_service와 recognition_service), 프로그래밍 프레임워크 관련 패키지(chalice) 그리고 프로토콜 관련 패키지(JSON과 CGI)를 임포트한다.

다음에 나오는 코드로 챌리스 프로젝트에 있는 app.py의 내용을 교체한다.

```
from chalice import Chalice
from chalicelib import storage_service
from chalicelib import recognition_service
from chalicelib import extraction_service
from chalicelib import contact_store

import base64
import json


#####
# 챌리스 애플리케이션 설정
#####
app = Chalice(app_name='Capabilities')
app.debug = True

#####
# 서비스 초기화
#####
storage_location = 'contents.aws.ai'
storage_service = storage_service.StorageService(storage_location)
recognition_service = recognition_service.RecognitionService(storage_location)
extraction_service = extraction_service.ExtractionService()
store_location = 'Contacts'
```

```
contact_store = contact_store.ContactStore(store_location)


#####
# RESTful 엔드포인트
#####
    ...
```

앞에서 발췌한 코드 부분에서는 필요한 패키지를 임포트하고, 챌리스 애플리케이션을 설정한 다음 네 가지 서비스를 인스턴스화한다.

정보 추출 엔드포인트

다음 코드의 extract_image_info() 함수는 RESTful 엔드포인트를 구현하는데 app.py에 이 파이썬 코드를 추가하자.

```
@app.route('/images/{image_id}/extract-info', methods = ['POST'], cors = True)
def extract_image_info(image_id):
    """특정 이미지에서 텍스트를 탐지하고 해당 텍스트에서 연락처 정보를 추출"""
    MIN_CONFIDENCE = 70.0

    text_lines = recognition_service.detect_text(image_id)

    contact_lines = []
    for line in text_lines:
        # check confidence
        if float(line['confidence']) >= MIN_CONFIDENCE:
            contact_lines.append(line['text'])

    contact_string = '   '.join(contact_lines)
    contact_info = extraction_service.extract_contact_info(contact_string)

    return contact_info
```

이 함수 바로 위의 어노테이션은 이 엔드포인트에 접근할 수 있는 HTTP 요청에 대해 기술하는데 다음은 이 RESTful 엔드포인트에 대한 HTTP 요청의 예이다.

```
POST <server url>/images/{image_id}/extracted-info
```

앞의 코드에 대한 설명은 다음과 같다.

- extract_image_info() 함수에서 RecognitionService를 호출해서 이미지에 있는 텍스트를 탐지한 후 text_lines에 탐지한 텍스트 행들을 저장한다.
- contact_string이라는 문자열에 IN_CONFIDENCE(70.0으로 설정됨) 이상의 신뢰수준으로 탐지한 모든 텍스트 행을 넣는다.
  - 탐지한 텍스트 사이에 세 칸의 공백을 넣고 모두 합쳐서 contact_string을 구축한다. 세 칸의 공백을 구분자delimiter로 정한 이유는 탐지한 텍스트가 서로 관련 있을 가능성이 높아서 이러한 추가 공백으로 상관 관계를 추출 서비스에 알려주기 위해서이다.
- 그런 다음 추출 서비스의 extract_contact_info() 메소드를 호출한 후에 연락처 정보를 리턴한다. extract_contact_info()는 두 가지의 아마존 컴프리헨드 서비스를 호출할 뿐만 아니라 usaddress 파이썬 패키지를 이용해 전체 주소를 세부 요소로 구문 분석한다.

파이썬 가상 환경에서 chalice local을 실행한 뒤에 다음과 같은 curl 명령을 실행해서 이 엔드포인트를 점검해 보자. 이 명령의 <uploaded image>에는 S3 버킷에 미리 업로드한 이미지를 지정한다.

```
$ curl -X POST http://127.0.0.1:8000/images/<uploaded image>/extract-info
{
  "organization":[
    "<organization>"
```

```
    ],
    "name":[
      "<name>"
    ],
    "title":[
      "<title>"
    ],
    "address":[
      "<address>"
    ],
    "phone":[
       "<phone>"
    ],
    "email":[
      "<email>"
    ]
  }
```

이 출력은 JSON 형식인데 웹 사용자 인터페이스가 받아서 명함에서 추출한 정보를 나타내는 데 사용한다.

연락처 저장 및 모든 연락처 조회 엔드포인트

연락처 저장 및 모든 연락처 조회 엔드포인트는 연락처 저장 공간 서비스를 통해 연락처를 저장하고 조회한다.

```
@app.route('/contacts', methods = ['POST'], cors = True)
def save_contact():
    """연락처 정보를 연락처 저장 서비스에 저장"""
    request_data = json.loads(app.current_request.raw_body)

    contact = contact_store.save_contact(request_data)

    return contact
```

```
@app.route('/contacts', methods = ['GET'], cors = True)
def get_all_contacts():
    """연락처 저장 서비스에 저장된 모든 연락처를 읽어 옴"""
    contacts = contact_store.get_all_contacts()

    return contacts
```

이처럼 구현은 매우 간단하며 코드에 대한 설명은 다음과 같다.

- save_contact() 함수는 요청 본문의 JSON 매개변수에서 연락처 정보를 가져와서 연락처 저장소에 저장한다. 다음 코드는 이 엔드포인트에 접근할 수 있는 HTTP 요청이다.

```
        POST <server url>/contacts
        {
          "name": <NAME>,
          "organization": <ORGANIZATION>,
          "title": <TITLE>,
          "address": <ADDRESS>,
          "city": <CITY>,
          "state": <STATE>,
          "zip": <ZIP>,
          "phone": <PHONE>,
          "email": <EMAIL>
        }
```

- get_all_contacts() 메소드는 연락처 저장소에 저장된 모든 연락처를 조회한다. 다음 코드는 이 엔드포인트에 접근할 수 있는 HTTP 요청이다.

```
GET <server url>/contacts
```

다음 두 가지 curl 명령으로 각 엔드포인트를 점검해 보자.

```
$ curl --header "Content-Type: application/json" --request POST --data '{"name": "John
Smith", "organization": "AI Enterprise Inc.", "title": "Senior Software Engineer",
"address": "123 Main Street", "city": "Washington D.C.", "zip": "20001", "phone":
"(202) 123-4567", "email": "john.smith@aienterprise.com"}' http://127.0.0.1:8000/
contacts
{
  "name":"John Smith",
  "Organization":
  ...

$ curl http://127.0.0.1:8000/contacts
[
  {
    "city":"Washington D.C.",
    "zip":"20001",
    "organization":"AI Enterprise Inc.",
    "address":"123 Main Street",
    "email":"john.smith@aienterprise.com",
    "phone":"(202) 123-4567",
    "name":"John Smith",
    "title":"Senior Software Engineer"
  }
]
```

실행 결과는 다음과 같다.

- 첫 번째 POST 명령의 결과로 RESTful 원칙을 준수하기 위해 연락처 표현을 응답으로 다시 보여준다.
- 두 번째 GET 명령의 결과로 방금 전에 저장한 한 연락처가 들어 있는 연락처 목록을 가져온다.

이러한 명령의 실행 결과는 웹 사용자 인터페이스와 연동하는 데 사용되는 JSON 형식이다.

업로드 이미지 엔드포인트

사진 번역기 프로젝트의 이미지 업로드 엔드포인트와 동일한 구현을 재사용한다. 이 코드 조각의 구현 및 설계 사항에 대해 더 자세히 알고 싶다면, 3장(아마존 레코그니션 및 트랜스레이트를 활용한 텍스트 탐지와 번역)을 참조하라.

```
@app.route('/images', methods = ['POST'], cors = True)
def upload_image():
    """파일 업로드를 준비하고 스토리지 서비스에 파일 업로드"""
    request_data = json.loads(app.current_request.raw_body)
    file_name = request_data['filename']
    file_bytes = base64.b64decode(request_data['filebytes'])

    file_info = storage_service.upload_file(file_bytes, file_name)

    return file_info
```

이제 연락처 관리기의 오케스트레이션 계층 구현을 완료했다.

웹 사용자 인터페이스 구현

Website 디렉터리의 index.html과 script.js 파일로 HTML과 자바스크립트를 각각 작성해서 간단한 웹 사용자 인터페이스를 만든다.

최종 웹 사용자 인터페이스는 다음과 같다.

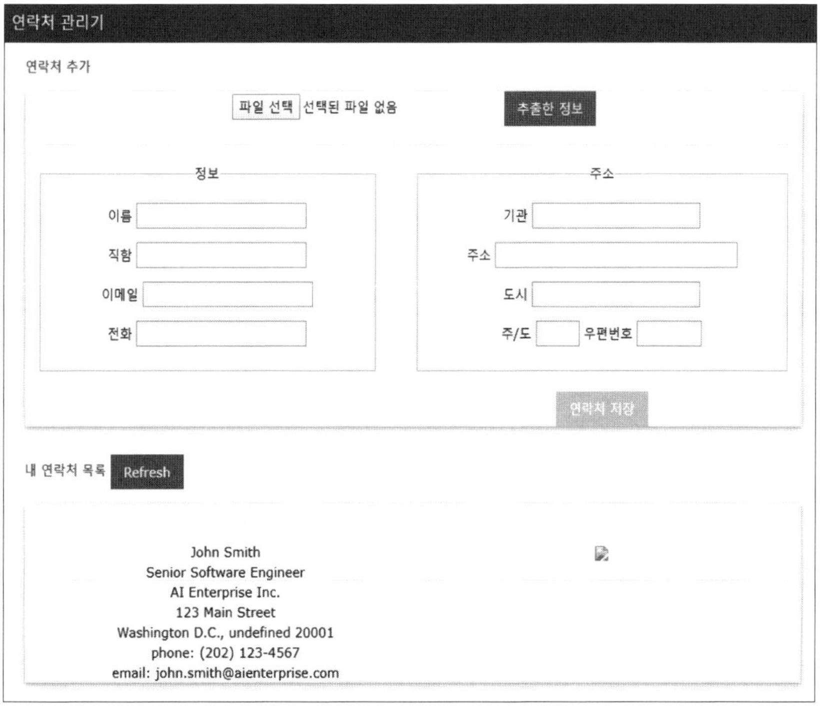

연락처 관리기에서 사용자가 명함 사진을 업로드하면 애플리케이션이 최선으로 명함의 텍스트를 탐지하고 거기로부터 다양한 정보를 추출할 것이다. 그런 다음 애플리케이션은 사용자가 검토하고 수정할 수 있도록 추출한 정보로 입력 필드를 채워 둔다.

> 특정 유형에 대해 여러 개의 정보를 추출했다면 연락처 관리기는 해당 유형의 입력 필드를 추출한 모든 정보로 채운다. 예를 들어 여러 개의 전화 번호를 추출했다면, 전화라는 입력 필드에 추출한 모든 전화 번호를 채워 넣는다.
>
> 이러한 설계 결정은 사용자가 누락된 정보를 채워 넣는 것보다는 잉여 정보를 삭제하는 편이 더 쉽다는 가정에 기반했다. 그러나 이 가정이 타당한 것 같더라도 설문 조사나 사용자 연구를 통해 해당 애플리케이션 이용자의 검증을 거쳐야 한다. 이렇게 사람의 개입을 위한 사용자 인터페이스 설계를 미세 조정하게 되면 애플리케이션의 경쟁력이 향상된다.

사람들은 연락처 관리기와 같은 애플리케이션이 명함의 모든 정보를 자동으로 추출해서 저장하기를 바라지만, 이번 실습에서의 연락처 관리기는 정보의 정확성을 위해서 사용자가 계속 개입하되, 하찮은 일을 최대한 줄이는 데 목표가 있다.

> **TIP** 사람의 개입을 위한 사용자 인터페이스에는 또 다른 중요한 이점이 있다. 지능적인 자동화가 일으킨 실수를 수정할 때도 어차피 사람이 관여하기 때문에 향후 자동화 기술을 개선하는 데 사용할 수 있는 훈련 데이터를 수집하는 기회를 얻게 된다. 본질적으로 사용자도 머신러닝 알고리즘에 훈련 데이터를 제공하는 셈이다. 더 좋은 품질의 데이터가 언제나 이긴다는 점을 기억하라!

Index.html

여기서는 표준 HTML 태그를 사용하고 있기 때문에 코드를 이해하기 쉬울 것이다.

```
<!doctype html>
<html lang="en"/>

<head>
    <meta charset="utf-8"/>
    <meta name="viewport" content="width=device-width, initial-scale=1.0"/>

    <title>연락처 관리기</title>
    <link rel="stylesheet" href="https://www.w3schools.com/w3css/4/w3.css">
    <link rel="stylesheet" href="https://www.w3schools.com/lib/w3-theme-blue-grey.css">
</head>

<body class="w3-theme-14" onload="retrieveAndDisplayContacts()">
    <div style="min-width:400px">
        <div class="w3-bar w3-large w3-theme-d4">
            <span class="w3-bar-item">연락처 관리기</span>
        </div>
            ...
```

```
        <div class="w3-container w3-content">
            <p>
                <b class="w3-opacity">내 연락처 목록</b>
                <input class="w3-button w3-blue-grey" type="submit"
                       value="Refresh" onclick="retrieveAndDisplayContacts()"/>
            </p>
            <div class="w3-panel w3-white w3-card w3-display-container w3-center">
                <div id="contacts"/>
            </div>
        </div>

    </div>

    <script src="scripts.js"></script>
</body>

</html>
```

앞의 HTML 코드 조각은 웹 사용자 인터페이스의 상단과 하단 부분만 나타낸다.

- <body> 태그의 onload 속성에 따라 웹 페이지가 처음에 로딩되면 자바스크립트 함수인 retrieveAndDisplayContacts()를 호출해서 서버에 있는 기존 연락처를 로딩한다.
- retrieveAndDisplayContacts() 함수는 서버로부터 연락처가 리턴되면 <div id="contacts"/>를 업데이트해서 기존 연락처를 사용자에게 나타낸다.
- 애플리케이션은 **새로고침**Refresh 버튼도 제공해서 언제든지 서버로부터 연락처를 다시 받아 로딩할 수 있도록 해준다.

```
    ...
        <div class="w3-container w3-content">
            <p class="w3-opacity"><b>연락처 추가</b></p>
            <div class="w3-panel w3-white w3-card w3-display-container w3-
center">
                <div>
```

```
<input id="file" type="file" name="file" accept="image/*"/>
<input class="w3-button w3-blue-grey" type="submit"
       value="추출한 정보" onclick="uploadAndExtract()"/>
<hr>
</div>
<div id="view" style="display: none;">
    <img id="image" width="400"/>
    <hr>
</div>
<div class="w3-display-container w3-left" style="width:45%">
    <fieldset>
        <legend>정보</legend>
        <p>
            <label for="name">이름</label>
            <input id="name" type="text" name="name"/>
        </p>
        <p>
            <label for="title">직함</label>
            <input id="title" type="text" name="title"/>
        </p>
        <p>
            <label for="email">이메일</label>
            <input id="email" type="email" name="email"/>
        </p>
        <p>
            <label for="phone">전화</label>
            <input id="phone" type="tel" name="phone"/>
        </p>
    </fieldset>
</div>
<div class="w3-display-container w3-right" style="width:50%">
    <fieldset>
        <legend>주소</legend>
        <p>
            <label for="organization">기관</label>
            <input id="organization" type="text"
name="organization"/>
        </p>
        <p>
            <label for="address">주소</label>
```

```
                            <input id="address" type="text" name="address"
size="30"/>
                        </p>
                        <p>
                            <label for="city">도시</label>
                            <input id="city" type="text" name="city"/>
                        </p>
                        <p>
                            <label for="state">주/도</label>
                            <input id="state" type="text" name="state"
size="3"/>
                            <label for="zip">우편번호</label>
                            <input id="zip" type="text" name="zip" size="6"/>
                        </p>
                    </fieldset>
                    <br>
                    <input class="w3-button w3-blue-grey" type="submit"
id="save"
                          value="연락처 저장" onclick="saveContact()"
disabled/>
                </div>
            </div>
        </div>
   ...
```

이 코드 조각에는 사람의 개입을 위한 인터페이스가 포함돼 있어서 새 연락처를 추가할 수 있는데 다음과 같이 몇 가지 설명해야 하는 것이 있다.

- 이전 프로젝트와 유사한 이미지 업로드 인터페이스를 제공하는데 업로드된 명함 이미지가 사용자에게 나타난다. 이렇게 하면 사용자가 연락처 정보를 검토하고 수정하는 동안 해당 명함을 볼 수 있다.
- 다양한 연락처 정보 유형에 대해 두 개의 입력 필드열을 제공한다.
- 사용자에게 연락처 저장 버튼을 제공해서 명백하게 연락처 정보를 저장할 수 있도록 한다. 연락처 저장 버튼은 처음부터 애플리케이션이 서버에서 추출된 정보를 수신할 때까지는 비활성화된다.

scripts.js

연락처 관리기의 `scripts.js` 파일의 상단 부분은 사진 번역기 프로젝트의 이미지 업로드 구현과 동일하다.

```
"use strict";

const serverUrl = "http://127.0.0.1:8000";

class HttpError extends Error {
    constructor(response) {
        super(`${response.status} for ${response.url}`);
        this.name = "HttpError";
        this.response = response;
    }
}

async function uploadImage() {
    // 업로드하기 위해 입력 파일을 base64 문자열로 인코딩
    let file = document.getElementById("file").files[0];
    let converter = new Promise(function(resolve, reject) {
        const reader = new FileReader();
        reader.readAsDataURL(file);
        reader.onload = () => resolve(reader.result
            .toString().replace(/^data:(.*,)?/, ''));
        reader.onerror = (error) => reject(error);
    });
    let encodedString = await converter;

    // 파일 업로드를 위한 입력란을 초기화
    document.getElementById("file").value = "";

    // 이미지 번역을 위해 서버를 호출하고
    // 서버의 응답을 회신
    return fetch(serverUrl + "/images", {
        method: "POST",
        headers: {
            'Accept': 'application/json',
```

```
            'Content-Type': 'application/json'
        },
        body: JSON.stringify({filename: file.name, filebytes: encodedString})
    }).then(response => {
        if (response.ok) {
            return response.json();
        } else {
            throw new HttpError(response);
        }
    })
}

function updateImage(image) {
    document.getElementById("view").style.display = "block";

    let imageElem = document.getElementById("image");
    imageElem.src = image["fileUrl"];
    imageElem.alt = image["fileId"];

    return image;
}
```

앞의 코드에서 uploadImage()와 updateImage() 함수를 구현했는데 이 두 함수는 나중에 필요하다.

```
function extractInformation(image) {
    // 정보 추출을 위해 서버를 호출하고
    // 서버의 응답을 회신
    return fetch(serverUrl + "/images/" + image["fileId"] + "/extract-info", {
        method: "POST"
    }).then(response => {
        if (response.ok) {
            return response.json();
        } else {
            throw new HttpError(response);
        }
    })
```

```
}

function populateFields(extractions) {
    let fields = ["name", "title", "email", "phone", "organization", "address", "city",
"state", "zip"];
    fields.map(function(field) {
        if (field in extractions) {
            let element = document.getElementById(field);
            element.value = extractions[field].join(" ");
        }
        return field;
    });
    let saveBtn = document.getElementById("save");
    saveBtn.disabled = false;
}

function uploadAndExtract() {
    uploadImage()
        .then(image => updateImage(image))
        .then(image => extractInformation(image))
        .then(translations => populateFields(translations))
        .catch(error => {
            alert("Error: " + error);
        })
}
```

앞의 코드 조각에 대한 설명은 다음과 같다.

- extractInformation() 함수는 정보 추출 엔드포인트를 호출한다.
- populateFields() 함수는 추출한 연락처 정보로 입력 필드를 채운다.
- 사용자가 **정보 추출** 버튼을 클릭하면 uploadAndExtract() 함수는 uploadImage(), extractInformation(), populateFields() 함수를 서로 연결해서 업무 로직의 흐름을 구성한다.

```
function saveContact() {
    let contactInfo = {};
```

```
    let fields = ["name", "title", "email", "phone", "organization",
"address", "city", "state", "zip"];
    fields.map(function(field) {
        let element = document.getElementById(field);
        if (element && element.value) {
            contactInfo[field] = element.value;
        }
        return field;
    });
    let imageElem = document.getElementById("image");
    contactInfo["image"] = imageElem.src;

    // 연락처를 저장하기 위해 서버 호출
    return fetch(serverUrl + "/contacts", {
        method: "POST",
        headers: {
            'Accept': 'application/json',
            'Content-Type': 'application/json'
        },
        body: JSON.stringify(contactInfo)
    }).then(response => {
        if (response.ok) {
            clearContact();
            return response.json();
        } else {
            throw new HttpError(response);
        }
    })
}
```

앞의 코드 조각에 대한 설명은 다음과 같다.

1. saveContact() 함수는 모든 입력 필드에서 값을 얻은 후에 contactInfo 자료 구조를 만들고 영구 저장하기 위해 contactInfo에 있는 데이터를 서버로 보낸다.
2. 서버로부터 ok 응답을 받았다면 연락처가 저장됐다고 볼 수 있다.

3. saveContact() 함수는 clearContact() 함수를 호출해서 입력 필드의 값과 이미지 표시 화면을 지운다.

다음은 clearContact() 도우미 함수의 코드이다.

```
function clearContact() {
    let fields = ["name", "title", "email", "phone", "organization", "address", "city",
"state", "zip"];
    fields.map(function(field) {
        let element = document.getElementById(field);
        element.value = "";
        return field;
    });

    let imageElem = document.getElementById("image");
    imageElem.src = "";
    imageElem.alt = "";

    let saveBtn = document.getElementById("save");
    saveBtn.disabled = true;
}
```

앞의 코드에 있는 clearContact() 도우미 함수는 사용자 인터페이스가 또 다른 명함을 처리하도록 해준다. 다음의 코드를 살펴보자.

```
function retrieveContacts() {
    // 모든 연락처를 조회하기 위해 서버 호출
    return fetch(serverUrl + "/contacts", {
        method: "GET"
    }).then(response => {
        if (response.ok) {
            return response.json();
        } else {
            throw new HttpError(response);
        }
```

```
    })
}

function displayContacts(contacts) {
    ...
}

function retrieveAndDisplayContacts() {
    retrieveContacts()
        .then(contacts => displayContacts(contacts))
        .catch(error => {
            alert("Error: " + error);
        })
}
```

앞의 코드 조각에 대한 설명은 다음과 같다.

1. retrieveContacts() 함수는 서버를 호출해서 기존의 모든 연락처를 조회한다.
2. displayContacts() 함수는 연락처를 가져와서 연락처 관리기 사용자 인터페이스의 맨 아래에 표시한다.
3. 웹 인터페이스가 초기에 로딩할 때 또는 사용자가 **새로고침**Refresh 버튼을 누를 때 retrieveAndDisplayContacts() 함수는 업무 로직 흐름을 함께 연결한다.

다음은 displayContacts() 도우미 함수의 코드이다.

```
function displayContacts(contacts) {
    let contactsElem = document.getElementById("contacts")
    while (contactsElem.firstChild) {
        contactsElem.removeChild(contactsElem.firstChild);
    }

    for (let i = 0; i < contacts.length; i++) {
        let contactElem = document.createElement("div");
        contactElem.style = "float: left; width: 50%";
        contactElem.appendChild(document.createTextNode(contacts[i]["name"]));
```

```
        contactElem.appendChild(document.createElement("br"));
        contactElem.appendChild(document.createTextNode(contacts[i]["title"]));
        contactElem.appendChild(document.createElement("br"));
        contactElem.appendChild(document.createTextNode(contacts[i]["organization"]));
        contactElem.appendChild(document.createElement("br"));
        contactElem.appendChild(document.createTextNode(contacts[i]["address"]));
        contactElem.appendChild(document.createElement("br"));
        contactElem.appendChild(document.createTextNode(
            contacts[i]["city"] + ", " + contacts[i]["state"] + " " + contacts[i]["zip"]
        ));
        contactElem.appendChild(document.createElement("br"));
        contactElem.appendChild(document.createTextNode("phone: " + contacts[i]
["phone"]));
        contactElem.appendChild(document.createElement("br"));
        contactElem.appendChild(document.createTextNode("email: " + contacts[i]
["email"]));

        let cardElem = document.createElement("div");
        cardElem.style = "float: right; width: 50%";
        let imageElem = document.createElement("img");
        imageElem.src = contacts[i]["image"];
        imageElem.height = "150";
        cardElem.appendChild(imageElem);

        contactsElem.appendChild(document.createElement("hr"));
        contactsElem.appendChild(contactElem);
        contactsElem.appendChild(imageElem);
        contactsElem.appendChild(document.createElement("hr"));
    }
}
```

이 코드 조각은 연락처 목록, 연락처 정보, 명함 이미지를 표시하기 위한 HTML 코드를 생성하는 자잘한 세부 사항을 보여준다.

displayContacts() 함수에는 HTML 코드를 생성하는 자바스크립트 코드가 많이 들어 있는데 실제로는 업무 로직과 화면 표시 로직을 섞어 놓지 않는 것이 좋다.

앵귤러, 리액트 또는 뷰와 같은 자바스크립트 프레임워크를 활용할 것을 강력히 추천하는데 더 깔끔한 MVC(Model View Control) 설계 패턴으로 사용자 인터페이스를 구현할 수 있기 때문이다. 이 책의 설명 범위를 제한하기 위해서 어쩔 수 없이 이번 실습 프로젝트에 지저분한 코드를 넣었다.

연락처 관리기의 AWS 배포

연락처 관리기 애플리케이션을 배포하는 절차는 이전 프로젝트의 배포 절차와 비슷하지만, 다소 차이가 있다. 그럼 시작해 보자.

1. 연락처 관리기에서 사용할 새로운 파이썬 패키지를 AWS 람다 환경에 추가해야 하는데 다음과 같이 두 개의 패키지를 `requirements.txt` 파일에 추가하면 된다.

```
usaddress==0.5.10
boto3==1.9.224
```

   - `usaddress` 패키지는 도시, 주, 우편 번호와 같은 주소의 다양한 부분을 구문 분석하는 데 사용한다.
   - `boto3` 패키지는 특정 버전이 필요하므로 여기에 명시한다. 집필 당시에 AWS 람다 환경에서 제공하는 `boto3` 버전은 `comprehendmedical` 서비스를 지원하지 않았기 때문에 위와 같은 신규 버전이 필요하다.

2. 다음으로 프로젝트 구조의 `.chalice` 디렉터리에 있는 `config.json` 파일의 `"autogen_policy"` 값을 `false`로 설정해서 챌리스가 정책 분석을 수행하도록 한다.

```
{
  "version": "2.0",
  "app_name": "Capabilities",
  "stages": {
    "dev": {
      "autogen_policy": false,
      "api_gateway_stage": "api"
    }
  }
}
```

3. 다음으로 프로젝트 구조의 `.chalice` 디렉터리에 `policy-dev.json` 파일을 새로 만들어서 프로젝트에 필요한 AWS 서비스를 수동으로 지정해 보자.

```
{
    "Version": "2012-10-17",
      "Statement": [
      {
          "Effect": "Allow",
          "Action": [
              "logs:CreateLogGroup",
              "logs:CreateLogStream",
              "logs:PutLogEvents",
              "s3:*",
              "rekognition:*",
              "comprehend:*",
              "comprehendmedical:*",
              "dynamodb:*"
          ],
          "Resource": "*"
      }
    ]
}
```

4. 다음으로 Capabilities 디렉터리에서 다음 명령을 실행해 챌리스 후단부를 AWS에 배포한다.

```
$ chalice deploy
         Creating deployment package.
          Updating policy for IAM role: Capabilities-dev-api_handler
          Updating lambda function: Capabilities-dev
          Creating Rest API
          Resources deployed:
            - Lambda ARN: arn:aws:lambda:us-east-1:<UID>:function:Capabilities-
dev
            - Rest API URL: https://<UID>.execute-api.us-east-1.amazonaws.
com/api/
```

배포가 완료되면, 챌리스는 "https://<UID>.execute-api.us-east-1.amazonaws.com/api/"와 같은 RESTful API URL을 출력에 표시한다. 여기서 <UID>는 고유한 식별 문자열이다. 해당 URL은 AWS에서 실행 중인 애플리케이션 후단부에 접근하기 위해 전단부에 필요한 정보이다.

5. 다음으로 index.html 및 scripts.js 파일을 이 S3 버킷에 업로드한 다음 공개적으로 읽을 수 있는 권한을 설정한다. 그러나 그 전에 다음과 같이 scripts.js의 내용을 변경해야 한다. 웹 사이트는 이제 클라우드에서 실행되며 더 이상 로컬 HTTP 서버에 접근할 수 없다는 점을 명심하자. 로컬 서버 URL을 배포된 후단부의 URL로 바꾸자.

```
          "use strict";
          const serverUrl = "https://<UID>.execute-api.us-east-1.amazonaws.
com/api";
          ...
```

이제 인터넷의 모든 사용자가 연락처 관리기 애플리케이션을 이용할 수 있다.

> 이 장에서 구현한 대로 연락처 관리기는 저장된 모든 연락처 정보를 애플리케이션의 URL을 아는 사람에게 보여준다. 이렇게 인터넷상에 실제 개인 식별 정보를 공개적으로 두지 않기를 권고한다.
>
> 이러한 개인 정보를 보호하려면 연락처 관리기에 인증 및 인가 기능을 추가하면 된다. 이러한 기능은 이 책의 범위 밖이긴 하지만 해당 프로젝트를 개선할 수 있는 흥미로운 주제이다.

프로젝트 개선 아이디어 논의

2부에서는 각 실습 프로젝트 마지막에 해당 AI 애플리케이션을 향상하기 위한 몇 가지 아이디어를 제시한다. 연락처 관리기를 개선하기 위한 다음의 몇 가지 아이디어를 살펴보자.

- 아마존 텍스트랙트 서비스를 사용해서 또 다른 인식 서비스를 구현해 보자. 텍스트랙트는 많은 양의 텍스트가 있는 문서에 더 적합한 광학 문자 판독OCR, Optical Character Recognition 기능을 제공한다. 명함의 외관, 주변 조명, 사진 품질에 따라 텍스트랙트가 더 나은 텍스트 탐지 성능을 제공할 수도 있다.
- 연락처 관리기에 사용한 지능적인 기능과 사용자 인터페이스는 다른 사용 케이스에도 이용할 수 있다. 예를 들면 업무 서류에서 데이터를 추출하거나 학교에서 필기한 노트를 요약하고 고객 요청 사항을 분류하는 데 사용할 수 있다. 원본 텍스트에 대한 출처를 이미지뿐만 아니라 이메일, 전화 통화, 소셜 미디어로 할 수도 있다. 이번 실습에서 사용한 사람의 개입을 위한 사용자 인터페이스 및 지능적인 기능을 활용해 다른 사용 케이스도 고려해 보자.

요약

5장에서는 업로드한 명함 사진에서 연락처 정보를 추출하는 연락처 관리기 애플리케이션을 구축했다. 아마존 컴프리헨드 서비스의 두 가지 변형인 아마존 컴프리헨드와 아마존 컴프리헨드 메디컬로 다양한 유형의 연락처 정보를 추출했다. 연락처 관리기에는 사람의 개입을 위한 사용자 인터페이스가 있어서 자동으로 추출한 정보를 사용자가 검토하고 수정해서 연락처 저장소에 저장할 수 있다. 비록 솔루션의 AI 기능이 퇴색되더라도 사람의 개입을 위한 사용자 인터페이스로 업무 가치를 높여야 함을 알았다. AI 실무자로서 완전히 자동화된 솔루션을 항상 제공할 필요는 없다. 지능적인 보조 솔루션 제공은 충분히 가치가 있는 일이며 사람이 관여하는 요소를 염두에 두고 해당 솔루션을 잘 설계한다면 구축 및 관리에 대한 실현 가능성도 훨씬 높아진다.

6장에서는 자연어 기반 대화형natural conversational 인터페이스로 사용자와 의사 소통할 수 있는 AI 솔루션을 구축할 것이다. 여기에는 인기 있는 알렉사Alexa 스마트 스피커에 사용된 핵심적인 AI 기술을 사용할 것이다.

더 읽을거리

아마존 컴프리헨드로 텍스트에서 정보를 추출하기 위한 더 자세한 내용은 다음 링크를 참조한다.

- https://www.mckinsey.com/featured-insights/future-of-work/ai-automation-and-the-future-of-work-ten-things-to-solve-for
- https://builtin.com/artificial-intelligence/examples-ai-in-industry

06

아마존 렉스를 활용한 음성 챗봇 구축

6장에서는 사용자와 음성이나 텍스트로 대화하면서 정보를 찾아주고 작업을 수행하는 챗봇chatbot을 구축한다. 이러한 챗봇은 인간이 컴퓨터와 상호작용하는 데 더욱 직관적인 인터페이스를 제공한다. 아마존 렉스Lex를 이용해서 자연어 요청을 이해하고 누락된 입력을 요청하고 업무를 처리하는 등의 맞춤형 AI 기능을 구축하고 아마존 렉스 기반 개발의 관례, 규칙 등을 안내한다.

6장에서 다룰 주요 내용은 다음과 같다.

- 아마존 렉스로 대화형 인터페이스 구축
- AWS 람다로 업무 처리 로직 구현
- 아마존 렉스 기반의 맞춤형 AI 기능 전단부에 RESTful API 추가

- 대화형 인터페이스 설계 문제 논의

친화적인 사람-컴퓨터 간의 인터페이스 이해

종종 **챗봇**이라 부르는 인공지능 개인 비서Intelligent Personal Assistant는 사람과 상호작용하는 여러 가지 제품에 급속히 적용되고 있다. 이러한 챗봇 중 가장 유명한 제품은 아마존 에코Echo와 구글 홈Home과 같은 스마트 스피커이다. 사람이 말로 기계와 상호작용하는 것이 예전에는 공상 과학 소설의 소재가 되곤 했지만 요즘은 그저 "알렉사Alexa" 또는 "헤이, 구글Hey Google"이라고 가볍게 외치는 것이 일상이 됐다. 사용자가 이러한 인공지능 비서에게 시킬 수 있는 일은 미디어 제어, 정보 검색, 가정 자동화Home Automation 그리고 이메일, 할일to-do, 리마인더reminder 등의 관리 작업이다.

인공지능 개인 비서의 기능은 비단 스마트 스피커뿐만 아니라 다른 여러 가지 장치와 플랫폼에도 적용할 수 있다. 인공지능 개인 비서의 기능을 적용할 수 있는 대상으로는 모바일 운영체제(예를 들어 안드로이드, iOS), 인스턴트 메신저 앱(예를 들어 페이스북 메신저), 회사 웹 사이트(예를 들어 주문을 처리하는 식당 사이트, 계좌를 확인할 수 있는 은행 사이트) 등이 있다. 두 가지 주요 대화 수단에는 텍스트와 음성이 있으며 인공지능 비서가 이 두 수단으로 사람과 대화하기 위해서는 사람의 텍스트 입력이나 음성을 이해하고 사전 준비된 질문 또는 명령어에 매칭하기 위한 **자연어 처리** 등의 AI 기술이 필요하다. 음성 대화에는 음성-텍스트 변환과 텍스트-음성 변환이 필요하며, 이에 대해서는 아마존 트랜스크라이브와 아마존 폴리를 활용하는 실습에서 다뤘다.

인공지능 비서가 질의 응답, 주문, 가정 자동화 등의 업무를 직접 수행하는 것 같지만 그 이면에서 주로 통상적인 API와 서비스가 이러한 업무를 수행한다. 즉, 인공지능 비서는 보다 유연한 사람-컴퓨터 간의 인터페이스Human-computer Interface를 제공할 뿐이다. 단지, 기존 애플리케이션상에 멋진 음성 인터페이스를 올리기만 해서는 작동하지 않으므로 인공지능 비서 설계 시 더 나은 사용자 경험을 제공할 수 있도록 사용 케이스와 운영 환경을 파악해 둬야 한다. 모든 애플리케이션에 이러한 인터페이스를 적용할 필요는 없는데 예를 들어 정확한 입력 또는 고밀도 출력이 필요한 사용 케이스, 시끄러운 작업 환경 그리고 길고 복잡한 작업 흐름과 관련된 애플리케이션이다.

6장에서는 연락처 정보 검색을 위해 연락처 도우미Contact Assistant라 명명한 인공지능 비서를 구현할 것이다. 연락처 도우미도 5장(아마존 컴프리헨드를 활용한 텍스트 내 정보 추출)의 연락처 관리기 프로젝트에서 생성했던 연락처 데이터 저장소와 연동한다. 또한 연락처 도우미 앞단에 RESTful API를 추가할 것인데 그렇게 하면 다른 여러 애플리케이션도 해당 연락처 도우미의 여러 기능을 활용할 수 있다. 이러한 인공지능 비서의 설계 방식 덕분에 현장에서 매우 유용하게 사용할 수 있다. 예를 들어 외판원이 운전해서 고객을 찾아가는 동안 말로 고객 연락처를 알아내야 할 때이다. 이 사용 케이스는 브라우저에서 웹 애플리케이션으로 직접 검색하기보다 운전자 친화적인 사용자 인터페이스를 갖춘 모바일 애플리케이션에서 말로 검색하는 편이 더 적합하다. 이러한 모바일 애플리케이션과 사용자 인터페이스를 이 책에서 다루지는 않지만 또 다른 흥미로운 실습 프로젝트가 될 수도 있다.

연락처 도우미 아키텍처

연락처 도우미 프로젝트의 아키텍처는 다음과 같다.

- 오케스트레이션 계층
- 서비스 구현 계층

다음 그림의 아키텍처에는 사용자 인터페이스 계층이 없는데 연락처 도우미에 연결할 모바일 또는 웹 애플리케이션을 구현하지 않을 예정이기 때문이다. 대신 아마존 렉스 플랫폼으로 인공지능 비서 봇bot인 맞춤형 AI 기능 개발에 집중한다. 다음 그림의 아키텍처를 살펴보자.

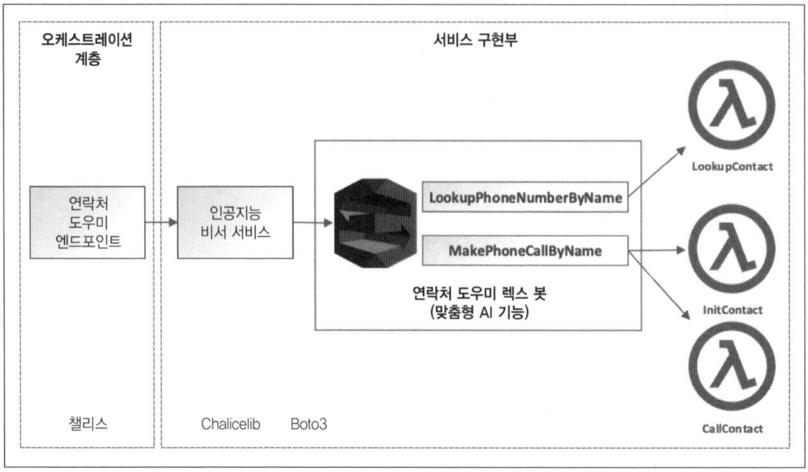

연락처 도우미 아키텍처에 대한 설명은 다음과 같다.

- 오케스트레이션 계층에 **연락처 도우미 엔드포인트**Contact Assistant Endpoint를 구축해서 연락처 도우미 기능에 접근할 수 있는 RESTful 인터페이스를 제공한다.
- 서비스 구현 계층에 아마존 렉스 구현 세부 사항과 같은 맞춤형 AI 기능의 구현 세부 사항을 감싸는 **인공지능 비서 서비스**를 구축한다. 이렇게 하면 다른 챗봇 기술로 연락처 도우미 봇을 다시 구현하고 싶을 때 인공지능 비서 서비스만 수정하면 된다.

> 5장에서는 레코그니션과 폴리와 같은 AWS AI 기능에 각각 연결되는 레코그니션 서비스와 음성 서비스라는 자체 서비스를 구축했다. 이러한 서비스가 AWS AI 서비스의 구현 세부 정보를 감싸주듯 인공지능 비서 서비스는 아마존 렉스 기반의 맞춤형 AI 기능 구현 세부 정보를 감싼다.

- 연락처 도우미 봇은 `LookUpPhoneNumberByName`과 `MakePhoneCallByName`이라는 두 가지 작업을 수행한다. 이 봇은 아마존 렉스가 제공하는 AI 기능으로 사용자의 음성 명령을 이해한 후 AWS 람다 함수를 이용해서 해당 업무를 수행한다. 이러한

람다 함수에 전화 번호 조회 및 전화 발신 업무를 실제로 구현한다.

- 연락처 도우미는 5장(아마존 컴프리헨드를 활용한 텍스트 내 정보 추출)의 연락처 관리기 애플리케이션에서 사용한 다이나모DB 테이블에 저장된 연락처 정보를 검색한다. 재사용 측면에서 해당 다이나모DB 테이블에 연결하는 연락처 저장소 구현을 재사용할 것이다. 더 자세하게 말하자면 앞에 설명한 람다 함수가 연락처 검색을 연락처 저장소에 위임해서 연락처 정보가 다이나모DB 테이블에 저장된다는 사실을 연락처 도우미에게 노출하지 않는다.

아마존 렉스 개발 패러다임의 이해

아마존 렉스는 인공지능 비서나 챗봇을 구축하기 위한 개발 플랫폼이며 이를 활용해서 맞춤형 인공지능 비서 기능을 구축해 볼 예정이다. 렉스는 대화형 인터페이스를 구축하는데 유용한 자동 음성 인식, 자연어 이해 등의 많은 AI 기능을 제공하지만 이를 활용하기 위해서는 렉스가 요구하는 개발 구조, 관례 및 규칙을 따라야 한다.

아마존 렉스 대화형 인터페이스는 다음과 같은 렉스 고유의 빌딩 블록Building Block으로 구축된다.

- **봇**bot: 렉스 봇은 맞춤형 대화형 인터페이스로 관련된 작업들을 처리할 수 있다. 봇은 개발, 배포 및 실행을 위해 관련 작업들을 하나의 단위로 묶는다.
  - 예를 들어 애플리케이션이 작업을 활용할 수 있도록 하려면 작업을 하나의 봇으로 배포하거나 게시publish하고, 애플리케이션이 해당 작업에 접근하려면 봇 이름을 지정해야 한다.
- **의도**Intent: 의도는 사용자가 수행하려는 자동화된 작업을 나타낸다. 의도는 특정 봇이 아닌 특정 AWS 계정에 속하며 동일한 AWS 계정의 다른 봇에서 사용할 수 있다. 이 설계 결정 덕분에 봇의 재사용성이 좋다.

- **샘플 발언**Sample utterance: 발언은 글이나 음성으로 된 자연어 절로 사용자가 자동화된 작업을 호출하는 단위이다. 아마존 렉스는 개발자가 대화형 인터페이스를 보다 유연하게 만들 수 있도록 여러 가지 발언을 제공한다.
    - 예를 들어 사용자는 일기 예보를 확인하려고 "오늘 날씨는 어떻습니까?" 또는 "오늘 날씨를 알려주세요."라고 말할 것이다. 아마존 렉스는 최신 NLU 기법으로 사용자의 의도를 파악한다.
    - 앞의 두 발언이 있을 때 아마존 렉스는 해당 발언의 다른 변형을 처리하기 위해서도 NLU 기능을 사용한다. 따라서 렉스는 앞의 두 발언과 정확히 일치하지 않는 "오늘 날씨가 어떤지 알려주세요."도 이해할 수 있다.
- **슬롯**Slot: 자동화된 작업에는 슬롯(매개변수)이 필요할 수도 있다. 예를 들어 날짜와 위치는 사용자가 관심 있는 일기 예보를 가져 오는데 사용하는 매개변수이다. 대화형 인터페이스에서 렉스는 모든 필수required 슬롯에 사용자가 입력하도록 한다.
    - 예를 들어 위치를 지정하지 않으면 사용자의 집 주소가 기본 위치로 지정된다.
- **슬롯 유형**Slot type: 각 슬롯에는 유형이 있다. 프로그래밍 언어의 매개변수 유형과 유사한 슬롯 유형은 입력 공간을 제한하고 확인을 간편하게 해서 대화형 인터페이스를 더욱 사용자 친화적으로 만든다. 특히, 음성 대화에서 슬롯 유형을 알면 입력하거나 말한 텍스트를 AI 기술이 더 정확히 판별하는 데 도움이 된다.
    - 기본 제공하는built-in 수많은 슬롯 유형이 있지만 몇 가지만 예로 들자면 번호Number, 도시City, 공항Airport, 언어Language, 음악가Musician 등이 있다. 또한 개발자가 애플리케이션에 특화된 맞춤형 슬롯 유형을 만들 수도 있다.
- **프롬프트**Prompt**와 응답**Response: 프롬프트는 렉스가 사용자가 슬롯을 입력하도록 요구하거나 입력한 슬롯을 확인하는 질문이다. 응답은 일기 예보와 같이 작업 결과를 사용자에게 알려주는 메시지이다.
    - 대화형 인터페이스에 대한 프롬프트와 응답을 설계하려면 사용 케이스, 소통 방식(텍스트 또는 음성) 그리고 운영 환경을 고려해야 한다. 불필요한 소통

으로 사용자에게 과도한 부담을 주지 않으면서 사용자 확인을 받게 설계해야 한다.

- **세션 속성**Session attributes: 아마존 렉스는 문맥 데이터를 유지하는 메커니즘을 제공하며, 이 문맥 데이터는 세션 내에 있는 의도 간에 공유할 수 있다.
  - 예를 들어 사용자가 단지 도시의 일기 예보를 듣고 싶어서 "거기 교통은 어때요?"라고 질문했다고 하면 해당 세션의 문맥은 "거기"가 이전 의도에 나왔던 도시를 언급한다고 유추할 수 있어야 한다. 이러한 유형의 문맥 정보는 개발자가 더 스마트한 봇을 구축할 수 있도록 렉스의 세션 속성에 저장할 수 있다.

아마존 렉스 플랫폼은 대화형 인터페이스 구축에 중점을 두고 AWS 람다는 자동화된 작업 이행을 담당한다. 개발자가 람다 함수를 통합할 수 있도록 기본 제공하는 후크hook 유형에는 두 가지가 있다.

- **람다 초기화와 검증**: 이 후크는 개발자가 사용자 입력을 검증하는 AWS 람다 함수를 작성할 수 있게 한다. 예를 들어 람다 함수는 데이터 소스에 있는 사용자 입력을 더 복잡한 업무 로직으로 검증할 수 있다.
- **이행**fulfillment **람다 함수**: 이 후크는 개발자가 해당 작업을 수행하는 AWS 람다 코드를 작성할 수 있게 한다. 이 람다 후크는 개발자가 AWS 서비스, API 엔드포인트 등을 활용해서 날씨 확인, 피자 주문, 메시지 전송 작업과 같은 업무 로직을 작성할 수 있게 한다.

연락처 도우미 봇 설정

아마존 렉스의 개발 패러다임과 용어를 이해했으므로 이를 바탕으로 대화형 인터페이스와 이행 업무 로직을 모두 갖춘 봇을 구축해 보자. AWS 콘솔로 연락처 도우미를 구축할 것이다.[1] 다음 절차를 따라해 보자.

1. Amazon Lex 페이지로 이동해서 Get Started 버튼을 클릭한다.
2. Create your bot 페이지에서 샘플 봇 기반으로 구축하는 대신 자체 봇을 만들 수 있게 Custom bot을 클릭한다.
3. Bot name 필드에 `ContactAssistant`를 입력한다.
4. Output voice에서 Joanna를 선택한다. 현재 렉스는 미국식 영어만 지원한다.
5. Session timeout에 5min을 입력한다. 이는 연락처 도우미가 세션을 닫을 때 사용하는 최대 유휴 시간이다.
6. IAM role은 기본값인 AWSServiceRoleForLexBots로 둔다.
7. COPPA는 No로 선택하는데 연락처 도우미는 어린이가 아닌 외판원을 위해 설계됐기 때문이다.
8. Create 버튼을 클릭한다.

앞의 절차를 실행한 후 Create your bot 페이지는 다음과 같이 설정된다.

---

1 번역하는 현재 아직 한글 페이지가 없다. – 옮긴이

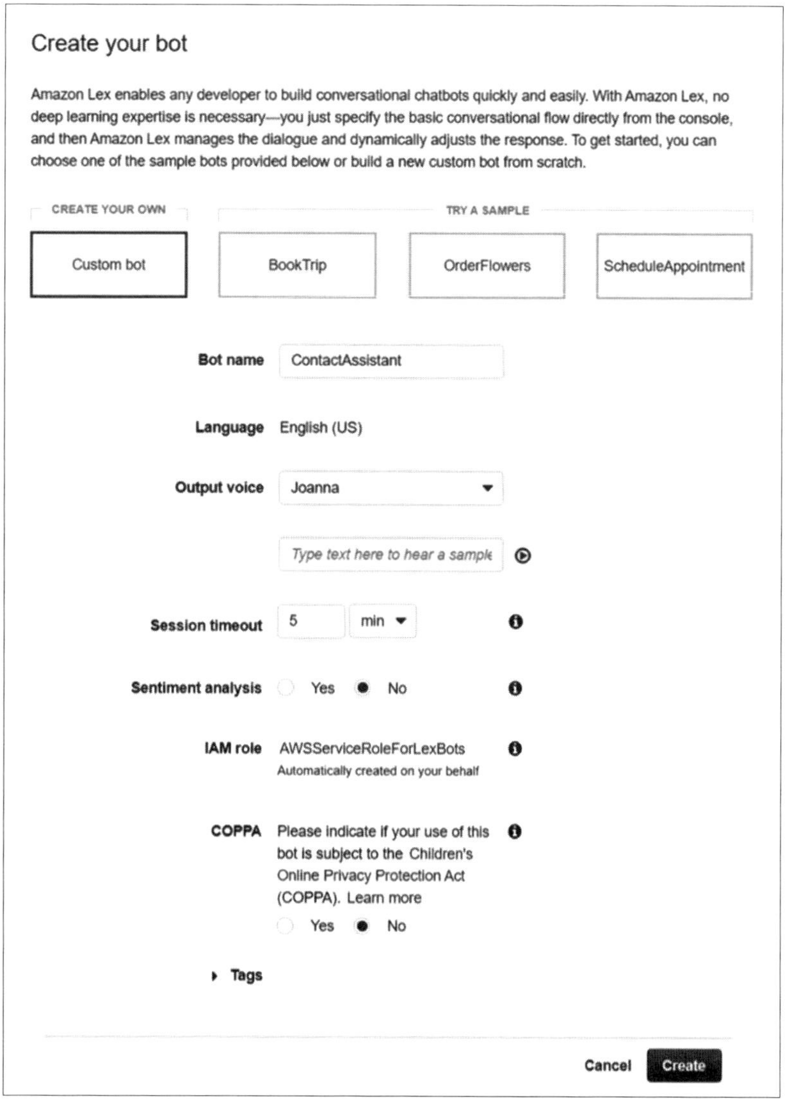

9. 연락처 도우미가 생성되면 다음 그림과 같은 렉스 개발 콘솔로 이동한다.

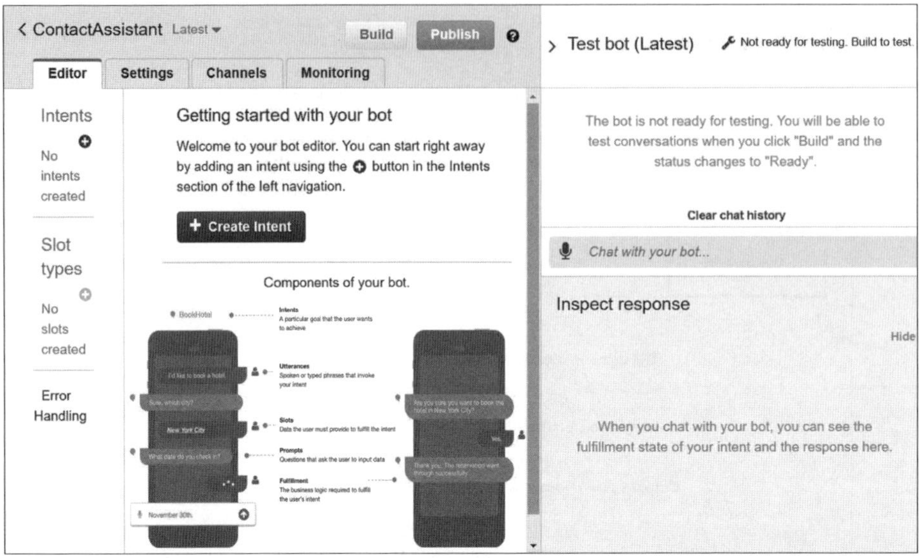

렉스 개발 콘솔을 살펴보자.

1. 봇의 이름 Contact_Assistant가 왼쪽 상단에 있다.
2. 오른쪽 상단에 사용할 수 없는 버튼인 Build와 Publish가 있다.
3. 해당 봇 이름과 버튼 아래에는 Editor, Settings, Channels, Monitoring 화면 탭이 있다. 이번 실습에서는 봇 개발의 대부분을 Editor 탭에서 수행한다.
4. Editor 탭을 선택해 보면 연락처 도우미에 아무런 Intents나 Slot types이 없는 것을 볼 수 있다.
5. 화면 오른쪽 상단에 채팅 인터페이스를 나타내는 확장 가능한 Test bot 사이드 바(위 그림처럼)가 있다. 이 채팅 인터페이스는 개발 중인 봇에 음성 명령을 내리는 데 사용한다. 채팅 인터페이스는 현재 비활성화된 상태인데 봇에 하나 이상의 의도를 만들어 구축해야 활성화된다.
6. Create Intent 버튼을 사용해서 첫 번째 의도를 구축하라.

LookupPhoneNumberByName 의도

첫 번째 의도는 사용자가 성과 이름을 말해서 해당 연락처의 전화 번호를 검색하도록 한다. 이 의도는 본질적으로 연락처 저장소에 구축된 검색 기능이지만 대화형 인터페이스도 갖추고 있다.

> **TIP** 작은 사용 케이스에 중점을 둬 각 의도를 설계하고 봇의 사용 케이스를 크게 확장하려면 여러 개의 의도를 조합해서 구성하기를 권고한다.

`LookUpPhoneNumberByName` 의도는 특정 입력과 출력에 관련돼 있지만 `LookupAddressByName`과 `LookContactNamesByState`처럼 여러 가지 관련 의도를 구축할 수도 있다. 비록 `LookUpPhoneNumberByName` 의도를 데이터 소스에 대한 단순 검색 기능으로 치부할 수 있지만 이 의도는 단순 검색 기능과는 달리 설계해야 한다.

이 의도를 웹 애플리케이션의 일반적인 검색 기능과 비교하면 다음과 같이 몇 가지 설계상의 차이가 있다.

- 웹 인터페이스는 이름, 기관, 위치와 같은 여러 검색 매개변수를 사용자에게 제공하지만 대화형 인터페이스에서는 각 의도에 대한 검색 매개변수나 입력 수를 제한해야 한다. 특히, 음성 챗봇이 모든 입력을 프롬프트하고 확인하면 복잡하고 느릴 수 있다.
- 웹 인터페이스는 연락처에 있는 많은 정보를 받아 화면에 나타내지만 대화형 인터페이스에서는 모달리티도 고려해야 한다. 텍스트 챗봇이라면 정보를 많이 표시해도 문제 없지만 음성 챗봇이라면 긴 목록의 정보를 읊어주는 상황이 사용자에게 부담을 줄 수 있다.

LookupPhoneNumberByName에 대한 샘플 발언과 슬롯

새로운 의도를 설계할 때 개발자뿐만 아니라 모든 이해 당사자는 사용자와 봇 간의 대화 흐름을 충분히 상상해 봐야 한다. 샘플 발언부터 시작해 보자.

> 인공지능 비서는 사용자가 이용하던 기존의 소통 채널을 대체할 것인데 이를테면 고객 담당자와의 전화 통화, 제품 문제에 대한 이메일 문의, 기술 상담원과의 문자 채팅 등이다. 흔히 인공지능 비서에 사용할 대화의 흐름은 기존 채널에 있던 사용자 대화 기록을 활용해서 설계한다. 제품에 관한 사용자와의 대화를 가장 잘 나타내는 이러한 기록은 발언과 프롬프트를 설계하는 데 훌륭한 원료이다.

샘플 발언은 어떤 자동화된 작업을 수행하는 데 필요한 의도를 호출하는 구절이다. `LookUpPhoneNumberByName` 의도에 대한 몇 가지 샘플 발언은 다음과 같다.

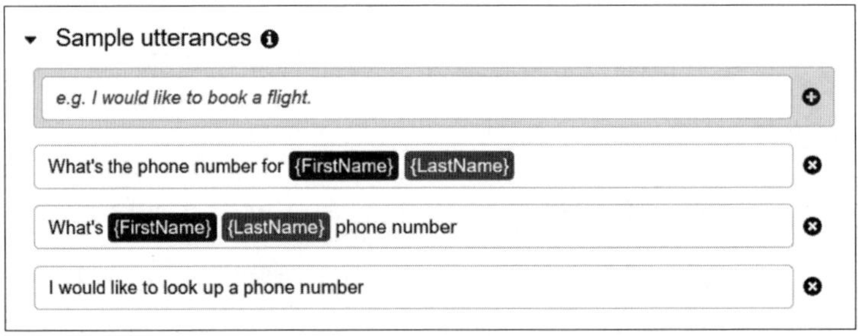

앞의 그림에서 볼 수 있듯이 샘플 발언 두 개는 자연스럽게 {FirstName}과 {LastName}의 슬롯 또는 입력 매개변수를 대화 흐름에 포함했다. 이 방법으로 사용자는 작업을 호출할 때 작업을 수행하는 데 필요한 일부 또는 모든 입력을 제공할 수 있다.

`LookUpPhoneNumberByName`에 대해서 {FirstName}과 {LastName}이 모두 필수[required]로 설정돼 있으므로 전화 번호를 찾으려면 두 가지 모두 필요하다. 슬롯이 있는 다음 그림을 살펴보자.

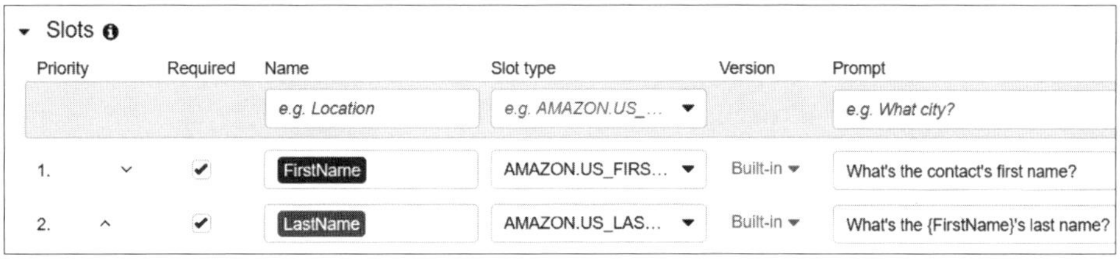

앞의 그림에서 볼 수 있듯이 슬롯 유형은 각각 기본 제공하는 유형인 AMAZON.US_FIRST_NAME과 AMAZON.US_LAST_NAME이다. 앞서 언급했듯이 입력을 가장 관련성이 높고 구체적인 유형으로 지정하면 기반 AI 기술의 자연어 이해와 값 검증이 훨씬 쉬워진다.

사용자가 해당 슬롯에 입력을 제공하지 않으면 어떻게 될까? 예를 들어 사용자가 첫 번째 샘플 발언인 "I would like to look up a phone number"라고 말하면 어떻게 될까? 호출하는 발언에 입력 값을 넣지 않으면 각 슬롯에는 사용자에게 입력 값을 요구하는 프롬프트가 하나 이상 있어야 한다. `{FirstName}`과 `{LastName}`에 각각 "`What's the contact's first name?`"과 "`What's the {FirstName}'s last name?`"을 사용했다. `{LastName}`에 대한 프롬프트가 `{FirstName}`에 대한 슬롯 값을 포함했다는 점에 주목하라. 이러한 식으로 대화 흐름을 보다 자연스럽고 인간 친화적이도록 할 수 있다.

하나의 슬롯에 둘 이상의 프롬프트를 추가하려면 톱니 바퀴 아이콘을 클릭해 슬롯 설정을 편집하라. 여기에 새로운 프롬프트를 추가하고 이 입력을 이끌어 내는 **최대 재시도 횟수** Maximum Number of Retries와 상응하는 발언을 다음과 같이 설정하라.

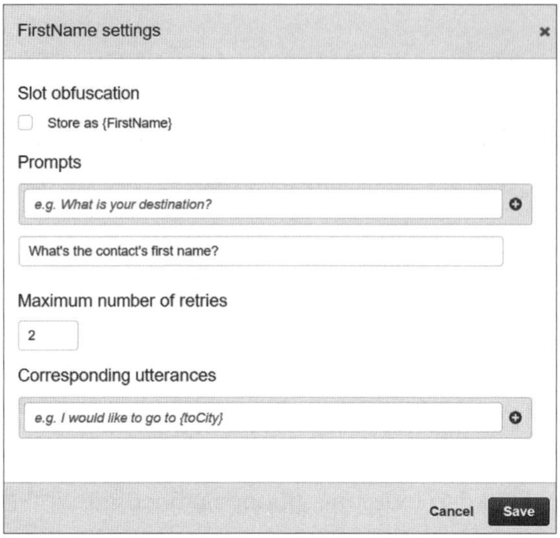

봇은 사용자에게 슬롯을 요청하는 프롬프트를 목록에서 선택해서 보여주되 사용자가 그만두기 전까지 최대 두 번 시도할 것이다.

LookupPhoneNumberByName에 대한 확인 프롬프트와 응답

대화 흐름 설계를 완료할 수 있도록 확인 프롬프트와 응답으로 넘어가자. 이 두 가지 모두 선택 사항이긴 하지만 인공지능 비서의 동작과 사용자 경험을 크게 개선할 수 있다.

확인 프롬프트의 그림은 다음과 같다. 확인 프롬프트는 필요한 조치를 사용자에게 알려줄 수 있는 기회라고 볼 수 있다. 이때 모든 필수 슬롯과 선택 사항 슬롯의 값을 도출한다.

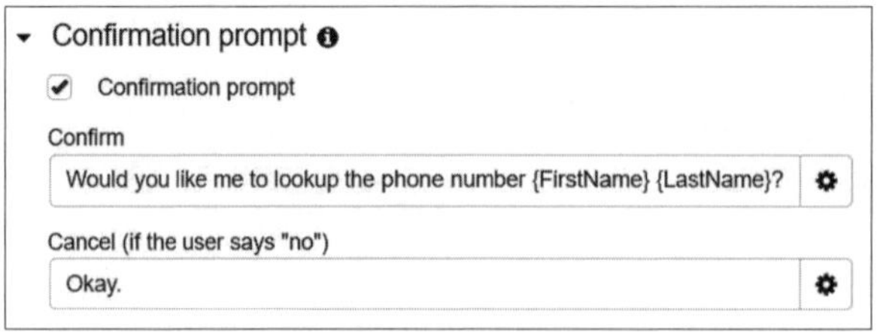

확인 메시지에 있는 {FirstName}과 {LastName}을 사용할 수 있다. {FirstName}과 {LastName} 슬롯 값을 읽어 주거나 다시 표시해야 좋은데 이는 봇이 입력을 올바르게 이해했음을 사용자에게 확인할 수 있기 때문이다. 그런데 자연어 대화는 가끔 애매할 수 있다. 다음의 예제 대화를 살펴보자.

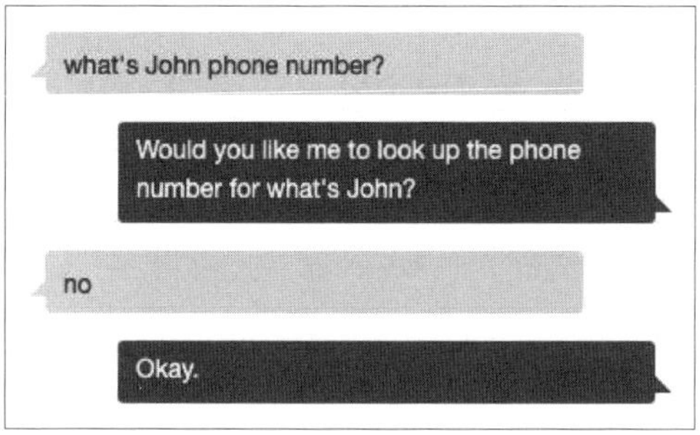

문제가 보이는가? 샘플 발언은 "What's {FirstName} {LastName} phone number"이다. 그러나 사용자는 {LastName} 입력 없이 의도를 호출했다. 봇은 'What's'를 {FirstName}으로, 'John'을 {LastName}으로 해석했다. 확인 프롬프트로 입력 값을 다시 읽어 주면 사용자는 다음 행동을 하기 전에 입력 오류를 확인하고 수정할 수 있다.

일단 작업 이행은 건너 뛰고 응답으로 넘어갈 것이다. 다음 그림에서는 LookUpPhoneNumberByName 의도에 대한 응답이 해당 연락처에 있는 전화 번호를 표시하거나 읽음으로써 업무를 마무리한다.

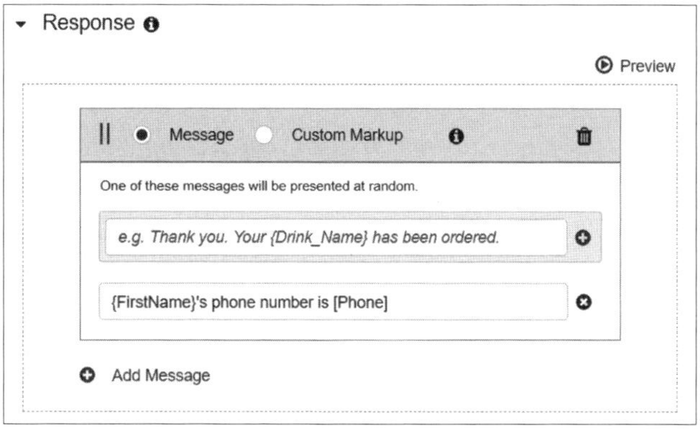

[Phone]은 해당 연락처에 있는 전화 번호를 값으로 갖는 일종의 세션 속성이다. 이 값은 이행 람다 함수가 설정한다. 이 장의 뒷부분에서 이러한 람다 함수를 어떻게 구현하는지 다룬다.

이 의도는 정보를 요청할 때 쓰이는데 응답으로 정보를 제공하면 사용자는 자연스럽게 받아들일 것이다. 사용자에게 정보를 줄 필요가 없는 의도도 있지만, 그렇더라도 작업 결과를 사용자에게 회신하는 편이 좋다.

이제 첫 번째 의도에 대한 대화형 인터페이스를 완성했다. 다음으로 인공지능 비서가 요청받은 작업을 실제로 수행할 AWS 람다 함수를 구현할 것이다.

AWS 람다를 사용한 LookupPhoneNumberByName의 이행

해당 인공지능 비서가 실제로 이행하도록 하려면 AWS 람다 함수를 호출해야 하므로 렉스 콘솔의 'Fulfillment' 섹션에서 생성한 람다 함수에 대한 후크를 설정할 수 있다. 우선, 이름과 성으로 연락처에 있는 전화 번호를 검색하는 LookUpPhoneNumberByName이라는 람다 함수를 구현해 보자.

AWS 챌리스로 람다 코드와 AWS 권한을 개발하고 배포했던 이전 프로젝트와 다르게, AWS 람다 콘솔 페이지에서 LookUpPhoneNumberByName 함수를 생성할 것인데 그 절차는 다음과 같다.

1. AWS 콘솔에서 AWS 람다 서비스로 이동해서 **함수 생성** 버튼을 클릭해 보자.
2. **새로 작성**을 선택한다. 어떤 블루프린트나 샘플 애플리케이션 없이 람다 함수를 구현할 것이다.
3. 함수 이름에 LookUpPhoneNumberByName을 입력한다.
4. Python 3.7 런타임을 선택해서 다른 실습 프로젝트의 언어 버전과 일치하도록 한다.

5. **기본 Lambda 권한을 가진 새 역할 생성**을 선택한다. 다른 AWS 서비스에 추가로 연결하려면 나중에 부가 정책을 추가할 필요가 있다.
6. **함수 생성** 버튼을 클릭한다.

함수 생성 페이지의 설정은 다음의 화면과 유사해야 한다.

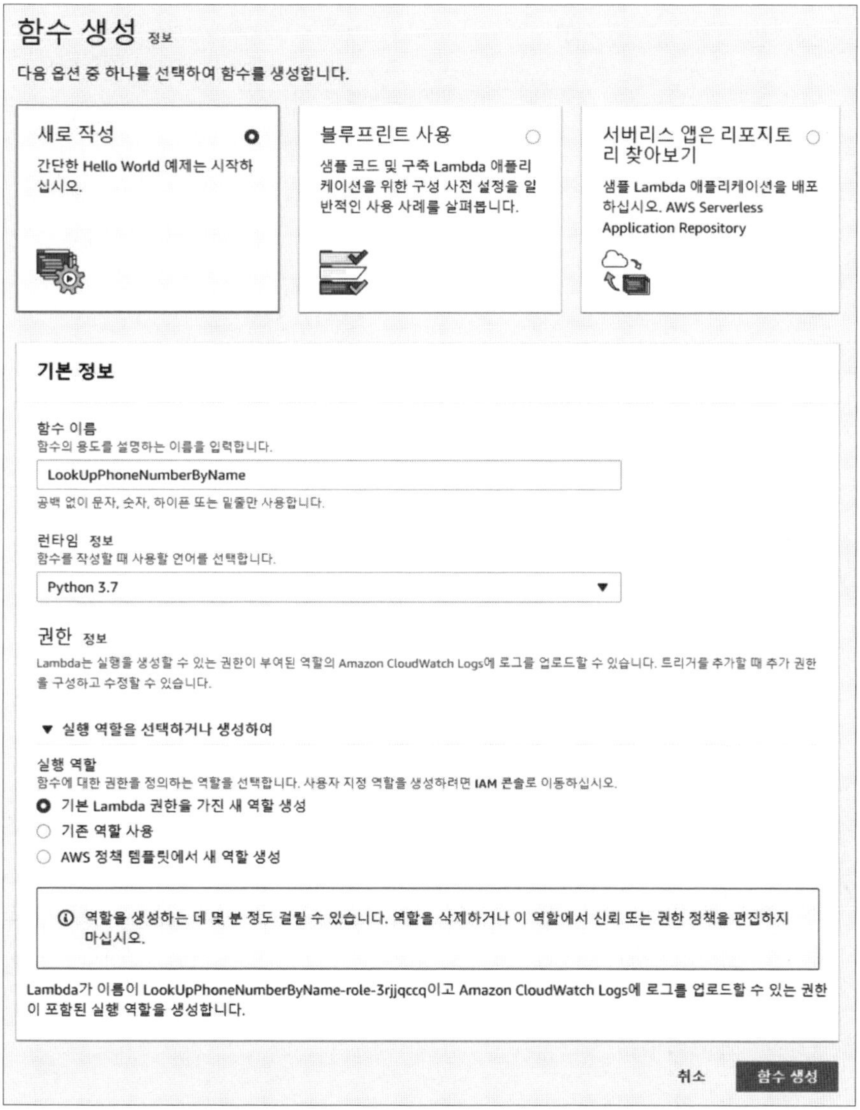

람다 함수와 그 실행 역할을 생성하면 다음과 비슷한 개발 콘솔을 보게 된다.

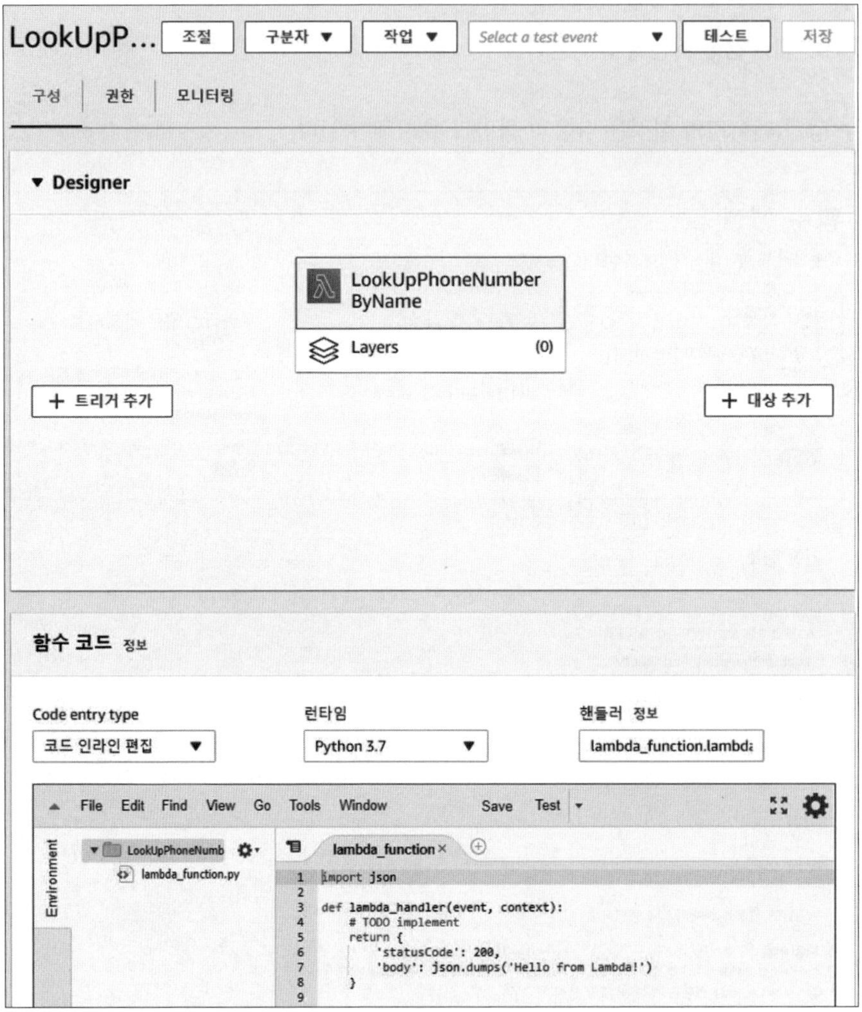

위의 그림은 다음을 보여준다.

- Designer 섹션에서 이 람다 함수를 호출하는 트리거를 추가할 수 있는데 렉스 봇은 트리거를 선택하지 않아도 된다.

- 아울러 LookUpPhoneNumberByName 함수는 클라우드워치CloudWatch 로그log에 접근할 수 있다. 이 함수를 실행하면 어떤 출력 또는 오류 메시지라도 클라우드워치에 기록되며 CloudWatch 콘솔 페이지에서 해당 로그를 볼 수 있으므로 함수를 개발하고 디버깅하는 동안 유용하게 활용할 수 있다.
- **함수 코드** 섹션에서 **코드 인라인 편집**을 선택하고 함수 런타임을 수정하며, **핸들러**Handler 함수 이름을 바꿀 수 있다. 핸들러 함수는 람다 함수의 진입점을 형성하는 파이썬 파일과 함수 이름을 지정한다.
- 앞선 세 가지 람다 설정 필드 아래에 코드 인라인 편집기가 있다. 여기서 추가 소스 파일을 만들고 각 소스 파일의 코드를 편집할 수 있다.

람다 함수는 연락처 관리기 애플리케이션이 연락처 정보를 저장하던 다이나모DB와 상호작용해야 한다. 따라서 기존의 연락처 저장소를 활용할 수 있으며, 다음 절차에 따라 연락처 정보를 질의하는 새로운 함수를 추가할 수 있다.

1. 인라인 편집기의 왼쪽 패널 내에 마우스 오른쪽 버튼을 클릭한 후 New File을 선택한다.
2. 파일 이름에 contact_store.py를 입력한다.
3. contact_store.py의 내용을 5장(아마존 컴프리헨드를 활용한 텍스트 내 정보 추출)의 연락처 저장소 구현(contact_store.py) 내용으로 교체하라.
4. 기존의 함수를 구현 내용 뒤에 다음과 같이 get_contact_by_name()을 추가하라.[2]

```
import boto3

class ContactStore:
    def __init__(self, store_location):
        self.table = boto3.resource('dynamodb').Table(store_location)
...
    def get_contact_by_name(self, name):
```

2 5장의 contact_store.py 파일에 이미 해당 코드가 들어 있다. – 옮긴이

```
        response = self.table.get_item(
            Key = {'name': name}
        )

        if 'Item' in response:
            contact_info = response['Item']
        else:
            contact_info = {}

        return contact_info
```

앞의 코드에는 다음의 요소가 들어 있다.

- get_contact_by_name() 메소드는 고유 식별자(이름)로 연락처 하나를 조회한다. 이 메소드에서 다이나모DB의 get_item() 함수를 호출한다. get_item()의 응답은 딕셔너리 자료를 포함한다. 항목item 키가 있으면 연락처 정보가 들어 있는 리턴 값을 얻는다.
- 다이나모DB 테이블에서 키 하나당 하나의 항목을 얻는데 키는 연락처명, 이름, 성이며 공백으로 구분한다. 이 코드는 파이썬 3.7 람다 런타임 환경에서 실행되며 boto3 패키지는 해당 환경에 이미 설치돼 있다.

LookupPhoneNumberByName에 대한 다이나모DB IAM 역할

이 코드는 다이나모DB에 연결해야 하므로 해당 람다 함수의 실행 역할에 정책을 추가해야 한다.

1. AWS 콘솔에서 IAM 페이지로 이동하라.
2. 왼쪽 패널의 **역할**을 클릭하라.
3. 역할 목록에서 이번 실습의 람다 함수에 해당하는 LookUpPhoneNumberByName-role-<unique id>를 찾아서 클릭하라.
4. **정책 연결** 버튼을 클릭하라.

5. AmazonDynamoDBFullAccess 정책을 찾아서 선택한 후 **정책 연결** 버튼을 클릭하라.

이제 다음 그림을 살펴보자.

이제 LookUpPhoneNumberByName 람다 함수는 다이나모DB에 접근할 수 있다. AmazonDynamoDBFullAccess 정책은 이 책의 실습 프로젝트에는 적합하지만 실제 제품 수준의 애플리케이션에서는 접근 권한 수를 제한하도록 정책을 세부 조율해야 한다.

LookupPhoneNumberByName에 대한 이행 람다 함수

람다 편집기 창에서 기존 lambda_function.py 파일을 열어서 해당 내용을 다음과 같은 구현 내용으로 바꿔라.

```
import contact_store

store_location = 'Contacts'
contact_store = contact_store.ContactStore(store_location)


def lambda_handler(event, context):
    intent_name = event['currentIntent']['name']
```

```
    parameters = event['currentIntent']['slots']
    attributes = event['sessionAttributes'] if event['sessionAttributes'] is not None
else {}

    response = lookup_phone(intent_name, parameters, attributes)

    return response


def lookup_phone(intent_name, parameters, attributes):
    first_name = parameters['FirstName']
    last_name = parameters['LastName']

    # dynamodb에서 전화 번호 읽기
    name = (first_name + ' ' + last_name).title()
    contact_info = contact_store.get_contact_by_name(name)

    if 'phone' in contact_info:
        attributes['Phone'] = contact_info['phone']
        attributes['FirstName'] = first_name
        attributes['LastName'] = last_name
        response = intent_success(intent_name, parameters, attributes)
    else:
        response = intent_failure(intent_name, parameters, attributes, 'Could not find
contact information.')

    return response


#####
# AWS 렉스 도우미 함수
...
```

앞의 코드는 다음과 같이 동작한다.

- 연락처 저장소를 다이나모DB 테이블 연락처로 초기화한다.
- lambda_handler() 함수는 전달받은 이벤트 객체에서 의도의 이름, 슬롯, 속성을 추출한다. 해당 이벤트 객체는 이행 후크가 트리거되면 아마존 렉스 봇으로 전달

되며 그 속에는 세션 속성뿐만 아니라 모든 슬롯 입력 값이 들어 있다.

- lambda_handler()는 lookup_phone() 함수를 호출하는데 이 함수는 연락처 저장소를 사용해서 연락처 정보를 검색한다.
- lookup_phone() 함수는 FirstName과 LastName 슬롯 값으로 항목 키를 구성한다. 항목 키는 올바른 대문자를 사용하고 FirstName과 LastName을 공백으로 구분해야 한다.
  - 예를 들어 이름이 John이고 성이 Smith인 항목 키는 John Smith인데 성명 각 부분(이름 및 성)의 첫 글자는 대문자이다.
  - 사용자가 이름을 어떻게 입력하든 관계없이 Title() 함수를 사용해서 올바른 대문자 사용 방식을 맞춘다.

해당 이름으로 연락처를 조회할 수 있다면 연락처에 있는 전화 번호, 이름, 성을 세션 속성으로 저장할 수 있다. 이렇게 해서 전화 번호가 이 의도의 응답으로 표시되거나 발성되게 할 수 있다. 나중에 나오는 절에서 이름과 성이 세션 속성에 저장되는 이유를 다룰 것이다.

검색을 이행하는 데 성공하면 intent_success()로 응답하고, 성공하지 못하면 설명 메시지와 함께 intent_failure()로 응답한다. 이 두 함수는 아마존 렉스의 몇 가지 특정 응답 형식을 캡슐화하는 도우미 함수이다.

아마존 렉스 도우미 함수

아마존 렉스 도우미 함수는 렉스가 사용할 응답 형식을 만드는 역할을 하며, 다음의 네 가지 도우미 함수가 있다.

- intent_success()는 의도가 잘 이행됐다는 사실을 나타내는데 모든 세션 속성은 sessionAttributes로 렉스에 다시 전달된다.
- intent_failure()는 의도가 잘 이행되지 않았음을 나타내며 해당 응답은 설명 메시지도 포함한다.

- intent_elicitation()은 렉스 봇이 지정된 매개변수의 값을 도출하도록 한다. 이렇게 하는 이유는 슬롯 값이 누락되거나 유효하지 않을 수도 있기 때문이다. 이 도우미 함수는 자체적으로 람다 초기화와 검증 로직을 구현할 때 유용하다.
- intent_delegation()은 람다 함수가 할일을 완료한 사실을 나타내고, 봇의 설정에 따라 렉스가 다음 동작을 선택하도록 지시한다.

LookUpPhoneNumberByName 의도에서는 처음의 두 가지 도우미 함수만 사용했다. 네 가지 도우미 함수의 코드 구현은 다음과 같다.

```
#####
# AWS 렉스 도우미 함수
#####
def intent_success(intent_name, parameters, attributes):
    return {
        'sessionAttributes': attributes,
        'dialogAction': {
            'type': 'Close',
            'fulfillmentState': 'Fulfilled'
        }
    }


def intent_failure(intent_name, parameters, attributes, message):
    return {
        'dialogAction': {
            'type': 'Close',
            'fulfillmentState': 'Failed',
            'message': {
                'contentType': 'PlainText',
                'content': message
            }
        }
    }
```

```
def intent_delegation(intent_name, parameters, attributes):
    return {
        'sessionAttributes': attributes,
        'dialogAction': {
            'type': 'Delegate',
            'slots': parameters,



        }
    }

def intent_elicitation(intent_name, parameters, attributes, parameter_name):
    return {
        'sessionAttributes': attributes,
        'dialogAction': {
            'type': 'ElicitSlot',
            'intentName': intent_name,
            'slots': parameters,
            'slotToElicit': parameter_name
        }
    }
```

비록 lambda_function.py 파일의 내용이 많지 않으나, 여기에도 몇몇 정갈한 코드 관행을 적용했다. 모든 AWS 람다 및 아마존 렉스 특화 구현 세부 사항을 lambda_handler() 함수와 아마존 렉스 도우미 함수로 구성했다. 예를 들어 다른 곳에서는 람다 이벤트 객체의 슬롯과 아마존 렉스에 대한 응답 형식이 어떻게 조회되는지 모른다. 이러한 식으로 lookup_phone() 함수에는 플랫폼 특화된 세부 사항이 없어 다른 플랫폼이 재사용할 가능성이 높다. lookup_phone() 함수에서는 intent_name이 문자열이고 매개변수와 속성이 딕셔너리에 들어있기만 하면 된다.

람다 개발 콘솔의 오른쪽 상단에 있는 **저장** 버튼을 클릭해서 람다 함수 구현을 저장하라.

LookupPhoneNumberByName 의도 이행

이제 이 람다 함수를 이행 후크에 추가하자.

1. 아마존 렉스 개발 콘솔로 가서 **이행**Fulfillment 아래에 다음 그림에 나온 것처럼 **람다 함수** 목록에서 LookUpPhoneNumberByName을 선택한다.

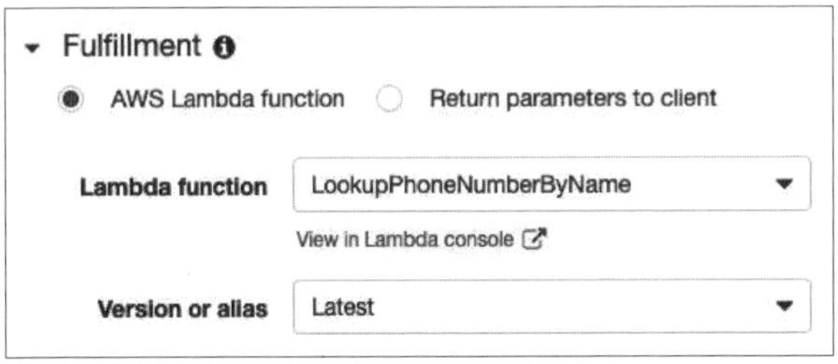

2. 다음 그림에 표시된 것처럼 아마존 렉스는 이 람다 함수를 호출할 권한을 구한다. 권한을 승인하려면 OK를 클릭한다.

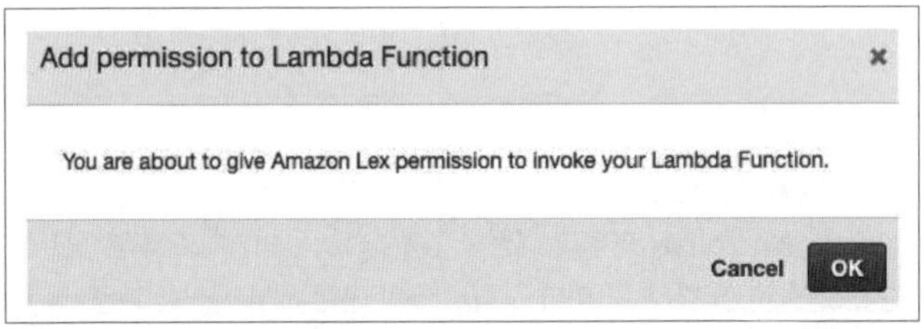

3. 렉스 개발 콘솔 페이지 하단의 Save Intent 버튼을 클릭한 다음 페이지의 오른쪽 상단에 있는 Build 버튼을 클릭하라. 첫 번째 렉스 봇을 구축하는 데 몇 초가 걸릴 것이다.

LookupPhoneNumberByName에 대한 시험 대화

이제 첫 번째 의도를 구축했기 때문에 시험할 준비가 됐다. 페이지 오른쪽에 있는 Test bot 패널에서 샘플 발언과 유사한 발언을 입력하고 연락처 도우미와 대화를 이어가라. 다음은 대화의 예시이다.

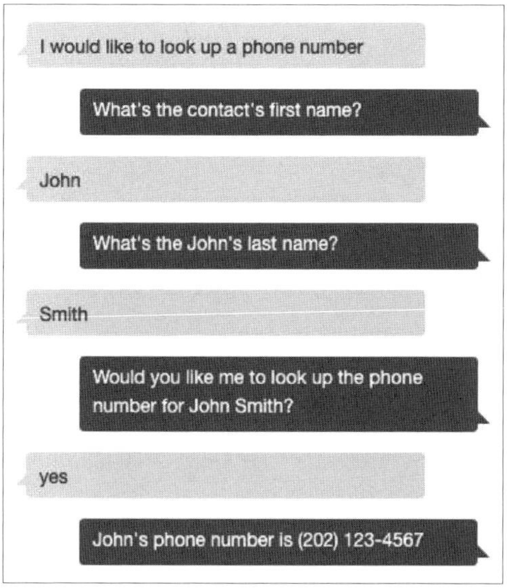

앞의 대화는 다음과 같이 진행됐다.

- 발언에는 슬롯이 없기 때문에 연락처 도우미는 이름과 성을 프롬프트했다.
- 도우미는 이행 전에 John Smith에 대한 검색인지 확인했다.
- 응답에는 해당 연락처에 저장된 이름과 전화 번호가 들어 있다.

이제 이 대화가 텍스트 채팅과 음성 대화로 어떻게 진행되는지 충분히 생각해 보자.

또 다른 대화의 예를 살펴보자.

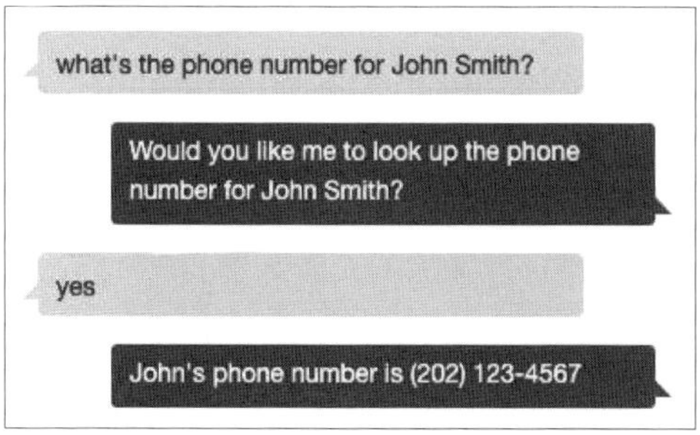

앞의 대화는 다음과 같이 진행됐다.

- 발언에는 필요한 슬롯이 모두 들어 있다.
- 이번에는 연락처 도우미가 이행과 응답을 진행하기 전에 검색 대상 확인만 했다.
- 사용자가 이행을 취소하려면 확인 프롬프트에 No라고 응답해도 된다.

축하한다. 당신은 방금 대화형 인터페이스와 AWS 람다 이행을 구현해서 첫 인공지능 비서를 완성했다.

> 테스트 봇 패널의 채팅 인터페이스는 음성 입력도 지원한다. 마이크 아이콘을 사용해 음성으로 발언하고 응답받을 수 있다.
>
> 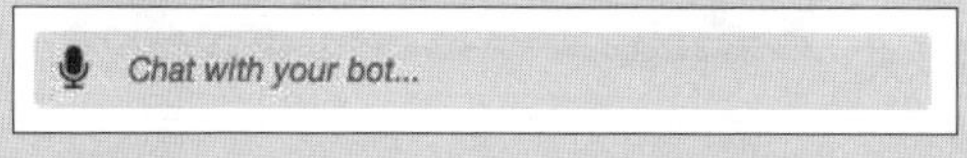
>
>
> 테스트 봇 채팅 인터페이스에서 렉스의 응답은 항상 텍스트도 같이 나타난다.

MakePhoneCallByName 의도

이번에는 연락처 도우미의 두 번째 의도인 MakePhoneCallByName을 생성할 것이다. 이름에서 볼 수 있듯이 이 의도는 해당 연락처에 전화를 걸 수 있다. 그러나 이번 실습 프로젝트에서는 전화 통화 기능을 구현하지는 않을 것이다.

이 두 번째 의도를 구현하는 목적은 인공지능 비서의 여러 의도가 어떻게 상호작용하고 협업하는지 보여주는 데 있다. 즉, `MakePhoneCallByName`의 대화형 인터페이스가 단독으로 동작할 수 있도록 할 뿐만 아니라 `LookUpPhoneNumberByName` 의도와 함께 동작할 수 있도록 설계하고자 한다.

이러한 의도 간의 협업 상황을 명확히 이해할 수 있게 사용자가 이제 막 연락처의 전화 번호를 검색한 후 이 연락처로 전화를 하기로 결정했다고 가정해 보자. 두 번째 의도는 이름 및 성 슬롯의 도출부터 새로 시작해야 하는가? 아니면 그럴 필요가 없는가? 물론 방금 검색했던 동일 연락처로 사용자가 전화하기를 원한다는 점을 해당 도우미가 알고 있는 상황이 더 유연하고 자연스럽기 때문에 후자와 같이 처리해야 한다. LookUpPhoneNumberByName이 성공적으로 이행된 뒤에 사용자가 Call him이나 Call her라고 말하면 MakePhoneCallByName은 이전 대화의 문맥을 기반으로 him이나 her가 정확히 누구를 지칭하는지 알아야 한다. 여기서 세션 속성이 해당 문맥을 유지하는 데 도움을 줄 수 있다.

MakePhoneCallByName에 대한 샘플 발언과 람다 초기화 및 검증

다음 그림과 같이 왼쪽 패널에 있는 Intents 옆의 파란색 더하기 버튼을 클릭해서 렉스 개발 콘솔에서 새로운 의도를 추가함으로 시작해 보자.

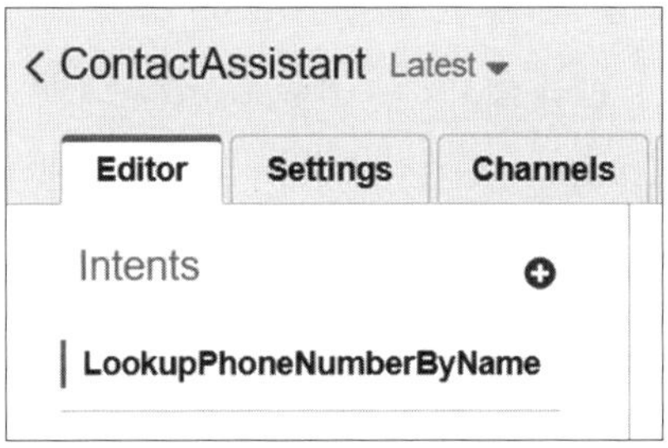

1. Create intent를 클릭하고 MakePhoneCallByName이라는 이름을 입력한 다음 Add를 클릭한다.
2. 이 의도에 대한 몇 가지 샘플 발언을 만들어 보자. 첫 발언인 Call {FirstName} {LastName}은 두 개의 필수 슬롯에 대한 값을 제공한다. 가능하면 다음과 같이 해당 의도에 대한 다른 발언들도 대화 문맥에서 슬롯 값을 얻을 수 있게 생성해야 한다.

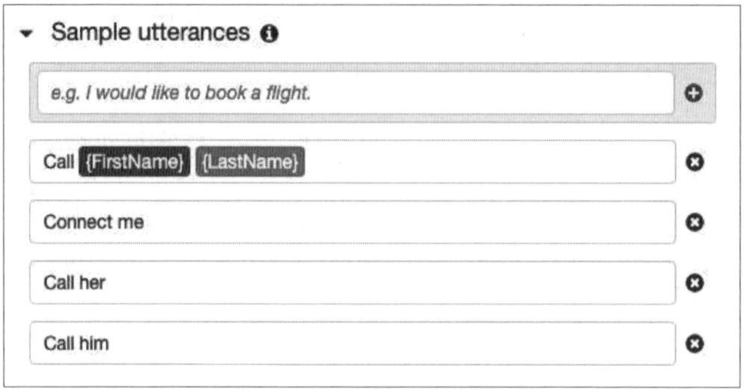

슬롯 값을 얻어 오려면 아마존 렉스의 두 번째 AWS 람다 후크 유형인 람다 초기화 및 검증을 사용한다. 해당 후크를 만드는 절차는 다음과 같다.

1. Lambda initialization and validation 섹션에서 Initialization and validation code hook 체크 박스에 체크 표시하라.
2. AWS 콘솔의 AWS 람다 페이지로 이동해 파이썬 3.7 기반으로 `InitContact`라는 이름의 람다 함수를 새로 작성한다.
3. 기본 Lambda 권한을 가진 새 역할을 생성한다. 이 람다 함수에 대한 Amazon DynamoDBFullAccess 정책은 필요하지 않다.
4. 인라인 함수 코드 편집기에서 `lambda_function.py` 파일 내용을 다음과 같은 구현 내용으로 바꿔라.

```
def lambda_handler(event, context):
    intent_name = event['currentIntent']['name']
    parameters = event['currentIntent']['slots']
    attributes = event['sessionAttributes'] if
event['sessionAttributes'] is not None else {}

    response = init_contact(intent_name, parameters, attributes)

    return response

def init_contact(intent_name, parameters, attributes):
```

```
            first_name = parameters.get('FirstName')
            last_name = parameters.get('LastName')

            prev_first_name = attributes.get('FirstName')
            prev_last_name = attributes.get('LastName')

            if first_name is None and prev_first_name is not None:
                parameters['FirstName'] = prev_first_name

            if last_name is None and prev_last_name is not None:
                parameters['LastName'] = prev_last_name

            if parameters['FirstName'] is not None and parameters['LastName']
is not None:
                response = intent_delegation(intent_name, parameters,
attributes)
            elif parameters['FirstName'] is None:
                response = intent_elicitation(intent_name, parameters,
attributes, 'FirstName')
            elif parameters['LastName'] is None:
                response = intent_elicitation(intent_name, parameters,
attributes, 'LastName')

            return response

        #####
        # AWS 렉스 응답 도우미 함수

          ...
```

앞의 코드는 다음과 같이 동작한다.

- init_contact() 함수는 발언의 슬롯에 FirstName과 LastName이 누락됐는지 여부를 확인한다. 누락됐다면 FirstName과 LastName이 세션 속성에 있는지 확인한다.
  - LookupPhoneNumberByName 의도에 대한 이행 구현에서 FirstName과 LastName을 세션 속성에 저장한 사실을 기억하는가? 저장한 이 두 값을 여기서 조회한다.

- FirstName과 LastName 둘 다 설정되면 렉스에 위임 응답을 준다.
  - 위임 응답은 초기화 및 검증이 완료됐으며 봇이 이행 등 봇 설정에 따른 작업을 계속해야 한다고 렉스에 알린다.
- FirstName과 LastName 어느 쪽이든 여전히 그 값이 누락됐다면 도출 응답을 준다.
  - 도출 응답은 해당 봇 설정에서 누락된 슬롯에 대한 프롬프트를 트리거한다.

람다 함수를 저장한 후 아마존 렉스 개발 콘솔로 돌아간다.

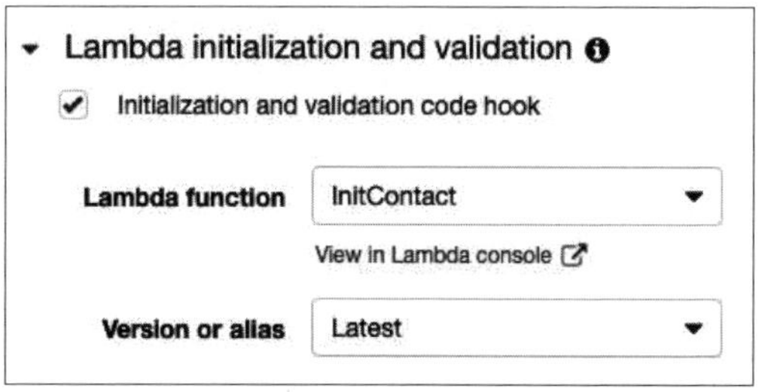

Lambda initialization and validation 함수에 대한 InitContact를 선택한다.

MakePhoneCallByName에 대한 슬롯과 확인 프롬프트

MakePhoneCallByName 의도에 대한 슬롯 설정은 LookUpPhoneNumberByName에 대한 설정과 정확히 같을 수 있다. 다음 그림에서 나오는 세부 사항을 참조하라.

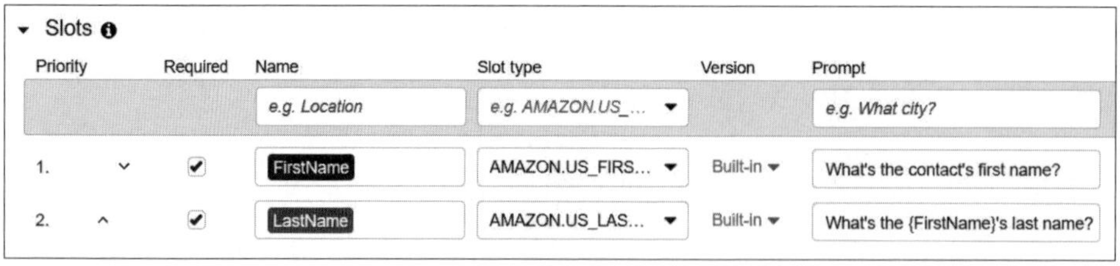

두 슬롯이 모두 필요한데 기본 제공하는 유형인 AMAZON.US_FIRST_NAME과 AMAZON.US_LAST_NAME으로 설정했다.

다음 그림에 나타난 것처럼 Confirmation prompt는 전화를 거는 식으로 설정했다.

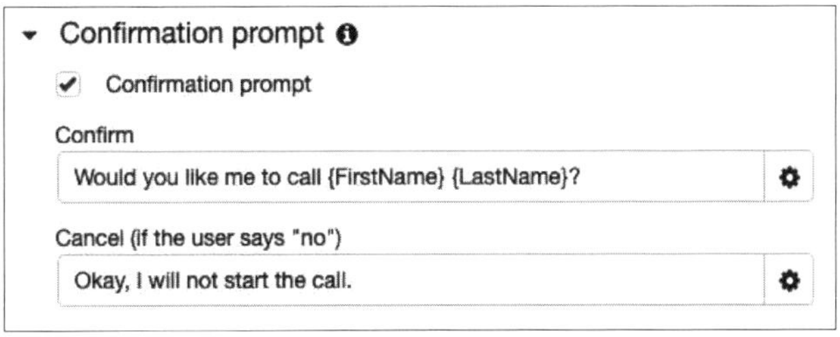

Confirm 및 Cancel 두 가지 메시지는 `MakePhoneCallByName` 의도에 맞춰 설정했다.

MakePhoneCallByName에 대한 이행과 응답

연락처 검색과 전화 걸기 기능을 이행하도록 새로운 람다 함수를 구현할 수 있다. 그러나 이 프로젝트에서는 실제로 전화를 걸지 않기 때문에 이행 람다 함수의 업무 로직은 이미 구현한 연락처 검색 기능과 동일할 것이다.

다음 그림에 나타난 것처럼 사실 이번 실습 프로젝트에서는 Fulfillment에 LookUpPhone NumberByName 람다 함수를 넣어도 처리 가능하다.

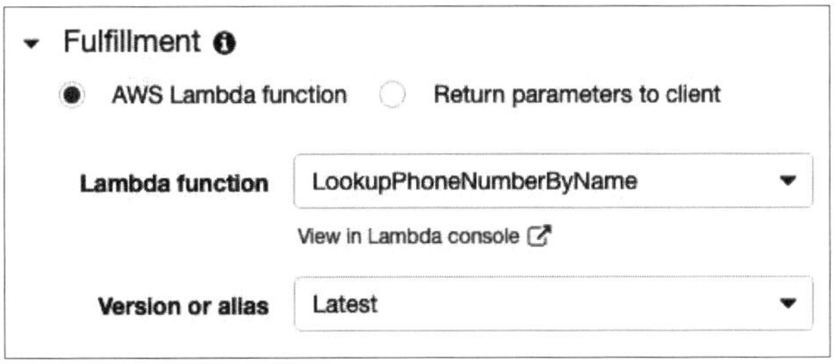

마지막으로 Response는 다음과 같이 전화를 거는 식으로 설정했다.

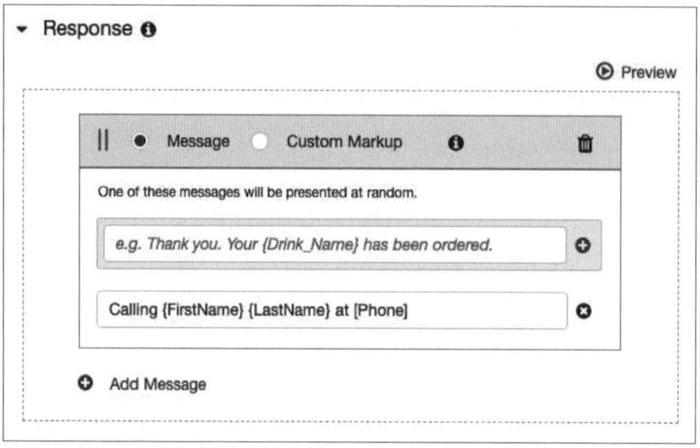

이제 렉스 개발 콘솔 하단에 있는 Save Intent 버튼을 클릭한 후 개발 콘솔의 오른쪽 상단에 있는 Build 버튼을 클릭하라.

MakePhoneCallByName에 대한 시험 대화

페이지 오른쪽의 Test bot 패널에서 샘플 발언과 유사한 발언을 입력하고 연락처 도우미와 대화를 이어가라. 다음은 대화의 예시이다.

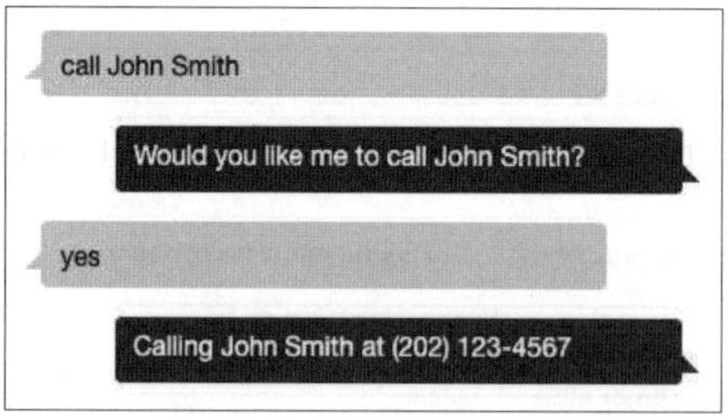

앞의 대화에서는 `MakePhoneCallByName` 의도는 `LookUpPhoneNumberByName` 의도를 먼저 실행하지 않고 단독으로도 동작할 수 있음을 보여준다.

또 다른 대화의 예는 다음과 같다.

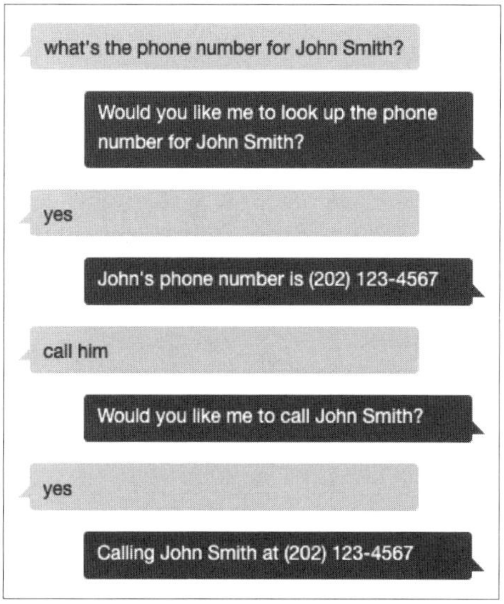

앞의 대화는 문맥의 강점을 보여준다.

- 사용자는 먼저 `LookUpPhoneNumberByName` 의도로 존 스미스의 전화 번호를 요청했다.
- 그런 다음 사용자는 `call him`이라고 요청했다.
- 이 시점에서 `InitContact` 람다 함수는 세션 속성에 저장된 `FirstName`과 `LastName`을 읽어 존 스미스가 전화할 연락처인지 확인했다.
    - 여기에서 연락처 도우미가 연락처를 추론해서 얻기 때문에 확인 프롬프트는 중요하다. 자동으로 잘못된 연락처에 전화를 거는 난처한 상황을 피하려면 전화를 걸기 전에 먼저 사용자에게 확인하는 편이 낫다.

다음 발언을 발행하기 전에 Clear chat history를 클릭한다. 이렇게 하면 세션과 세션에 저장된 속성이 지워진다. 다음과 같은 대화의 예를 계속 수행하라.

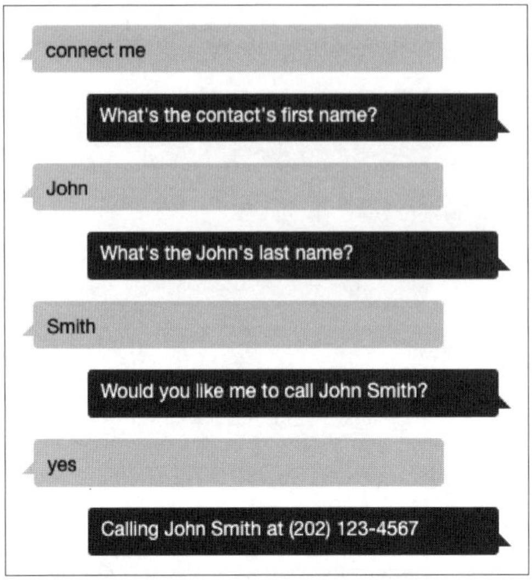

앞의 대화는 다음과 같이 진행됐다.

- 사용자가 아무런 슬롯 없이 발언을 시작했다. 그러나 이번에는 세션 속성에 저장된 이전 대화의 문맥이 없다.[3]
- `InitContact` 람다 함수가 성과 이름을 조회할 수 없었으므로 도출 응답을 준다.
- 이번 실습의 인공지능 비서가 가능한 모든 명령과 의도 및 발언의 조합을 처리해내는지 보는 시험은 매우 중요하다. 더 많은 의도가 세션 속성을 공유할수록 이러한 품질을 보증하기가 더욱 어려워진다.

축하한다. 연락처 도우미가 문맥 인식 기능으로 더욱 스마트해졌다.

연락처 도우미 봇 배포

이제 해당 연락처 도우미를 맞춤형 인공지능 비서 기능으로 게시할 수 있다.

3 Clear chat history 버튼을 클릭하면 화면의 대화만 지우는 것이 아니라 세션 자체를 초기화한다는 것을 알 수 있다. – 옮긴이

렉스 개발 콘솔의 오른쪽 상단에 있는 Publish를 클릭하고, Alias를 Production으로 설정한다.

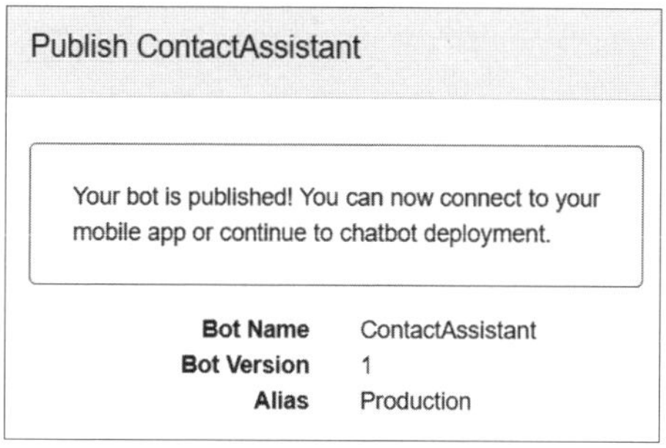

앞의 그림은 연락처 도우미가 게시됐음을 보여준다. 연락처 도우미가 게시되면 애플리케이션은 boto3 SDK를 포함한 다양한 통합 방법으로 해당 연락처 도우미를 활용할 수 있다.

연락처 도우미를 애플리케이션에 통합

다음으로 연락처 도우미 기능을 애플리케이션에 통합하기 위한 계층을 만들 것이다. 6장의 시작 부분에서 언급했듯이 아무런 애플리케이션도 구현하지 않고 서비스와 RESTful 엔드포인트 계층만 구현할 것이다.

이전의 실습 프로젝트와 마찬가지로 파이썬, Pipenv, 챌리스, boto3를 기술 스택으로 사용한다. 먼저, 프로젝트 구조를 만들자.

1. 터미널에서 root 프로젝트 디렉터리를 생성하기 위해 다음 명령을 입력한다.

```
$ mkdir ContactAssistant
$ cd ContactAssistant
```

2. pipenv로 프로젝트의 root 디렉터리에 파이썬 3 가상 환경을 생성한다. 프로젝트의 파이썬 코드는 두 가지 패키지(boto3, chalice)가 필요한데 다음과 같은 명령으로 설치할 수 있다.

```
$ pipenv --three
$ pipenv install boto3
$ pipenv install chalice
```

3. pipenv로 설치한 파이썬 패키지는 다음 명령으로 가상 환경을 활성화했을 때만 사용할 수 있다.[4]

```
$ pipenv shell
```

4. 가상 환경에서 다음 명령으로 오케스트레이션 계층(Capabilities라는 이름의 AWS 챌리스 프로젝트)을 만든다.

```
$ chalice new-project Capabilities
```

5. chalicelib 파이썬 패키지를 만들기 위해 다음 명령을 실행한다.

```
$ cd Capabilities
$ mkdir chalicelib
$ touch chalicelib/__init__.py
$ cd ..
```

초기 프로젝트 구조는 다음과 같아야 한다.

```
프로젝트 구조
------------
├── ContactAssistant/
    ├── Capabilities/
```

4 가상 환경에 들어가면 홈 디렉터리에서 셸이 시작되기 때문에 cd ContactAssistant를 다시 실행해서 프로젝트 디렉터리로 이동해야 한다. – 옮긴이

```
    ├── .chalice/
        ├── config.json
    ├── chalicelib/
        ├── __init__.py
    ├── app.py
    ├── requirements.txt
├── Website/
├── index.html
├── script.js
├── Pipfile
├── Pipfile.lock
```

프로젝트 구조는 앞에서 만든 프로젝트 구조와 약간 다른데 오케스트레이션과 서비스 구현 계층을 포함하지만, 웹 사용자 인터페이스는 포함하지 않는다.

인공지능 비서 서비스 구현

현재 구현에서 연락처 도우미는 렉스 봇 기반이다. 다만, 우수한 아키텍처 설계는 서비스를 쉽게 변경할 수 있도록 유연해야 하고, 그렇게 하려면 서비스 세부 사항을 감싸서 보호하는 계층이 필요하다. 이 절의 서비스 구현은 클라이언트 애플리케이션으로부터 렉스 구현 세부 사항을 보호한다.

chalicelib 디렉터리에 다음과 같은 코드를 작성해서 Intelligent_assistant_service.py 파일을 생성한다.

```
import boto3


class IntelligentAssistantService:
    def __init__(self, assistant_name):
        self.client = boto3.client('lex-runtime')
        self.assistant_name = assistant_name
```

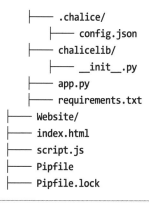

```
def send_user_text(self, user_id, input_text):
    response = self.client.post_text(
        botName = self.assistant_name,
        botAlias = 'Production',
        userId = user_id,
        inputText = input_text
    )

    return response['message']
```

앞의 코드에 대한 설명은 다음과 같다.

- IntelligentAssistantService는 연락처 도우미 외에 다른 종류의 인공지능 비서와 동작할 수 있게 일반화해 구현된다.
- __init__() 생성자는 인스턴스를 만들 시점에 특정 인공지능 비서로 정의하려고 비서 이름Assistant Name을 넘겨받고 lex-runtime에 대한 boto3 클라이언트를 생성한다. 해당 클라이언트는 게시된 렉스 봇과 통신할 수 있다.
- 해당 인공지능 비서에게 텍스트 채팅 메시지를 보내려고 IntelligentAssistantService에 send_user_text() 메소드를 구현한다. 이 메소드는 애플리케이션에게서 user_id와 input_text를 넘겨받아 렉스 봇으로 보내려고 lex-runtime의 post_text() 함수를 사용한다.
    - user_id는 클라이언트 애플리케이션이 만든 ID이다. 렉스 봇은 한번에 다른 사용자와 여러 대화를 할 수 있으며, 이 user_id는 사용자(채팅 세션)를 식별한다.

또한, lex-runtime의 post_content() 함수는 텍스트와 음성 입력을 전송한다. 그런데 post_content() 함수는 botName, botAlias 및 userId 이외에 설정을 위해서 contentType 및 inputStream 매개변수도 필요하다. contentType은 몇몇 지원되는 형식을 포함한 오디오이거나 텍스트이다. inputStream은 오디오 또는 텍스트 내용의 바이트 스트림을 포함한다. 애플리케이션이 렉스 봇에게서 음성 응답을 받으려면 accept 매개변수를 지원하는 음성 출력 형식으로 설정해야 한다. 지원되는 음성 입력 및 출력 형식은 렉스의 구현 세부 사항이므로 클라이언트 애플리케이션으로부터 해당 세부 사항을 숨길 수 있도록 오디오 입력 및 출력에 대한 형식을 변환하는 서비스 구현을 구축해야 한다.

연락처 도우미 RESTful 엔드포인트

다음 절차를 살펴보자.

1. 연락처 도우미에 대한 RESTful 엔드포인트를 다음 코드와 같이 `app.py` 파일로 간단히 구축해 보자. 이렇게 하면 `curl` 명령으로 `IntelligentAssistantService`를 시험해 볼 수 있다.

```
from chalice import Chalice
from chalicelib import intelligent_assistant_service

import json

#####
# 챌리스 애플리케이션 설정
#####
app = Chalice(app_name='Capabilities')
app.debug = True

#####
# 서비스 초기화
#####
assistant_name = 'ContactAssistant'
assistant_service =
```

```
        intelligent_assistant_service.IntelligentAssistantService(assistant_
name)


        #####
        # RESTful 엔드포인트
        #####
        @app.route('/contact-assistant/user-id/{user_id}/send-text', methods
= ['POST'], cors = True)
        def send_user_text(user_id):
            request_data = json.loads(app.current_request.raw_body)

            message = assistant_service.send_user_text(user_id, request_
data['text'])

            return message
```

보는 바와 같이 RESTful 엔드포인트의 구현은 코드 양이 적고 간단하다.

- 초기화 코드에서는 일반화된 IntelligentAssistantService 구현을 연락처 도우미에 연결한다.
- RESTful 엔드포인트 user_id를 URL로 받고 입력 텍스트를 요청 본문의 JSON으로 받는다.

2. 터미널에서 다음 명령으로 chalice local 환경을 구동하라.

```
$ chalice local
Restarting local dev server.
Found credentials in shared credentials file: ~/.aws/credentials Serving on
http://127.0.0.1:8000
```

3. 이제 다음과 같이 curl 명령으로 연락처 도우미와 대화할 수 있다.

```
 curl --header "Content-Type: application/json" --request POST -- data
'{"text": "Call John Smith"}'
http://127.0.0.1:8000/contact-assistant/user-id/me/send-text
> Would you like me to call John Smith?
```

```
curl --header "Content-Type: application/json" --request POST -- data
'{"text": "Yes"}'
http://127.0.0.1:8000/contact-assistant/user-id/me/send-text
> Calling John Smith at (202) 123-4567
```

앞의 대화는 다음과 같이 진행됐다.

- 첫 번째 curl 명령은 의도인 Call John Smith를 보내는데 여기에는 연락처의 성과 이름에 필요한 두 슬롯을 모두 포함한다.
- "Would you like me to call John Smith?"라는 응답은 연락처 도우미가 확인하려는 말이다.
- 두 번째 curl 명령은 "yes"라고 답하면서 대화를 이어간다.
- 연락처 도우미는 "Calling John Smith at (202) 123-4567"이라고 응답한다.

연락처 도우미의 기능을 활용하는 애플리케이션은 외판원을 위한 모바일 앱과 같이 대화를 가장 원활하게 할 수 있는 적절한 사용자 인터페이스를 제공하기 마련이다. 또한 해당 애플리케이션은 RESTful 엔드포인트로 사용자와 연락처 도우미 간의 음성 대화를 중재할 것이다.

요약

6장에서는 연락처 도우미로 명명한 챗봇을 구축해서 사용자가 음성 또는 텍스트 기반 대화형 인터페이스로 연락처 정보를 검색하도록 했고 아마존 렉스를 사용해 연락처 도우미의 대화형 인터페이스를 구축했다. 의도, 발언, 프롬프트, 확인 등의 개념을 포함해서 맞춤형 AI 기능 구축에 필요한 아마존 렉스의 개발 패러다임을 알아봤다. 해당 연락처 도우미는 LookUpPhoneNumberByName과 MakePhoneCallByName인 두 가지 의도를 지원한다. 이 의도에 대한 작업 이행은 AWS 람다로 구현하고 아마존 렉스의 세션 속성으로 문맥을 인식할 수 있도록 이 두 의도를 설계했다. 이렇게 문맥을 인식하면 사용자의 인지 부담을 감소시키고 챗봇이 더 스마트해진다.

아마존 렉스는 이 책에서 다루는 마지막 AWS AI 서비스이다. 3부에서는 머신러닝으로 맞춤형 AI 기능을 훈련하기 위한 AWS ML 서비스를 다룰 것이다.

더 읽을거리

아마존 렉스로 음성 채팅 봇을 구축하기 위한 더 자세한 내용은 다음 링크를 참조하라.

- https://restechtoday.com/smart-speaker-industry/
- https://www.lifewire.com/amazon-alexa-voice-assistant-4152107
- https://www.nngroup.com/articles/intelligent-assistants-poor-usability-high-adoption/

3부

아마존 세이지메이커를 활용한 머신러닝 모형 훈련

3부에서는 AWS에서 엔터프라이즈급 머신러닝 솔루션을 설계하고 개발해서 배포하는 방법을 배운다. 아울러 빅데이터를 처리하고 데이터를 병렬화해서 모형을 배포하는 문제를 깊이 이해할 수 있도록 상세히 다룬다. 몇몇 실제 사례를 논의하면서 이러한 개념을 설명하고자 한다.

3부는 다음의 다섯 장으로 구성된다.

- 7장, 아마존 세이지메이커로 작업하는 방법
- 8장, 머신러닝 추론 파이프라인 생성 방법
- 9장, 텍스트 집합에서 주제의 발견
- 10장, 아마존 세이지메이커를 활용한 이미지 분류
- 11장, 심층학습과 자기회귀를 활용한 판매 예측

07

아마존 세이지메이커로 작업하는 방법

앞의 몇몇 장에서는 업무 문제를 해결하는 데 바로 사용이 가능한 **머신러닝**ML API를 배웠다. 7장에서는 AWS 세이지메이커를 자세히 알아볼 것인데 이 서비스는 ML API가 요구사항을 완전히 충족하지 못할 때 머신러닝 모형의 구축, 훈련, 배포를 쭉 이어서 수행하는 데 사용한다. 세이지메이커는 계산 및 저장 자원을 프로비저닝provisioning하는 복잡한 업무로부터 자유롭게 함으로써 데이터 과학자와 머신러닝 엔지니어의 생산성을 높인다.

7장에서 다룰 주요 내용은 다음과 같다.

- 스파크Spark EMR로 빅데이터 처리
- 아마존 세이지메이커에서 훈련 수행
- 훈련한 모형의 배포 및 추론 수행

- 초매개변수Hyperparameter 최적화 수행
- 세이지메이커의 실험 관리 서비스
- 세이지메이커로 엠엑스넷 및 글루온Gluon 기반의 자체 모형 가져오기
- R 모형Model의 자체 컨테이너 가져오기

기술 요건

다음 절부터는 `goodbooks-10k`로 알려진 도서 평점 데이터셋을 사용해서 7장의 모든 주제를 설명한다. 해당 데이터셋은 53,424명의 사용자가 10,000권의 책을 대상으로 매긴 600만 개의 평점으로 이뤄져 있다. `goodbooks-10k` 데이터셋을 더 자세히 알고 싶다면 다음 URL을 참고하라.

https://www.kaggle.com/zygmunt/goodbooks-10k#books.csv

7장 관련 소스코드 폴더의 `Data`에 다음의 두 CSV 파일이 있다.

- `ratings.csv`: 도서 평점, 사용자 ID, 도서 ID를 포함한다.
- `books.csv`: 제목 등 도서의 속성을 포함한다.

이제 빅데이터를 처리해서 머신러닝 모델링에 대한 데이터셋을 생성해 보자.

스파크 EMR을 활용한 빅데이터 전처리

세이지메이커는 S3에 배포된 데이터를 읽는 방식의 모형 훈련 패턴으로 설계됐다. 데이터는 보통 바로 사용할 수가 없고 전처리를 해야 한다. 데이터셋이 클 때(즉, 빅데이터)는 주피터 노트북Jupyter Notebook에서 처리하기 곤란할 수 있는데 스파크Spark EMRElastic MapReduce 클러스터cluster를 사용하면 이러한 빅데이터를 잘 처리할 수 있다.

주피터 노트북에서 빅데이터셋을 처리하면 메모리 부족out-of-memory 에러가 발생하기 때문에 이 책의 실습 솔루션은 AWS EMR 클러스터로 분산distributed 데이터 처리를 한다. 하둡Hadoop을 기반 분산 파일 시스템으로 사용하고 스파크를 분산 컴퓨팅 프레임워크로 사용한다.

빅데이터 처리 관련 EMR 클러스터에 명령을 실행할 수 있도록 AWS는 EMR 노트북을 제공한다. EMR 노트북은 주피터 노트북 기반으로 관리형 노트북 환경을 제공한다. 해당 노트북에서 대용량 데이터를 대화식으로 처리하고 시각화해 분석 가능한 데이터셋을 준비할 수 있다. 데이터 엔지니어와 데이터 과학자는 파이썬, SQL, R, 스칼라Scala와 같은 다양한 언어를 사용해서 대용량 데이터를 처리할 수 있다. 게다가 EMR 노트북 파일을 영구 데이터 저장소인 S3에 정기적으로 저장할 수 있으므로 저장한 작업은 나중에 조회할 수 있다. 아마존 EMR 아키텍처에서 중요한 컴포넌트는 리비Livy 서비스로 스파크 클라이언트 없이 스파크 클러스터와 상호작용할 수 있게 하는 오픈소스 REST 인터페이스이다. 즉, 리비 서비스는 해당 서비스가 설치된 EMR 노트북과 EMR 클러스터 간에 통신할 수 있도록 한다.

다음 아키텍처 다이어그램은 EMR 노트북이 어떻게 스파크 EMR 클러스터와 통신해 대규모 데이터를 처리하는지 자세히 설명한다.

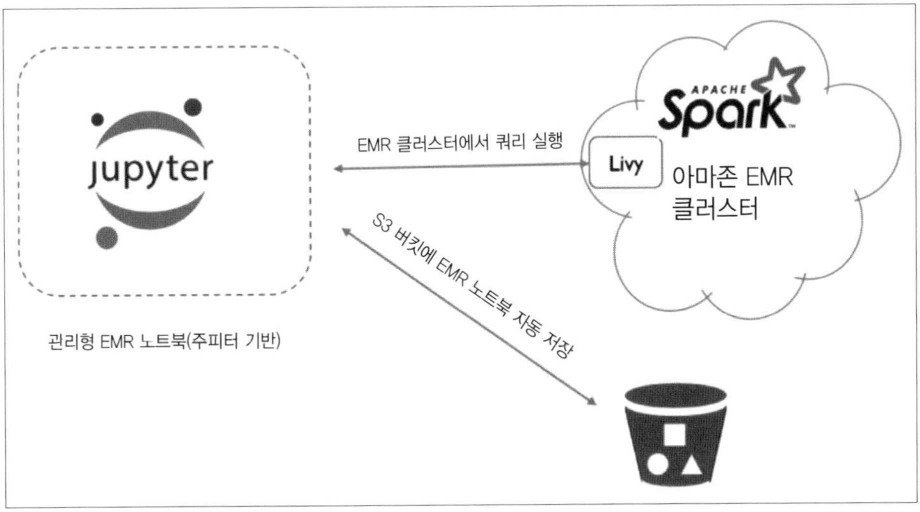

어떻게 EMR 클러스터와 EMR 노트북이 상호작용해서 빅데이터를 처리하는지 살펴봤으므로 이제 EMR 노트북과 클러스터를 다음과 같이 생성해 보자.

1. AWS 콘솔의 Services 아래에 있는 Amazon EMR로 가서 왼쪽 메뉴에 있는 **노트북**을 클릭한다. 그런 다음 상단에 있는 **노트북 생성** 버튼을 클릭한다.
2. 다음 그림에 표시된 대로 **노트북 생성** 페이지에서 **노트북 이름**과 **설명**을 입력한다.

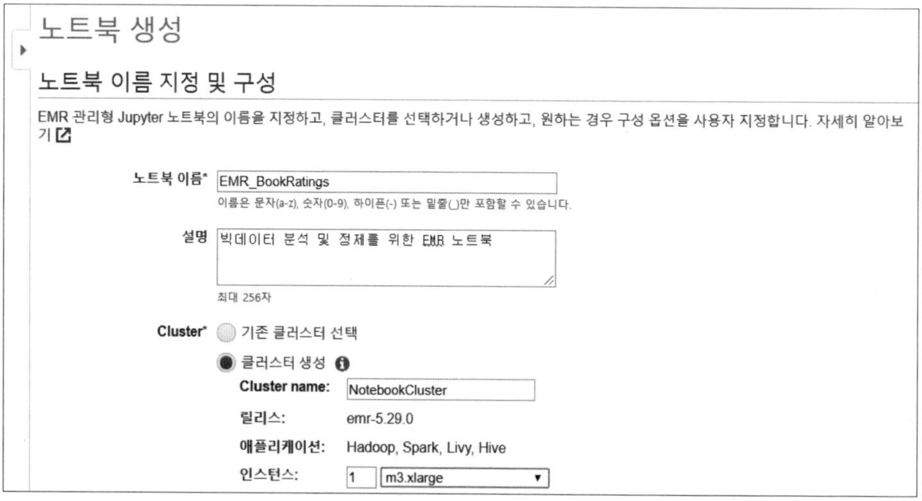

3. 다음으로 클러스터 **생성 옵션**을 선택해서 Cluster name을 입력하고 **인스턴스** 유형과 수를 선택한다. 앞의 그림에서 볼 수 있듯이 EMR 클러스터에는 Hadoop, Spark, Livy, Hive 등의 애플리케이션이 같이 딸려온다.
4. 이제 EMR **역할**과 EC2 **인스턴스 프로파일**의 정책을 검토하고 다음과 같이 EMR 노트북이 저장되는 S3 위치를 입력해 보자.

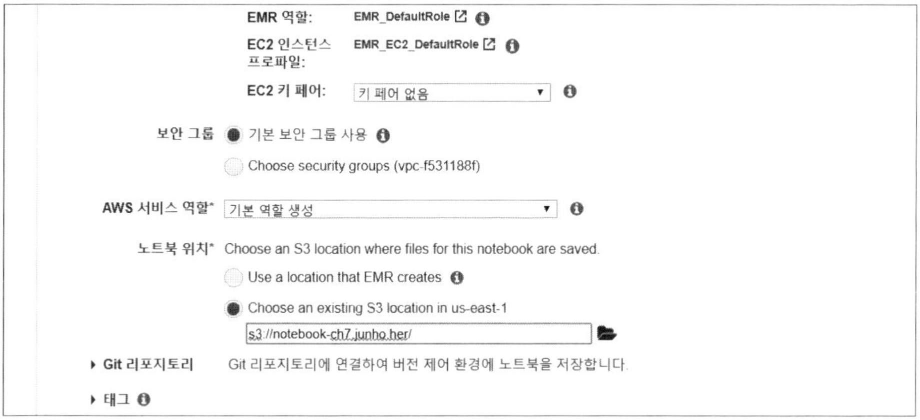

앞의 그림에 있는 내용은 다음과 같다.

- EMR 역할은 EMR 서비스가 다른 AWS 서비스(예를 들어 EC2)에 접근할 수 있는 권한을 부여하는 데 사용한다.
- EMR EC2 인스턴스 프로파일을 사용하면 EMR이 구동한 EC2 인스턴스가 다른 AWS 서비스(예를 들어 S3)에 접근하도록 할 수 있다.
- EMR 노트북과 EMR 클러스터의 마스터 노드 간에 통신할 수 있도록 EMR 클러스터 주변에 적절한 보안 그룹을 설정했다.
- EMR 클러스터가 다른 AWS 서비스와 연동할 수 있도록 EMR 클러스터에 서비스 역할을 할당했다.
- EMR 노트북 File에 있는 Save and Checkpoint를 클릭하면 EMR 노트북은 지정된 S3 위치에 저장된다.[1]

5. 이제 **노트북 생성**을 클릭해서 새로운 EMR 노트북을 시작한다. 그러면 다음 그림[2]에 나타난 것처럼 해당 노트북과 클러스터가 프로비저닝을 시작한다.

---

1 각자의 고유한 S3 버킷을 생성하고 선택하면 된다. – 옮긴이

2 이 그림은 프로비저닝이 완료된 모습이며, 프로비저닝이 진행 중일 때는 우측 상단의 상태가 '보류 중'으로 표시된다. – 옮긴이

6. EMR 노트북과 클러스터의 프로비저닝이 완료되면 **열기**를 클릭해서 노트북을 연다.[3] EMR 노트북을 사용해 데이터셋을 생성하는데 이는 Object2Vec 알고리즘을 경유해서 사용자에게 책을 추천하는 데 사용하고, 내장 세이지메이커 알고리즘으로 책에 대한 사용자의 선호도를 예측하는 데도 사용한다.

EMR 노트북에서는 다음의 다섯 가지 작업을 수행한다.[4]

1. `ratings.csv` 및 `books.csv` 파일을 읽는다.
2. 평점 데이터셋(`ratings.csv` 파일)을 분석해서 사용자와 도서에 따른 평점 수를 파악한다.

---

3 이 책을 번역하는 현재는 'JupyterLab에서 열기'와 'Jupyter에서 열기'라는 두 가지 열기 버튼이 있는데 이 책의 실습을 위해서는 후자의 열기를 선택한다. – 옮긴이

4 새로 생성되는 빈 'EMR_BookRatings.ipynb' 파일을 삭제하고, 이 책과 관련해 제공된 소스코드 중 7장 폴더에서 'EMR_BookRatings.ipynb' 파일을 찾아서 업로드해 연다. 그런 다음 책을 보면서 각 셀 별로 실행해 보자. – 옮긴이

3. 해당 원본 평점 데이터셋을 필터링해서 1% 이상의 도서를 평가한 사용자와 최소한 2% 이상의 사용자가 평가한 도서에 대한 평점만 남겨서 6백만 개의 평점을 1백만 개 이하로 줄인다.

   이렇게 하기 위해 다음 코드에서는 최소한 130권 이상의 책을 평가한 사용자와 최소한 1,200명 이상의 사용자가 평가한 책을 포함하도록 평점을 필터링했다.

```
# Filter ratings by selecting books that have been rated by at least
1200 users and users who have rated at least 130 books
fil_users = users.filter(F.col("count") >= 130)
fil_books = books.filter(F.col("count") >= 1200)
```

4. 평점 데이터셋에서 사용자와 도서 모두에 대한 색인('0'으로 시작)을 생성한다. 나중에 Object2Vec 알고리즘을 훈련할 때 이러한 색인이 필요하다.
5. 도서 제목도 포함한 결과 평점 데이터셋을 해당 S3 버킷에 저장(파케이 형식[5])한다. 이렇게 해서 평점 데이터셋은 도서의 인기 순으로 풍부한 사용자 선호 이력을 지니게 된다.
6. 평점 데이터셋 준비가 완료되면 다음 그림에 나온 것처럼 S3 버킷에 저장된다.

이름 ▾	마지막 수정 ▾	크기 ▾	스토리지 클래스 ▾
_SUCCESS	4월 22, 2020 12:39:32 오후 GMT+0900	0 B	스탠다드
part-00000-0ea06e6a-dd33-454d-99f5-41b5baf31ab0-c000.snappy.parquet	4월 22, 2020 12:39:16 오후 GMT+0900	49.4 KB	스탠다드
part-00001-0ea06e6a-dd33-454d-99f5-41b5baf31ab0-c000.snappy.parquet	4월 22, 2020 12:39:16 오후 GMT+0900	44.6 KB	스탠다드
part-00002-0ea06e6a-dd33-454d-99f5-41b5baf31ab0-c000.snappy.parquet	4월 22, 2020 12:39:16 오후 GMT+0900	25.7 KB	스탠다드
part-00003-0ea06e6a-dd33-454d-99f5-41b5baf31ab0-c000.snappy.parquet	4월 22, 2020 12:39:16 오후 GMT+0900	94.7 KB	스탠다드
part-00004-0ea06e6a-dd33-454d-99f5-41b5baf31ab0-c000.snappy.parquet	4월 22, 2020 12:39:16 오후 GMT+0900	32.8 KB	스탠다드
part-00005-0ea06e6a-dd33-454d-99f5-41b5baf31ab0-c000.snappy.parquet	4월 22, 2020 12:39:16 오후 GMT+0900	68.7 KB	스탠다드
part-00006-0ea06e6a-dd33-454d-99f5-41b5baf31ab0-c000.snappy.parquet	4월 22, 2020 12:39:16 오후 GMT+0900	34.0 KB	스탠다드
part-00007-0ea06e6a-dd33-454d-99f5-41b5baf31ab0-c000.snappy.parquet	4월 22, 2020 12:39:17 오후 GMT+0900	125.0 KB	스탠다드
part-00008-0ea06e6a-dd33-454d-99f5-41b5baf31ab0-c000.snappy.parquet	4월 22, 2020 12:39:17 오후 GMT+0900	63.0 KB	스탠다드

5 출력에 대한 내용에 이 파일 형식의 설명이 나온다. – 옮긴이

앞의 그림에 대한 설명은 다음과 같다.

- 데이터가 EMR 클러스터에서 병렬 처리되므로 출력은 몇 개의 parquet 파일로 나타난다.
- 아파치Apache 파케이는 아파치 하둡 에코시스템ecosystem[6]의 압축 방식 열 지향columnar 저장 형식을 말하며 오픈소스이다.
- 데이터를 행 지향 방식으로 저장하는 기존 방식과 비교했을 때 파케이는 저장 공간과 성능 측면에서 보다 효율적이다.
- 처리된 데이터셋을 S3에 저장했으면 불필요한 비용이 발생하지 않도록 노트북을 중지하고 클러스터를 종료한다.

이제 세이지메이커에서 기본으로 제공하는 Object2Vec 알고리즘을 파악하고 해당 모형의 훈련을 시작할 수 있다.

아마존 세이지메이커에서 훈련 수행

우선, Object2Vec 알고리즘이 동작하는 방식을 잠시 파악해 보자. 이 알고리즘은 고차원 객체object를 저차원으로 임베딩embedding할 수 있는 다목적 알고리즘이다. 이 과정을 차원 축소라고 하며 **주성분 분석**PCA, Principal Component Analysis이라는 통계적 기법으로 가장 많이 구현한다. 그러나 Object2Vec은 이러한 임베딩을 학습하는 데 신경망을 사용한다.

차원 축소 임베딩의 일반적인 응용은 고객 구분Customer Segmentation과 제품 검색Product Search[7]이다. 고객 구분에서는 유사한 고객일수록 저차원 공간에서 더 가깝게 나타난다. 이때 고

6 빅데이터 처리를 위한 여러 가지 기술 스택을 총칭하는 표현이다. – 옮긴이

7 온라인 쇼핑 분야에서 필요한 기능으로 일반적인 검색과 달리, 고객의 요구(검색어)에 적합한 제품을 찾아서 구매로 이어지도록 하는 목적을 갖고 있다. – 옮긴이

객이라는 객체는 이름, 연령, 집 주소, 이메일 주소와 같은 여러 속성으로 정의할 수 있다.[8] 제품 검색에서는 제품 임베딩으로 원본 데이터(제품 특징)에 있는 의미를 포착할 수 있고, 검색어(의미) 임베딩으로 원하는 제품 특성의 의미를 잘 파악할 수 있기 때문에 어떤 검색어 조합으로도 고객이 원하는 제품 조회가 가능하다.

이제 Object2Vec의 동작원리를 살펴보자.

Object2Vec의 동작원리

Object2Vec은 객체의 임베딩을 학습할 수 있는데 높은 평점을 받은 도서일수록 평점을 준 사용자와 해당 도서 간의 관계를 더욱 굳건히 한다. 이러한 아이디어는 취향이 비슷한 사용자일수록 비슷한 책을 높게 평가할 가능성이 더 높다는 사실에 기인한다. Object2Vec은 사용자와 도서의 임베딩을 활용해서 도서 평점을 예측하는데 사용자가 어떤 도서에 가까울수록 이 사용자가 해당 도서에 높은 평점을 주리라 예측한다. 해당 알고리즘은 (`user_ind` 및 `book_ind`) 쌍의 데이터를 다루는데 각 쌍에 **레이블**이 붙어 있어 사용자와 도서가 유사한지 여부를 표시한다. 즉, **레이블**은 도서 평점을 의미한다. 따라서 훈련한 모형으로 어느 사용자가 평가하지 않은 도서에 해당 사용자가 어떤 평점을 줄지 예측할 수 있다.

8 각 속성이 하나의 차원을 의미하고 특징을 나타내기 어려운 속성을 제거하는 식으로 차원 축소를 잘하면 유사 고객 간에 서로 가까워진다. – 옮긴이

다음은 Object2Vec이 동작하는 방식을 보여주는 개념도이다.

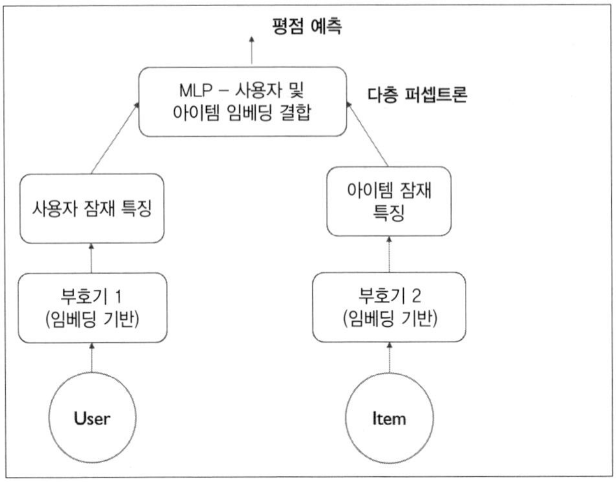

앞의 그림에서 다음을 볼 수 있다.

- 사용자 임베딩과 아이템 (또는 도서) 임베딩을 결합해 **다층 퍼셉트론**MLP, Multiple Layer Perceptron에 전달한다.
- 사용자와 도서 색인을 각각 원–핫 인코딩one-hot encoded으로 표현해서 사용자 임베딩과 도서 임베딩을 생성한다.
- MLP는 지도학습으로 네트워크의 가중치를 학습할 수 있으며 이러한 가중치는 사용자–도서 쌍의 점수 (또는 평점)을 예측하는 데 사용할 수 있다.

Object2Vec의 내부 동작을 더 잘 파악할 수 있도록 다음 그림을 참조하라.

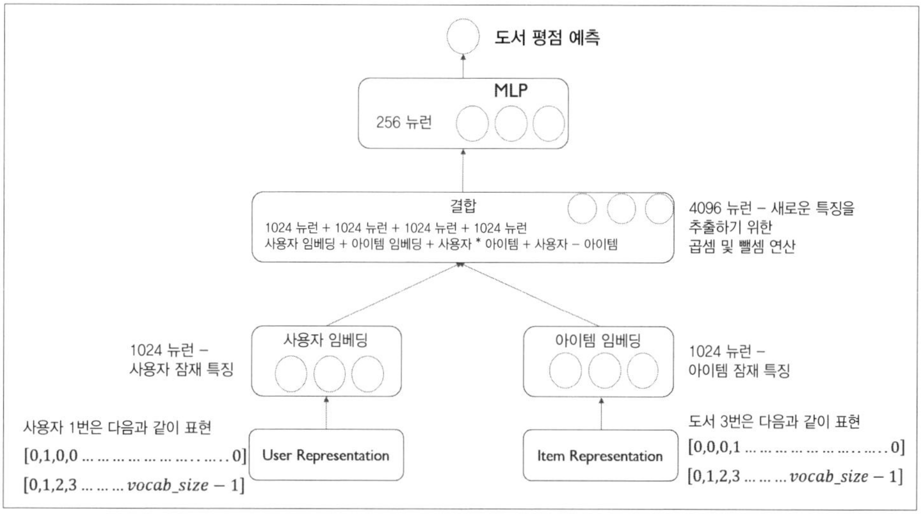

앞의 그림에서 다음을 볼 수 있다.

- Object2Vec은 사용자 및 도서 색인의 원-핫 인코딩 표현부터 시작한다. 예를 들어 실습에서 사용자를 12,347 크기의 배열로 표현하는데 이는 데이터셋에 총 12,347명의 고유한 사용자가 있음을 뜻한다. 사용자 1번은 배열 위치 1에 1을 표시하고, 배열의 다른 모든 위치는 0이다.
- 도서도 비슷한 방식으로 표현할 수 있다.
- 이 알고리즘은 이러한 표현의 차원을 줄이는데 1,024개 뉴런의 임베딩 계층을 사용자 및 도서 데이터에 각각 적용한다.
- Object2Vec은 사용자 임베딩 출력 1,024개와 아이템 임베딩 출력 1,024개에 대해 요소 간element-wise 곱셈 및 뺄셈을 해서 부가적인 특징을 더 추출한다.

즉, 사용자 임베딩과 도서 임베딩을 다양한 방식으로 비교한다. 그렇게 해서 이전 계층의 뉴런을 병합하면 전체적으로 4,096개의 뉴런이 생기게 된다. 그런 다음 알고리즘은 256개 뉴런의 단일 퍼셉트론 계층에 연결되고, 다시 1개 뉴런의 출력 계층에 완전히 연결된다. 그렇게 되면 이 하나의 뉴런은 대상 도서에 대한 특정 사용자의 평점을 예측한다.

이제 Object2Vec 알고리즘을 훈련할 차례이다.

Object2Vec 알고리즘의 훈련

알고리즘의 동작 방식을 파악했으므로 훈련 과정을 살펴보자.[9]

1. **데이터 처리**: JSON 행line 형식의 데이터를 입력하되, 최적의 성능을 내기 위해 무작위로 데이터 행을 섞는다. 나중에 볼 수 있듯이 `user index, book index, label=rating` 형태의 데이터를 전송한다.
2. **모형 훈련**: 훈련 및 검증 데이터를 알고리즘에 전달한다. 모형의 성능을 미세 조율하도록 설정할 수 있는 여러 가지 초매개변수가 있는데 다음 절에서 자세히 살펴볼 것이다. 이번 훈련에서는 목적 함수가 **평균 제곱 오차**MSE, Mean Squared Error를 최소화하도록 한다. 해당 오차는 레이블(실제 값)과 예측 평점 간의 차이이다.

모형 훈련을 끝낸 후에 추론에 사용할 수 있도록 엔드포인트로 배포할 것이다.

데이터 처리 과정에서는 다음과 같은 작업을 수행한다.

1. 다음 코드에 나와 있는 것처럼 먼저 S3 버킷에 있는 `parquet` 형식에 저장된 평점 데이터셋을 읽는다.

```
s3 = s3fs.S3FileSystem()

s3_bucket = 's3://notebook-ch7.junho.her/'
input_prefix = 'object2vec/bookratings.parquet'
dataset_name = s3_bucket + input_prefix

df_bkRatngs = pq.ParquetDataset(dataset_name, filesystem=s3).read_
pandas().to_pandas()
```

9 EMR 노트북이 아닌 세이지메이커 노트북 인스턴스를 생성한 뒤에 이 책과 관련해 제공된 소스코드 중 7장의 'Code' 폴더 안에 있는 전체 파일('EMR_BookRatings.ipynb' 파일은 제외)을 업로드한다. 주피터 노트북 인스턴스에서 이 절과 관련된 파일인 'object2vec_bookratings_reco.ipynb'를 열어 책을 보면서 각 셀 별로 실행해 보자. – 옮긴이

앞의 코드는 다음과 같이 동작한다.

- s3fs는 파이썬용 AWS SDK인 boto3를 기반으로 하는 파이썬 라이브러리로, S3를 대상으로 파일시스템 인터페이스를 제공한다.
- pyarrow 파이썬 라이브러리를 사용해 지정된 S3 버킷에서 분할된 parquet 파일을 읽는다. 즉, 데이터셋 이름과 파일시스템을 전달하면서 ParquetDataset() 함수를 호출한다.

2. 데이터셋을 읽은 후 다음 그림과 같이 화면에 표시해서 데이터를 올바르게 읽었는지 확인한다.

	book_id	user_id	rating	title	book_ind	user_ind
0	1159	32773	5	Stones from the River	80	6320
1	1159	47984	4	Stones from the River	80	9777
2	1159	29097	3	Stones from the River	80	5444
3	1159	5657	3	Stones from the River	80	10959
4	1159	19404	4	Stones from the River	80	2756

그런 다음 해당 데이터프레임을 Object2Vec 알고리즘에 필요한 형식으로 로딩한다. 각 사용자-도서 쌍 및 평점 레이블에 대해 load_df_data() 함수를 호출해서 리스트의 엔트리로 만든다. load_df_data() 함수를 더 자세히 알고 싶다면 이 책과 관련해 제공된 소스코드 중 7장의 'UtilityFunctions.py' 파일을 참조하기를 바란다.

모형 훈련은 데이터셋을 훈련, 검증, 테스트 셋으로 분할하는 것으로 시작한다. 각 셋에 대해 write_data_list_to_jsonl() 함수를 호출해서 Object2Vec에 필요한 형식인 .jsonl (JSON 행) 파일을 만든다. jsonl 파일의 예는 다음 그림과 같다.

```
{"in0": [1832], "in1": [392], "label": 4.0}
{"in0": [3093], "in1": [233], "label": 3.0}
{"in0": [3412], "in1": [385], "label": 4.0}
{"in0": [828], "in1": [561], "label": 5.0}
{"in0": [4267], "in1": [194], "label": 4.0}
{"in0": [11478], "in1": [504], "label": 5.0}
{"in0": [3858], "in1": [555], "label": 4.0}
{"in0": [6739], "in1": [144], "label": 4.0}
{"in0": [11708], "in1": [183], "label": 4.0}
```

1. 준비된 데이터셋을 지정된 S3 버킷에 업로드한다.
2. 다음과 같이 Object2Vec 알고리즘의 도커 이미지를 가져온다.

```
container = get_image_uri(boto3.Session().region_name, 'object2vec')
```

앞의 코드에 대한 설명은 다음과 같다.

- Object2Vec 도커 이미지의 URI(Uniform Resource Identifier)를 얻기 위해 로컬 세이지메이커 세션의 리전 이름과 알고리즘의 이름을 매개변수로 해서 get_image_uri() 함수를 호출했다.
- get_image_uri() 함수는 세이지메이커 파이썬 SDK의 일부의다.

Object2Vec 알고리즘의 도커 이미지 URI를 얻은 후에 다음과 같이 초매개변수를 정의한다.

- **부호기 망**(Encoder Network): 다음의 초매개변수를 포함한다.
  - enc0_layers: 부호기 망의 계층 수이다.
  - enc0_max_seq_len: 부호기 망으로 전송하는 최대 시퀀스 수이다(여기서는 하나의 사용자 시퀀스만 망으로 전송함).
  - enc0_network: 여러 임베딩의 집계 방법을 정의한다. 여기서는 한 번에 하나의 사용자 임베딩을 다루므로 집계는 필요하지 않다.
  - enc0_vocab_size: 첫 번째 부호기의 어휘(vocabulary) 크기를 정의한다. 부호기의 어휘 크기는 데이터셋에 있는 사용자 수를 나타낸다.

해당 망에는 두 개의 부호기가 있으므로 동일한 초매개변수를 부호기 1에도 적용한다. 다만, 부호기 1의 어휘 크기를 적절하게 정의해야 하는데 이 어휘 크기는 데이터셋에 있는 도서 수(enc1_vocab_size: 985)이다.

- MLP: 다음의 초매개변수를 포함한다.
    - mlp_dim: MLP 계층에 있는 뉴런 수이다. 이번 실험experiment에서 뉴런 수를 256으로 설정했다.
    - mlp_layers: MLP 망의 계층 수이다. 이번 실험에서는 단일 계층을 사용한다.
    - mlp_activation: MLP 계층의 활성화 함수이다. 이번 실험에서는 더 빠르게 수렴하고 기울기 소실vanishing gradient 문제를 일으키지 않도록 ReLURectified Linear Unit 활성화 함수를 사용한다. ReLU 활성화 함수는 $y = max(0, x)$로 정의된다.
- 다음 초매개변수는 Object2Vec의 훈련을 제어한다.
    - epochs: 순전파 및 역전파 패스 횟수로 여기서는 10을 사용한다.
    - mini_batch_size: 가중치를 업데이트하기 전에 처리하는 훈련 데이터 수로, 여기서는 64를 사용한다.
    - early_stopping_patience: 저성능 에폭(손실이 개선되지 않는 에폭)의 최대 반복 횟수로, 이 기준을 넘어서면 조기 종료하는데 여기서는 그 값으로 2를 사용한다.
    - early_stopping_tolerance: 연속된 두 에폭 간 손실 함수의 향상 비율로, 이 기준 미만으로 향상되면 훈련을 조기 종료한다. 앞의 인내patience 에폭 횟수 다음에 오는 조기 종료 조건으로 여기서는 그 값으로 0.01을 사용한다.
- 기타로는 다음과 같은 초매개변수가 있다.
    - optimizer: 최적의 망매개변수에 도달하기 위한 최적화optimization 알고리즘이다. 이번 실험에서는 Adam이라고도 하는 적응 모멘트 추정Adaptive Moment Estimation을 사용하는데 Adam은 각 매개변수 별로 학습률Learning Rate을 계산한다. 희소sparse 데이터의 특징 또는 입력과 관련된 매개변수는 조밀한dense 데이터를 다룰 때보다 많은 업데이트를 한다. 또한 Adam은 각 매개변수 별

로 모멘텀 변경 값을 계산한다. 역전파 동안 더 빨리 수렴하려면 올바른 방향으로 탐색하는 것이 중요하기 때문에 모멘텀의 변경은 올바른 방향을 잡는 데 도움이 된다.

- output_layer: 망이 분류기classifier인지 회귀자regressor인지를 정의한다. 여기서는 망이 비율(확률)을 학습하기 때문에 해당 출력 계층을 평균 제곱 오차(선형)로 정의한다.

초매개변수를 정의한 후 Object2Vec 추정기estimator를 다음 코드와 같이 준비된 데이터셋에 맞춘다(훈련 및 검증).

```
## 추정기 설정
regressor = sagemaker.estimator.Estimator(container,
                                          role,
                                          train_instance_count=1,
                                          train_instance_type='ml.m5.4xlarge',
                                          output_path=output_path,
                                          sagemaker_session=sess)

## 초매개변수 설정
regressor.set_hyperparameters(**static_hyperparameters)

## 모형의 훈련, 조율 및 검증
regressor.fit(input_paths)
```

앞의 코드는 다음을 수행한다.

1. 도커 이미지, 현재 실행 역할role, 훈련 인스턴스 수와 유형 및 현재 sagemaker 세션을 전달해서 Object2Vec 추정기를 생성한다.
2. set_hyperparameters() 함수로 새로 생성한 Object2Vec 추정기의 초매개변수를 설정한다.
3. Estimator 객체의 fit() 함수로 해당 모형을 훈련 및 검증 데이터셋에 맞춘다.

4. 훈련 시간은 훈련 인스턴스 유형 및 수에 따라 달라진다. 단일 `m5.4xlarge` 머신러닝 인스턴스를 사용해서 10에폭을 완료하는 데 두 시간이 소요됐다.

진행 중인 훈련 작업을 모니터링하려면 세이지메이커 서비스 왼쪽의 **훈련** 섹션에 있는 **훈련 작업**을 클릭한 후 현재 진행 중인 작업 이름을 클릭한다. 그런 다음 **모니터링** 섹션으로 가서 다음 그림과 같이 훈련 작업의 진행 상황을 확인하라.

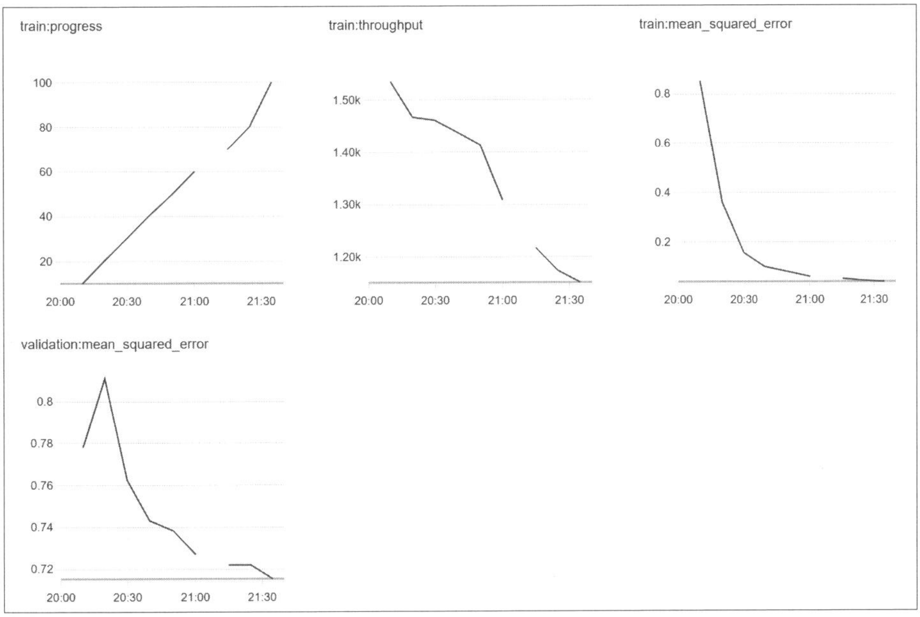

앞의 그림에서 볼 수 있듯이 훈련 MSE가 감소함에 따라 검증 MSE도 감소한다. 비록 검증 데이터셋에서 오류 감소는 훈련 데이터셋에서의 감소만큼 가파르지는 않다. 이 대시 보드로 훈련 처리량throughput도 모니터링할 수 있다.

훈련을 완료했기 때문에 추론에 사용할 수 있도록 엔드포인트에 배포해 보자.

훈련한 Object2Vec의 배포 및 추론 수행

이제 훈련한 Object2Vec 모형을 배포해 보자. 세이지메이커 SDK는 훈련한 모형을 원활하게 배포할 수 있는 메소드를 제공한다.

1. 다음 코드와 같이 훈련 작업에서 세이지메이커 Estimator 객체의 create_model() 메소드로 모형을 생성한다.

```
from sagemaker.predictor import json_serializer, json_deserializer

# 훈련한 알고리즘으로 모형 생성
regression_model = regressor.create_model(
                        serializer=json_serializer,
                        deserializer=json_deserializer,
                        content_type='application/json')
```

   create_model() 메소드로 추론 시의 페이로드에 사용할 직렬 변환기serializer와 역직렬 변환기deserializer의 유형을 전달했다.

2. 모형 생성 후 다음 코드와 같이 세이지메이커 Model 객체의 deploy() 메소드로 해당 모형을 엔드포인트로 배포할 수 있다.

```
        # 모형의 배포
        predictor = regression_model.deploy(initial_instance_count=1,
instance_type='ml.m4.xlarge')
```

   deploy() 메소드로 엔드포인트의 운영에 사용할 인스턴스 수와 유형을 지정했다.

3. Object2Vec 모형을 엔드포인트로 배포하면 **추론** 그룹(세이지메이커 서비스 아래의 왼쪽 탐색 메뉴에 있음) 아래의 **엔드포인트** 섹션으로 들어가 볼 수 있다. 배포된 엔드포인트의 상태는 다음 그림처럼 해당 섹션에 들어가서 볼 수 있다.

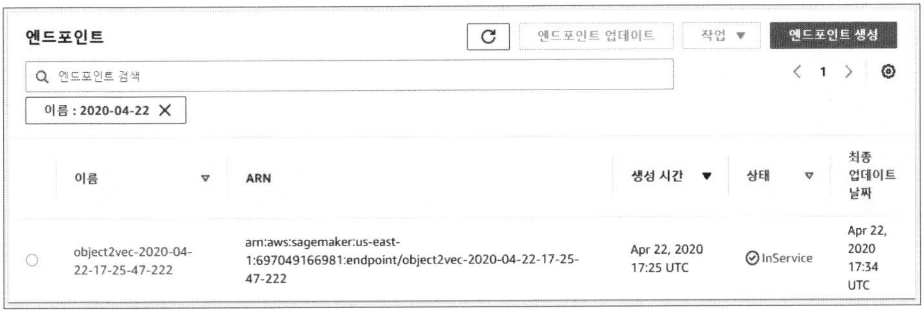

이제 사용 가능한 Object2Vec 엔드포인트가 있으므로 추론을 실행해 보자.

4. 입력과 출력에 대해 각각 직렬화serialization 및 역직렬화deserialization 유형과 더불어 엔드포인트 이름을 전달해서 RealTimePredictor 객체(세이지메이커 파이썬 SDK)를 생성한다. RealTimePredictor 객체를 초기화하는 방법은 다음 코드를 참조하라.

```
        from sagemaker.predictor import RealTimePredictor, json_serializer,
json_deserializer
        predictor = RealTimePredictor(endpoint='object2v
ec-2020-04-22-17-25-47-222', sagemaker_session=sess, serializer=json_
serializer,
                                     deserializer=json_deserializer,
                                     content_type='application/json')
```

현재 엔드포인트에 맞게 엔드포인트 이름(RealTimePredictor 객체의 첫 번째 인자)을 변경할 수 있다.

5. 다음 코드와 같이 RealTimePredictor의 predict() 메소드를 호출한다.

```
        # 예측 값을 얻기 위해 엔트포인트에 데이터 전송
        prediction = predictor.predict(test_data)

        print("The mean squared error on test set is %.3f" %get_mse_
loss(prediction, test_label))
```

앞의 코드에서 test_data는 Object2Vec이 사용할 수 있는 형식이어야 한다. data_list_to_inference_format() 함수를 사용해서 테스트 데이터를 인스턴스와 레이블의 두 가지 컴포넌트로 변환한다. 이 함수를 더 자세히 알고 싶다면 7장과 관련된 소스코드(UtilityFunctions.py 파일)를 참조하라. 테스트 데이터가 어떻게 구성돼 있는지 알고 싶다면 다음 그림을 확인하라.

```
infer_data :  {'instances': ({'in0': [8488], 'in1': [725]}, {'in0': [3917], 'in1': [550]}, {'in0': [6106], 'in1': [193]},
{'in0': [2257], 'in1': [52]}, {'in0': [3783], 'in1': [555]}, {'in0': [11195], 'in1': [832]}, {'in0': [864], 'in1': [228]},
{'in0': [4856], 'in1': [626]}, {'in0': [10875], 'in1': [626]}, {'in0': [2203], 'in1': [46]}, {'in0': [9206], 'in1': [478]}
{'in0': [4678], 'in1': [123]}, {'in0': [6899], 'in1': [0]}, {'in0': [8491], 'in1': [294]}, {'in0': [1869], 'in1': [1]}, {'
```

앞의 그림에서 볼 수 있듯이 0번 색인(in0)과 1번 색인(in1)에는 각각 사용자와 도서에 대한 고유한 색인이 있어야 한다. 테스트 레이블에 대해서는 다음 그림과 같이 연관된 사용자 및 도서 쌍에 대한 평점 데이터 리스트를 만든다.

```
label : (5.0, 1.0, 5.0, 3.0, 3.0, 4.0, 3.0, 4.0, 2.0, 4.0, 4.0, 5.0, 4.0, 5.0, 5.0, 3.0, 3.0, 5.0, 4.0, 5.0, 4.0, 3.0, 5.0,
4.0, 4.0, 5.0, 5.0, 4.0, 3.0, 4.0, 4.0, 3.0, 2.0, 3.0, 3.0, 5.0, 4.0, 3.0, 3.0, 3.0, 3.0, 3.0, 3.0, 4.0, 5.0, 3.0, 4.0, 3.0,
5.0, 4.0, 3.0, 4.0, 4.0, 4.0, 3.0, 5.0, 5.0, 4.0, 2.0, 5.0, 5.0, 5.0, 5.0, 5.0, 3.0, 4.0, 5.0, 5.0, 3.0, 4.0, 1.0, 5.0, 4.0,
5.0, 3.0, 5.0, 1.0, 4.0, 3.0, 5.0, 3.0, 4.0, 5.0, 3.0, 4.0, 5.0, 4.0, 4.0, 3.0, 2.0, 5.0, 4.0, 2.0, 2.0, 3.0, 5.0, 5.0, 3.0,
5.0, 2.0)
```

앞의 그림에서 볼 수 있듯이 테스트 데이터셋에 있는 첫 100개의 사용자 및 도서 쌍을 `RealTimePredictor`의 `predict()` 함수로 전달한다. 결과 MSE는 0.110이다.

6. 이 MSE와 단순한 도서 평점 계산 방식들의 MSE를 비교해 보자.

   ○ **비교 기준**Baseline 1: 테스트 데이터셋의 각 사용자 및 도서 쌍에 대한 평점은 다음 코드와 같이 모든 사용자의 평균 도서 평점으로 계산한다.

```
train_label = [row['label'] for row in copy.deepcopy(train_list)]

bs1_prediction = round(np.mean(train_label), 2)
print("The validation mse loss of the Baseline 1 is {}".format(
                    get_mse_loss(len(test_label)*[bs1_prediction], test_
label)))
```

모든 사용자의 평균 평점을 계산하려면, 다음과 같이 한다.

- 훈련 데이터셋의 모든 평점을 읽어 레이블 리스트인 `train_label`을 만든다.

- 해당 train_label을 사용해 평균을 계산한다. get_mse_loss() 함수는 MSE를 계산하는데 모든 사용자의 평균 평점을 test_label에 있는 각 평점에서 차감한다.
- 해당 오차를 제곱하고 모든 테스트 사용자에 대해 평균을 구하는데 자세한 내용은 첨부된 소스코드를 참조하라. 이 방식의 MSE는 1.13이다.

◦ **비교 기준 2**: 테스트 데이터셋의 각 사용자 및 도서 쌍의 평점은 다음 코드와 같이 해당 사용자의 평균 도서 평점(즉, 해당 사용자가 평가한 모든 도서의 평균 평점)이다.

```
def bs2_predictor(test_data, user_dict):
  test_data = copy.deepcopy(test_data['instances'])
  predictions = list()
  for row in test_data:
      userID = int(row["in0"][0])
```

bs2_predictor() 함수에 테스트 데이터와 훈련 데이터셋에 있는 사용자 딕셔너리를 전달했다. 다음 코드와 같이 테스트 데이터의 각 사용자가 훈련 데이터셋에 있다면 해당 사용자가 평가한 모든 도서의 평균 도서 평점을 계산하고, 그렇지 않다면 모든 사용자의 평균 평점을 취한다.

```
if userID in user_dict:
  local_books, local_ratings = zip(*user_dict[userID])
  local_ratings = [float(score) for score in local_ratings]
  predictions.append(np.mean(local_ratings))
else:
  predictions.append(bs1_prediction)

return predictions
```

앞의 `bs2_predictor()` 함수에 있는 `zip(*)` 함수는 각 사용자 별 도서 및 평점 리스트를 리턴하는 데 사용하고 `bs1_prediction`은 훈련 데이터셋에 있는 모든 사용자에 대한 평균 평점이다. 이 방식의 MSE는 0.82이다.

보다시피 `Object2Vec`의 MSE는 0.110으로 다음의 비교 기준들보다 좋다.

- **비교 기준 1의 MSE**: 1.13으로 예상되는 도서 평점은 모든 사용자에 대한 전체 평균 도서 평점이다.
- **비교 기준 2의 MSE**: 0.82로 예상되는 도서 평점은 사용자가 평가한 평균 도서 평점이다.

기본 제공하는 세이지메이커 알고리즘인 `Object2Vec`을 훈련하고 평가했으므로 세이지메이커가 제공하는 다른 기능들로 초매개변수의 조율을 자동화할 수 있다.

초매개변수 최적화(HPO) 수행

데이터 과학자가 모형에 최고 성능을 이끌 초매개변수 값의 최적 조합을 도출하려면, 엄청난 시간을 들이고 수많은 실험을 수행해야 한다. 왜냐하면 이 과정은 대체로 시행 착오를 기반으로 하기 때문이다.

격자 탐색 Grid Search은 데이터 과학자가 전통적으로 사용하는 기법이긴 하지만 차원의 저주로 인해 어려움을 겪는다. 예를 들어 각각 다섯 개의 가능한 값을 갖는 두 개의 초매개변수가 있다면 객체 함수를 스물 다섯 번(5×5) 계산한다. 초매개변수 개수의 증가에 따라 목적 함수 계산 횟수는 과도하게[10] 증가한다.

무작위 탐색 Random Search은 초매개변수의 모든 조합을 소모적으로 검색하지 않고 초매개변수의 값을 임의로 선택해 이러한 문제를 해결한다. 버그스트라Bergstra 등은 이에 관한 논문

10 초매개변수의 개수는 목적 함수 계산 횟수 계산식에서 지수의 형태로 들어간다. – 옮긴이

에서 매개변수[11] 공간의 무작위 탐색이 격자 탐색보다 더 효과적이라고 주장한다.

이는 어떤 매개변수가 다른 매개변수보다 목표 함수에 주는 영향이 훨씬 적다는 아이디어에 근거하고 있다. 격자 탐색에서는 모든 매개변수를 대상으로 선택할 수 있는 값의 개수가 제한적이다. 즉 같은 시도 횟수에 대해 무작위 탐색은 각 매개변수에 대해 더 많은 값을 탐색할 수 있다. 다음은 격자 탐색과 무작위 탐색 간에 차이점을 보여주는 다이어그램이다.

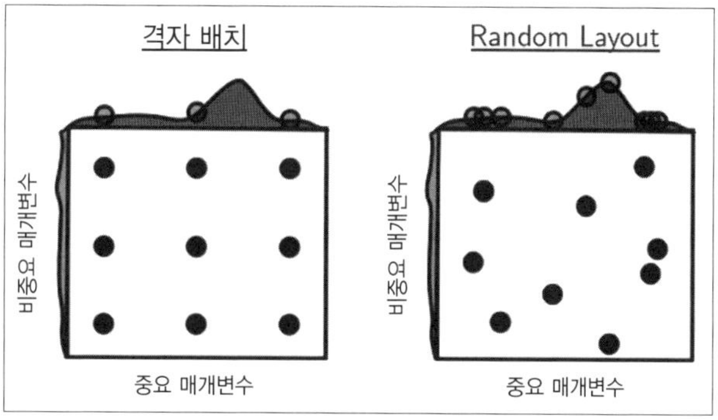

앞의 그림에서 볼 수 있듯이 무작위 탐색에서는 중요한 매개변수에 대한 더 많은 값을 테스트할 수 있으므로 모형 훈련 시 성능 향상을 꾀할 수 있다.

이러한 기법 중 어느 것도 초매개변수 최적화 과정을 자동화하지는 않는다. 세이지메이커의 **초매개변수 최적화**HPO, Hyperparameter Optimization는 초매개변수의 최적 조합을 선택하는 과정을 자동화하는데 그 동작 방식은 다음과 같다.

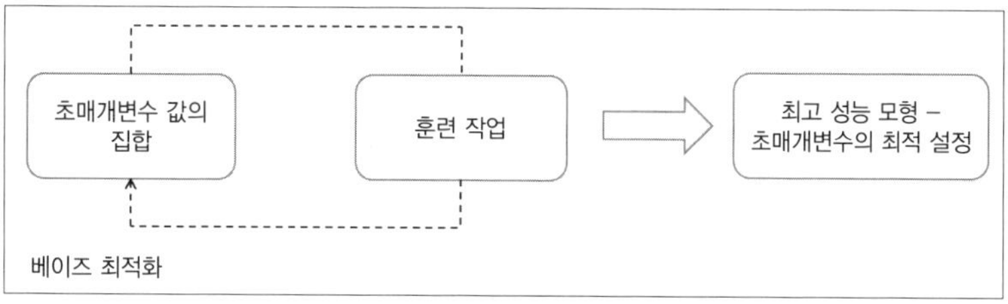

11 매개변수라고 표현하고 있으나 초매개변수라고 생각하자. – 옮긴이

다음 사항을 살펴보자.

- HPO는 알고리즘 훈련에 대한 초매개변수 조합을 베이지안 기법Bayesian Technique으로, 반복해서 선택한다.
- HPO는 모든 이전 과정의 모형 성능과 초매개변수 설정을 고려해서 다음 초매개변수 집합을 선택한다.
- '획득 함수Acquisition Function'를 이용해서 어디가 비용 함수Cost Function를 낮출 차선책인지 결정한다.
- 지정한 반복 횟수를 거치면 최고 성능의 모형을 도출하는 가장 적합한 초매개변수를 설정할 수 있다.

`Object2Vec` 알고리즘에 대해 조율할 초매개변수를 선택하자.

- `learning_rate`: 신경망의 가중치를 최적화하는 속도를 제어한다.
- `dropout`: 순전파 및 역전파 시 각 계층 별로 무시할 뉴런의 비율
- `enc_dim`: 사용자 및 아이템 임베딩을 생성하는 뉴런 수
- `mlp_dim`: MLP 계층에 있는 뉴런 수
- `weight_decay`: 과적합overfitting을 방지하기 위해 특정 요소factor 값에 비례해서 가중치를 감소시키는 L2 정칙화regularization를 적용하는데 사용할 요소 값이다.

`sagemaker` 파이썬 SDK의 `HyperparameterTuner` 클래스를 사용해서 조율 작업[12]을 생성한다. 조율 작업의 목표는 검증 데이터셋에 대한 MSE를 줄이는 데 있으며 예산과 시간에 따라 실행할 훈련 작업의 수를 선택할 수 있다. 이번 실습에서는 한 번에 하나의 작업만 실행해서 총 열 개의 작업을 실행하지만 여러 작업을 병렬로 실행하도록 선택할 수도 있다.

초매개변수 조율 작업을 인스턴스화하려면 다음과 같이 한다.

12 조율 작업도 결국은 일종의 훈련 작업이다. – 옮긴이

- 다음 코드와 같이 조율할 초매개변수를 정의하고 목적 함수를 지정한다.

```
tuning_job_name = "object2vec-job-{}".format(strftime("%d-%H-%M-%S",
gmtime()))

hyperparameters_ranges = { "learning_rate": ContinuousParameter(0.0004, 0.02),
                          "dropout": ContinuousParameter(0.0, 0.4),
                          "enc_dim": IntegerParameter(1000, 2000),
                          "mlp_dim": IntegerParameter(256, 500),
                          "weight_decay": ContinuousParameter(0, 300) }

objective_metric_name = 'validation:mean_squared_error'
```

앞의 코드에서 볼 수 있듯이 초매개변수 각각의 범위를 정의했다. 목적 함수는 검증 데이터셋에 대한 평균 제곱 오류로 지정했다.

- Object2Vec 모형을 훈련하는 추정기를 정의한다. 해당 추정기는 시작될 인스턴스 수와 유형과 함께 초매개변수로 초기화한다. 7장 관련 소스코드를 참조하기를 바란다.[13]
- 다음과 같이 추정기, 목적 함수와 유형, 실행할 최대 작업 수를 전달해서 HyperparameterTuner 작업을 정의한다.

```
tuner = HyperparameterTuner(regressor, objective_metric_name, hyperparameters_
ranges, objective_type='Minimize', max_jobs=5, max_parallel_jobs=1)
```

HyperparameterTuner 객체는 (regressor라고 정의한) 추정기를 입력받는다.

- 다음 코드와 같이 조율기를 훈련 및 검증 데이터셋에 맞춘다.

```
tuner.fit({'train': input_paths['train'], 'validation': input_
paths['validation']},
          job_name=tuning_job_name, include_cls_metadata=False)
tuner.wait()
```

13 코드 중에서 sagemaker 파이썬 SDK의 Estimator 클래스로 정의하는 부분이다. – 옮긴이

HyperparameterTuner의 fit() 메소드로 훈련 및 검증 데이터셋의 위치를 전달하고 조율기가 모든 작업을 완료할 때까지 기다린다.

다음 그림은 HyperparameterTuner가 다른 초매개변수 셋으로 실행한 몇 가지 훈련 작업을 나타낸다.

	이름	상태	목표 지표 값	생성 시간	훈련 기간
○	object2vec-job-22-19-23-59-008-0b1f7095	Completed	1.0241284370422363	Apr 23, 2020 00:30 UTC	50 분
○	object2vec-job-22-19-23-59-007-70faaf0f	Completed	1.0203434228897095	Apr 23, 2020 00:22 UTC	59 분
○	object2vec-job-22-19-23-59-006-5269dc5f	Completed	1.0208133459091187	Apr 22, 2020 23:12 UTC	1 시간, 15 분
○	object2vec-job-22-19-23-59-005-727b53c2	Completed	1.0203508138656616	Apr 22, 2020 21:52 UTC	2 시간, 19 분
○	object2vec-job-22-19-23-59-004-fe1a1475	Completed	1.0217067003250122	Apr 22, 2020 20:21 UTC	1 시간, 19 분
○	object2vec-job-22-19-23-59-003-499ee43d	Completed	1.020224928855896	Apr 22, 2020 20:14 UTC	2 시간, 56 분
○	object2vec-job-22-19-23-59-002-1448f95c	Completed	1.0202056169509888	Apr 22, 2020 19:24 UTC	47 분
○	object2vec-job-22-19-23-59-001-3ca886e2	Completed	1.0202046632766724	Apr 22, 2020 19:24 UTC	55 분

각 작업 별로 사용한 초매개변수와 목적 함수의 값을 볼 수 있다.[14]

MSE가 가장 낮은 최적의 작업을 보려면 다음 그림처럼 **최고 훈련 작업** 탭을 클릭한다.

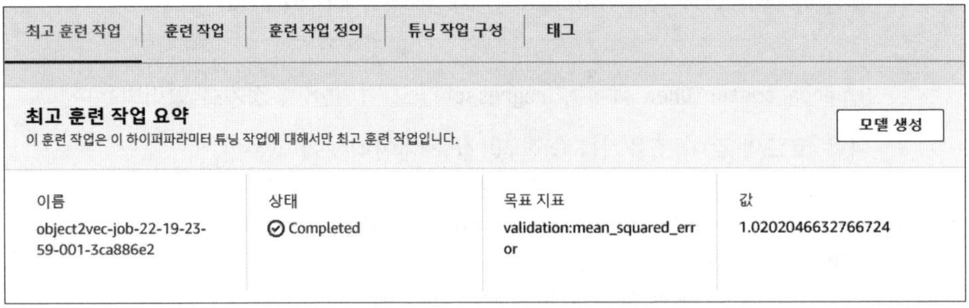

14 각 작업을 클릭해서 들어가면 사용한 초매개변수를 볼 수 있다. – 옮긴이

작업이 모두 끝나면 초매개변수 최적화 결과를 분석해서 조율 작업 실행에 따라 MSE가 어떻게 변하는지 등을 알 수 있다. 또한 학습 속도, 드롭아웃, 가중치 감소 그리고 부호기 및 MLP의 차원 수 등 조율할 초매개변수와 MSE 간의 상관 관계correlation 여부도 확인할 수 있다.

다음 코드에서는 훈련 작업을 실행할 때 MSE가 어떻게 변하는지 보여준다.

```
objTunerAnltcs = tuner.analytics()
dfTuning = objTunerAnltcs.dataframe(force_refresh=False)
p = figure(plot_width=500, plot_height=500, x_axis_type = 'datetime')
p.circle(source=dfTuning, x='TrainingStartTime', y='FinalObjectiveValue')
show(p)
```

앞의 코드에서 이전에 생성한 HyperparameterTuner의 분석 객체를 만든 후 해당 분석 객체의 데이터프레임DataFrame을 얻는다. 해당 데이터프레임에는 조율기가 실행한 모든 훈련 작업의 메타데이터가 들어 있다. 그런 다음 시간에 따른 MSE를 그린다.

다음 다이어그램에서 MSE가 훈련 시간에 따라 어떻게 변하는지 볼 수 있다.

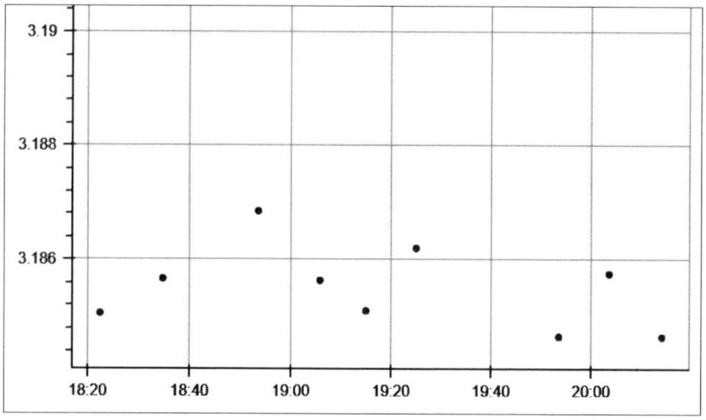

보다시피 플롯plot 모양이 매우 들쭉날쭉하다. 하지만 훈련 작업 수를 늘리면 초매개변수 조율 작업이 수렴될 것이다.

세이지메이커의 또 다른 중요한 기능, 즉 실험 서비스 또는 탐색을 살펴볼 차례이다.

세이지메이커의 실험 관리 서비스

세이지메이커의 검색Search 서비스로 실험을 관리하는 목적은 모형의 개발 및 실험 과정을 빠르게 해서 데이터 과학자와 개발자의 생산성을 높여 머신러닝 솔루션을 출시하는 데 필요한 전체 시간을 줄이는 데 있다.

머신러닝 생명주기(지속적인 실험 및 조율)에서는 새로운 학습 알고리즘의 훈련을 시작할 때 모형 성능을 향상하려고 초매개변수를 조율한다. 조율을 반복할 때마다 모형의 성능이 어떻게 좋아지는지 확인해야 한다.

이러한 반복 조율로 여러 버전의 실험과 모형이 생기기 때문에 최종 최적화 모형의 선택이 더디다. 게다가 출시 모형의 성능도 모니터링해야 하는데 해당 모형의 예측 성능이 낮다면 훈련 및 검증 시 사용한 데이터와 실제 데이터가 어떻게 다른지 알아야 한다.

세이지메이커의 검색 서비스는 다음과 같은 기능을 제공해서 위에 언급한 모든 문제를 해결한다.

- **모형 훈련 실험의 구성, 추적 및 평가**: 최고winning 모형 순위표를 생성하고 모형 훈련 실행 결과 목록을 만들며 훈련 손실 및 검증 정확도 등의 성능 지표로 모형을 비교한다.
- **가장 관련 있는 훈련 실행 결과의 원활한 검색 및 조회**: 실행 결과는 훈련 작업의 이름, 상태, 시작 시간, 마지막으로 수정한 시간, 실패 이유 등의 주요 속성으로 검색할 수 있다.
- **실제 환경에 배포한 모형의 계보 추적**: 사용한 훈련 데이터, 설정한 초매개변수 값, 최종 모형 성능, 배포된 모형의 버전 등을 추적한다.

세이지메이커의 검색 서비스에 있는 기능을 살펴보자.

1. 아마존 세이지메이커 서비스의 왼쪽 탐색 창에서 **검색** 메뉴를 선택한다.
2. `Object2Vec` 알고리즘으로 수행했던 실험을 검색하라.
    1. **검색** 부분에서 **속성** 중 AlgorithmSpecification.TrainingImage를 선택한다.
    2. **연산자** 중 Contains를 선택한다.
    3. 다음 화면에 입력한 것과 같이 **값** 아래 입력란에 Object2Vec을 넣는다.

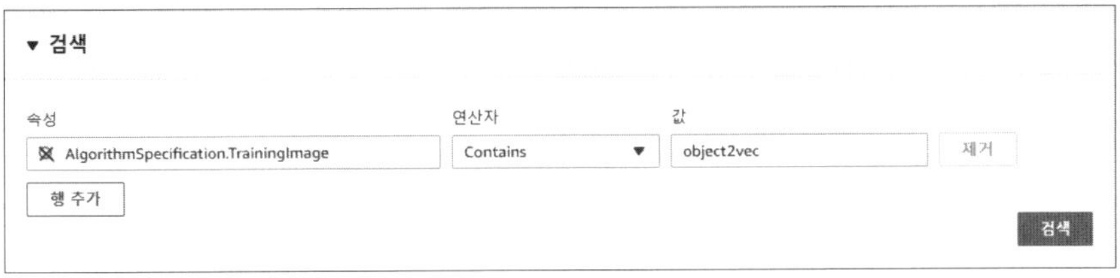

다음과 같이 파이썬용 AWS SDK인 `boto3`를 사용해서 프로그래밍 방식으로 실험을 검색할 수도 있다.[15]

```
sgmclient = boto3.client(service_name='sagemaker')
results = sgmclient.search(**search_params)
```

앞의 코드에서는 서비스 이름을 전달해서 `sagemaker` 클라이언트를 인스턴스화했다.

3. 다음 코드와 같이 검색 매개변수를 전달해서 세이지메이커 클라이언트의 검색 함수를 호출한다.

```
search_params={
  "MaxResults": 10,
  "Resource": "TrainingJob",
  "SearchExpression": {
    "Filters": [{
```

15 주피터 노트북 인스턴스에서 이 절과 관련된 파일인 'SageMakerSearch.ipynb'를 열어 책을 보면서 각 셀 별로 실행해 보자. – 옮긴이

```
                "Name": "AlgorithmSpecification.TrainingImage",
                "Operator": "Contains",
                "Value": "object2vec"
            }
        ]},
    "SortBy": "Metrics.validation:mean_squared_error",
    "SortOrder": "Descending"
}
```

앞의 코드 블록에서는 찾고자 하는 자원의 유형, 검색 결과 표시 행의 최대 수, 검색 표현, 정렬 기준, 정렬 순서 등의 검색 매개변수를 정의했다. 그런 다음 세이지메이커 클라이언트의 검색 함수에 해당 검색 매개변수를 전달해서 결과를 조회한다.

최고 훈련 작업을 찾으려면 다음과 같이 하라.

1. 앞서 설명한 대로 실험 결과를 검색하라. `TrainingJob`, `TuningJob`, `AlgorithmSpecification`, `InputDataConfiguration`, `ResourceConfiguration` 등의 몇몇 속성을 기반으로 검색할 수 있다.
2. 관련 실험 결과를 조회하고 나면, 목표 지표를 기준으로 해당 실험 결과를 정렬해서 최고 훈련 작업을 찾을 수 있다.

최상의 모형을 배포하려면 다음 절차를 따라야 한다.

1. 최고 훈련 작업을 클릭해서 상단의 **모델 생성** 버튼을 클릭한다.
2. 세부 사항 중에서 모형을 생성에 사용할 **모델 아티팩트 및 추론 이미지**의 경로를 지정한다. 모형을 생성하고 나면 세이지메이커 서비스의 **추론** 섹션(왼쪽 탐색 메뉴) 아래에 있는 **모델**을 선택한다.
3. **배치 변환 작업 생성**과 **엔드포인트 생성**이라는 두 가지 옵션이 있는데[16] 실시간 추론을 하려면 **엔드포인트 생성**을 클릭해서 설정 세부 사항을 입력한다.

16 번역하는 현재 한글 콘솔에서 전자는 옵션이 아닌 별도의 메뉴로 분리돼 있다. – 옮긴이

배포한 모형의 계보를 추적하려면 다음과 같이 하라.

1. 왼쪽 탐색 창에서 **엔드포인트**를 고르고, 최고 모형의 엔드포인트를 선택한다.
2. **엔드포인트 구성 설정**으로 가서 해당 엔드포인트를 생성하는 데 사용했던 **훈련 작업**의 하이퍼링크를 찾는다.
3. 해당 하이퍼링크를 클릭하면 다음 그림과 같이 모형과 훈련 작업에 대한 세부 정보를 볼 수 있다.

모델 이름	훈련 작업	변형 이름	인스턴스 유형	탄력적인 추론	초기 인스턴스 개수	초기 가중치
object2vec-2020-04-23-02-54-40-162	object2vec-2020-04-23-02-11-30-781	AllTraffic	ml.m4.xlarge	-	1	1

배포한 모형의 계보를 프로그래밍 방식으로 추적할 수도 있다.

1. 세이지메이커 boto3 클라이언트의 `describe_endpoint_config()` 함수를 호출해서 엔드포인트 설정으로 가져온다.
2. 설정에서 해당 모형의 이름을 선택해서 모델 데이터 위치(URL)를 조회한다.
3. 모형 데이터 위치에서 훈련 작업을 조회한다. 이렇게 하면 배포한 엔드포인트에서 관련 훈련 작업을 추적할 수 있다.

이제 세이지메이커로 데이터 과학자가 자체 머신러닝 및 심층학습 라이브러리를 AWS로 가져오는 방법을 살펴보자.

세이지메이커로 엠엑스넷 및 글루온 기반의 자체 모형 가져오기

이 절에서는 세이지메이커로 자체 심층학습 라이브러리를 아마존 클라우드에 올리는 방법을 살펴보고, 대규모 자동 훈련 및 배포가 가능한 세이지메이커의 생산성 있는 기능을 해당 라이브러리를 적용해 계속 이용하는 방법도 다룬다.

여기에 가져올 심층학습 라이브러리는 글루온이다.

- 글루온은 AWS와 마이크로소프트가 공동으로 만든 오픈소스 심층학습 라이브러리이다.
- 라이브러리의 주된 목표는 개발자가 클라우드에서 머신러닝 모형을 구축하고 훈련하며 배포할 수 있도록 하는 데 있다.

이전에는 추천시스템을 굉장히 많이 연구했다. 특히, 심층 구조의 시맨틱 모형은 제품 이름, 사진, 설명 등의 속성에서 정보를 수집하는 기법이다. 이러한 부가 특성에서 의미적인 정보를 추출하면 추천시스템 분야의 콜드 스타트Cold Start 문제를 해결할 수 있다. 다시 말해 특정 사용자의 소비 이력이 많지 않아도 사용자가 구매한 몇몇 제품과 유사한 제품을 추천할 수 있다.

`gluonnlp` 라이브러리에 있는 사전 훈련한 단어 임베딩(사용자가 좋아하는 도서의 제목과 의미가 유사한 제목의 권장 도서를 찾는 데 필요한 알고리즘)을 세이지메이커에서 사용할 수 있는 방법을 살펴보자.

이번 실습에서는 7장 앞 절에서 사용했던 동일한 도서 평점 데이터셋을 사용해서 다음을 수행한다.[17]

1. 다음 필수 구성 요소를 설치부터 시작해 보자.
   - `mxnet`: 심층학습 프레임워크이다.
   - `gluonnlp`: 엠엑스넷을 기반의 오픈소스 심층학습 **자연어 처리** 라이브러리이다.
   - `nltk`: 파이썬 자연어 툴킷이다.
2. 다음으로 아마존 세이지메이커의 훈련 수행 절에서 생성했던 데이터셋(필터링한 도서 평점)을 읽고 해당 데이터셋에서 고유한 도서 제목을 얻는다.

17 주피터 노트북 인스턴스에서 이 절과 관련된 파일인 'gluon_similarprodtitles_system.ipynb'를 열어 책을 보면서 각 셀 별로 실행해 보자. – 옮긴이

3. 각 도서 제목에서 문장 부호, 숫자, 기타 특수 문자를 포함하는 단어를 제거하고 다음 코드와 같이 알파벳만 있는 단어를 남긴다.

```
words = []

for i in df_bktitles['BookTitle']:
    tokens = word_tokenize(i)
    words.append([word.lower() for word in tokens if word.isalpha()])
```

앞의 코드 블록에서는 다음을 수행한다.

- 각 도서 제목에 반복적으로 nltk.tokenize의 word_tokenize() 함수를 호출해서 토큰을 만든다.
- 각 제목 문자열에 isapha() 메소드를 호출해서 알파벳만 있는 단어를 남겨 words라는 리스트에 저장한다.

4. 다음에 나와 있듯이 모든 도서 제목에서 토큰 빈도를 계산한다.

```
counter = nlp.data.count_tokens(itertools.chain.from_iterable(words))
```

앞의 코드에서는 다음을 수행한다.

- 단어 목록을 인수로 gluonnlp.data의 count_tokens() 함수를 호출해서 토큰의 빈도를 계산한다.
- counter는 토큰(키) 및 빈도(값)를 저장하는 딕셔너리이다.

5. 패스트텍스트fastText로 사전 훈련한 단어 임베딩 벡터를 로딩한다. 여기서 패스트텍스트는 페이스북 AI 리서치 랩에서 개발한 라이브러리이다. 그런 후 다음과 같이 단어 임베딩을 도서 제목에 있는 각 단어와 연관 짓는다.

```
vocab = nlp.Vocab(counter)
fasttext_simple = nlp.embedding.create('fasttext', source='wiki.simple')
vocab.set_embedding(fasttext_simple)
```

앞의 코드 블록에서는 다음을 수행한다.

- Vocab 클래스를 인스턴스화해서 토큰 임베딩에 첨부할 수 있는 토큰 색인을 만든다.
- 임베딩 유형을 fasttext로 전달하면서 단어 및 토큰 임베딩을 인스턴스화 한다.
- Vocab 객체의 set_embedding() 메소드를 호출해서 사전 훈련한 단어 임베딩을 각 토큰에 첨부한다.

6. 다음과 같이 개별 단어 임베딩을 평균해서 도서 제목에 대한 임베딩을 만든다.

```
for title in words:
    title_arr = ndarray.mean(vocab.embedding[title], axis=0, keepdims=True)
    title_arr_list = np.append(title_arr_list, title_arr.asnumpy(), axis=0)
```

앞의 코드에서는 다음을 수행한다.

- 도서 제목 별로 반복적으로 제목에 있는 모든 단어 임베딩의 평균을 내서 제목 임베딩을 계산한다. 'n-' 차원 배열인 ndarray 객체의 mean() 메소드를 호출해서 이러한 계산을 쉽게 할 수 있다.
- numpy 모듈의 append() 메소드를 사용해서 제목 임베딩의 배열인 title_arr_list를 생성한다.

7. 도서 제목을 좌표에 그려볼 것이다. 우선, 임베딩의 차원을 300에서 2로 줄인다. title_arr_list의 모양shape은 978×300임에 주목하라. 이는 배열에 978개의 고유한 도서 제목이 있으며 각 제목은 크기가 300인 벡터로 표시한다는 의미다. TSNE T-distributed Stochastic Neighbor Embedding 알고리즘으로 원래의 의미를 유지하면서 차원을 줄이고자 한다. 즉, 더 높은 차원 공간에서 제목 간의 거리는 더 낮은 차원 공간에서 제목 간의 거리와 동일하게 될 것이다. 제목을 더 낮은 차원의 공간으로 이동시키려면 다음 코드와 같이 sklearn 라이브러리의 TSNE 클래스를 인스턴스화한다.

```
tsne = TSNE(n_components=2, random_state=0)
Y = tsne.fit_transform(title_arr_list)
```

앞의 코드 블록에서 TSNE 객체의 fit_transform() 메소드를 호출해서 차원 축소한 임베딩을 얻는다.

차원 축소한 임베딩을 얻은 후에는 다음 다이어그램과 같이 한 차원을 x축, 또 다른 차원을 y축으로 해서 산점도 형태로 그려낸다.

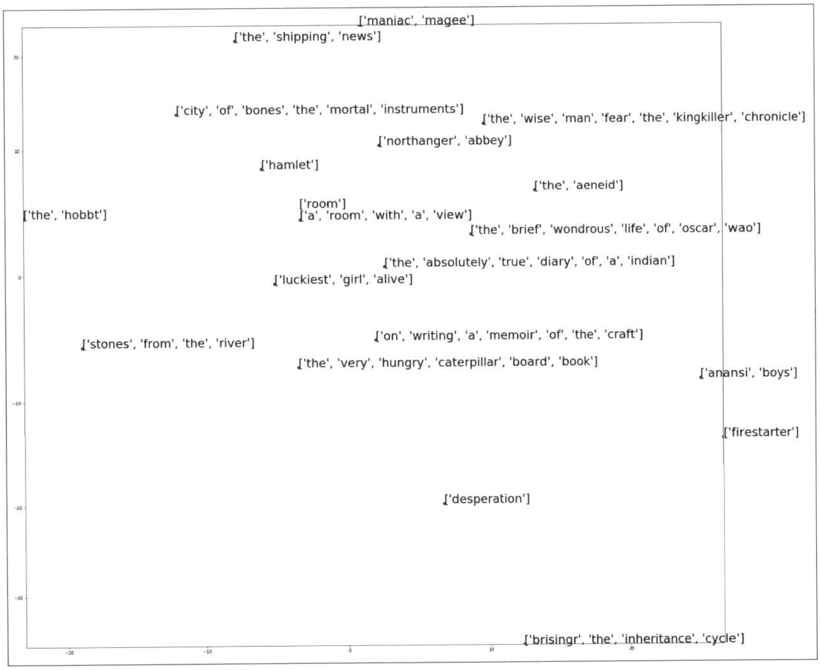

도서 제목이 가까우면 의미가 비슷하다는 뜻이다. 예를 들어 '방Room'과 '전망 좋은 방A Room with a View'과 같은 제목의 책은 같은 주제인 방과 관련해서 이야기할 듯하다. 이 두 제목은 더 낮은 차원의 공간에서는 거의 같은 곳에 자리한다.

이 절에서는 패스트텍스트의 사전 훈련 단어 임베딩을 엠엑스넷 심층학습 라이브러리를 이용해 세이지메이커로 가져오는 방법을 배웠다. 엠엑스넷 심층학습 라이브러리로 처음부터 구축한 신경망를 학습할 수도 있다. 훈련 및 배포와 같은 세이지메이커의 기능은 기본 제공하는 알고리즘과 자체 개발한 알고리즘 모두에 동일하게 사용할 수 있다.

이제 자체 머신러닝 및(혹은) 심층학습 라이브러리를 세이지메이커로 가져오는 방법을 살펴 봤으므로 자체 컨테이너를 가져오는 방법을 살펴볼 차례다.

R 모형의 자체 컨테이너 가져오기

이 절에서는 자체 도커 컨테이너를 아마존 세이지메이커로 가져오는 과정을 보여주고자 한다. 특히, 아마존 세이지메이커에서 원활하게 R 모형을 훈련하고 운영하는 데 중점을 둘 것이다. 데이터 과학자와 머신러닝 엔지니어는 세이지메이커가 기본 제공하는 알고리즘을 사용해서 새로운 ML 모형을 구축하는 데 시간을 낭비하지 않으며 세이지메이커에서 R로 했던 작업을 재사용할 수 있다.

다음은 다양한 AWS 컴포넌트가 R 모형을 훈련하고 운영하는 연동 방식을 알려주는 아키텍처다.

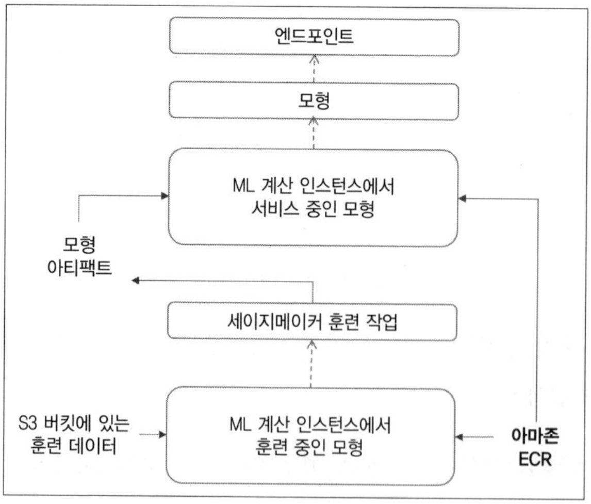

위의 아키텍처 다이어그램대로 개발하려면 다음과 같이 아마존 ECR Elastic Container Registry 서비스를 활용한다.

1. 기반 운영체제, R 기반으로 추천 알고리즘을 훈련하는 데 필요한 모듈 그리고 UBCF User-Based Collaborative Filtering 추천 알고리즘을 훈련하고 평점을 예측하는 R 코드가 들어 있는 도커 이미지를 생성한다.
2. 해당 도커 이미지를 아마존 ECR에 게시한다. 세이지메이커 기본 제공 및 맞춤형 알고리즘을 훈련할 데이터는 S3 버킷에 있다는 점을 상기하라.
3. 훈련 데이터의 위치와 훈련 이미지의 도커 레지스트리 경로(ECR에 있음)를 지정해 세이지메이커에서 훈련 작업을 시작한다.
4. 적절한 R 함수를 호출하면서 UBCF 알고리즘을 세이지메이커의 머신러닝 계산 compute 인스턴스에서 훈련한다.
5. 모형 아티팩트라고도 일컫는 최종 훈련 모형을 S3 버킷의 지정한 위치에 저장한다.

훈련한 모형을 세이지메이커로 운영하려면 다음 두 가지가 필요하다.

- 모형 아티팩트
- 해당 추론 이미지의 도커 레지스트리 경로

즉, 추론 엔드포인트를 만들려면 다음과 같이 한다.

1. 세이지메이커는 R 모형의 추론 이미지가 있는 도커 레지스트리 경로와 모형 아티팩트를 전달해서 모형을 생성한다.
2. 세이지메이커 모형을 생성하고 나면 세이지메이커는 해당 도커 추론 이미지를 인스턴스화해서 계산 인스턴스에서 머신러닝을 시작한다.
3. 해당 계산 인스턴스에는 추론 R 코드가 들어 있고, 이 추론 기능은 RESTful API를 사용해 활용할 수 있다.

이 절에서는 7장 앞부분의 절에서 사용한 것과 같은 도서 평점 데이터셋인 goodbooks-10k를 사용한다. 이번 실습의 목표는 훈련 데이터셋에 들어 있지 않은 사용자에게 상위 도서 5권을 제안하는 것이다. `Recommenderlab`이라는 R 패키지를 활용해 사용자 간의 코사인 거리를 측정한다(UBCF 알고리즘). 코사인 유사도를 기반으로 훈련 셋에서 대상 사용자와 관련 깊은 10개의 사용자 및 이웃 쌍을 고른다.

UBCF 알고리즘은 대상 사용자에게 추천할 상위 5권의 도서를 추정하는 데 다음 두 가지를 이용한다.

- 도서 목록의 몇몇 도서에 대한 대상 사용자의 선호도
- 훈련한 모형

훈련한 모형을 활용해서 대상 사용자가 이전에 평가한 적이 없는 도서의 평점을 계산할 것이다. 대상 사용자에게 (데이터셋에 있는 모든 도서 중에서) 가장 높은 평점의 상위 도서 5권을 제안한다. 훈련한 모형은 다음과 같이 훈련 데이터셋에 있는 모든 책과 모든 사용자에 대한 평점을 채워나간다.[18]

	BK1	BK2	BK3	BK4	BK5	유사도(i, A)
A*	3	3.72	5	3.7	2	1
B	2	3				0.29
C	5	4	3			0.73
D	1		2	3		0.60
E	2		1	5	2	0.32

훈련 과정에서 UBCF는 누락된 평점을 계산하는데 사용자 A에 대해 누락된 평점을 채운다고 가정해 보자. 사용자 A는 **도서 1번(BK1)**과 **도서 3번(BK3)**만 평점을 매겨 놨기 때문에 UBCF 알고리즘은 다음과 같이 도서 2번, 4번, 5번의 평점을 계산한다.

18 표에서 색을 표시한 셀이 새로 채워진 것이다. – 옮긴이

- 훈련 데이터셋에서 사용자 A와 나머지 사용자 간의 코사인 유사도를 계산하는데 사용자 A와 B 간의 유사도는 다음과 같이 계산한다.[19]
  1. 사용자 A와 B 각자가 평점을 매긴 공통 도서가 있다면 해당 도서의 각 평점을 곱한다.
  2. 이 평점을 모든 공통된 도서에 더한다.
  3. 해당 결과를 사용자 A와 B의 벡터 노름Norm으로 나눈다.
- 사용자 A와 사용자 B부터 E 간의 유사도 점수를 계산한 후 A가 평가하지 않은 도서에 대한 평점을 도출한다. 그렇게 하려면 다음과 같이 해당 도서에 대해 사용자 B부터 E까지의 평점에 대한 가중치[20] 평균을 취하면 된다.
  1. 예를 들어 사용자 A가 도서 2번에 매길 평점을 도출하려면 사용자 B가 도서 2번에 매긴 평점 3에 유사도 점수 0.29를 곱한 결과와 사용자 C가 도서 2번에 매긴 평점 4에 유사도 점수 0.73을 곱한 결과를 더한다.
  2. 두 개의 유사도 점수 0.29와 0.73을 더한다.
  3. 1번의 결과를 2번의 결과로 나눈다.

세이지메이커에서 맞춤형 컨테이너를 훈련하고 운영하기 위한 아키텍처를 살펴봤고, 사용 케이스도 논의했으므로 구현을 시작해 보자.

1. 첫 번째로 R 코드를 실행할 요건을 나열해서 Dockerfile을 정의한다. 요건에는 기반 운영체제, R 버전, R 패키지, 훈련 및 추론을 수행하는 R 코드의 위치다. 도커 이미지를 ECR에 생성하고 게시한다.

   다음의 Dockerfile은 R 모형 훈련과 운영에 필요한 사양을 정의한다.

```
FROM ubuntu:16.04

RUN apt-get -y update --allow-unauthenticated && apt-get install -y --no-
```

19 사용자를 벡터로 표현할 때 각 도서에 대한 평점을 요소(element)로 두며 평점이 없는 경우 요소 값을 0으로 둔다. – 옮긴이

20 유사도를 의미한다. – 옮긴이

```
install-recommends \
 wget \
 r-base \
 r-base-dev \
 ca-certificates
```

앞의 코드 블록은 다음을 수행한다.

- 설치할 우분투 운영체제의 버전을 정의한다.
- R의 설치를 명시한다.

추가로 다음 코드와 같이 Recommender 알고리즘을 동작시키는 데 필요한 R 패키지와 시스템 내 위치를 지정한다.

```
RUN R -e "install.packages(c('reshape2', 'recommenderlab', 'plumber', 'dplyr', 'jsonlite'), quiet = TRUE)"

COPY Recommender.R /opt/ml/Recommender.R
COPY plumber.R /opt/ml/plumber.R

ENTRYPOINT ["/usr/bin/Rscript", "/opt/ml/Recommender.R", "--no-save"]
```

앞의 코드에서는 다음을 수행한다.

- 훈련 코드(Recommender.R) 및 추론 코드(plumber.R)를 시스템 내 적절한 위치에 복사한다.
- 도커 이미지를 인스턴스화한 후의 진입점(실행할 코드)을 지정한다.

Dockerfile을 컴파일했으므로 다음과 같이 도커 이미지를 작성해서 ECR로 푸시push한다.

```
docker build -t ${algorithm_name} .
docker tag ${algorithm_name} ${fullname}
docker push ${fullname}
```

앞의 코드에서는 다음을 수행한다.

◦ 도커 이미지를 로컬에서 구축하려면 이미지 이름을 해당 로컬 세이지메이커 인스턴스로 전달해서 docker build 명령을 실행한다.

◦ 로컬 디렉터리(".")에 있는 Dockerfile을 활용한다.

◦ 도커 이미지에 태그를 달고 난 후 docker push 명령으로 도커 이미지를 ECR로 푸시한다.

2. 훈련 데이터셋, 훈련용 최신 도커 이미지, 인프라 사양을 열거해서 세이지메이커 훈련 작업을 생성한다. 해당 훈련 작업의 결과에 따른 모형 아티팩트는 관련 S3 버킷에 저장하는데 이 방식은 세이지메이커에서 직접 어떤 훈련 작업을 실행하는 경우와 매우 유사하다.

   훈련 중에 호출할 R 함수를 살펴보자.

   ◦ Recommender.R 코드는 ML 계산 인스턴스가 훈련의 일부로 시작되면 실행할 수 있다는 점을 기억하라.

   ◦ 다음 코드와 같이 train() 함수를 실행할지 serve() 함수를 실행할지는 전달한 명령 행 인수로 판별한다.

```
args <- commandArgs()
if (any(grepl('train', args))) {
 train()}
if (any(grepl('serve', args))) {
 serve()}
```

   ◦ 명령 행 인수에 train이라는 키워드가 있으면 train() 함수가 실행되며 serve라는 키워드도 마찬가지다.

   훈련 중에 세이지메이커는 훈련 데이터셋을 S3 버킷에서 ML 계산 인스턴스로 복사한다. 모형 훈련에 필요한 훈련 데이터를 준비한 후 다음과 같이 훈련 셋의 사용자 수, 추천 알고리즘 유형과 출력 유형(상위 N권의 도서 추천)을 지정해서 (recommenderlab R 패키지의) Recommender() 메소드를 호출한다.

```
rec_model = Recommender(ratings_mat[1:n_users], method = "UBCF",
                        param=list(method=method, nn=nn))
```

앞의 코드 블록과 관련된 사실은 다음과 같다.

- 270명의 사용자와 973권의 도서를 대상으로 모형을 훈련한다.
- 단, 전체 데이터셋에는 275명의 사용자가 있다.

7장과 관련된 나머지는 소스코드를 참조하라. UBCF 알고리즘 학습을 끝내고 결과 모형은 ML 계산 인스턴스에 있는 지정된 위치에 저장한다. 그런 다음 그 결과 모형을 S3 버킷의 지정된 위치(모형 출력 경로)로 푸시한다.

3. 세 번째 절차에서는 훈련한 모형을 엔드포인트(RESTful API)로 운영한다. 엔드포인트를 프로비저닝하기 전에 세이지메이커는 모형을 생성해야 한다. 세이지메이커 모형을 정의하려면 훈련을 마친 모형 아티팩트와 도커 이미지가 필요하다. 훈련 시 사용했던 도커 이미지를 추론에도 사용한다는 점에 주목하자. 해당 세이지메이커 엔드포인트는 세이지메이커 모형과 당시의 ML 계산 인스턴스 인프라 사양을 전달받는다. 세이지메이커에서 자체 개발한 컨테이너의 엔드포인트를 생성하는 이러한 과정은 기본 제공하는 알고리즘의 엔드포인트 생성 과정과 다를 바 없다.

   추론 시 호출할 R 함수를 살펴보자.

   다음 코드와 같이 추론 시에 세이지메이커가 `serve` 명령을 보내면 R 함수가 동작한다.

```
# 스코어링(scoring) 함수의 정의
serve <- function() {
 app <- plumb(paste(prefix, 'plumber.R', sep='/'))
 app$run(host='0.0.0.0', port=8080)}
```

앞의 코드에서는 다음을 수행한다.

- `plumber`라는 R 패키지를 사용해서 R 함수를 REST 엔드포인트로 전환한다.

- REST API로 변환해야 하는 R 함수에는 적절한 주석을 덧붙였다.
- plumber.R 코드를 엔드포인트로 운영하는 데 plumb() 메소드를 사용한다.

엔드포인트로 오는 각 HTTP 요청 별로 다음과 같이 적절한 함수가 호출된다.

```
load(paste(model_path, 'rec_model.RData', sep='/'), verbose = TRUE)
pred_bkratings <- predict(rec_model, ratings_mat[ind], n=5)
```

앞의 코드에서는 다음을 수행한다.

- 추론 시에는 모형 아티팩트의 경로를 전달하면서 load() 메소드를 호출해 훈련한 모형을 로딩한다.
- 훈련한 모형의 이름, 새로운 사용자 벡터 또는 도서 선호도, 권장 도서 수를 지정하면서 predict() 메소드를 호출한다.
- 평점 매트릭스인 ratings_mat에는 모든 275명의 사용자가 매긴 도서 평점(사용자가 직접 매김)이 있다는 점에 주목하자. 이번 실습에서는 272번 사용자가 매길 평점에 관심이 있으며, 이 절의 데이터셋에는 총 275명의 사용자와 973개의 도서가 있다는 점을 상기하자.

4. 네 번째 절차에서는 다음과 같이 모형 유추를 실행한다.

```
payload = ratings.to_csv(index=False)

response = runtime.invoke_endpoint(EndpointName='BYOC-r-endpoint-<timestamp>',
                                   ContentType='text/csv', Body=payload)

result = json.loads(response['Body'].read().decode())
```

앞의 코드에서는 다음을 수행한다.

- 전체 275명의 사용자 데이터셋을 payload라는 CSV 파일로 받는다.
- 해당 CSV 파일을 엔드포인트 이름과 컨텐츠 타입Content Type과 함께 세이지메이커 런타임runtime의 invoke_endpoint() 메소드로 전달한다.

해당 엔드포인트는 다음과 같은 결과로 응답한다.

```
                The Dark Tower (The Dark Tower, #7)
                               A Tree Grows in Brooklyn
The Return of the King (The Lord of the Rings,...
                                          Fight Club
                                          Life of Pi
```

다른 언어로 작성한 훈련 및 스코어링(추론) 로직을 재사용하는 모형을 훈련하고 운영하는 식으로 자체 컨테이너를 세이지메이커로 자연스럽게 가져오는 방법을 살펴봤다.

요약

7장에서는 빅데이터를 처리해서 분석 가능한 데이터셋을 생성하는 방법을 배웠다. 또한 세이지메이커가 어떤 식으로 모형의 구축, 훈련, 배포를 쭉 이어지게 해서 머신러닝 생명주기 절차의 대부분을 자동화하는지도 살펴봤다. 아울러 초매개변수 최적화와 실험 서비스 등 생산성 향상에 대한 기능도 설명했는데 이러한 서비스로 데이터 과학자는 다양한 실험을 수행하고 최상의 모형을 배포할 수 있다. 자체 모형과 컨테이너를 세이지메이커 에코시스템으로 가져오는 것도 살펴봤다. 오픈소스 머신러닝 라이브러리를 기반으로 하는 자체 모형을 가져와서 플랫폼의 모든 기능을 활용하면서 오픈소스 프레임워크 기반의 솔루션을 손쉽게 구축할 수 있다. 마찬가지로 자체 컨테이너를 가져오면 파이썬 외의 다른 프로그래밍 언어로 작성한 솔루션을 세이지메이커로 쉽게 이식할 수 있다.

데이터 과학자와 머신러닝 엔지니어가 위에서 언급한 아마존 세이지메이커의 모든 기능을 익히면 머신러닝 솔루션의 출시 속도를 높일 수 있다.

8장에서는 (재사용 가능한 컴포넌트를 만들어서) 추론을 효율적으로 실행하도록 모형을 학습하고 배포할 수 있는 훈련 및 추론 파이프라인을 만드는 방법을 다루고자 한다.

더 읽을거리

세이지메이커로 작업하는 데 필요한 더 많은 예시와 세부 정보를 알고 싶다면, 다음의 AWS 블로그를 참조하라.

- https://github.com/awslabs/amazon-sagemaker-examples
- https://aws.amazon.com/blogs/machine-learning/introduction-to-amazon-sagemaker-object2vec/
- https://aws.amazon.com/blogs/machine-learning/amazon-sagemaker-now-comes-with-new-capabilities-for-accelerating-machine-learning-experimentation/

08

머신러닝 추론 파이프라인 생성 방법

모형 훈련에 사용할 데이터를 전처리하는 데이터 변환transformation 로직과 추론에 사용할 데이터를 준비하는 로직은 서로 동일하므로 동일한 로직을 따로 두 번 반복해 넣을 필요가 없다.

8장에서는 세이지메이커와 다른 AWS 서비스들을 연결해서 머신러닝 추론 파이프라인을 생성하는 방법을 알려주고자 한다. 이러한 머신러닝 추론 파이프라인은 빅데이터를 처리하고 알고리즘을 훈련하고, 학습한 모형을 배포하며 추론을 수행할 수 있으며, 모형 훈련 및 추론에 동일한 데이터 처리 로직을 사용한다.

8장에서 다룰 주요 내용은 다음과 같다.

- 세이지메이커의 추론 파이프라인 아키텍처 이해
- 아마존 글루Glue와 스파크MLSparkML로 기능 생성
- 세이지메이커에서 NTM 훈련으로 주제 식별
- 세이지메이커에서 온라인 및 일괄처리 추론의 비교

기술 요건

8장에서 다룰 개념을 설명하는 데 `ABC Millions Headlines` 데이터셋을 사용할 것인데 이 데이터셋은 약 백만 개의 뉴스 헤드라인을 포함하고 있다. 8장과 연관된 깃허브 저장소에서 다음의 파일을 찾아 준비해야 한다.

- `abcnews-date-text.zip`: 입력 데이터셋
- `libraries-mleap`: MLeap 라이브러리(.jar 파일 하나와 이 .jar에 대한 파이썬 래퍼 하나)

추론 파이프라인의 아키텍처를 살펴보자.

세이지메이커의 추론 파이프라인 아키텍처 이해

구축하는 추론 파이프라인에는 세 가지 주요 컴포넌트가 있다.

- 데이터 전처리
- 모형 훈련
- 데이터 전처리(1단계 결과 사용) 및 추론

다음은 아키텍처 다이어그램인데 그림의 각 단계는 빅데이터에도 적용할 수 있다.

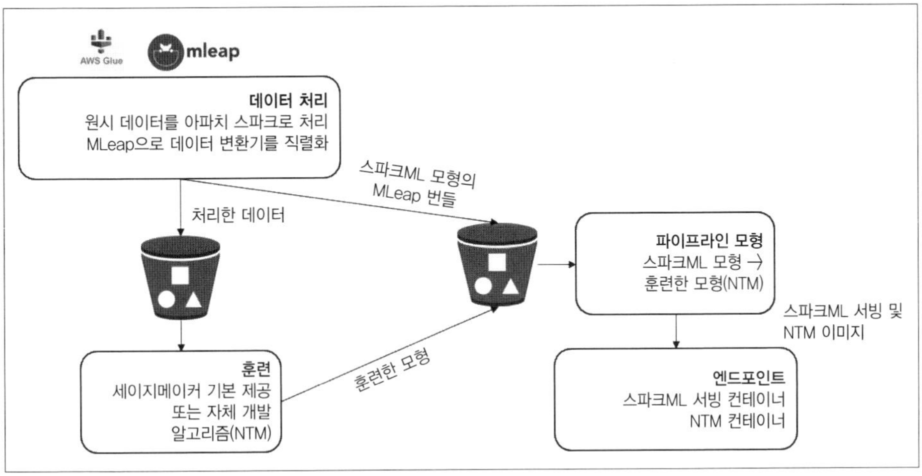

파이프라인의 첫 번째 단계에서는 AWS 글루를 경유해서 아파치 스파크에서 데이터 처리 로직을 실행한다. 세이지메이커 노트북 인스턴스에서 글루 서비스를 호출한다.

> 아마존 글루는 완전히 관리되는 서버리스 ETL(Extract, Transform and Load) 서비스로 빅데이터를 처리하는 데 사용한다. ETL 작업은 아파치 스파크 환경에서 실행되는데 글루가 이러한 작업을 실행하는 데 필요한 자원의 프로비저닝, 설정 및 확장을 담당한다.

이번 실습의 데이터 처리 로직은 각 뉴스 헤드라인에서 토큰 및 단어를 생성하고 불용어Stop Word를 제거하며 주어진 헤드라인에서 각 단어의 사용 빈도를 계산한다. 해당 ETL 로직을 MLeap 번들로 직렬화하는데 데이터 처리의 추론 시점에 이 번들을 바로 사용할 수 있다. 또한 직렬화한 해당 스파크ML 모형과 처리한 입력 데이터 모두 S3 버킷에 저장한다.

> MLeap는 오픈소스 스파크 패키지로, 훈련이 끝난 스파크 트랜스포머(transformer)[1]를 직렬화하도록 설계됐다. 직렬화한 모형은 데이터를 원하는 형식으로 변환하는 데 사용한다.

두 번째 단계에서는 처리한 데이터로 NTM[neural topic model] 알고리즘을 훈련해서 주제[topic]를 발견한다.

세 번째 단계에서는 스파크ML 모형 및 훈련한 NTM 모형으로 파이프라인 모형을 생성하는데 이 파이프라인은 지정한 순서대로 여러 가지 모형을 실행하는 데 사용한다. 스파크ML은 도커 컨테이너를 제공하는데 해당 NTM 도커 컨테이너를 실시간 모형 예측 엔드포인트로 프로비저닝한다. 동일한 파이프라인 모형으로 배치 모드에서 추론을 실행할 수도 있다. 즉, 한번에 여러 뉴스 헤드라인의 점수를 매겨 각 헤드라인에 대한 주제를 찾을 수 있다.

이제 첫 번째 단계인 빅데이터를 처리하는 세이지메이커 노트북 인스턴스에서 아마존 글루를 호출하는 방법을 알아보자.

아마존 글루와 스파크ML로 기능을 생성하는 방법

파이스파크[PySpark]로 데이터 전처리 로직을 작성해서 빅데이터 환경과 관련한 기능을 생성할 것이다. 이 전처리 로직은 `abcheadlines_processing.py`라는 파이썬 파일의 일부로 작성할 것인데 해당 로직을 검토하기 전에 몇 가지 사전 요건을 살펴봐야 한다.

1 스파크ML 패키지에서 데이터 변환과 관련된 로직을 정의하기 위한 추상 클래스이다. – 옮긴이

사전 요건 준비

1. 다음과 같이 아마존 글루 서비스에 접근할 수 있도록 세이지메이커 실행 역할Execution Role을 설정한다.

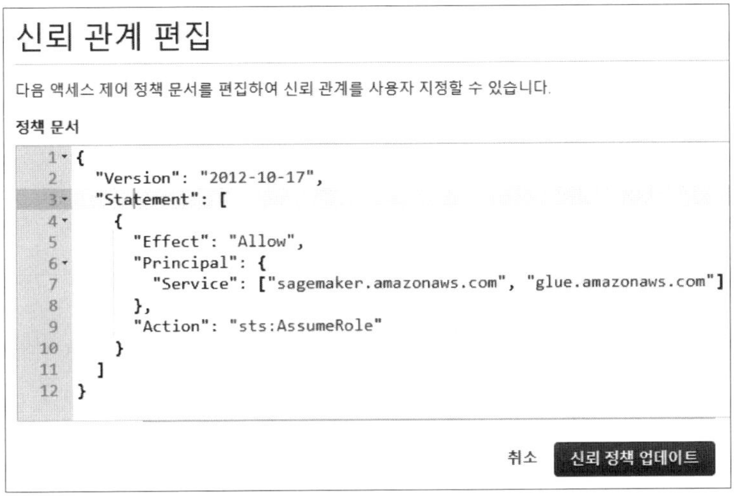

2. IAM 대시보드에서 왼쪽 탐색 창의 **역할**을 클릭해 이 역할을 검색한다. 해당 역할을 클릭해서 **요약** 페이지로 들어간다. 신뢰할 수 있는 부가 엔티티로 AWS Glue를 추가하려면 **신뢰 관계** 탭을 클릭한 후 **신뢰 관계 편집** 버튼을 클릭해서 "glue.amazonaws.com"이라는 항목을 "Service" key에 추가한다.

3. 다음과 같이 MLeap 바이너리를 S3 버킷의 적절한 위치에 업로드한다. 바이너리는 8장의 소스코드에서 찾을 수 있다.

```
python_dep_location = sess.upload_data(path='python.zip', bucket=default_
bucket,
key_prefix='sagemaker/inference-pipeline/dependencies/python')

jar_dep_location = sess.upload_data(path='mleap_spark_assembly.jar',
bucket=default_bucket,
key_prefix='sagemaker/inference-pipeline/dependencies/jar')
```

4. 세이지메이커 세션 객체의 upload_data() 메소드를 사용해서 MLeap 바이너리를 S3 버킷의 적절한 위치에 업로드한다. 스파크ML 모형을 직렬화하려면 MLeap 자바 패키지와 Mleap 파이썬 래퍼가 필요하다. 마찬가지로 입력 데이터, 즉 abcnews-date-text.zip을 S3 버킷의 적절한 위치로 업로드한다.

이제 abcheadlines_processing.py에 있는 데이터 전처리 로직을 검토하고자 한다.

파이스파크로 데이터 전처리

스파크 클러스터에서 데이터 전처리 로직을 실행하는 다음 단계를 살펴보자.

1. 다음과 같이 세이지메이커 노트북 인스턴스가 전송한 인수를 수집하는 것으로 시작한다.

```
args = getResolvedOptions(sys.argv, ['S3_INPUT_BUCKET',
                                      'S3_INPUT_KEY_PREFIX',
                                      'S3_INPUT_FILENAME',
                                      'S3_OUTPUT_BUCKET',
                                      'S3_OUTPUT_KEY_PREFIX',
                                      'S3_MODEL_BUCKET',
                                      'S3_MODEL_KEY_PREFIX'])
```

AWS 글루 라이브러리의 getResolvedOptions()라는 유틸리티 함수를 사용해서 세이지메이커 노트북 인스턴스에서 전송한 모든 인수를 읽는다.

2. 다음과 같이 뉴스 헤드라인을 읽는다.

```
s3_loc = os.path.join(args['S3_INPUT_BUCKET'],
                      args['S3_INPUT_KEY_PREFIX'], args['S3_INPUT_
FILENAME'])
abcnewsdf = spark.read.option("header","true").csv(('s3://' + s3_loc))
```

활성 SparkSession인 spark로 뉴스 헤드라인을 포함하는 .csv 파일을 읽는다.

3. 헤드라인의 10%를 조회해서 데이터 변환을 정의한다. 아파치 스파크의 분산 컴퓨팅을 사용해서 백만 개의 헤드라인을 모두 처리할 수도 있으나, 데이터셋 샘플을 이용해서 세이지메이커 노트북 인스턴스에서 AWS 글루를 사용하는 개념을 설명하려고 한다.

```
    abcnewsdf = abcnewsdf.limit(hdl_fil_cnt)
    tok = Tokenizer(inputCol="headline_text", outputCol="words")
    swr = StopWordsRemover(inputCol="words", outputCol="filtered")
    ctv = CountVectorizer(inputCol="filtered", outputCol="tf",
vocabSize=200, minDF=2)
    idf = IDF(inputCol="tf", outputCol="features")
```

hdl_fil_cnt는 전체 헤드라인 수의 10%를 차지한다. abcnewsdf는 약 10만 개의 헤드라인을 포함한다. 다음과 같이 Tokenizer, StopWordsRemover, CountVectorizer, IDF(inverse document frequency) 변환기 그리고 헤드라인 텍스트 변환에 필요한 pyspark.ml.feature의 추정기 객체를 사용한다.

1. Tokenizer는 헤드라인 텍스트를 단어의 리스트로 변환한다.
2. StopWordsTokenizer는 Tokenizer가 생산한 단어 목록에서 불용어를 제거한다.
3. CountVectorizer는 이전 단계에서 출력을 가져와 단어 빈도수를 계산한다.
4. 추정기인 IDF는 각 단어에 대해 역문서 빈도수를 계산한다(IDF 계산식은 $tf_{i,j} * log(\frac{N}{df_i})$이고, 여기서 $tf_{i,j}$는 헤드라인 j에서 용어 i의 빈도수이고 N은 전체 헤드라인 수이며, df_i는 용어 i를 포함하는 헤드라인 수임). 어느 헤드라인에 있는 고유한 단어는 다른 헤드라인에서 자주 나오는 단어보다 훨씬 더 중요하다.

스파크ML에 있는 Estimator와 Transformer 객체에 대해 더 자세히 알고 싶다면 다음의 스파크 문서를 참조하라. https://spark.apache.org/docs/latest/ml-pipeline.html

4. 모든 변환기와 추정기를 파이프라인으로 한데 연결해서 헤드라인을 특징 벡터로 변환한다. 특징 벡터의 너비는 CountVectorizer가 정의한 대로 200이다.

```
news_pl = Pipeline(stages=[tok, swr, ctv, idf])
news_pl_fit = news_pl.fit(abcnewsdf)
news_ftrs_df = news_pl_fit.transform(abcnewsdf)
```

앞의 코드에서는 pyspark.ml의 Pipeline 객체를 사용해서 여러 데이터 변환을 함께 묶는다. 또한 Pipeline 객체인 news_pl의 fit() 메소드를 호출해서 PipelineModel을 생성한다. 그런 다음 news_pl_fit은 뉴스 헤드라인에 있는 각 단어에 대한 IDF 요소를 학습하고 이후에 news_pl_fit의 transform() 메소드를 호출해서 입력 헤드라인을 특징 벡터로 변환한다. 그 결과 각 헤드라인은 길이가 200인 벡터로 표현된다. 다음으로 CountVectorizer를 이용해 전체 헤드라인에서 빈도수로 정렬한 상위 200개의 단어를 고른다. 또한 IDF 추정기 설정 단계에서 outputCol 매개변수에 표시한 대로 처리한 헤드라인을 features라는 열에 저장한다는 점을 알아두자.

5. 다음과 같이 결과 특징 벡터를 CSV 파일 형식으로 저장한다.

```
news_save = news_formatted.select("result")
s3_olc = os.path.join(args['S3_OUTPUT_BUCKET'], args['S3_OUTPUT_KEY_PREFIX'])
news_save.write.option("delimiter", "\t").mode("append").csv('s3://' + s3_olc)
```

처리한 헤드라인을 CSV 파일 형식으로 저장하려면 features 열이 간단한 문자열 형식이어야 하는데 CSV 파일 형식으로는 특정 열을 배열 또는 리스트로 저장할 수 없기 때문이다. 사용자 정의 함수인 gen_str을 정의해서 특징 벡터를 쉼표로 구분한 tf-idf 숫자들의 문자열로 변환한다. 세부 내용을 더 알고 싶다면 8장 관련 소스코드를 참조하라. news_save라는 결과 데이터프레임DataFrame은 S3 버킷의 지정된 위치에 CSV 파일 형식으로 저장된다. 다음 그림은 CSV 파일의 형식을 보여준다.

0	0	0	0	0	0	0	0	0	0	0	0	0	0	0	0	0	0	0
0	0	0	0	0	0	0	0	0	0	0	0	4.481468	0	0	0	0	0	0
0	0	0	0	0	0	0	0	0	0	0	0	0	0	0	0	0	0	0
0	0	0	0	0	0	0	0	0	0	0	0	0	0	0	0	0	0	0
0	0	0	0	0	0	0	0	0	0	0	0	0	0	0	0	0	0	0
0	0	0	0	0	0	0	0	0	0	0	0	0	0	0	0	0	0	0
0	0	0	0	0	0	0	0	0	0	0	0	0	0	0	0	0	0	0
0	0	0	0	0	0	0	0	0	0	0	0	0	0	0	0	0	0	0
0	0	0	0	0	3.909462	3.935557	0	0	0	0	0	0	0	0	0	0	0	0
0	0	0	0	0	0	0	0	0	0	0	0	0	0	0	0	0	0	0
0	0	0	0	0	0	3.935557	0	0	0	0	0	0	0	0	0	0	0	0
0	0	0	0	0	0	0	0	0	0	0	0	0	0	0	0	0	0	0
0	0	0	0	0	0	0	0	0	0	0	0	0	0	0	0	0	0	0
0	0	0	0	0	0	0	0	0	0	0	0	0	0	0	0	0	0	0
0	0	0	0	0	0	0	4.037008	0	0	0	0	0	0	0	0	0	0	4.550232

6. 해당 어휘를 별도의 텍스트 파일로 저장한다.

7. 다음과 같이 `news_pl_fit`을 직렬화해서 S3 버킷으로 푸시할 차례다.

```
upload_file = "jar:file:/tmp/model.zip"
SimpleSparkSerializer().serializeToBundle(news_pl_fit, upload_file, news_ftrs_
df)
...
s3.Bucket(args['S3_MODEL_BUCKET']).upload_file('/tmp/model.tar.gz', file_name)
```

앞의 코드 블록에서 `Mleap pyspark` 라이브러리에 있는 `SimpleSparkSerializer` 객체의 `serializetoBundle()` 메소드로 `news_pl_fit`을 직렬화한다. 직렬화한 모형의 형식을 S3 버킷에 업로드하기 전에 `zip`에서 `tar.gz`로 변환할 것이다.

이제 AWS 글루 작업으로 `abcheadlines_processing.py`를 실행하는 과정을 자세히 살펴보자.

AWS 글루 작업 생성

이제 파이썬 용 AWS SDK인 `Boto3`로 글루 작업을 생성할 것인데 해당 SDK는 파이썬 개발자가 AWS 서비스를 생성하고 설정하며 관리할 수 있도록 해준다.

다음과 같은 사양을 제공해서 글루 작업을 만들어 보자.

```
response = glue_client.create_job(
    Name=job_name,
    Description='PySpark job to featurize the ABC News Headlines dataset',
    Role=role,
    ExecutionProperty={
        'MaxConcurrentRuns': 1
    },
```

앞의 코드 블록에서는 작업 이름, 설명, 역할, 병행 실행의 수를 전달해서 AWS 글루 클라이언트의 create_job() 메소드를 호출한다.

글루가 스파크 클러스터로 보낸 명령을 살펴보자.

```
Command={
'Name': 'glueetl',
'ScriptLocation': script_location
},
```

앞의 코드는 명령 이름과 데이터 전처리 로직이 들어 있는 파이썬 스크립트인 abcheadlines_processing.py의 위치를 정의한다.

스파크ML 모형을 직렬화하는 데 어떤 바이너리를 설정해야 하는지 살펴보자.

```
DefaultArguments={
'--job-language': 'python',
'--extra-jars' : jar_dep_location,
'--extra-py-files': python_dep_location
},)
```

앞의 코드에서는 빅데이터를 사전 처리할 기본 언어와 Mleap .jar 파일 및 Mleap 파이썬 래퍼의 위치를 정의한다.

글루 작업을 만들었으므로 다음과 같이 실행해 보자.

```
job_run_id = glue_client.start_job_run(JobName=job_name,
                          Arguments = {'--S3_INPUT_BUCKET':s3_input_bucket,
                                  '--S3_INPUT_KEY_PREFIX':s3_input_key_prefix,
                                  '--S3_INPUT_FILENAME': s3_input_fn,
                                  '--S3_OUTPUT_BUCKET':s3_output_bucket,
                                  '--S3_OUTPUT_KEY_PREFIX':s3_output_key_prefix,
                                  '--S3_MODEL_BUCKET':s3_model_bucket,
                                  '--S3_MODEL_KEY_PREFIX':s3_model_key_prefix
                                  })
```

입력과 출력의 위치를 정의하는 인수와 더불어 앞서 생성한 글루 작업의 이름을 전달해서 AWS 글루 클라이언트의 start_job_run() 메소드를 호출한다.

또한 다음과 같이 글루 작업의 상태를 볼 수 있다.

```
job_run_status =
glue_client.get_job_run(JobName=job_name,RunId=job_run_id)['JobRun']['JobRunState']
```

상태 출력은 다음과 같다.

```
RUNNING
RUNNING
RUNNING
RUNNING
SUCCEEDED
```

앞의 코드에서는 확인하고자 하는 글루 작업의 이름을 전달하면서 AWS 글루 클라이언트의 get_job_run() 메소드를 호출한다.

AWS 글루 작업의 상태를 확인하려면 콘솔에서 **서비스** 메뉴의 AWS Glue를 선택한다. 왼쪽 탐색 메뉴의 ETL 섹션 아래 **작업**을 클릭한다. 다음과 같은 글루 작업의 세부 사항을 보려면 작업 이름을 선택한다.

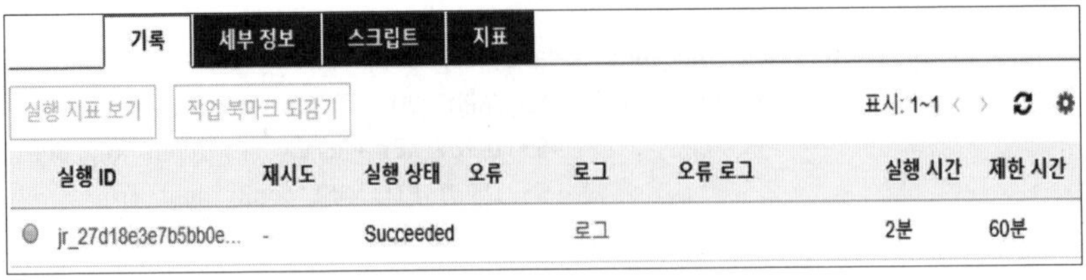

이제 NTM을 ABC 뉴스 헤드라인 데이터셋에 맞게 훈련해서 거기에 들어 있는 주제를 알아내고자 한다.

세이지메이커에서 NTM 훈련으로 주제 식별

NTM 모형을 훈련하는 데는 다음의 절차를 따르자.[2]

1. 다음과 같이 처리한 ABC 뉴스 헤드라인 데이터셋을 명시한 S3 버킷의 출력 폴더에서 읽는다.

```
abcnews_df = pd.read_csv(os.path.join('s3://', s3_output_bucket, f.key))
```

판다스pandas 라이브러리의 read_csv() 함수로 처리한 뉴스 헤드라인을 데이터프레임에 읽어온다. 이때 해당 데이터프레임에는 110,365개의 헤드라인 별로 200개의 단어가 들어간다.

2. 다음과 같이 해당 데이터셋을 훈련, 검증 및 테스트용의 세 부분으로 나눈다.

```
vol_train = int(0.8 * abcnews_csr.shape[0])
train_data = abcnews_csr[:vol_train, :]
test_data = abcnews_csr[vol_train:, :]
vol_test = test_data.shape[0]
```

2 주피터 노트북 인스턴스에서 8장과 관련된 파일인 'AbcNews_ntm_sparkml_inference_pipeline.ipynb'를 열어 책을 보면서 각 셀 별로 실행해 보자. 또한 8장의 나머지 절도 이 파일을 계속 실행해 가면서 살펴보면 된다. – 옮긴이

```
val_data = test_data[:vol_test//2, :]
test_data = test_data[vol_test//2:, :]
```

앞의 코드 블록에서는 훈련용으로 데이터의 80%, 검증용으로 데이터의 10% 그리고 테스트용으로 데이터의 나머지 10%를 할당한다.

3. 훈련, 검증, 테스트 데이터셋을 S3 버킷의 적절한 위치에 업로드한다. 또한 AWS 글루 작업이 생성한 어휘 텍스트 파일을 코드에 명시한 보조 경로에 업로드한다. 세이지메이커가 기본 제공하는 알고리즘은 해당 보조 경로를 사용해서 훈련 시 추가 정보를 제공한다. 이번 실습의 어휘에는 단어 200개가 들어간다. 이전 절에 나왔던 특징 벡터는 단어 이름은 모르지만 단어의 색인은 안다. 따라서 NTM을 훈련한 후 세이지메이커가 주제와 일치하는 중요한 단어를 출력할 수 있게 하려면 어휘 텍스트 파일이 필요하다.
4. 계산 인스턴스의 수와 유형, 도커 NTM 이미지 그리고 세이지메이커 세션을 전달해서 세이지메이커의 NTM 추정기 객체를 정의한다. 추정기는 해당 데이터에 적합한 학습 모형이다.
5. 다음과 같이 NTM 알고리즘을 훈련할 준비가 됐다.

```
    ntm_estmtr_abc.fit({'train': s3_train, 'validation': s3_val,
'auxiliary': s3_aux})
```

훈련, 테스트, 보조 데이터셋의 위치를 매개변수로 전달하면서 `ntm` 추정기 객체의 `fit()` 메소드를 호출해서 NTM 알고리즘을 훈련한다. 다만, NTM 모형 훈련의 상세한 내용은 해당 알고리즘의 동작 방식을 제대로 설명하는 별도의 9장(텍스트 집합에서 주제의 발견)으로 미룬다.

1. 다음은 모형의 출력이다(모형이 다섯 개의 주제를 검색하도록 미리 설정했음).

```
International Politics and Conflict
[0.40, 0.94] defends decision denies war anti pm warns un bush report
```

```
iraq calls public australia minister backs wins tas plans chief

        Sports and Crime


        [0.52, 0.77] clash top win world tour test pakistan back record cup
killed title final talks england set australia us still pm

        Natural Disasters and Funding
        [0.45, 0.90] urged indigenous water power take call lead boost final
residents get wa act funds england centre fire help plan funding

        Protest and Law Enforcement
        [0.51, 0.72] new record says found strike set win cup south police
fire us go pay court plan rise australia bid deal

        Crime
        [0.54, 0.93] charged dies murder man charges crash death dead car two
woman accident face charge found attack police injured court sydney
```

각 주제의 앞에는 kld와 recons에 해당하는 두 개의 숫자가 있는데 9장에서 이러한 손실 값에 대해 자세히 살펴본다. 지금은 첫 번째 값은 임베딩한 뉴스 헤드라인을 만드는 데 따른 손실을 나타내고, 두 번째 값은 재구성 손실(즉, 임베딩에서 헤드라인 생성)을 나타낸다는 점만 이해하고 넘어간다. 또한 해당 손실 값들이 낮을수록 주제의 군집화가 더 나아진다.

발견한 각 주제를 단어 분류grouping에 따라 수동으로 레이블을 매긴다.

이제 추론 패턴을 살펴볼 것인데 실시간 및 일괄처리 두 가지 모드에서 추론할 수 있다.

세이지메이커에서 온라인 및 일괄처리 추론의 비교

실 서비스 시나리오에서는 보통 다음과 같은 두 가지 상황에 직면한다.

- 실시간 또는 온라인 모드에서 추론 실행
- 일괄처리 또는 오프라인 모드에서 추론 실행

예를 들어 웹/모바일 앱을 통해 추천시스템을 사용할 때 앱 이용 활동에 기반해 개별 맞춤 아이템을 제안하려면 실시간 추론을 사용할 수 있다. 이때 앱 이용 활동(예를 들어 검색한 아이템, 장바구니에 남아 있으면서 체크아웃되지 않은 아이템 등)을 온라인 추천시스템의 입력으로 보낼 수 있다.

반면 고객의 웹/모바일 앱 사용 훨씬 전에 아이템 제안을 표시하고 싶다면 과거의 소비 행태와 관련된 데이터를 오프라인 추천시스템으로 보낼 수 있다. 그러면 한번에 전체 고객을 대상으로 하는 아이템 제안 결과를 얻을 수 있다.

우선, 실시간 예측을 어떻게 수행하는지 살펴보자.

추론 파이프라인으로 실시간 예측 생성

이 절에서는 직렬화한 스파크ML 모형을 데이터 전처리에 재사용하고, 훈련한 NTM 모형으로 전처리한 헤드라인에서 주제를 추론하는 파이프라인을 구축한다. 세이지메이커는 추론 파이프라인을 생성하는 파이썬 SDK로, `Model`, `SparkMLModel`, `PipelineModel`, `SparkMLModel` 등 클래스를 제공한다. 이 파이프라인은 특징 처리를 수행하고 훈련한 알고리즘으로 처리한 데이터에 점수를 매기는 데 사용한다.

실시간 예측에 사용할 엔드포인트를 만드는 다음 절차를 살펴보자.

1. 다음과 같이 NTM 훈련 작업(이전 절에서 생성한 작업)으로부터 `Model`을 생성한다.

```
ntm_model = Model(model_data=modeldataurl, image=container)
```

   여기서 `sagemaker.model` 모듈에 있는 `Model` 객체를 생성하면서 훈련한 NTM 모형의 위치와 NTM 추론 이미지의 도커 레지스트리 경로를 전달한다.

2. 다음과 같이 학습한 데이터 전처리 로직을 나타내는 스파크ML Model을 생성한다.

```
sparkml_data = 's3://{}/{}/{}'.format(s3_model_bucket, s3_model_key_prefix,
'model.tar.gz')
sparkml_model = SparkMLModel(model_data=sparkml_data, env={'SAGEMAKER_SPARKML_
SCHEMA' : schema_json})
```

sparkml_data를 pyspark.ml 패키지에 있는 직렬화한 PipelineModel의 위치로 정의한다. PipelineModel은 세 개의 변환기(Tokenizer, StopWordsRemover, CountVectorizer)와 이전 절의 데이터 전처리로 얻은 추정기(IDF) 하나를 포함한다는 점을 명심하라. 그런 다음 추론에 사용할 수 있도록 훈련한 스파크 PipelineModel의 위치와 입력 데이터의 스키마를 전달해서 SparkMLModel 객체인 sparkml_model을 생성한다.

3. 다음과 같이 sparkml_model(데이터 전처리)과 ntm_model을 취합하고 순서대로 나열해서 PipelineModel을 생성한다.

```
sm_model=PipelineModel(name=model_name, role=role, models=[sparkml_model, ntm_
model])
```

모형 이름, sagemaker 실행 역할과 실행하고자 하는 모형들의 목록을 전달해서 Sagemaker.pipeline 모듈의 PipelineModel 객체를 생성한다.

4. 다음과 같이 PipelineModel을 배포할 차례이다.

```
sm_model.deploy(initial_instance_count=1, instance_type='ml.c4.xlarge',
endpoint_name=endpoint_name)
```

sm_model의 deploy() 메소드를 호출해서 모형을 엔드포인트로 배포한다. 이때 엔드포인트 이름 그리고 엔드포인트를 운영하는 데 필요한 인스턴스 수와 유형을 해당 배포 모형에 전달한다.

이제 테스트 데이터셋의 샘플 헤드라인 하나를 새로 만든 엔드포인트로 전달할 차례이다. 다음 절차를 살펴보자.

1. 다음과 같이 sagemaker.predictor 모듈의 RealTimePredictor 객체를 생성한다.

```
Predictor = RealTimePredictor(endpoint=endpoint_name, sagemaker_session=sess,
                              serializer=json_serializer,
                              content_type=CONTENT_TYPE_JSON,
                              accept=CONTENT_TYPE_CSV)
```

   이전에 생성한 엔드포인트 이름, 현재 세이지메이커 세션, 직렬 변환기(입력 데이터를 엔드포인트로 전송할 때 인코딩하는 방법을 정의) 그리고 요청 및 응답의 컨텐츠 타입을 전달하면서 RealTimePredictor 객체를 정의한다.

2. 다음과 같이 RealTimePredictor 객체인 predictor의 predict() 메소드를 호출한다.

```
predictor.predict(payload)
```

   다음과 같이 json 페이로드의 일부로 테스트 데이터셋의 샘플 헤드라인을 전달하면서 RealTimePredictor 객체로 초기화한 predictor의 predict() 메소드를 호출한다.

```
    payload = {
        "schema": {
            "input": [
              {
                "name": "headline_text",
                "type": "string"
              },
            ],
            "output":
              {
                "name": "features",
```

```
                        "type": "double",
                        "struct": "vector"
                    }
            },
            "data": [
                ["lisa scaffidi public hearing possible over expenses
scandal"]
                    ]

        }
```

페이로드 변수에는 두 개의 키인 schema와 data가 있다. schema 키의 값으로 SparkMLModel의 입출력 구조가 들어 있고, data 키의 값으로는 주제를 찾고자 하는 대상 샘플 헤드라인이 들어 있다. SparkMLModel을 초기화 시 지정한 스키마로 세이지메이커의 sparkml 스키마를 재정의override하려고 한다면 새로운 스키마를 전달할 수 있다. 다음은 뉴스 헤드라인 스코어링의 출력이다.


```
{"predictions":[{"topic_weights":[0.5172129869,0.0405323133,0.2246916145,0.
1741439849,0.0434190407]}]}
```


헤드라인에는 '국제 정치 및 분쟁', '자금 및 비용 관련 문제' 그리고 '법률 집행' 등의 세 가지 확실한 주제가 있다고 파악할 수 있다.[3]

시사적 배경을 말하자면 리사 스카피디Lisa Scaffidi는 서호주 퍼스시의 시장이었다. 그녀는 자신의 지위를 부적절하게 사용한 혐의로 기소됐는데 수만 달러 상당의 선물과 여행 경비에 대한 세금을 신고하지 않았던 것이다. 따라서 이 헤드라인에는 주제가 적절히 혼합돼 있다고 볼 수 있는데 가장 높은 국제 정치 및 분쟁(51%) 뒤에 자금 및 비용 관련 문제(22%)가 뒤따르고 그다음이 법률 집행(17%)이다.

3 네 번째 비중 값은 현저하게 낮아서 주제라고 인정하기 어렵다. – 옮긴이

이제 헤드라인 일괄처리에 따른 주제 추론 방법을 살펴보자.

추론 파이프라인으로 일괄처리 예측 생성

이 절에서는 실시간 예측이 아닌 일괄처리 예측에 초점을 맞춘다. 세이지메이커에서는 오프라인 모드에서 훈련한 모형을 배포해야 하는 요구사항을 해결하는 배치 변환Batch Transform 서비스를 제공한다. 배치 변환은 새로 출시된 고성능 및 대용량 처리 기능으로, 데이터셋 전체를 대상으로 추론을 얻을 수 있다. 입력 데이터와 출력 데이터 둘 다 S3 버킷에 저장한다. 배치 변환 서비스는 훈련 완료한 모형에 따른 입력 데이터의 점수를 매기는 데 필요한 계산 자원을 관리한다.

다음 다이어그램은 배치 변환 서비스가 동작하는 방식을 보여준다.

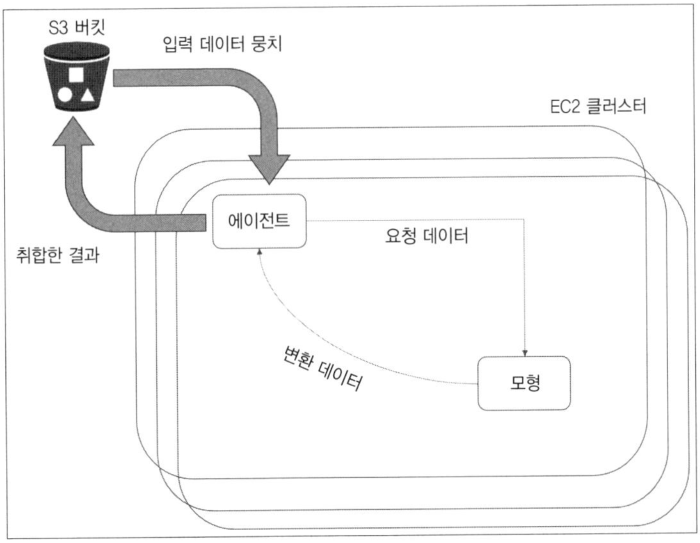

앞의 다이어그램에서 볼 수 있는 절차는 다음과 같다.

1. 배치 변환 서비스는 (S3 버킷에서) 대량의 입력 데이터를 에이전트를 통해 받아들인다.

2. 배치 변환 에이전트는 학습한 모형과 입출력 데이터를 저장하는 S3 버킷 간의 상호작용을 중재한다.
3. 요청 데이터가 에이전트로 오면 에이전트는 뉴스 헤드라인을 변환해서 주제를 만들어 내도록 훈련한 모형으로 해당 데이터를 전달한다.
4. 해당 중계 에이전트는 추론 결과 또는 발견한 주제를 지정된 S3 버킷에 보관한다.

다음과 같은 배치 변환 작업의 실행 절차를 살펴보자.

1. 이전 절에서 만들었던 `PipelineModel`의 이름과 함께 입출력 데이터가 있는 S3 버킷의 경로를 정의한다. `PipelineModel`의 이름은 프로그래밍 방식으로 또는 AWS 콘솔 내(세이지메이커 서비스 왼쪽의 탐색 창에 있는 추론 아래 모델을 클릭)에서 얻을 수 있다.
2. 다음과 같이 `Sagemaker.transformer` 모듈의 `Transformer` 객체를 생성한다.

```
transformer = sagemaker.transformer.Transformer(
    model_name = model_name,
    instance_count = 1,
    instance_type = 'ml.m4.xlarge',
    strategy = 'SingleRecord',
    assemble_with = 'Line',
    output_path = output_data_path,
    base_transform_job_name='serial-inference-batch',
    sagemaker_session=sess,
    accept = CONTENT_TYPE_CSV
)
```

여기서는 파이프라인 모형을 실행하는 데 필요한 계산 자원을 정의한다(예를 들어 EC2 인스턴스 유형 및 개수). 그런 다음 레코드를 일괄처리하는 전략(단일 레코드 또는 다중 레코드)과 출력을 모으는 방법을 정의한다. 또한 현재 세이지메이커 세션과 출력 컨텐츠 타입(accept 매개변수로 받음)을 제공한다.

3. 다음과 같이 앞 단계에서 만든 `Transformer` 객체의 `transform()` 메소드를 호출한다.

```
transformer.transform(data = input_data_path,
                      job_name = job_name,
                      content_type = CONTENT_TYPE_CSV,
                      split_type = 'Line')
```

입력 데이터의 경로, 배치 변환 작업의 이름, 입력 컨텐츠 타입 그리고 입력 레코드 분리 방법(이번 실습에서는 뉴스 헤드라인을 행 별로 구분)을 정의하고, 일괄처리 추론이 모든 입력 데이터를 처리할 때까지 기다린다. 출력 결과의 일부를 발췌한 부분은 다음과 같다.

헤드라인	주제 1	주제 2	주제 3	주제 4	주제 5
gower warns of french resistance	0.6014835	0.1155266	0.0977373	0.0810384	0.1042142
greens seek inquiry into jockey offer allegations	0.1023946	0.1208197	0.3941616	0.0770099	0.3056142
gregan put on notice horan	0.3041118	0.2034628	0.1746403	0.1478757	0.1699095
gungahlin roadwork delays slow other upgrades	0.3041118	0.2034628	0.1746403	0.1478757	0.1699095
hackers use sony bmg software to hide in pcs	0.3041118	0.2034628	0.1746403	0.1478757	0.1699095
health service faces funding cut	0.2284847	0.0780824	0.3143376	0.2452072	0.1338882
henry takes all blacks into new era	0.2866432	0.2429818	0.2257657	0.1718663	0.0727429
heritage council rejects camberwell station listing	0.3061328	0.0676769	0.3875068	0.0698637	0.1688199
heroin addict gets 20 years for taxi drivers murder	0.1621254	0.2586859	0.3177063	0.0604307	0.2010518
hodge in form with century against windies	0.3041118	0.2034628	0.1746403	0.1478757	0.1699095
hodge justifies test call up	0.057705	0.3068286	0.3168347	0.1368421	0.1817897
hodge tunes up with half century	0.3041118	0.2034628	0.1746403	0.1478757	0.1699095
hope for aussie on death row not lost labor	0.3925557	0.0913394	0.2443132	0.1058502	0.1659415
hope for health service funding to continue	0.2246623	0.0857421	0.3201226	0.2495116	0.1199614
hospital emergency service delay creates angst	0.1115589	0.1981474	0.2989576	0.156964	0.2343721
hunter man in running for senior of the year award	0.1235819	0.145608	0.1249724	0.1957543	0.4100834
ideas aplenty for harbourside project area	0.3041118	0.2034628	0.1746403	0.1478757	0.1699095
indonesian police say gunfire killed azahari	0.0507304	0.306136	0.1548292	0.140412	0.3478923
iran frees detained aussie british couple	0.1752351	0.3295657	0.1308063	0.0907015	0.2736915

국제 정치 및 분쟁, 스포츠 및 범죄, 자연 재해 및 기금, 항의 및 법률 집행, 범죄 등 다섯 가지 주제를 찾았다는 점을 기억하라. 각 뉴스 헤드라인에 대해 NTM 알고리즘은 해당 헤드라인이 주제 1번부터 5번까지를 포함할 확률을 예측한다. 따라서 다섯 가지 주제를 조합해서 각 헤드라인을 표현한다.

예를 들어 "Indonesian police say gunfire killed azahari"라는 헤드라인은 범죄와 관련된 주제가 우세하다. 헤드라인이 2002년도에 발생한 발리 폭탄 테러의 배후 인물인 아자하리Azahari의 살인 사건과 관련이 있기 때문에 주제는 범죄(주제 5)와 매우 관련이 깊다.

이 절을 마무리하면서 세이지메이커에서 추론을 실행하는 두 가지의 다른 패턴을 성공적으로 살펴본 셈이다.

요약

8장에서는 훈련 및 추론 시에 데이터 전처리 로직을 재사용하는 방법과 오프라인 및 온라인 추론을 수행하는 방법을 배웠다. 우선, 머신러닝 추론 파이프라인의 아키텍처를 살펴본 다음 ABC 뉴스 헤드라인 데이터셋을 사용해서 AWS 글루와 스파크ML로 빅데이터를 처리하는 과정을 보여줬다. 그런 다음 NTM 알고리즘을 전처리한 헤드라인에 적용해서 뉴스 헤드라인의 주제를 찾았다. 마지막으로 동일한 데이터 전처리 로직을 활용해서 일괄 처리 및 실시간 추론을 수행하는 방법을 보여줬다. 데이터 과학자와 머신러닝 엔지니어는 추론 파이프라인을 이용해서 ML 솔루션의 출시 속도를 높일 수 있다.

9장에서는 NTMNeural Topic Models에 대해 자세히 살펴본다.

더 읽을거리

8장에서 다룬 내용을 더 상세히 이해하려면 다음의 자료를 참고하라.

- **스파크의 파이프라인 모형** https://blog.insightdatascience.com/spark-pipelines-elegant-yet-powerful-7be93afcdd42

- **배치 변환** https://docs.aws.amazon.com/sagemaker/latest/dg/how-it-works-batch.html
- **주제 모델링** https://medium.com/ml2vec/topic-modeling-is-an-unsupervised-learning-approach-to-clustering-documents-to-discover-topics-fdfbf30e27df
- **스파크의 변환기** https://spark.apache.org/docs/1.6.0/ml-guide.html#transformers

09

텍스트 집합에서 주제의 발견

텍스트를 이해하는 가장 효과적인 방법은 일단 주제를 파악하는 데 있으며 주제를 학습하고 인식하며 추출하는 과정을 주제 모델링이라고 한다. 텍스트의 광범위한 주제를 알아내는 기법은 다양하게 활용할 수 있다. 법률 관련 업계에서는 계약의 주제를 알아내는 데 사용할 수 있다(특정 조항에 대한 산더미 같은 계약을 사람이 직접 검토하는 대신 비지도학습으로 테마 또는 주제를 알아낼 수 있음). 또한 유통 업계에서는 여러 소셜 미디어 대화 내용에 들어있는 다양한 추세trend를 파악하는 데 사용할 수 있고 이러한 다양한 추세를 바탕으로 제품 혁신을 이끌어 낼 수 있다. 예를 들어 새로운 주력 상품을 발굴하고 제품 구색[1]에 활용할 수 있다.

1 제조사가 자사 제품의 종류를 편성하는 전략을 말한다. – 옮긴이

9장에서는 긴 형식의 텍스트(140자 이상)에서 주제를 합성하는 방법을 배우는데, 주제 모델링 기법을 먼저 살펴보고 NTM^Neural Topic Model^의 동작 방식을 설명한다. 그런 다음 세이지메이커에서 NTM을 훈련하고 배포하는 방법을 살펴본다.

9장에서 다룰 주요 내용은 다음과 같다.

- 주제 모델링 기법들의 검토
- 신경 주제 모형의 동작 방식
- 세이지메이커에서 NTM 훈련 방법
- NTM 배포 및 추론 수행 방법

기술 요건

9장에 나오는 개념을 설명하는 데 UCI Machine Learning Repository(http://archive.ics.uci.edu/ml)의 Bag of Words 데이터셋(https://archive. ics.uci.edu/ml/datasets/bag+of+words)을 사용한다. 해당 데이터셋에는 이메일 ID, 단어 ID 및 개수(특정 단어가 지정된 이메일에 나타나는 횟수) 등의 Enron 이메일 정보가 들어 있다.

9장 관련 깃허브 저장소(https://github.com/PacktPublishing/Hands-On-Artificial-Intelligence-on-Amazon-Web-Services/tree/master/Ch9_NTM)에는 다음과 같은 파일이 있다.

- `docword.enron.txt.gz`(https://github.com/PacktPublishing/Hands-On-Artificial-Intelligence-on-Amazon-Web-Services/blob/master/Ch9_NTM/data/docword.enron.txt.gz): 이메일 ID와 단어 ID가 들어 있다.
- `vocab.enron.txt`(https://github.com/PacktPublishing/Hands-On-Artificial-Intelligence-on-Amazon-Web-Services/tree/master/Ch9_NTM/data/vocab.enron.txt): 데이터셋의 일부인 실제 단어가 들어 있다.

주제 모델링 기법들부터 살펴보자.

주제 모델링 기법들

이 절에서는 주제 모델링과 관련한 몇 가지 선형 및 비선형 학습 기법을 살펴본다. 선형 기법에는 **잠재 의미 분석**LSA, Latent Semantic Analysis, **확률적 잠재 의미 분석**pLSA, probabilistic Latent Semantic Analysis 그리고 **잠재 디리클레 할당**LDA, Latent Dirichlet Allocation이 있다. 잠재 의미 분석에는 **특이값 분해**SVD, Singular Vector Decomposition 및 **음수 미포함 행렬 분해**NMF, Non-negative Matrix Factorization라는 두 가지 접근법이 존재한다. 반면 비선형 기법에는 LDA2Vec과 NVDMNeural Variational Document Model이 있다.

잠재 의미 분석은 문서를 더 작은 주제 벡터로 근사해서 주제를 찾는 기법인데 문서 집합은 다음과 같이 문서-단어 행렬로 표현한다.

- 가장 간단한 형태로서의 문서-단어 행렬은 주어진 단어가 주어진 문서에서 발생하는 빈도를 나타내는 순수 횟수로 구성된다. 이러한 접근 방식은 문서에 나타나는 각 단어가 갖는 중요성을 나타내지 않으므로 순수 횟수를 TF-IDFTerm Frequency - Inverse Document Frequency 점수로 바꾼다.
- TF-IDF를 도입하면 대상 문서에서는 빈번하지만 다른 모든 문서에서는 덜 빈번한 단어의 가중치가 높아진다. 문서-단어 행렬에는 원소가 희소하고 잡음이 들어 있어 주제를 기반으로 문서와 단어 간의 의미 있는 관계를 얻으려면 차원을 줄여야 한다.
- **절단**truncated SVD[2]로 차원을 줄일 수 있다. 이 기법으로 문서-단어 행렬은 다음 다이어그램과 같이 문서 주제(U), 단어 주제(V) 그리고 고유 값 행렬(S) 등 세 가지 행렬로 나뉘는데 여기서 고유 값은 주제의 강도를 나타낸다.

2 SVD의 여러 변형 중 고유 값 행렬의 근사를 많이 해서 원래 행렬을 복원할 수 없는 기법이다. - 옮긴이

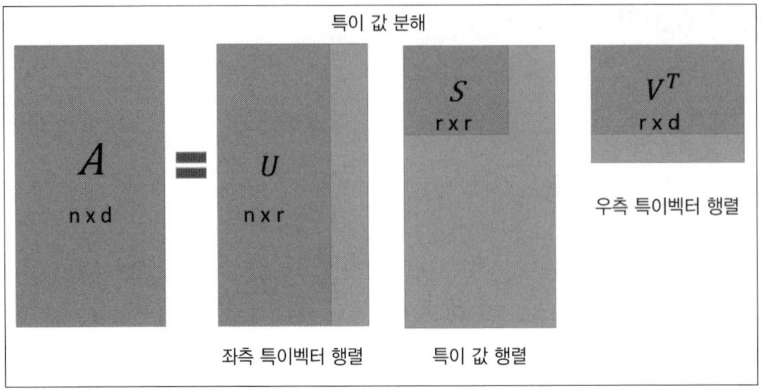

이 행렬 분해는 고유unique[3]하며 더 낮은 차원의 공간에서 문서와 단어를 표현하기 위해 T개의 가장 큰 특이 값(앞의 다이어그램에 표시한 대로 행렬의 부분 집합)만 선택하고 U와 V의 첫 T열만 유지한다. 이때 T는 초매개변수로 찾아야 할 주제의 수를 반영해 조정할 수 있다. 선형 대수학에서 어떤 m×n 행렬 A는 다음과 같이 분해할 수 있다.

- $A * V = U * S$, 여기서 U는 좌측 특이벡터, V는 우측 특이벡터, S는 **특이 값 행렬**Singular Value Matrix이라고 한다.

> 주어진 행렬에 대한 고유 값과 좌/우측 고유벡터를 계산하는 방법을 더 자세히 알고 싶다면 다음을 참조하라.
> https://machinelearningmastery.com/singular-value-decomposition-for-machine-learning/ intuitive explanation–reconstruct matrix from SVD

- $A = U * S * V^T$를 얻는다.

SVD 외에 NMF로 행렬을 분해할 수도 있다. NMF는 선형 대수학 알고리즘에 속하며 데이터에서 잠재 구조를 식별하는 데 사용한다. 다음 다이어그램과 같이 문서–용어(용어와 단어

3 고유 값 행렬과 고유벡터 행렬로 분해된다는 의미이다. – 옮긴이

는 서로 교차로 사용 가능) 행렬을 계산할 때는 두 개의 음수 미포함 행렬을 사용한다.

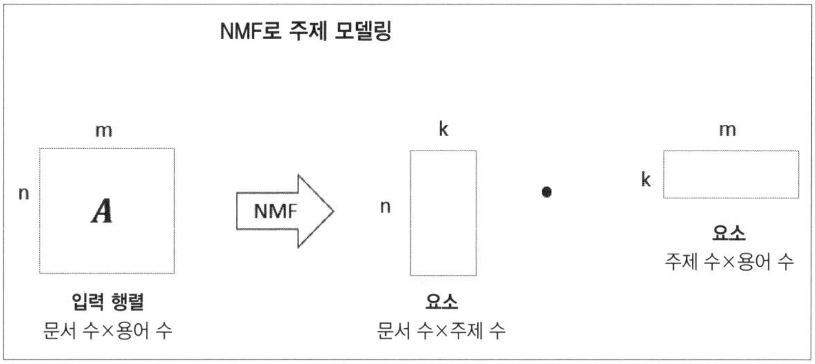

LSA의 서로 다른 선형 기법을 비교 및 대조해 본 후 매우 유연한 LSA 계열의 기법 하나를 살펴보자.

- NMF와 SVD의 차이점은 SVD를 사용하면 음수 값 요소를 포함하는 (좌/우측) 행렬을 생성하는데 이는 텍스트 표현을 해석하기에 부자연스럽다. 반면 NMF는 LSA 수행 시 음수가 포함되지 않은 표현을 생성한다.
- 일반적으로 LSA의 단점은 해석 가능한 주제가 적고 표현의 능률이 떨어진다는 점이다. 게다가 LSA는 선형 모형이므로 비선형 종속성을 모델링하는 데 사용할 수 없으며 잠재적 주제의 수는 행렬의 계수rank로 한정된다.

확률적 LSA: pLSA는 잠재적 주제의 확률적 모형을 찾되 해당 확률 모형으로 관측 가능한 문서 및 단어를 만들어 낼 수 있다는 점에 기반한다. 따라서 결합 확률(문서 및 단어의 조합을 찾을 확률), $P(D,W)$는 다음과 같이 풀어 쓸 수 있다.

$$P(D,W) = \sum_{Z} P(Z) * P(D|Z) * P(W|Z)$$

여기서 D=문서Document, W=단어Word 그리고 Z=주제Topic이다.

pLSA의 특성과 한계를 살펴보자.

- $P(Z)$는 특이 값 행렬에 대응하는데 $P(D|Z)$는 좌측 특이벡터에, $P(W|Z)$는 우측 특이벡터에 대응한다는 점에서 pLSA와 SVD 기반의 LSA는 유사하다.
- pLSA의 가장 큰 단점은 새 문서를 쉽게 일반화할 수 없다는 점인데 LDA에는 이러한 문제가 없다.

LDA Latent Dirichlet Allocation: LSA와 pLSA를 의미 분석이나 정보 조회에 사용하는 반면 LDA는 주제를 찾는 데 사용한다. 다시 말해 문서 집합에 걸쳐서 나오는 단어의 빈도수를 기준으로 주제를 찾는데 구체적으로 다음을 수행한다.

- 문서 집합에서 찾으려는 주제 수를 지정하되, 검증용 문서를 대상으로 한 LDA의 성능에 따라 이 숫자를 조정할 수 있다.
- 그런 다음 문서의 단어 토큰화 tokenization를 수행하고 불용어를 제거해서 말뭉치 전체에 특정 횟수 이상 나타나는 단어를 저장하고 어간 추출 stemming을 수행한다.
- 처음에는 각 단어마다 임의의 주제를 할당한 다음 문서 별 주제 혼합(각 주제가 해당 문서에 나타나는 횟수[4]를 계산함), 말뭉치 전체의 주제 별 단어 혼합(각 단어가 해당 주제에 나타나는 횟수)을 계산한다.
- 그런 다음 각 단어 별로 전체 말뭉치를 탐색해서 주제 하나를 재할당한다. 문서 별로 다른 주제 할당을 바탕으로 해당 주제로 재할당한다. 예를 들어 주제 1은 40%, 주제 2는 20%, 주제 3은 40%인 주제 혼합에서 문서의 첫 번째 단어를 주제 2에 할당했다고 가정해 보자. 또한 대상 단어는 (전체 말뭉치의) 모든 주제에 대해 주제 1 – 52%, 주제 2 – 42%, 주제 3 – 6%와 같은 방식으로 나타난다고 가정하자. 해당 문서에서는 이 단어가 주제 2(20% * 42%)보다 주제 1(40% * 52%)을 더 잘 나타내므로 주제 2에서 주제 1로 해당 단어를 재할당한다. 이 과정을 모든 문서에 대해 반복하는데 1회의 반복이 끝나면 해당 말뭉치의 각 단어를 모두 다룬 셈이 된다.

---

4 바로 다음 설명에 나오듯이 최종적으로는 비율로 표현한다. – 옮긴이

- 재할당이 더 이상 필요하지 않을 때까지 각 단어를 전체 말뭉치에 걸쳐서 여러 번 반복한다.
- 최종적으로 몇 가지 지정된 주제와 해당 주제를 대변하는 키워드를 얻는다.

지금까지는 주제를 모델링하는 선형 기법을 살펴봤는데 다음으로 비선형 학습을 살펴보자. 주제 모델링 신경망 모형은 훨씬 더 유연해서 새로운 기능을 추가할 수 있다(예를 들어 입력 및 대상 단어에 대한 문맥 단어 생성).

Lda2Vec은 word2vec과 LDA 모형을 결합한 기법이자 스킵-그램skip-gram word2vec 모형의 일종이다. Lda2Vec은 다양한 애플리케이션에 사용할 수 있는데, 이를테면 주제 모델링 시 주제 벡터를 학습하는 등 주어진 단어(피벗 또는 대상 단어라고 함)에서 문맥 단어를 예측할 수 있다.

Lda2vec은 주제 임베딩 (또는 벡터)을 생성한다는 측면에서 **NVDM**과 비슷하다. 그러나 NVDM은 단어 간의 관계를 완전히 배제하는 신경망을 사용해서 문서 벡터를 생성하기 때문에 주제 모델링을 훨씬 더 정갈하고 유연하게 수행하는 접근법이다.

NVDM은 주제로 여러 문서 표현을 학습하는 유연한 생성 문서 모델링 프로세스다(따라서 NVDM에서 변분variational이라는 말은 다양함을 의미).

- NVDM은 **변분 자기부호기**VAE, Variational Autoencoder 프레임워크 기반인데 이는 하나의 신경망(즉, 부호기)으로 문서 집합을 부호화하고, 두 번째 신경망(즉, 복호기)으로는 압축한 문서 표현을 복호화한다. 이러한 프로세스의 목표는 말뭉치에 있는 정보를 계산하는 최적의 방법을 찾는 데 있다. 자기부호기는 다음 두 가지 유형의 손실을 작게 해서 최적화를 수행한다.
  - **복호화 손실(재구성 오차)**: 주제 임베딩에서 원본 문서를 재구성한다.[5]
  - **부호화 손실(Kullback Leibler 또는 KL 분산)**: 입력 문서나 주제 임베딩의 확률적

5 이럴 때 잃는 정보량이다. – 옮긴이

stochastic 표현을 생성한다. KL 분산은 문서의 BoWBag-of-Words 표현을 부호화 할 때 잃는 정보량을 측정한다.

이제 AWS의 NVDM 구현체인 신경 주제 모형(NTM)을 알아보자. AWS는 주제를 찾는 데 바로 이용할 수 있는 API인 AWS 컴프리헨드를 제공하지만, 직접 훈련할 수 있는 NTM 알고리즘도 제공해서 긴 텍스트에서 주제를 찾는 세밀한 제어와 유연성을 제공한다.

신경 주제 모형의 동작 방식 이해

앞에서 설명한 것처럼 **신경 주제 모형**NTM은 하나의 문서에 관한 여러 표현을 도출하는 생성 문서 모형Generative Document Model으로 다음 두 가지 결과를 낸다.

- 하나의 문서에 대한 여러 주제 혼합
- 전체 말뭉치corpus의 모든 주제에 대해 각 주제를 설명하는 키워드 목록

NTM은 **변분 자기부호기**Variational Autoencoder 아키텍처를 기반으로 한다. 다음 그림은 NTM이 동작하는 방식을 보여준다.

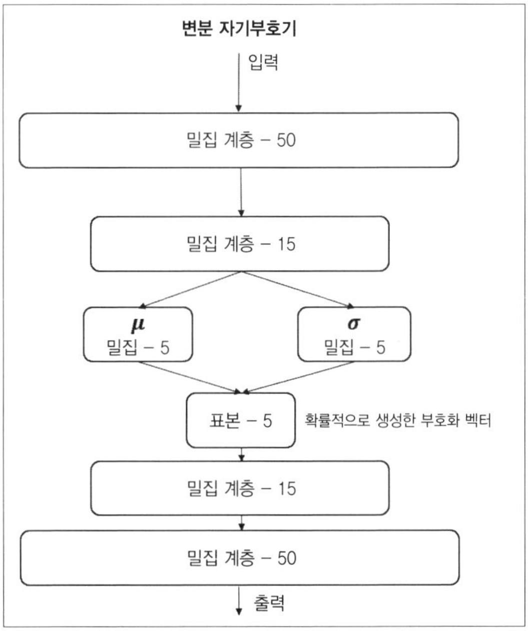

앞의 다이어그램을 하나씩 살펴보자.

- 부호기와 복호기 등 두 가지 컴포넌트가 있는데 부호기에는 문서의 BoW 표현으로부터 두 벡터, 즉 평균(μ) 벡터와 표준 편차(σ) 벡터를 생성하는 **다층 퍼셉트론**MLP, Multiple Layer Perceptron 망이 있다. 직관적으로 평균 벡터는 입력 부호화의 중심 위치를 제어하는 반면 표준 편차는 중심 주변의 영역을 제어한다. 이 영역에서 생성한 샘플은 생성할 때마다 달라지므로 복호기는 해당 입력에 대한 다른 잠재적 부호화의 재구성을 학습한다.

> MLP는 순전파 **인공 신경망**(ANN, Artificial Neuron Networks)의 일종이다. 이는 입력, 출력 그리고 은닉 계층 등 최소 세 개의 노드 계층으로 이뤄져 있다. 입력 노드를 제외하고 각 노드는 비선형 활성화 함수를 사용한다.

- 두 번째 컴포넌트는 독립적으로 단어를 생성해서 문서를 재구성하는 복호기이다. 해당 신경망의 출력 계층은 주제 단어 행렬을 재구성해서 주제별 각 단어의 확률을 표시하는 소프트맥스Softmax 계층이다. 행렬의 각 열은 주제를 나타내는 반면 각 행은 단어를 나타내고 주어진 열에 대한 행렬 값은 해당 주제의 단어 분포 확률을 나타낸다.

> 해당 소프트맥스 복호기는 여러 주제별 조건부 확률을 계산하는 다항 로지스틱 회귀(Multinomial Logistic Regression)에 사용되며 이 변환기(복호기)는 일종의 정규 지수 함수로 최댓값을 크게 올리고 최댓값보다 현저히 낮은 값은 크기를 낮춘다.

신경망의 학습 가중치 및 편향bias뿐만 아니라 재구성 오차 및 KL 분산을 줄여서 NTM을 최적화한다. 따라서 NTM은 주제를 발견하고 해석 가능한 주제를 생성하는 데 사용하는 유연한 신경망 모형이다. 이제 세이지메이커에서 NTM을 훈련하는 방법을 살펴볼 차례이다.

세이지메이커에서 NTM 훈련

이 절에서는 Enron 이메일 데이터셋을 대상으로 NTM을 훈련해서 주제를 찾을 것이다. 이러한 이메일들은 2007년에 금융 손실로 조업을 중단한 미국 에너지 회사 Enron과 그 거래처 간에 주고받은 것이다.

원래 데이터셋에는 39,861개의 이메일 및 28,101개의 고유 단어가 들어 있는데 그보다 하위 셋인 3,986개의 이메일 및 17,524개의 고유 단어로 작업할 것이다. 또한 텍스트 파일인 `vocab.txt`를 생성해서 NTM 모델이 주제별 단어 분포를 저장할 수 있도록 한다.

우선, 로컬 세이지메이커 계산 인스턴스의 `data` 폴더에 `docword.enron.txt.gz`와 `vocab.`

enron.txt를 반드시 업로드해 두고 아래 절차를 수행하자.[6]

1. 다음과 같이 이메일의 BoW 표현을 생성하라.

```
pvt_emails=pd.pivot_table(df_emails,values='count',index='email_ID',
                          columns=['word_ID'], fill_value=0)
```

   앞의 코드에서는 pandas 라이브러리의 `pivot_table()` 함수로 이메일을 피벗[7] 해서 이메일 ID가 색인이 되고 단어 ID가 열이 되게 한다. 해당 피벗 테이블의 values 인자에는 단어 수가 들어 있고 3,986개의 이메일 ID와 17,524개의 단어 ID가 있다.

2. 이제 IDF(Inverse Document Frequency) 요소와 단어 수를 곱하자. 이메일에서 빈번히 발생하고 다른 이메일에서는 덜 발생하는 단어는 주제를 찾는 데 중요하지만 모든 이메일에서는 자주 발생하는 단어는 주제를 찾는 데 중요하지 않을 수 있다고 추측한다.

   IDF는 다음과 같이 계산한다.

```
dict_IDF = {name: np.log(float(no_emails) / (1+len(bag_of_words[bag_of_
words[name] > 0]))) for name in bag_of_words.columns}
```

   IDF는 $log(\frac{N}{1+df_i})$으로 정의하는데 여기서 N은 데이터셋에 있는 이메일 수를, df_i는 단어 i를 포함하는 문서 수를 말한다.

   이 절차가 끝나면 피벗한 이메일을 TF-IDF 값으로 채운 새 데이터프레임이 생성된다.

3. 이제 다음과 같이 이메일 데이터의 BoW 표현을 희소 행을 압축한 행렬로 변환한다.

---

6 1번과 2번 절차는 'bowemails.py'라는 유틸리티 파이썬 모듈에 대한 설명이다. – 옮긴이

7 여러 분류로 섞인 행 데이터를 열 데이터로 회전시키는 것 – 옮긴이

```
sparse_emails = csr_matrix(pvt_emails, dtype=np.float32)
```

앞의 코드에서는 scipy.sparse의 csr_matrix() 함수로 이메일 행렬을 효율적인 표현으로 변환한다. 희소 행을 압축한 행렬을 다루면 RAM 공간을 절약할 수 있을 뿐 아니라 0이 아닌 값에 대해서만 연산을 수행할 수 있다. 희소 행을 압축한 행렬은 행 번호를 가리키는 행 포인터와 해당 행의 열을 식별하는 열 색인을 사용해서 해당 행 포인터와 열 색인으로 식별하는 요소 값을 저장한다.

4. 다음과 같이 해당 데이터셋을 훈련, 검증 및 테스트 셋으로 나눈다.

```
vol_train = int(0.8 * sparse_emails.shape[0])

# 훈련, 검증 및 테스트 셋으로 분할
train_data = sparse_emails[:vol_train,:]
test_data=sparse_emails[vol_train:, :]

vol_test = test_data.shape[0]
val_data = test_data[:vol_test//2, :]
test_data = test_data[vol_test//2:, :]
```

훈련에 이메일 데이터의 80%를, 검증에 10%를 그리고 테스트에 나머지 10%를 사용한다.

5. 희소 행을 압축한 행렬로 표현한 이메일 데이터를 다음과 같이 **Protobuf 형식**format의 RecordIO로 변환한다.

```
data_bytes = io.BytesIO()
smamzc.write_spmatrix_to_sparse_tensor(array=sprse_matrix[begin:finish],
file=data_bytes, labels=None)
data_bytes.seek(0)
```

프로토콜 버퍼 Protocol Buffers라고도 알려진 Protobuf 형식은 구글이 개발한 구조적인 데이터의 직렬화 또는 인코딩 프로토콜이다. JSON, XML 그리고 Protobuf는 서로 바꿔서 사용할 수 있지만, Protobuf가 다른 형식보다 훨씬 더 뛰어나고 더 많은 데이터 형식을 지원한다. RecordIO는 직렬화된 데이터를 디스크에 저장하는 파일 형식이며 더 빨리 읽을 수 있도록 레코드의 시퀀스로 데이터를 저장한다. 기본적으로 RecordIO는 Protobuf로 구조적인 데이터를 직렬화한다.

분산 훈련을 수행할 수 있도록 훈련 데이터셋을 가져와서 여러 부분으로 나눈다. 더 자세한 내용을 알고 싶다면 9장 관련 소스코드를 참조하라. `sagemaker.amazon.common`의 `write_spmatrix_to_sparse_tensor()` 함수는 나눈 각 부분을 희소 행 행렬 형식에서 희소 텐서tensor 형식으로 변환한다. 이 함수는 RecordIO 레코드의 이진 스트림과 희소 행 행렬을 입력으로 받는다. 그런 다음 `seek()` 메소드를 호출해서 스트림 위치를 스트림의 처음으로 재설정(파일의 처음부터 데이터를 읽는 데 중요)한다.

6. 다음과 같이 훈련 및 검증 데이터셋을 S3 버킷에 업로드한다.

```
file_name = os.path.join(prefix, fname_template.format(i))
boto3.resource('s3').Bucket(bucket).Object(file_name).upload_fileobj(data_
bytes)
```

파일 이름을 이진 스트림에 제공하고 S3 버킷의 이름을 지정하는데 여기서는 훈련을 하는 데 데이터셋을 저장한다. S3 객체의 `upload_fileobj()` 메소드를 호출해서 이진 데이터를 지정된 위치에 업로드한다.

7. 다음과 같이 세이지메이커의 `Estimator` 객체를 초기화해서 훈련을 준비한다.

```
ntm_estmtr = sagemaker.estimator.Estimator(container,
                                           role,
                                           train_instance_count=2,
                                           train_instance_type='ml.c4.xlarge',
                                           output_path=output_path,
                                           sagemaker_session=sess)
```

해당 NTM 이미지의 도커 레지스트리 경로, 세이지메이커 실행 역할, 훈련 인스턴스 수 및 유형 그리고 출력 위치를 전달해서 추정기 객체인 ntm_estmtr를 생성한다. 활성화할 계산 인스턴스 수가 두 개이므로 분산 훈련을 수행하는데 이때 데이터를 세세히 나누고 몇몇 데이터 뭉치씩 병렬로 훈련한다.

8. 이제 NTM 알고리즘의 초매개변수를 다음과 같이 정의해 보자.

```
num_topics = 3
vocab_size = 17524 # 피봇한 이메일 데이터프레임의 모양으로부터 계산
ntm_estmtr.set_hyperparameters(num_topics=num_topics,
                               feature_dim=vocab_size,
                               mini_batch_size=30,
                               epochs=150,
                               num_patience_epochs=5,
                               tolerance=.001)
```

앞의 코드에서 정의한 초매개변수를 살펴보자.

- feature_dim: 특징 벡터의 크기를 나타내는데 어휘 크기(단어 수)인 17,524로 설정한다.
- num_topics: 추출할 주제 수를 나타내는데 여기서는 세 개의 주제로 설정했지만 테스트 셋에 대한 모형 성능을 바탕으로 이 값을 조정할 수 있다.
- mini_batch_size: 가중치를 업데이트하기 전에 처리할 훈련 예제의 수를 나타낸다. 여기서는 30개의 훈련 예제를 지정한다.
- epochs: 실행할 순전파 및 역전파 패스 횟수를 나타낸다.
- num_patience_epochs: 품질이 나쁜 에폭(손실이 개선되지 않는 에폭)의 최대 횟수로 이 기준을 넘어서면 조기 종료한다.
- optimizer: 망 가중치를 최적화하는 데 사용하는 알고리즘을 나타내는데 여기서는 Adadelta라는 최적화 알고리즘을 사용한다. 이 적응적 델타 기울기Adaptive Delta Gradient[8] 알고리즘은 AdagradAdaptive Gradient를 개선한 버전으로 과

8 Adadelta는 이 기법에 대한 약칭이다. – 옮긴이

거 전체에 대한 기울기 업데이트가 아닌 롤링 윈도우Rolling Window[9]에 대한 기울기 업데이트를 통해 학습률을 감소시킨다.

- tolerance: 손실 함수 값의 변화 관련 임계치를 나타내는데 지정한 인내 에폭 횟수 내에서 손실 값의 변화가 이 임계치 아래로 떨어지면 훈련을 일찍 중단한다.

9. 해당 데이터셋의 어휘 또는 단어가 들어 있는 텍스트 파일을 보조 경로/채널에 업로드하라. 이는 훈련 중에 세이지메이커 알고리즘에 추가 정보를 제공하는 데 사용하는 채널이다.

10. 다음과 같이 NTM 알고리즘을 훈련 및 검증 셋에 맞춘다.

```
ntm_estmtr.fit({'train': s3_train, 'validation': s3_val,
                'auxiliary': s3_aux})
```

11. 초기화한 sagemaker.session 모듈의 S3_input 객체를 전달하면서 ntm_estmtr 객체의 fit() 메소드를 호출해서 훈련을 수행한다. s3_train, s3_val, s3_aux 객체는 훈련, 검증 및 보조 데이터셋의 위치와 파일 형식 및 배포 유형을 제공한다.

이제 분산 훈련의 결과를 살펴보자.

- 다음과 같은 첫 번째 ML 계산 인스턴스의 훈련 결과 출력을 살펴보자.

```
# Finished training epoch 48 on 2126 examples from 71 batches, each of size 30.
```

총 3,188개의 훈련 예제가 있다는 것을 상기하자. 훈련에 두 개의 계산 인스턴스를 가동했기 때문에 첫 번째 인스턴스가 2,126개의 예제를 훈련했다는 사실을 확인할 수 있다.

9 순차적인 데이터에 대해 일정 크기의 윈도우를 씌우고 해당 부분에 대한 데이터만 처리한 뒤에 창을 이동시켜 가면서 반복적으로 데이터를 처리하는 기법 - 옮긴이

- 다음과 같이 두 번째 훈련 인스턴스의 결과를 검토한다.

```
# Finished training epoch 23 on 2126 examples from 71 batches, each of size 30.
```

두 번째 계산 인스턴스는 나머지 1,062개의 예제를 훈련했다.

- 다음으로 검증 데이터셋을 사용한 모형의 성능을 보일 것이다. 훈련 데이터셋의 지표를 보려면 9장 관련 소스코드를 참조하라.

이제 훈련한 모형의 검증 결과(검증 데이터셋의 일부인 390개의 데이터 포인트로 모형을 평가했음)를 살펴볼 것인데 특히 다음과 같은 지표를 살펴볼 것이다.

- **단어 임베딩 주제 일관성 지표**WETC(wetc), Word Embedding Topic Coherence Metric: 각 주제 별 상위 단어의 의미 유사성을 측정한다. 양질의 모형에서는 상위 단어가 저차원 공간상에 서로 모여 있다. 저차원 공간에서 단어를 찾아내려면 GloVeGlobal Vectors에서 사전 훈련한 단어 임베딩을 사용한다.
- **주제 고유성**TU(tu), Topic Uniqueness: 생성한 주제의 고유성을 측정하는데 측정 값은 모든 주제에 걸쳐서 나타나는 단어의 횟수에 반비례한다. 예를 들어 단어가 하나의 주제에만 나타난다면 주제의 고유성이 높다(즉, 1임). 그러나 단어가 다섯 개의 주제에 걸쳐 나타난다면 고유성 척도는 0.2(1을 5로 나눔)이다. 모든 주제에 걸친 주제 고유성을 계산하려면 각 주제의 TU 측정에 대한 평균을 구한다.
- **Perplexity (logppx)**: 어떤 확률 모형이 샘플(검증 데이터셋)로 얼마나 잘 예측하는지에 대한 통계적 측정 값이다. 훈련을 마친 후 훈련한 모형의 perplexity는 검증 데이터셋을 사용해 계산한다(훈련한 모형의 성능을 검증 데이터셋으로 측정). 낮은 perplexity가 검증 데이터셋의 정확도를 높이므로 perplexity는 낮을수록 좋다.
- **총 손실**total: 쿨백-라이블러 분산 손실과 재구성 손실을 합한 값이다.

  신경 주제 모형은 여러 에폭에 걸쳐 다음과 같은 손실을 최소화해서 최적화를 수행한다는 점을 명심하라.

- **쿨백-라이블러 분산**kld, Kullback-Leibler Divergence: 이메일을 확률적으로 표현(주제 임베딩)하는데 이는 상대적인 엔트로피와 관련이 있다.[10] 즉, 하나의 확률 분포가 두 번째 확률 분포와 어떻게 다른지를 나타내는 척도인 프록시proxy 확률 분포이다.
- **재구성 손실**recons, Reconstruction loss: 주제 임베딩으로부터 원본 이메일을 재구성한다.[11]

다음 그림은 검증 결과와 앞서 정의한 모든 손실 유형을 나열한다.

```
[06/01/2020 01:59:26 INFO 140282726766400] Finished scoring on 390 examples from 13 batches, each of size 30.
[06/01/2020 01:59:26 INFO 140282726766400] Metrics for Inference:
[06/01/2020 01:59:26 INFO 140282726766400] Loss (name: value) total: 8.43187596248
[06/01/2020 01:59:26 INFO 140282726766400] Loss (name: value) kld: 0.188230375143
[06/01/2020 01:59:26 INFO 140282726766400] Loss (name: value) recons: 8.24364565336
[06/01/2020 01:59:26 INFO 140282726766400] Loss (name: value) logppx: 8.43187596248
[06/01/2020 01:59:26 INFO 140282726766400] #quality_metric: host=algo-2, epoch=14, validation total_loss <loss>=8.43187596248
[06/01/2020 01:59:26 INFO 140282726766400] Loss of server-side model: 8.43187596248
[06/01/2020 01:59:26 INFO 140282726766400] Best model based on early stopping at epoch 14. Best loss: 8.43187596248
[06/01/2020 01:59:26 INFO 140282726766400] Topics from epoch:final (num_topics:3) [wetc 0.22, tu 0.82]:
[06/01/2020 01:59:26 INFO 140282726766400] [0.19, 0.72] resource pending request create nahoutrdhoustonpwrcommonelectric intercontine
ntalexchange nahoutrdhoustonpwrcommonpower2region approval type kobra acceptance admin permanent directory chargenbspnbspintercontine
ntalexchange application prevailing sellside overthecounter local
[06/01/2020 01:59:26 INFO 140282726766400] [0.23, 1.00] tall head flip game play buy strong downgraded double pao eva coverage win pl
aying initiated andor bidoffer cash spread attractive
[06/01/2020 01:59:26 INFO 140282726766400] [0.23, 0.72] resource pending application request create woertz iso acceptance byron perma
nent admin type approval stakeholder notification directory expense market_participant amendment form
```

- 총 손실은 8.47로, 여기서 kld는 0.19는 나오고 recons 손실은 8.28이 나온다.
- 앞의 그림에서는 세 주제에 걸친 **단어 임베딩 주제 일관성**WETC, Word Embedding Topic Coherence이 0.26, **주제 고유성**TU, Topic Uniqueness이 0.73, Preplexity (logppx)가 8.47(총 손실과 같음)이다.
- 세 주제와 각각을 정의하는 단어는 사각형 박스로 표시했다.

이제 훈련한 NTM 모형을 엔드포인트로 배포할 차례이다.

---

10 KL 분산은 이러한 표현을 부호화할 때 잃는 정보량을 나타낸다. - 옮긴이

11 이럴 때 잃는 정보량이다. - 옮긴이

훈련한 NTM 모형의 배포 및 추론 수행

이 절에서는 NTM 모형을 배포하고 추론을 수행한 뒤에 결과를 해석한다. 우선, 다음 절차를 수행해 보자.

1. 다음과 같이 훈련한 NTM 모형을 엔드포인트로 배포한다.

```
ntm_predctr = ntm_estmtr.deploy(initial_instance_count=1, instance_type='ml.
m4.xlarge')
```

앞의 코드에서는 세이지메이커 추정기 객체인 `ntm_estmtr`의 `deploy()` 메소드를 호출해서 엔드포인트를 생성한다. 여기서 모형을 배포하는 데 필요한 인스턴스 수와 유형을 전달한다. 또한 NTM 도커 이미지는 해당 엔드포인트를 생성하는 데 사용한다. 세이지메이커가 모형을 배포하는 데 걸리는 시간은 몇 분 정도다. 다음 그림은 프로비저닝이 끝난 엔드포인트를 보여준다.

세이지메이커 서비스 콘솔의 왼쪽 탐색 창으로 이동해서 **추론** 섹션 아래의 **엔드포인트**를 클릭하면 생성한 엔드포인트를 볼 수 있다.

2. 다음과 같이 테스트 데이터의 요청 및 응답 컨텐츠 타입을 지정하라.

```
ntm_predctr.content_type = 'text/csv'
ntm_predctr.serializer = csv_serializer
ntm_predctr.deserializer = json_deserializer
```

ntm_estmtr의 deploy() 메소드는 (sagemaker.predictor 모듈의) RealTimePredictor 객체를 반환하는데 앞의 코드에서는 테스트 데이터의 입력 컨텐츠 타입과 역직렬 변환기(응답의 컨텐츠 타입)를 만들어 둔 RealTimePredictor 객체인 ntm_predctr에 할당한다.

3. 다음과 같이 추론에 사용할 테스트 데이터셋을 준비한다.

```
Test_data = np.array(test_data.todense())
```

앞의 코드에서는 numpy 파이썬 라이브러리를 사용해서 테스트 데이터의 형식을 희소 행을 압축한 행렬에서 조밀한 배열로 변환한다.

4. 다음과 같이 ntm_predctr의 predict() 메소드를 호출해서 추론을 실행한다.

```
Results = ntm_predctr.predict(test_data[1:6])
topic_wts_res = np.array([prediction['topic_weights'] for prediction in
results['predictions']])
```

앞의 코드에서는 추론에 사용할 테스트 데이터셋의 맨 처음 다섯 이메일을 전달했다. 그런 다음 예측 결과를 다차원의 주제 가중치 배열[12]로 변환했다. 여기서 행은 이메일을 나타내고, 열은 주제를 나타낸다.

5. 이제 다음과 같이 결과를 변형한다.

```
df_tpcwts=pd.DataFrame(topic_wts_res.T)
```

앞의 코드에서는 각 행이 주제를 나타내도록 다차원 배열인 topic_wts_res를 전치transpose한 후 데이터프레임인 df_tpcwts로 변환한다. 그런 후 다음과 같이 주제 그래프를 그린다.

12 즉, 2차원 행렬이다. – 옮긴이

```
df_tpcwts.plot(kind='bar', figsize=(16,4), fontsize=fnt_sz)
plt.ylabel('Topic % Across Emails', fontsize=fnt_sz)
plt.xlabel('Topic Number', fontsize=fnt_sz)
```

x축에는 주제 수를 표시하고, y축에는 다음과 같이 각 주제가 나타내는 이메일의 비율을 표시한다.

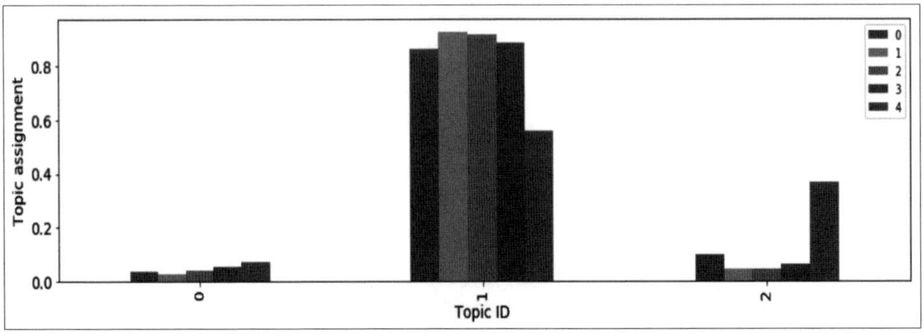

앞의 그래프에서 주제 0은 다섯 개의 이메일을 10% 미만의 낮은 확률로 대변한다.[13] 그러나 주제 1과 2는 이메일 별로 우세한 정도가 불분명한데 약 50%의 확률로 주제 1이 4번 이메일을 대변하는 반면 약 30%의 확률로 주제 2도 해당 이메일을 대변한다.

이제 각 주제에 대한 단어 클라우드cloud를 살펴볼 것인데 특정 주제를 대체적으로 설명하는 단어들을 알 수 있도록 각 주제 별 단어 혼합을 이해하는 것이 중요하기 때문이다. 이제 다음 절차를 수행해 보자.

1. 다음과 같이 훈련한 모형을 다운로드하라.

```
boto3.resource('s3').Bucket(bucket).download_file(model_path, 'downloaded_
model.tar.gz')
```

13 즉, 주제 0은 다섯 메일에 대한 주제로 적합하지 않다. – 옮긴이

앞의 코드에서 model_path 변수(추정자인 ntm_estmtr 생성 시 그 위치가 지정됨)로 지정한 경로에서 훈련한 NTM 모형을 다운로드했다.

2. 이제 다음과 같이 훈련한 모형에서 주제-단어 행렬을 얻는다.

```
Model_dict = mx.ndarray.load('params')
# 각 잠재 주제 별로 단어 분포를 조회
W = model_dict['arg:projection_weight']
```

앞의 코드에서 NTM 모형인 Download_model.tar.gz를 풀어서 학습을 완료한 매개변수 params를 로딩했다. 모형의 출력 계층의 크기는 데이터셋에 있는 단어 수(어휘)와 동일하다. 그런 다음 다차원 mxnet 배열인 'W'를 만들어서 주제 별 단어 가중치를 로딩한다. 'W'의 모양은 17,524×3인데 여기서 17,524개 행은 단어를 나타내고, 세 개의 열은 주제를 나타낸다.

3. 다음과 같이 각 주제에 있는 단어 가중치에 대해 소프트맥스 함수를 실행한다.

```
pvals = mx.nd.softmax(mx.nd.array(W[:, ind])).asnumpy()
```

앞의 코드에서 각 주제의 단어 가중치에 대해 소프트맥스 함수를 실행해서 값을 0과 1 사이로 가져온다. 주제 별 각 단어 확률의 합은 1이어야 한다. NTM 망의 출력 계층인 소프트맥스 계층은 가장 큰 값을 강조하고 최댓값에서 멀리 떨어진 값을 더 낮춘다.

4. 다음과 같이 주제 별로 단어 클라우드를 그린다.

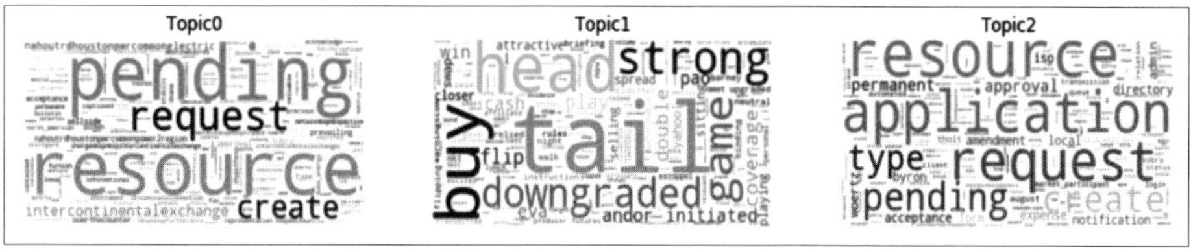

그림에서 볼 수 있듯이 **주제 0**은 단어 'resource'와 'pending'이 대부분 정의하는 반면 **주제 1**은 단어 'tail, head, buy'가 주로 정의한다.

각 주제에 있는 최상위 단어를 바탕으로 이메일에서 논의 중인 주제를 결정할 수 있다.

- **주제 0**(Enron IT 앱에 접근): Resource pending request create acceptance admin local type permanent nahoutrdhoustonpwrcommonelectric nahoutrdhoustonpwrcommonpower2region approval kobra click application date directory read risk tail.
- **주제 1**(에너지 거래): tail head buy strong downgraded game sources prohibited order securities based intelligence strong corp web solicitation privacy clicking coverage.
- **주제 2**(IT 앱에 접근 및 에너지 거래의 조합): Request resource pending create approval type application date tail directory acceptance admin flip permanent counterparty head click swap kobra risk.

이 절에서는 주제 모델링의 결과를 해석하는 방법을 배웠다. 이제 9장에서 배운 모든 개념을 요약해 보자.

요약

9장에서는 선형 및 비선형 학습 기법을 아우르는 다양한 주제 모델링 기법들을 살펴봤다. 아키텍처와 내부 동작에 대해 논의하면서 세이지메이커의 NTM 모형이 동작하는 방식을 설명했다. 또한 병렬적으로 훈련하기 위해 데이터셋을 여러 덩어리로 분할하는 NTM 모형의 분산 훈련을 살펴봤다. 마지막으로 훈련한 NTM 모형을 엔드포인트로 배포하고 Enron 이메일에서 주제를 해석해서 추론을 수행했다. 대량의 비정형 데이터에서 정보와 주제를 찾아내는 일은 데이터 과학자에게 중요하며 세이지메이커의 NTM은 이 작업을 위한 유연한 접근 방식을 제공한다.

10장에서는 세이지메이커를 사용해서 이미지를 분류하는 문제를 다룬다.

더 읽을거리

주제 모델링 기법인 LDA에 대해 더 알고 싶다면 다음의 사이트를 방문하라.

- http://blog.echen.me/2011/08/22/introduction-to-latent-dirichlet-allocation/

VAE를 직관적으로 설명한 부분을 알고 싶다면 다음 링크를 확인하라.

- https://jaan.io/what-is-variational-autoencoder-vae-tutorial/
- https://towardsdatascience.com/intuitively-understanding-variational-autoencoders-1bfe67eb5daf

텍스트 처리에 대한 신경 변형 추론을 더 알고 싶다면 다음 문서를 참조하라.

- https://arxiv.org/pdf/1511.06038.pdf

10

아마존 세이지메이커를 활용한 이미지 분류

이미지 분류는 최근 5년 동안 선도적인 연구 분야로 자리매김하고 있다. 이미지를 성공적으로 분류할 수 있다면 다양한 산업 분야에 걸친 많은 업무 문제를 해결할 수 있으므로 그리 놀라운 일이 아니다. 예를 들어 자율 주행 자동차 산업은 이러한 이미지 분류 및 객체 탐지 모형의 정확성에 의존한다.

10장에서는 아마존 세이지메이커가 이미지 분류 문제를 매우 단순화하는 방식을 살펴본다. 훈련에 사용할 대량의 이미지 셋을 모으는 방법 외에도 초매개변수(알고리즘 내부의 매개변수)의 지정, 도커 이미지 기반의 훈련 그리고 훈련에 사용할 인프라의 사양 지정 방법을 살펴본다.

10장에서 다룰 주요 내용은 다음과 같다.

- 합성곱convolutional 신경망과 잔차 신경망Residual Network
- 전이transfer학습으로 이미지 분류
- 배치 변환으로 이미지 추론 수행

기술 요건

10장의 소스코드는 이 책의 깃허브GitHub 저장소(아래 URL 참고)에서 확인할 수 있다.

https://github.com/PacktPublishing/Hands-On-Artificial-Intelligence-on-Amazon-Web-Services

합성곱 신경망 및 잔차 신경망 살펴보기

세이지메이커 이미지 분류 알고리즘은 **잔차 신경망**ResNets, Residual Networks을 구현하는 것이다. 알고리즘의 세부 사항을 살펴보기 전에 **합성곱 신경망**CNN, Convolutional Neural Networks 및 ResNet을 간단히 살펴본 후 이들 기법이 이미지로부터 패턴을 학습하는 방식을 파악해 보자.

다른 신경망과 마찬가지로 CNN은 입력, 은닉 및 출력 계층으로 이뤄져 있고, 가중치와 편향이라는 학습 가능한 매개변수를 포함한다. 이러한 가중치와 편향은 역전파와 더불어 **확률적 경사 하강법**SGD, Stochastic Gradient Descent과 같은 적절한 최적화 기법으로 조정할 수 있다. 다만, 순전파 인공 신경망과 CNN 간의 차이점은 CNN의 은닉 계층은 합성곱 계층이라는 점이다. 각 합성곱 계층은 하나 또는 그 이상의 필터로 구성되고, 이러한 필터는 입력 이미지에 있는 패턴을 인식하는 역할을 한다.

위의 필터는 1×1, 3×3 등 다양한 shape를 띨 수 있으며 보통 임의의 가중치로 이 필터를 초기화한다. 입력 이미지가 합성곱 계층을 통과할 때 각 필터(3×3 필터일 때)는 전체 이미지를 다룰 때까지 3×3 픽셀 단위로 미끄러져 이동한다. 이러한 이동을 컨볼빙convolving이라고 하는데 이 과정에서 3×3 블록의 필터 가중치와 픽셀 값의 내적Dot Product을 취해서 이미지의 특징을 학습한다. CNN 앞 단의 계층은 가장자리나 원과 같은 기본적인 기하학적 모양을 학습하지만 뒤 단의 계층은 눈, 귀, 깃털, 부리, 고양이, 개와 같은 정교한 객체를 학습한다.

복잡한 특징을 학습하고자 더 깊은(더 많은 계층의) 합성곱 신경망을 사용하면 기울기 소실Vanishing Gradient 문제가 발생한다. 즉, 훈련 과정에서 일부 신경이 죽어(즉, 비활성화되어) 기울기 소실을 유발한다.[1] 이러한 문제는 활성화 함수가 다양한 분포를 가진 입력을 수신할 때 발생한다(예를 들어 색깔 있는 고양이 이미지를 망으로 전달하다가 일부 흑백의 고양이 이미지를 전달하면 입력 원시 픽셀이 다른 분포를 갖게 돼 기울기 소실 문제가 발생함).[2] 해당 영역에 대한 신경 출력을 약 0으로 제한하면 각 계층이 유의미한 기울기를 이전 계층으로 전달할 것이 분명하다.[3]

CNN의 문제를 해결하기 위해 심층 잔차 학습은 더 얕은 모형의 학습 결과와 이전 계층의 학습 결과를 결합한다.

$$Residual\ Mapping = F(x) + x$$

여기서 $F(x)$는 합성곱 계층 또는 더 얕은 모형이며, x는 이전 계층이다.

CNN의 문제를 해결하는 잔차 신경망은 이미지 분류에 사용할 수 있는 최적의 기법이다. 다음 절에서는 이미 학습한 이미지 분류 모형으로부터 추가로 훈련하는 방안인 전이학습

1 보다 직관적으로 기울기 소실은 역전파 시에 0보다 작은 값이 반복적으로 여러 번 곱해져서 가중치 갱신 값이 사라지는 현상이다. – 옮긴이

2 입력의 분포가 일정하다면 역전파 수식에 입력의 평균 값을 반영해서 가중치 갱신 값이 지수적으로 떨어지는 것을 보완할 수 있는 반면에 무작위 분포의 입력이 들어오는 경우에는 다른 해결 방법이 필요하다. – 옮긴이

3 활성화 함수에 ReLU를 사용해서 해결할 수 있다는 의미다. – 옮긴이

을 살펴본다.

아마존 세이지메이커에서 전이학습으로 이미지 분류

이미지 분류 시 주요 도전 과제는 대규모 훈련 데이터셋을 구할 수 있는지 여부이다. 예를 들어 전자 상거래 소매 업체가 아마존 고Go[4]와 같은 사업을 시도하려고 대량의 이미지에 대한 머신러닝 알고리즘을 훈련할 수도 있다. 하루의 시간대(빛의 밝기), 대상 아이템 주변의 분위기 그리고 아이템의 각도 등 실세계의 모든 상황을 반영하는 이미지가 없으면 실무에 적용할 수 있는 이미지 분류 알고리즘을 훈련할 수 없다. 게다가 데이터셋에 최적인 합성곱 신경망 아키텍처를 직접 구축하려면 많은 공을 들여야 한다. 합성곱 계층의 수부터 배치 크기, 최적화 기법, 드롭아웃dropout 비율에 이르기까지 다양한 요소를 고려해서 최적으로 모형을 반복 여러 번의 시행 착오를 겪으며 실험해야 하기 때문이다.

합성곱 신경망으로 이미지 분류를 하려면 수많은 이미지로 훈련해야 하기 때문에 이용할 수 있는 훈련 데이터셋의 규모가 작을 때 이미지 분류 문제의 대안 기법을 사용할 수 있다. 즉, 전이학습을 이용해 이미 훈련한 모형을 활용해서 다소 상이한 관련 문제에 적용할 수 있다. 수백만 개의 이미지로 사전 훈련한 심층학습 모형의 가중치를 그대로 가져와 당면 업무에 해당하는 고유한 신규/맞춤형 데이터셋으로 해당 신경망을 미세 조정할 수 있는 것이다. 전이학습으로 사전 훈련한 ResNet-18(열여덟 계층의 망)을 가져오면 모서리 등 저수준의 기하학적 특징은 이미 인식할 수 있는 상태가 된다. 다만, 중간 또는 고수준의 특징을 학습하려면 최상위의 **완전 연결**FC, Fully Connected 계층을 임의의 가중치로 다시 초기화해야 한다. 그런 다음 전체 망을 새로운 데이터로 미세 조정한다. 즉, 훈련 데이터를 망에 통과시키고 역전파와 확률적 경사 하강법[5] 등의 최적화 기술을 사용해서 이러한 임

4 아마존닷컴이 운영하는 식료품점이다. – 옮긴이

5 역전파는 은닉층의 오차를 효율적으로 계산하기 위한 방법이고, 확률적 경사 하강법은 계산한 오차에 따라 가중치를 효율적으로 갱신하는 기법이다. – 옮긴이

의의 가중치를 조정한다.

10장에서는 전이학습 모드에서 세이지메이커 이미지 분류 알고리즘을 사용해 몇 가지 베이커리 및 패스트푸드 품목을 분류한다. 즉, 훈련 이미지 데이터셋이 적어서 아마존 세이지메이커에서 제공하는 열여덟 계층의 사전 훈련한 ResNet을 활용한다. 또한 오십 계층의 잔차 신경망인 ResNet50을 훈련해서 어떤 망이 더 높은 성능을 나타내는지 알아볼 수도 있다. 일반적으로는 더 깊은 망일수록 이미지를 더 잘 표현할 수 있어 얕은 망보다 성능이 좋으나, 입력 이미지의 유형과 복잡성에 따라 그 결과는 다를 수 있다.

새로운 데이터셋에는 다섯 가지 범주(핫도그, 베리 도넛, 글레이즈 트위스트, 머핀, 땅콩버터 쿠키)의 약 302개 이미지가 있다. 각 범주 별로는 40~90개의 이미지가 있는데 밝기, 대비, 크기뿐만 아니라 다양한 각도로 찍은 것들이다.

이번 실습의 이미지 분류기는 사전 훈련한 ResNet-18로 이미지의 저수준 특징을 학습하고, 새로운 데이터셋으로 해당 ResNet-18을 훈련해서 고수준 특징을 학습한다. 다음 그림은 베리 도넛의 저, 중, 고수준 특징을 세이지메이커의 이미지 분류 알고리즘이 어떻게 학습하는지를 보여준다.

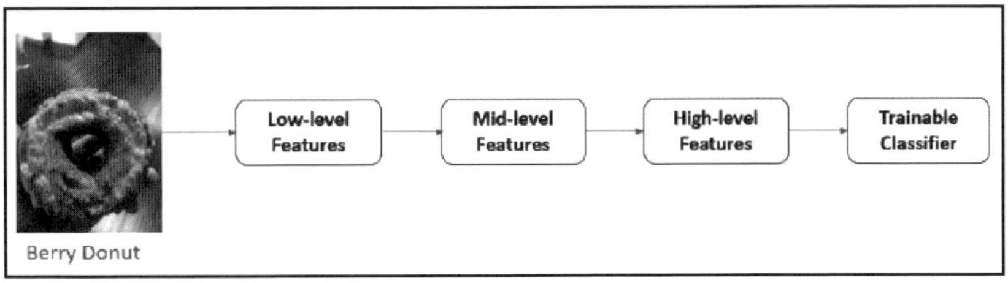

지금까지 전이학습이 무엇인지와 어떨 때 사용하는 것이 적절한지를 살펴봤다. 또한 이번 실습에서 세이지메이커의 이미지 분류 알고리즘에 입력할 이미지 데이터셋을 간략하게 설명했다. 이제 훈련을 위해 이미지 데이터셋을 준비하자.

이미지 분류에 필요한 입력 데이터 생성

아마존 세이지메이커의 이미지 분류 알고리즘은 다음 두 가지 콘텐츠 타입의 파일 형식 이미지를 받아들인다.

- RecordIO(application/x-recordio)
- Image(image/.png, image/.jpeg, and application/x-image)

10장에서는 RecordIO 형식을 사용할 것인데 RecordIO는 이미지를 효율적으로 표현하고 압축해서 저장하기 위한 이진 형식이다. 다만, 10장 관련 소스코드 폴더에는 개별 훈련 및 검증 이미지들이 zip 형식으로 압축돼 있다.

훈련 및 검증 데이터셋을 다음과 같이 RecordIO 파일로 변형할 것이다.

- extract_zipfile 함수로 훈련 및 검증 .zip 파일의 압축을 푼다.
- create_listfile 함수로 훈련 및 검증에 대한 리스트 파일을 만든다.
- create_recordio 함수로 훈련 및 검증에 대한 Record IO 파일을 만든다.

위의 절차의 구현은 다음과 같은 관련 소스코드(Merchandise_Classification.ipynb)를 참조하라.

```
# 훈련 및 검증 데이터셋에 대한 폴더의 zip 압축 파일을 merch_data/<train/val>에 푼다.
extract_zipfile(bucket, train_key, rel_train_path)
extract_zipfile(bucket, val_key, rel_val_path)

# ./merch_data 폴더에 리스트 파일 생성
create_listfile(rel_train_path, listfile_train_prefix) # 데이터 및 prefix 경로
create_listfile(rel_val_path, listfile_val_prefix)

## RecordIO 파일 생성
# 데이터 경로, prefix 경로(리스트 파일의 위치)
# mxnet의 im2rec.py는 훈련 및 검증에 대한 .lst 파일을 ./merch_data 폴더에 저장
# mxnet의 im2rec.py는 ./merch_data/<train/val>를 데이터 경로로 사용
```

```
# 리스트 파일은 recordio 파일을 생성하기 위해 사용

create_recordio(rel_train_path, listfile_train_prefix)
create_recordio(rel_val_path, listfile_val_prefix)
```

훈련 및 검증 데이터셋에 대한 RecordIO 형식 파일을 만들려면 이미지 색인, 이미지 분류(다섯 가지 범주의 이미지가 있음에 주목) 그리고 이미지 파일의 위치를 모두 요약하는 리스트 파일을 만들어야 한다. 또한 훈련 및 검증 데이터셋에 있는 각 이미지에 대해 이러한 속성들을 우선 정의해야 한다. 이미지에 대한 리스트 파일을 만드는 데 심층학습 모형의 훈련 및 배포를 위한 오픈소스 라이브러리인 엠엑스넷의 im2rec(image to recordio) 모듈을 사용한다.

다음 코드 조각은 im2rec 모듈로 리스트 파일을 만드는 방법을 보여준다. im2rec이 리스트 파일을 만들 때 이미지의 위치가 필요하다.

```
# 한 디렉터리 안의 모든 이미지에 대한 리스트 파일 생성
def create_listfile(data_path, prefix_path):
    """
    입력: 데이터의 위치 - 경로와 prefix
    """

    # 현재 ec2 인스턴스상에 im2rec.py의 경로를 얻는다.
    im2rec_path = mx.test_utils.get_im2rec_path()

    with open(os.devnull, 'wb') as devnull:
        subprocess.check_call(['python', im2rec_path, '--list', '--
recursive', prefix_path, data_path], stdout=devnull)
```

create_listfile() 함수는 다음과 같은 출력(예시 리스트 파일에서 발췌)을 만든다.

```
292	4.000000	Peanut_Butter_Cookie/IMG_20180713_122625.jpg
160	2.000000	Hot_Dog_1/IMG_20180711_180650328.jpg
244	4.000000	Peanut_Butter_Cookie/IMG_20180711_194713371.jpg
132	2.000000	Hot_Dog_1/IMG_20180711_180400669_HDR.jpg
276	4.000000	Peanut_Butter_Cookie/IMG_20180711_194816799.jpg
222	3.000000	Muffin/UNADJUSTEDNONRAW_thumb_bbe.jpg
47	0.000000	Berry_Donut/IMG_20180711_181553159.jpg
78	0.000000	Berry_Donut/UNADJUSTEDNONRAW_thumb_a7a.jpg
137	2.000000	Hot_Dog_1/IMG_20180711_180423874.jpg
142	2.000000	Hot_Dog_1/IMG_20180711_180446447.jpg
220	3.000000	Muffin/UNADJUSTEDNONRAW_thumb_bbb.jpg
143	2.000000	Hot_Dog_1/IMG_20180711_180449768.jpg
21	0.000000	Berry_Donut/IMG_20180711_181514423.jpg
277	4.000000	Peanut_Butter_Cookie/IMG_20180711_194817776.jpg
69	0.000000	Berry_Donut/UNADJUSTEDNONRAW_thumb_a71.jpg
52	0.000000	Berry_Donut/IMG_20180711_181601582.jpg
155	2.000000	Hot_Dog_1/IMG_20180711_180624381.jpg
133	2.000000	Hot_Dog_1/IMG_20180711_180404276_HDR.jpg
299	4.000000	Peanut_Butter_Cookie/MVIMG_20180713_122610.jpg
33	0.000000	Berry_Donut/IMG_20180711_181530248.jpg
46	0.000000	Berry_Donut/IMG_20180711_181551527.jpg
97	1.000000	Glazed_Twist/IMG_20180711_193453363.jpg
32	0.000000	Berry_Donut/IMG_20180711_181529339.jpg
300	4.000000	Peanut_Butter_Cookie/MVIMG_20180713_122614.jpg
240	4.000000	Peanut_Butter_Cookie/IMG_20180711_194708448.jpg
```

생성한 리스트 파일로부터 RecordIO 형식으로 압축한 이미지의 표현을 만드는데 마찬가지로 엠엑스넷의 im2rec 모듈을 사용한다.

이제 위에서 언급한 훈련 및 검증 데이터셋(.rec 파일들)을 S3 버킷에 업로드한다. 또한 훈련 및 검증 이미지와는 별도로 테스트 이미지를 테스트 폴더에 업로드한다(관련 소스코드 폴더 참조). 다음 그림은 해당 S3 버킷과 관련 데이터셋을 보여준다.

훈련과 추론에 사용할 모든 데이터셋을 준비했으므로 이미지 분류 알고리즘의 매개변수를 정의할 차례다.

이미지 분류에 사용할 초매개변수의 정의

다음과 같이 모형을 학습 및 검증 데이터셋에 맞추기 전에 값을 지정해야 하는 두 가지 유형의 매개변수가 있다.

- 훈련 작업에 대한 매개변수
- 해당 알고리즘에 사용할 초매개변수

훈련 작업에 대한 매개변수에 프로비저닝할 인프라 유형과 입력 및 출력 관련 설정을 정의한다.

다음과 같이 훈련 작업의 설정을 수행한다.

1. 이미지 분류 알고리즘의 도커 이미지와 훈련 입력 모드(파일 모드 또는 파이프 모드)를 정의해야 한다. 파이프pipe 모드는 세이지메이커 툴킷에 최근에 추가된 입력

모드로, 훈련 전에 입력 데이터를 다운로드할 필요가 없도록 알고리즘 컨테이너에 포함시키는 방식이다.

2. 프로비저닝에 사용할 EC2 인스턴스의 유형 및 수와 훈련 결과 출력 위치(S3OutputPath) 그리고 초매개변수를 정의한다.[6]

3. 각각 훈련 및 검증 데이터의 위치인 'train' 및 'validation' 채널channel을 명시한다. 알고리즘은 분산 훈련 시에 현재 `fullyreplicated` 모드만 지원하는데 이 모드에서는 데이터를 각 인스턴스에 복사해 두고 훈련한다.

다음은 해당 알고리즘에 사용할 초매개변수이다.

- `num_layers`: 망의 계층 수로, 이번 실습에서는 기본값인 열여덟 개의 계층을 사용한다.
- `image_shape`: 이미지의 크기(폭×높이)
- `num_training_samples`: 총 훈련 데이터 포인트 수로, 여기서는 302로 설정한다.
- `num_classes`: 범주의 수로, 이번 실습 데이터셋의 범주는 다섯 개이다. 즉, 상품을 다섯 개의 품목으로 분류한다.
- `mini_batch_size`: 각 미니배치에 사용할 훈련 샘플의 수로, 단일 인스턴스 다중 GPU 설정에서는 각 GPU가 `mini_batch_size`/GPU 수만큼의 샘플을 처리하는 셈이다. 분산 훈련 차 여러 인스턴스를 사용한다면 실제 배치 크기는 인스턴스 수×`mini_batch_size`이다.
- `epochs`: 분류 알고리즘 훈련의 반복 횟수이다.
- `learning_rate`: 역전파로, 가중치를 조정할 때 손실 값을 반영하는 정도를 정의한다. 전이학습을 할 때는 사전 훈련한 망을 매우 점진적으로 훈련할 수 있도록 작은 값으로 설정한다.

---

6 노트북 소스코드(Merchandise_Classification.ipynb)를 보면 훈련 시 사용할 인스턴스 타입으로 ml.p2.xlarge를 지정하고 있는데 해당 인스턴스 타입은 별도의 신청 절차를 거쳐야 이용할 수 있기 때문에 블로그 글(https://medium.com/data-science-bootcamp/amazon-sagemaker-ml-p2-xlarge-8b9cbc0dd7d)을 참고해서 미리 해당 인스턴스 타입 사용이 가능하도록 조치를 취할 것을 추천한다. – 옮긴이

다음 코드에서는 각 초매개변수의 값을 정의한다.

```
# 해당 알고리즘은 다양한 망 계층 수를 지원하는데 18, 34, 50, 101, 152 그리고 200이다.
# 이 실습에서는 열여덟 계층을 사용한다.

num_layers = 18
image_shape = "3,224,224" # 컬러 이미지의 채널 수(청색, 녹색 그리고 홍색), 행의 수, 열의 수
num_training_samples = 302 # 훈련 셋에 있는 샘플 수
num_classes = 5 # 출력의 범주 수
mini_batch_size = 60 # 훈련 시 배치 크기
# 에폭 수
epochs = 4
# 학습률
learning_rate = 0.01
top_k=2
# 전이학습을 사용하므로 use_pretrained_model의 값을 1로 설정해서
# 가중치가 사전 훈련한 가중치로 초기화되도록 한다.
use_pretrained_model = 1
```

이제 훈련할 차례인데 파이썬용 AWS SDK인 boto3로 세이지메이커 서비스를 호출한다. 그런 다음 앞서 정의한 training parameters를 세이지메이커의 create_training_job 메소드에 입력으로 제공한다. 훈련 작업을 생성한 후 그 상태를 확인할 수 있다.

세이지메이커에서 다음과 같은 코드로 훈련 작업을 생성한다.

```
# 아마존 세이지메이커 훈련 작업의 생성
sagemaker = boto3.client(service_name='sagemaker')
sagemaker.create_training_job(**training_params)

# 훈련 작업이 시작됐는지 확인
status = sagemaker.describe_training_job(TrainingJobName=job_name)['TrainingJobStatus']
print('Training job current status: {}'.format(status))

Output:
Training job current status: InProgress
Training job ended with status: Completed
```

이제 ResNet−18의 훈련 및 검증 정확도를 평가할 수 있도록 결과를 그려본다.[7] 많이 과적합(훈련 정확도가 높아짐에 따라 검증 정확도가 감소하는 시나리오)되지 않았다는 것을 확인하고 싶다면 다음 그래프를 보자.

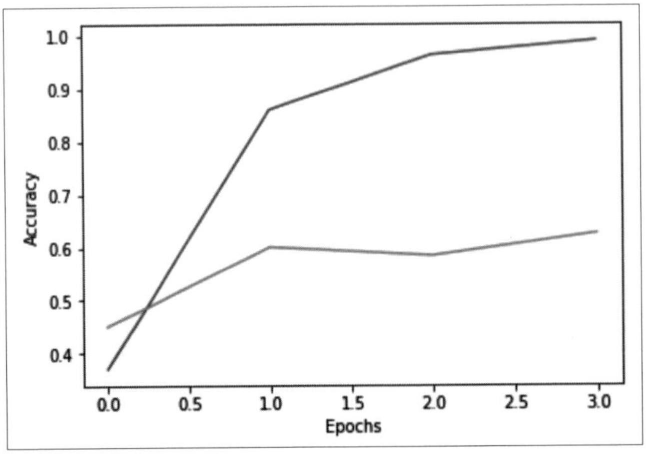

훈련 결과는 클라우드워치의 로그에 들어 있는데 위의 그래프는 훈련 기간 동안 훈련 및 검증 셋의 정확도가 어떻게 변하는지를 보여준다.[8] 다음 코드는 이 그래프의 파란색 및 주황색 선 몇몇 지점의 수치를 나타낸다.

```
Training: Blue Line -- trn_acc[0.366667, 0.86, 0.966667, 0.986667]
Validation: Orange Line -- val_acc[0.45, 0.583333, 0.583333, 0.716667]
```

결과에서 볼 수 있듯이 훈련을 완료한 ResNet 모형은 패스트푸드 및 베이커리 이미지 데이터셋에서 특징 패턴을 충분히 발견했다. 이제 추론을 수행하기 위해 훈련한 모형을 배포하자.

7 노트북 소스코드의 결과를 그리는 코드 부분에 log stream 이름을 정의하는 부분이 있는데 각자 CloudWatch 서비스에 들어가서 해당 로그 그룹에 있는 실제 log stream 이름으로 수정해서 코드를 실행하자. − 옮긴이

8 훈련 정확도가 증가함에 따라 검증 정확도도 다소 증가하므로 과적합이 발생하지는 않았다. − 옮긴이

배치 변환으로 이미지 추론 수행

이 절에서는 테스트 데이터셋의 몇몇 이미지를 배치 모드로 분류한다. 한번에 여러 이미지를 분류하고자 하므로 배치 변환 작업을 만든다. 배치 변환 작업을 어떨 때, 어디서, 어떻게 하는지 기억하려면 8장(머신러닝 추론 파이프라인 생성 방법)을 참조하라.

배치 변환 작업을 만들기 전에 훈련한 모형을 프로비저닝해야 한다.

이와 관련된 노트북 소스코드에서는 다음을 수행한다.

1. 파이썬 용 AWS SDK인 boto3로 세이지메이커 서비스에 접근하는 저수준 인터페이스를 이용할 수 있도록 준비한다.
2. 이미지 분류 알고리즘의 도커 이미지와 훈련한 모형의 경로를 이 함수에 전달하고 세이지메이커 서비스의 `create_model()` 함수를 호출해서 훈련한 모형을 만든다.

```
Info = sage.describe_training_job(TrainingJobName=job_name)
# 모형 아티팩트(를 저장한 S3 경로)를 가져온다.
model_data = info['ModelArtifacts']['S3ModelArtifacts'] print(model_
data)
# 이미지 분류 알고리즘의 도커 이미지를 가져온다.
hosting_image = get_image_uri(boto3.Session().region_name, 'image-
classification')
primary_container = {
    'Image': hosting_image,
    'ModelDataUrl': model_data,
}
# 모형 생성
create_model_response = sage.create_model(
    ModelName = model_name,
    ExecutionRoleArn = role,
    PrimaryContainer = primary_container)
print(create_model_response['ModelArn'])
```

3. 훈련한 모형을 프로비저닝했으므로 배치 변환 작업을 만들어야 한다. 배치 변환 작업을 설정하려면 변환 입력, 출력, 자원을 다음과 같이 정의한다.

- 변환 입력에는 이미지의 위치와 형식을 정의한다.
- 변환 출력에는 추론 결과를 저장할 위치를 정의한다.
- 변환 자원에는 프로비저닝할 인스턴스의 유형과 수를 정의한다.

다음 코드 조각에서는 위에서 정의한 request라는 JSON 형식 작업 명세의 내용을 전달하면서 세이지메이커 서비스의 create_transform_job 함수를 호출한다.

```
        sagemaker = boto3.client('sagemaker')
        sagemaker.create_transform_job(**request)

        print("Created Transform job with name: ", batch_job_name)

        while(True):
            response = sagemaker.describe_transform_
job(TransformJobName=batch_job_name)
            status = response['TransformJobStatus']
            if status == 'Completed':
                print("Transform job ended with status: " + status)
                break
            if status == 'Failed':
                message = response['FailureReason']
                print('Transform failed with the following error:{}'.
format(message))
                raise Exception('Transform job failed')
            time.sleep(30)
```

4. 앞의 코드에서는 세이지메이커 서비스의 describe_transform_job() 함수로 배치 변환 작업의 상태를 얻어오는데 다음과 같은 메시지를 출력할 것이다.

```
        Created Transform job with name: merch-classification-
model-2020-06-12-01-38-18
        Transform job ended with status: Completed
```

이제 결과를 검토할 차례이다. 결과를 검토하기 위해 S3 버킷에 있는 배치 변환 출력 폴더와 테스트 데이터셋 폴더를 살펴보자. 노트북 소스코드의 나머지 부분은 테스트 데이터셋에 있는 각 이미지에 대해 가장 높은 분류 확률(즉, 훈련한 모형이 입력 이미지를 무엇으로 분류한 것인지)을 다음과 같이 출력할 것이다.

1. 테스트 데이터셋에 있는 첫 번째 이미지는 다음 그림에서 볼 수 있듯이 핫도그이다. 훈련한 모형은 95%의 확률로 핫도그를 식별한다.
   다음에 출력하는 것은 예측 결과(label: Hot_Dog_1, probability: 0.95)이다.

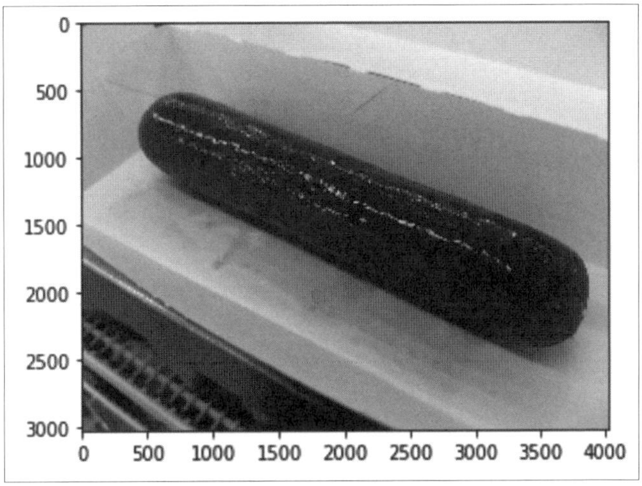

2. 두 번째 이미지는 다음 그림에서 볼 수 있듯이 베리 도넛이다. 훈련한 모형은 다음 그림을 99%의 확률로 베리 도넛으로 식별한다.

3. 세 번째 이미지는 다음 그림에서 볼 수 있듯이 머핀이다. 훈련한 모형은 다음 그림을 52%의 확률로 머핀으로 식별한다.

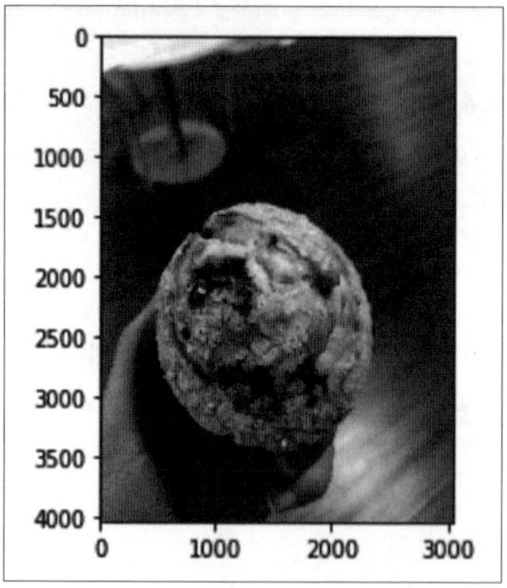

4. 그러나 네 번째 이미지에서는 훈련한 모형이 이미지를 올바르게 식별하지 못한다. 실제 이미지는 땅콩버터 쿠키이지만 해당 모형은 땅콩버터 쿠키를 머핀으로 잘못 식별한다. 여기서 주목해야 할 점은 쿠키가 머핀처럼 보인다는 점이다.

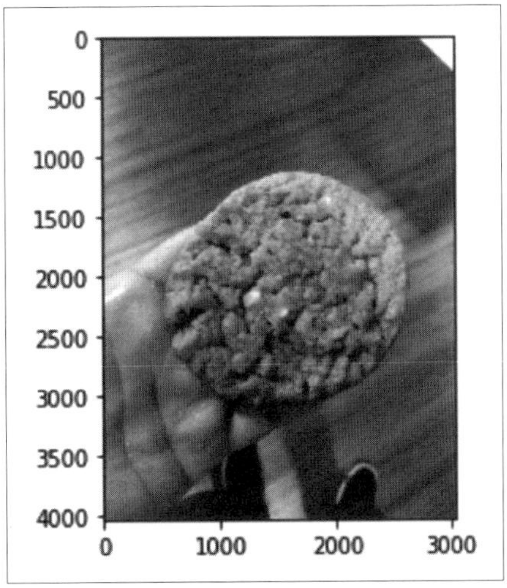

보다시피 네 개의 이미지 중에서 세 개를 올바르게 분류했다. 초매개변수를 조율하고 더 많은 패스트푸드 및 베이커리 이미지를 수집하면 해당 모형의 정확성을 높일 수 있다. 따라서 사용 케이스에 맞는 이미지로 사전 훈련한 이미지 분류 모형을 점진적으로 훈련해 가는 데 전이학습을 사용한다.

요약

10장에서는 합성곱 신경망과 잔차 신경망을 대략적으로 살펴봤다. 또한 세이지메이커의 이미지 분류 알고리즘으로 패스트푸드 및 베이커리 이미지를 식별하는 방법을 설명했다. 특히, 이미지 분류 알고리즘의 훈련, 해당 훈련에 필요한 인프라의 프로비저닝, 훈련 및 검증 데이터셋에 대한 압축 이미지 형식(RecordIO)의 생성 그리고 모형 적합을 위한 형식화된 데이터셋의 제공 방법을 살펴봤다. 아울러 추론을 수행하려면 세이지메이커의 배치 변환 기능을 사용해서 여러 이미지를 한번에 분류했다.

특히, 이미지 분류에 전이학습을 적용하는 방법을 배웠는데 이 기술은 대규모의 데이터가 없을 때 매우 큰 효과를 발휘하므로 매우 중요하다.

11장에서는 세이지메이커의 DeepAR 알고리즘을 사용해서 소매 영업을 예측하는 방법을 배울 것인데 이는 심층학습을 적용해서 실제 사업상의 도전 과제를 해결하는 또 다른 사용 케이스이다.

더 읽을거리

- **세이지메이커의 MXNet 추정기** https://medium.com/devseed/use-label-maker-and-amazon-sagemaker-to-automatically-map-buildings-in-vietnam-a63090fb399f
- **기울기 소실** https://towardsdatascience.com/intuit-and-implement-batch-normalization-c05480333c5b
- **AWS 세이지메이커 랩** https://github.com/awslabs/amazon-sagemaker-examples

11

심층학습 및 자기회귀를 활용한 매출 예측

수요 예측은 항공사, 소매, 통신, 건강 관리 등 여러 산업 분야에서 핵심 역할을 한다. 부정확하고 불확실한 수요 예측은 매출 감소나 고객 이탈을 야기해 기업의 순이익에 상당히 큰 악영향을 미친다. 소매 업체가 직면하는 핵심 도전 과제는 여러 내/외부 요인에 따라 재고를 효과적으로 관리하는 데 있다. 지리적 위치, 날씨, 홍보, 공휴일, 요일, 특별 행사, 기타 외부 요인(예를 들어 인구 통계, 소비자 신뢰, 실업률)에 따라 제품의 수요가 바뀌기 때문에 재고 관리는 사업상 해결해야 할 복잡한 문제이다.

11장에서는 ARIMA Auto-Regressive Integrated Moving Average와 지수 평활 Exponential Smoothing과 같은 전통적인 시계열 Time Series 예측 기법과 신경망 기반 기법이 어떻게 서로 다른지 살펴본다. 또한 DeepAR 모형의 구조를 검토하면서 그 동작 방식을 살펴본다.

11장에서 다룰 주제는 다음과 같다.

- 전통적인 시계열 예측 기법의 이해
- DeepAR 모형의 동작 방식의 이해
- DeepAR 기반 매출 예측 모형의 이해
- 매출 예측 및 평가

기술 요건

다음 절부터는 공휴일, 홍보, 거시경제 지표(실업률) 등의 여러 요인이 있을 때 DeepAR이 약 45개 매장의 매출 기록이 있는 `retail` 데이터셋으로 향후의 매출을 예측하는 방법을 보여준다.

11장 관련 소스코드 폴더에서 `deep-ar` 폴더 아래에 있는 `data` 폴더에 다음의 세 가지 CSV 파일이 있다.

- Features data set.csv: 매장 별 관련 지역활동 데이터가 들어 있다.
- sales data-set.csv: 2010년부터 2012년까지 약 삼 년(143주)간의 매출 이력 데이터가 들어 있다.
- stores data-set.csv: 매장의 유형과 크기 등 각 45개 매장에 관한 비식별anonymized 정보가 들어 있다.

11장의 소스코드는 이 책의 깃허브GitHub 저장소(다음 URL 참고)에서 확인할 수 있다.

https://github.com/PacktPublishing/Hands-On-Artificial-Intelligence-on-Amazon-Web-Services

이제는 전통적인 시계열 예측 기법을 알아볼 차례다.

전통적인 시계열 예측 기법의 이해

전통적인 시계열 예측 기법, 특히 간단한 사용 케이스의 수요 모델링을 위한 ARIMA와 지수 평활을 살펴보도록 하자. 우선, 매출 이력과 예측 오류를 사용해서 ARIMA가 매출을 추정하는 방식을 살펴본다. 또한 매출 예측을 하는 데 있어서 지수 평활이 매출 이력의 불규칙성을 설명하고 추세trends와 계절성seasonality을 탐지하는 방식을 검토하고자 한다.

ARIMA

ARIMA는 단변량univariate 데이터에 들어 있는 서로 다른 시간적 구조를 탐지하는 데 사용하는 시계열 분석 기법이다. 시계열 데이터를 모델링하는 데는 데이터를 정상stationary 상태로 만들어 주는 차분differencing 기법을 적용한다. 차분이란 첫 번째 데이터 포인트를 제외한 모든 데이터 포인트에 대해 현재 데이터 포인트의 값에서 이전 데이터 포인트의 값을 제하는 기법을 말한다. 이 기법은 시간이 지남에 따라 시계열 확률 분포의 평균과 분산을 일정하게 유지시키므로 계열의 미래 값을 훨씬 더 잘 예측할 수 있다. 특정 수의 지연 예측과 예측 오류로 시계열을 모델링한다. 목표(매출 예측)에 따른 잔차residual[1]들 간에 상관 관계가 없거나 데이터에 있는 모든 신호를 받을 때까지 해당 수를 반복해서 조정한다.

ARIMA의 기반 요소인 자기회귀autoregressive, 누적integrated, 이동 평균Moving Average을 살펴보자.

- **자기회귀 항의 수**: 특정 수의 과거 데이터 포인트와 현재 데이터 포인트 간의 관계를 정의한다. 즉, 현재 수요를 추정하는 데 과거 수요를 이용한다.
- **비계절성 차분의 수**: 차분으로 시간 또는 시계열 데이터를 정상stationary 상태로 만들어 주는데 한동안 차분이 매우 작게 나타나면 향후 수요가 과거 수요와 유사할 것이라고 가정한다.

1 예측 값과 관측 값 간의 차이를 말하며 잔차 값들 간에 상관 관계가 있다는 것은 적합할 여지가 남아 있다는 의미이다. – 옮긴이

- (지연 예측 오류) **이동-평균 항의 수**: 예측 오류(실제 수요와 예측 수요 간의 차이)나 과거 데이터 포인트의 특정 수를 말한다.

용어 및 수학 기호로 표현한 다음의 ARIMA 방정식을 살펴보자.

수요 예측 = 상수 항 + 자기회귀 항 + 이동 평균 항

$$\hat{y} = \mu + \emptyset_1 y_(t-1) + \cdots + \emptyset_p y_(t-p) - \theta_1 e_(t-1) \ldots - \theta_q e_(t-q)$$

다음 그림은 ARIMA가 동작하는 방식을 시각적으로 나타낸 것이다.

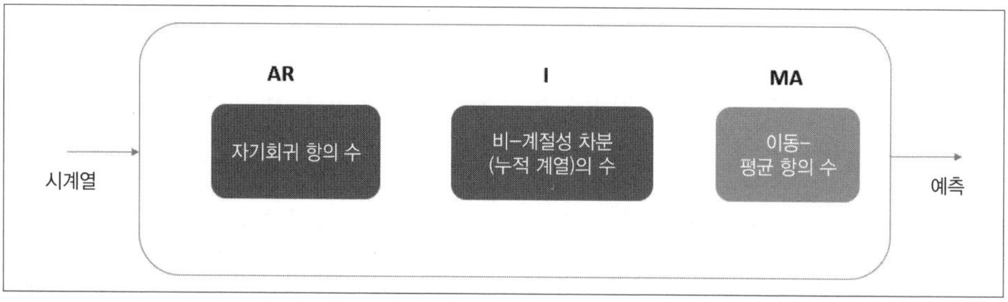

ARIMA 모형에서 AR항은 양수인 반면, MA항은 음수이다. 즉, 자기회귀 항은 수요에 긍정적인 영향을 미치는 반면 지연 예측 오류의 이동-평균은 부정적인 영향을 미친다.

지수 평활

ARIMA를 대체할 수 있는 기법은 지수 평활이며 불규칙 잡음Random Noise[2] 없이 기본 시간 구조를 드러내는 단변량 데이터에 대한 시계열 예측 방법이기도 하다. 수요 예측은 가중한 과거 관측 값들의 합이라는 점에서 ARIMA와 같지만, 지연 관측 값에 가중치를 적용하는 방법이 다르다. 이 모형은 과거 관측 값에 모두 동일한 가중치를 부여하는 대신에 지연 관측 값에 대해서는 기하급수적으로 감소하는 가중치를 적용한다. 다시 말해 가장 최근의

2 백색 잡음(White Noise)과 같은 말이다. - 옮긴이

관측 값이 더 과거의 관측 값보다 관련성이 높다는 의미이다. 미래의 패턴 및 추세가 현재의 패턴 및 추세와 유사하다고 가정하는 단기 예측에 지수 평활을 사용한다.

다음은 지수 평활법의 세 가지 유형이다.

- **단일 지수 평활**: 이름이 시사하듯이 이 기법은 계절성이나 추세를 설명해 주지 않으며 단일 매개변수인 알파(α)로 평활의 정도를 제어한다. 낮은 알파 값은 데이터가 불규칙하지 않음을 의미하며, 최근 관측은 가중치가 더 낮음을 암시한다.
- **이중 지수 평활**: 이 기법은 단변량 계열의 추세를 설명해 준다. 최근 관측 값이 과거 관측 값에 비해 얼마나 중요한지 제어하는 요소 외의 추가 요소로 수요 예측에 미치는 추세의 영향을 제어한다. 해당 추세를 곱하거나 더할 수 있으며 평활 요소(β)로 제어한다.
- **삼중 지수 평활**: 이 기법은 계절성도 설명해 준다. 또 다른 새 매개변수인 감마(γ)로 계절 요소가 수요 예측에 미치는 영향을 제어한다.

다음 다이어그램은 여러 지수 평활 유형 간의 차이점을 보여준다.

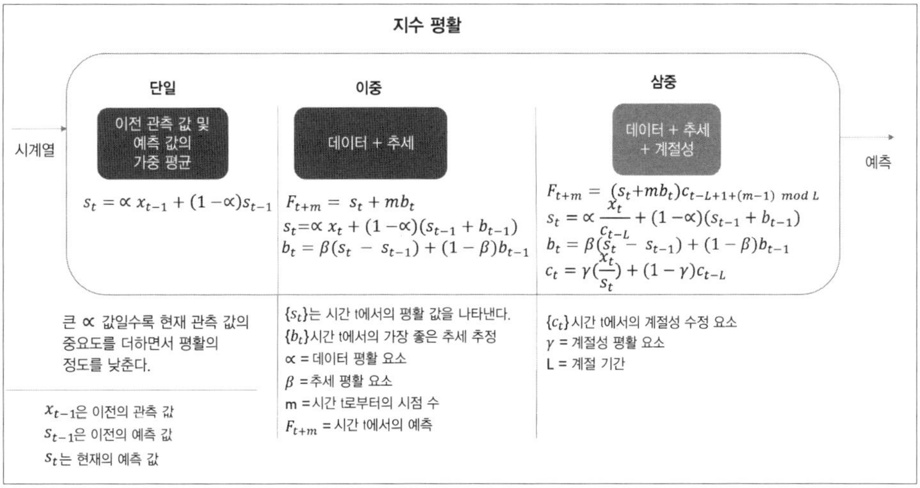

위의 다이어그램에 대한 설명은 다음과 같다.

- 시간 *t*에서 수요를 예측하는 단일 지수 평활은 시간 *t*−*1*에서의 예상 수요과 예측 오류(실제 − 예상 수요)를 기반으로 한다.
- 이중 지수 평활에서는 추세와 과거 데이터를 파악해서 수요를 예측한다. 여기서 데이터와 추세라는 두 평활 요소를 사용한다. 다음 그래프는 이중 지수 평활이 추세를 파악하는 방식에 대한 시각 자료이다.

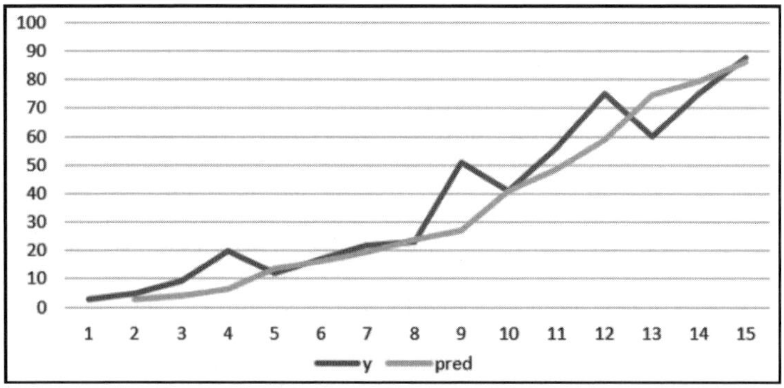

- 삼중 지수 평활에서는 계절 평활 요소라는 세 번째 평활 요소로 계절성을 설명해 준다. 추세에 따른 계절별 최댓값과 최젓값을 드러내는 다음 다이어그램을 살펴보자.

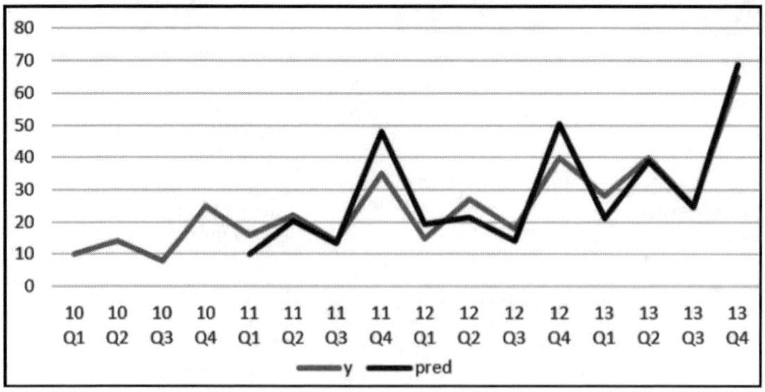

지수 평활의 문제점은 과거 매출 이력으로만 미래 매출을 예측한다는 점과 단변량 시계열에 대해서만 예측할 수 있다는 점이다. 앞에서 언급했듯이, 날씨, 홍보, 요일, 휴일, 특별 행사와 같이 현재와 미래의 매출에 영향을 미치는 다른 요소가 있을 수 있다.

세이지메이커의 DeepAR 모형으로 출력 변수(수요)와 입력 변수(매출 이력, 홍보, 날씨, 시간대 등) 간의 비선형 관계를 정의하면서 다변량multi-variate 시계열을 모델링하는 방법을 살펴보자.

DeepAR 모형이 동작하는 방식

세이지메이커가 제공하는 DeepAR 알고리즘은 여러 관련 시계열들을 고려해 수요를 학습하는 일반화한 심층학습 모형이다. 개별 시계열을 모델링하는 기존의 예측 방법과 달리 DeepAR는 수천 또는 수백만 개의 관련 시계열들을 모델링한다.

예를 들어 데이터 센터에 있는 서버들의 부하, 소매 업체가 공급하는 전 제품에 대한 수요 그리고 개별 가정에서 쓰는 에너지 소비를 예측할 수 있다. 이 방식의 특별한 점은 여러 가지 비슷하거나 관련 있는 시계열들의 수많은 데이터로 개별 시계열을 예측할 수 있다는 데 있다. 게다가 이 접근법은 과적합 이슈와 시간 문제(전통적인 기법에서 노동 집약적인 수동 특징 공학과 모형 선택 절차로 인해 발생하는 처리 속도의 문제)를 해결한다.

DeepAR는 자기회귀 신경망 기반의 예측 방법으로 데이터셋에 있는 모든 시계열 이력 데이터로부터 포괄적인 모형을 학습한다. DeepAR는 **순환 신경망**RNN, Recurrent Neural Network의 일종인 **장단기 메모리**LSTM, Long Short-Term Memory로 시계열을 모델링한다. RNN의 핵심은 순차적인 정보를 파악하는 것으로 평범한 신경망과 달리, 입출력 값들이 서로 종속적이다. 따라서 RNN에는 현재까지 추정한 정보를 저장하는 메모리가 있다. 다음은 RNN을 펼친 그림으로 각 시간 스텝step에서 현재의 입력과 이전의 은닉 상태를 기반으로 해당 단계의 은닉 상태를 계산한다.

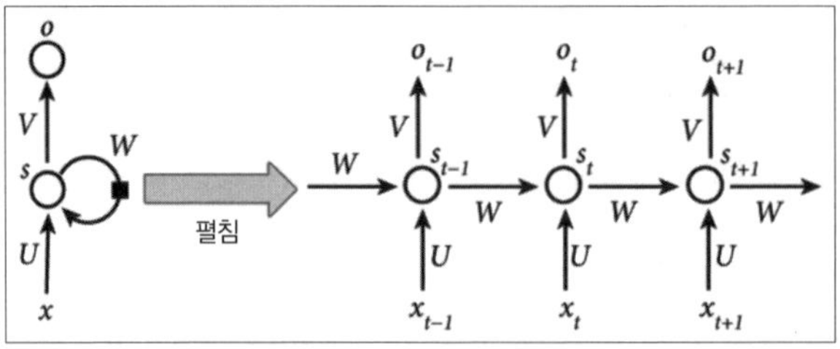

시간 스텝을 펼침에 따른 순환 신경망과 순차 학습에 대한 설명
(출처: Nature 및 WildML(http://www.wildml.com/))

다음과 같이 더 자세히 살펴보자.

- x는 시간 t에서의 입력이다.
- S_t는 시간 t에서의 은닉 상태인데 이전의 은닉 상태와 현재의 입력을 기반으로 계산한다. $S_t = f(Ux_t + Ws_{t-1})$에서 f는 활성화 함수이다.
- O_t는 시간 t에서의 출력으로 $O_t = f(Vs_t)$로 나타낸다. 활성화 함수 f는 사용 케이스에 따라서 다를 수 있다. 예를 들어 입력이 속한 클래스를 예측(즉, 입력 이미지가 고양이인지, 개인지 또는 기린인지 예측)해야 할 때는 소프트맥스 활성화 함수를 사용한다.
- 망 가중치인 U, V, W는 모든 시간 스텝에서 동일하게 유지된다.

다음과 같은 흥미로운 응용 분야에서 RNN을 다양하게 활용한다.

- **자연어 처리**: 이미지의 캡션 생성에서부터 기계 번역 시의 텍스트 생성에 이르기까지 생성 모형으로 활용할 수 있다.
- **자율 주행차**: 동적 얼굴 분석에 활용한다.
- **시계열**: 계량 경제학(재정 동향 모니터링)과 수요 예측에 활용한다.

그러나 일반적인 RNN은 최근 데이터와 이전 데이터의 시간 간극 때문에 장기간의 종속성을 학습하지 못한다. 반면에 LSTM은 이러한 문제를 해결할 수 있다. 즉, LSTM의 내부

셀에는 입력input, 망각forget 그리고 출력output **게이트**gate라는 특별한 구조가 들어 있어 정보를 오래 유지하면서 전달할 수 있다. 이러한 셀 덕분에 LSTM은 정보를 유지하거나 삭제할 수 있다.

LSTM 망의 일종인 DeepAR의 모형 아키텍처를 살펴보자.

모형 아키텍처

DeepAR 알고리즘은 LSTM 망과 확률 모형으로 시계열 데이터에서 비선형 구조를 식별하고 예측에 대한 확률적 추정 값을 제공한다.

해당 모형은 마지막 시간 스텝의 관측 값을 입력으로 사용한다는 점에서 자기회귀 모형이며, 망의 이전 출력을 다음 시간 스텝의 입력으로 사용한다는 점에서 순환 신경망이다. 훈련 기간 동안 망의 은닉 또는 부호화 상태는 각 시간 스텝에서의 현재 공변량, 이전 관측 값 그리고 이전 망 출력을 기반으로 계산한다. 그런 다음 시계열 수행(예를 들어 제품 수요)의 특성을 나타내는 확률 모형의 매개변수를 해당 은닉 상태로 계산한다.

다시 말해 수요는 특정 확률 분포를 따르는 확률 변수라고 가정한다. 일단 매개변수 셋(즉, 평균과 분산)으로 정의할 수 있는 확률 모형만 있다면 이를 예측 추정에 이용할 수 있다. 가우시안Gaussian 모형 매개변수가 있으면, DeepAR는 확률적 경사 하강 알고리즘인 Adam 최적화를 사용해서 훈련 데이터의 최대 로그log 우도를 최적화한다. 이 접근법으로 확률 모형 매개변수와 LSTM 매개변수를 모두 도출(최적화)해서 정확하게 예측을 추정할 수 있다.

다음 다이어그램은 DeepAR 알고리즘이 동작하는 방식을 보여준다.

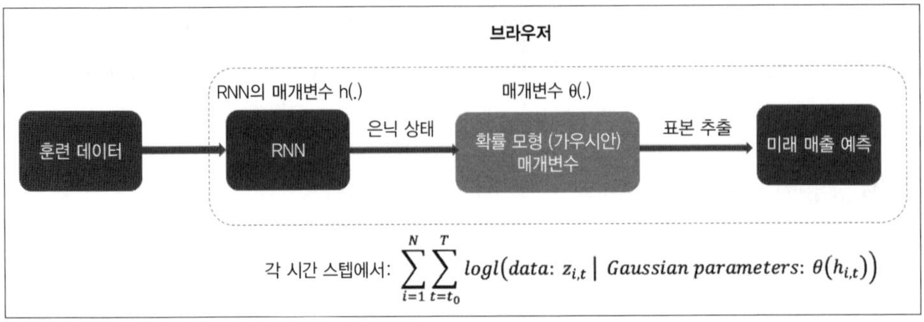

앞의 다이어그램에서 볼 수 있듯이 입력 데이터셋의 모든 시계열 데이터가 주어졌을 때 **최대 우도 추정**MLE, Maximum Likelihood Estimation으로 다음과 같은 두 매개변수 셋을 추정한다.

- **RNN의 매개변수**: RNN의 매개변수(RNN 망의 숨겨진 상태)는 가우시안 매개변수의 계산에 사용한다.
- **가우시안 모형의 매개변수**: 가우시안 매개변수는 예측의 확률적 추정 값을 제공한다.

모든 시계열에 있는 데이터를 활용해서 MLE를 계산하는데, 여기서 i는 1에서 N까지의 정수로 N개의 다른 제품에 대한 수요를 추정하고자 한다고 볼 수 있다. T는 시계열의 길이를 나타낸다.

> MLE를 더 자세히 알고 싶다면 다음 사이트의 글을 참조하라.
> https://www.analyticsvidhya.com/blog/2018/07/introductory-guide-maximum-likelihood-estimation-case-study-r/

망 가중치의 최적화

훈련의 일부로서 시계열 또는 관측 값을 DeepAR에 주입하는데 각 시간 스텝 별로 현재의 공변량, 이전의 관측 값 그리고 이전의 망 출력 값을 이용한다. 이 모형은 각 반복의 막

바지에 BPTT^Back Propagation Through Time^를 사용해서 경사 하강을 계산한다. 특히, BPTT를 수행하는 데 Adam 최적화를 사용한다. 역전파 시에 확률적 경사 하강 알고리즘인 Adam으로 망 가중치를 최적화한다.

각 시간 스텝 t에서의 망 입력은 공변량 $x_{i,t}$, 이전의 망 출력 $h_{i,t-1}$ 그리고 이전의 시간 스텝에서 목표 $Z_{i,t-1}$이다. 그런 다음 망 출력 $h(h_{t-1}, z_{i,t-1}, x_{i,t}, \Theta)$는 입력 데이터셋을 관측할 확률을 최대화하는 가우시안 매개변수를 계산하는 데 사용한다.

다음 그림은 시퀀스-투-시퀀스^Sequence-to-Sequence^ 학습을 보여주는데 여기서 부호기는 과거 시계열을 이용해서 수요 패턴을 캡슐화한 $h_{i,t0-1}$을 복호기의 입력으로 보낸다. 복호기의 기능은 인코더에서 받은 입력 값을 기반으로 수요를 예측하는 것이다.

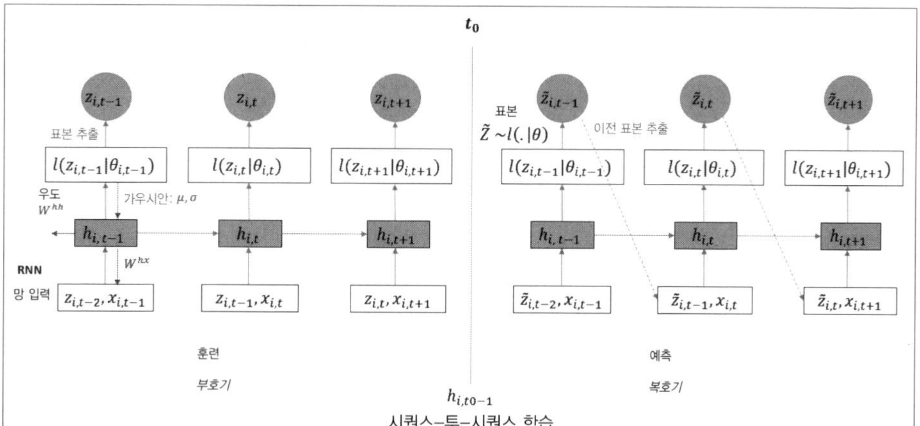

시퀀스-투-시퀀스 학습

(출처: Probabilistic Forecasting with Autoregressive Recurrent Networks(https://arxiv.org/abs/1704.04110))

예측을 하려면 $t < t_0$,에 대한 시계열 이력 $z_{i,t}$를 입력받고 $t >= t_0$에 대한 예측 범위의 한 표본 $\hat{Z}_{i,t}$를 도출해 다음 포인트에 제공하는 식으로 예측 범위의 끝인 $t = t_0 + T$까지 반복한다.

DeepAR는 모든 시계열 데이터의 이력을 결합 학습한 정확한 예측 분포를 생성한다. 또한 확률적 예측은 점 추정^Point Estimate^ 대비 불확실성^uncertainty^ 기반으로 최적의 결정을 제공한다.

DeepAR 기반 매출 예측 모형의 이해

11장의 서론에서 언급했듯이 소매 업체에게 재고 관리는 까다로운 업무이다. 공휴일, 특별 행사, 가격 인하는 매장의 실적과 매장 내 부문department의 실적에 큰 영향을 줄 수 있다.

캐글Kaggle 데이터셋인 https://www.kaggle.com/manjeetsingh/retaildataset에는 45개 매장의 매출 이력이 포함돼 있는데 각 매장은 특정 유형(위치 및 운영 실적)과 크기에 속한다. 소매 업체는 일 년 중 몇 가지 홍보성 가격 인하를 실시한다. 보통 이러한 가격 인하는 슈퍼볼SuperBowl, 노동절Labor Day, 추수 감사절Thanksgiving, 크리스마스Christmas와 같은 공휴일 직전에 단행한다.

데이터셋에 대한 간결한 설명

모델링하려는 데이터셋을 간단히 살펴보자.

- Features data: 해당 매장과 관련된 지역 특화 데이터
  - Store: 숫자로 된 매장 ID
  - Date: 매장의 중요한 날짜
  - Fuel price: 현재 연료비
  - Markdowns: 해당 소매점에서 상품을 구매할 때 액면가 대비 할인율
  - CPIConsumer Price Index[3]: 운송, 식품, 의료 등 소비자 상품 및 서비스 가격에 대한 가중 평균을 진단하는 척도
  - Unemployment: 현재 실업률
  - IsHoliday: 특정 날짜가 휴일인지 아닌지 여부
- Sales data: 2010년부터 2012년까지 3년간의 과거 매출 데이터(143주간의 매출 기록이 들어 있음)

3 소비자 물가 지수 – 옮긴이

- Store: 숫자로 된 매장 ID
- Dept: 숫자로 된 해당 매장 각 부문의 ID
- Date: 매장의 중요한 날짜
- Weekly sales: 각 매장의 매출을 측정하는 데 사용하는 주간 매출
- IsHoliday: 특정 날짜가 휴일인지 아닌지 여부

- Store data: 매장의 유형과 크기 등 45개 매장의 비식별 정보
  - Store: 숫자로 된 매장 ID
  - Type: 매장의 유형
  - Size: 매장의 크기

이제 세이지메이커 DeepAR 알고리즘의 초매개변수를 포함하는 입력 및 출력 형식을 살펴보자.

이 알고리즘은 두 개의 입력 채널을 통해 훈련 및 테스트 JSON을 입력으로 가져온다. 테스트 JSON에는 143주 전체 기간 동안의 매출 기록이 있지만 훈련 JSON에는 134주 동안의 매출 기록만 있다.

다음은 훈련 JSON의 구조이다.

```
Training JSON
{
Start: 주간 매출 시작일
Target: 주간 매출
Cat: 매출을 그룹화하는 범주 또는 부문
Dynamic_feat: 매출 변화를 설명하기 위한 동적인 특징. 휴일, 가격, 홍보 등의 공변량을 나타낸다.
}
{"start":"2010-01-01 00:00:00","target":[19145.49, 17743.27,
14700.85, 20092.86, 17884.43, 19269.09, 22988.12, 17679.72,
16876.61, 14539.77, 16026.23, 14249.85, 15474.07, 22464.57,
19075.56, 20999.38, 18139.89, 13496.23, 15361.65, 16164.48,
15039.44, 14077.75, 16733.58, 16552.23, 17393.2, 16608.36,
21183.71, 16089.01, 18076.54, 19378.51, 15001.62, 14691.15,
```

```
19127.39, 17968.37, 20380.96, 29874.28, 19240.27, 17462.27,
17327.15, 16313.51, 20978.94, 28561.95, 19232.34, 20396.46,
21052.61, 30278.47, 47913.44, 17054.1, 15355.95, 15704.19,
15193.36, 14040.86, 13720.49, 17758.99, 24013.25, 24157.54,
22574.19, 12911.72, 20266.06, 18102.13, 21749.04, 22252.73,
21672.82, 15231.31, 16781.35, 14919.64, 15948.11, 17263.32,
16859.26, 13326.75, 17929.47, 15888.17, 13827.35, 16180.46,
22720.76, 15347.18, 15089.43, 14016.56, 17147.61, 14301.9,
16951.62, 16623.8, 19349.35, 24535.59, 18402.46, 19320.64,
20048.28, 14622.65, 19402.27, 19657.79, 18587.11, 20878.24,
19686.7, 23664.29, 20825.85, 2705908, 15693.12, 29177.6, 45362.67,
20011.27, 13499.62, 15187.32, 16988.52, 14707.59, 20127.86,
23249.25, 20804.15, 19921.62, 16096.04, 18055.34, 17727.24,
16478.45, 16117.33, 15082.89, 15050.07, 17302.59, 20399.83,
17484.31, 14056.35, 16979.18, 17279.4, 14494.48, 14661.37,
13979.33, 13476.7, 18898.57, 13740.2, 15684.97, 15266.29, 16321.69,
15728.07, 17429.51, 17514.05, 20629.24],
"cat":[15], "dynamic_feat":[[0, 0, 0, 0, 0, 0, 0, 0, 0, 0, 0, 0, 0,
0, 0, 0, 0, 0, 0, 0, 0, 0, 0, 0, 0, 0, 0, 0, 0, 0, 0, 0, 0, 0, 1,
0, 0, 0, 0, 0, 0, 1, 1, 0, 0, 0, 0, 1, 0, 0, 0, 0, 0, 0, 0, 0, 0,
0, 0, 0, 0, 0, 0, 0, 0, 0, 0, 0, 0, 0, 0, 0, 0, 0, 0, 0, 0, 0, 0,
0, 0, 0, 1, 0, 0, 0, 0, 0, 0, 0, 0, 1, 0, 0, 0, 1, 0, 0, 0, 1, 0,
0, 0, 0, 0, 0, 0, 0, 0, 0, 0, 0, 0, 0, 0, 0, 0, 0, 0, 0, 0, 0, 0,
0, 0, 1, 0, 0, 0, 0, 0, 0, 0, 0, 0, 0, 0, 1, 0, 0, 0, 0, 0]]}
```

위의 구조에서 다음과 같은 내용을 볼 수 있다.

- start: 주간 매출의 시작 날짜
- target: 정렬한 주간 매출
- cat: 시계열 데이터를 나누는 범주
- Dynamic_feat: 휴일과 같이 매출에 영향을 미치는 요소를 설명하는 동적 특징이 들어 있음

테스트 JSON은 훈련 JSON과 동일한 형식인데 다음 코드를 살펴보자.

```
Test JSON
{"start":"2010-01-01 00:00:00","target":[19145.49, 17743.27,
14700.85, 20092.86, 17884.43, 19269.09, 22988.12, 17679.72,
16876.61, 14539.77, 16026.23, 14249.85, 15474.07, 22464.57,
19075.56, 20999.38, 18139.89, 13496.23, 15361.65, 16164.48,
15039.44, 14077.75, 16733.58, 16552.23, 17393.2, 16608.36,
21183.71, 16089.01, 18076.54, 19378.51, 15001.62, 14691.15,
19127.39, 17968.37, 20380.96, 29874.28, 19240.27, 17462.27,
17327.15, 16313.51, 20978.94, 28561.95, 19232.34, 20396.46,
21052.61, 30278.47, 47913.44, 17054.1, 15355.95, 15704.19,
15193.36, 14040.86, 13720.49, 17758.99, 24013.25, 24157.54,
22574.19, 12911.72, 20266.06, 18102.13, 21749.04, 22252.73,
21672.82, 15231.31, 16781.35, 14919.64, 15948.11, 17263.32,
16859.26, 13326.75, 17929.47, 15888.17, 13827.35, 16180.46,
22720.76, 15347.18, 15089.43, 14016.56, 17147.61, 14301.9,
16951.62, 16623.8, 19349.35, 24535.59, 18402.46, 19320.64,
20048.28, 14622.65, 19402.27, 19657.79, 18587.11, 20878.24,
19686.7, 23664.29, 20825.85, 27059.08, 15693.12, 29177.6, 45362.67,
20011.27, 13499.62, 15187.32, 16988.52, 14707.59, 20127.86,
23249.25, 20804.15, 19921.62, 16096.04, 18055.34, 17727.24,
16478.45, 16117.33, 15082.89, 15050.07, 17302.59, 20399.83,
17484.31, 14056.35, 16979.18, 17279.4, 14494.48, 14661.37,
13979.33, 13476.7, 18898.57, 13740.2, 15684.97, 15266.29, 16321.69,
15728.07, 17429.51, 17514.05, 20629.24, 17730.73, 18966.48,
20781.46, 22979.73, 16402.34, 20037.44, 18535.65, 16809.01,
19275.43], "cat":[15], "dynamic_feat":[[0, 0, 0, 0, 0, 0, 0, 0, 0,
0, 0, 0, 0, 0, 0, 0, 0, 0, 0, 0, 0, 0, 0, 0, 0, 0, 0, 0, 0, 0,

0, 0, 0, 1, 0, 0, 0, 0, 0, 0, 1, 1, 0, 0, 0, 0, 1, 0, 0, 0, 0, 0,
0, 0, 0, 0, 0, 0, 0, 0, 0, 0, 0, 0, 0, 0, 0, 0, 0, 0, 0, 0, 0, 0,
0, 0, 0, 0, 0, 0, 0, 1, 0, 0, 0, 0, 0, 0, 0, 0, 1, 0, 0, 0, 1, 0,
0, 0, 1, 0, 0, 0, 0, 0, 0, 0, 0, 0, 0, 0, 0, 0, 0, 0, 0, 0, 0, 0,
0, 0, 0, 0, 0, 0, 1, 0, 0, 0, 0, 0, 0, 0, 0, 0, 0, 1, 0, 0, 0,
0, 0]]
```

DeepAR는 다양한 초매개변수를 지원한다. 다음은 몇 가지 주요 초매개변수 목록이다. 자세한 목록을 보고 싶다면 아마존 문서(https://docs.aws.amazon.com/sagemaker/latest/dg/deepar_hyperparameters.html)를 확인하라.

- **시간 빈도**: 시계열이 시간, 주간, 월간인지 또는 연간인지 나타냄
- **문맥 길이**: 훈련 시 알고리즘이 감안해야 하는 시간 스텝의 수
- **예측 길이**: 예측할 데이터 포인트의 수
- **셀 수**: 각 은닉 계층에서 사용할 뉴런의 수
- **계층 수**: 은닉 계층의 수
- **우도 함수**: 주간 매출이 실제 값이므로 가우시안 모형을 선택
- **에폭**: 훈련 데이터를 사용하는 최대 반복 횟수
- **미니 배치 크기**: 훈련에 사용할 미니 배치의 크기
- **학습률**: 손실 최적화 시의 보폭pace
- **드롭아웃 비율**: 각 에폭에서 은닉층 별로 업데이트하지 않을 신경의 비율
- **조기 종료 페이션스**patience: 개선되지 않고 실패하는 에폭 수(이 수만큼 뒤에 훈련이 중단됨)

추론을 위해 특정 부문에 대해 모든 주에 걸친 부문 범주와 휴일 여부 등의 134주 동안의 매출 이력을 보냈다.

다음은 해당 모형 엔드포인트 출력의 샘플 JSON이다. DeepAR는 확률적 예측을 생성하므로 출력에는 가우시안 분포에 따른 여러 매출의 샘플이 들어 있으며, 다음과 같이 이 샘플의 평균과 분위수[4](50% 및 90%)를 나타낸다.

```
{
    "predictions": [
```

4 영어로 quantile이라고 자료의 크기 순서에 따른 위치 값을 말하는데 누적분포함수 F(x)를 갖는 확률변수 X의 p 분위수라 함은 F(x) ≥ p를 만족하는 최소 x의 값이다. – 옮긴이

```
        {
            "quantiles": {
                "0.9": [...],
                "0.5": [...]
            },
            "samples": [...],

            "mean": [...]
        }
    ]
}
```

앞의 코드에서 과거 주간 매출이 있는 아이템에 대한 DeepAR 알고리즘의 샘플 입력 및 출력을 살펴봤다.

아울러 DeepAR는 실세계의 시계열 문제에 있는 복잡성을 설명해 주는 독자적인 기능을 제공한다. 새 아이템이나 신제품과 관련된 시계열 기간은 온전한 매출 이력이 있는 일반 아이템의 매출 이력보다 더 짧기 마련이다. DeepAR는 새 아이템이나 신제품에 대한 첫 관측 시점까지의 거리를 탐지한다. 이 알고리즘은 여러 시계열에 걸친 아이템 수요를 학습하므로 새로 도입한 아이템에 대한 수요도 추정할 수 있다. 따라서 모든 시계열의 주간 매출 기간을 동일하게 유지할 필요는 없다. 또한 이 알고리즘은 누락 값을 "Nan"으로 대체해서 처리할 수도 있다.

다음 그림은 DeepAR의 다양한 입출력을 나타낸다.

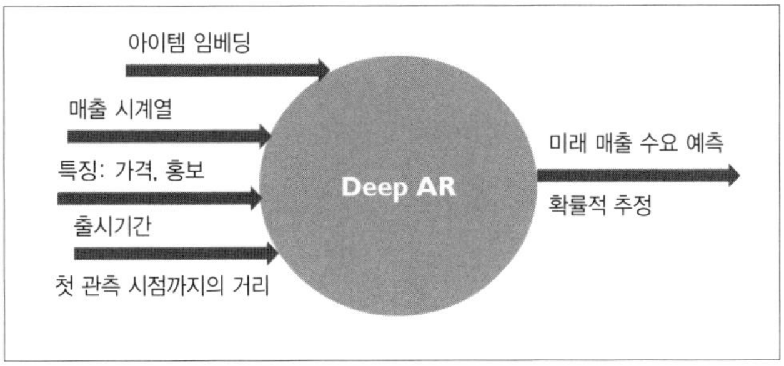

앞의 그림에서 볼 수 있듯이 주간 매출을 예측하는 확률은 모든 입력 아이템 범주(아이템 임베딩) 및 기타 특성(가격과 홍보)과 더불어 새롭고(출시 기간) 일반적인 아이템에 걸친 과거 주간 매출(매출 시계열)을 모델링해서 계산할 수 있다.

예비 데이터 분석

비록 45개의 매장이 있지만, 번호가 20인 매장 하나만 선택해서 3년 전체에 걸친 여러 부문의 성과를 분석하겠다. 이러한 분석은 DeepAR로 여러 부문의 아이템 매출을 학습할 수 있다는 데 의의가 있다.

노트북 인스턴스를 시작하기 전에 세이지메이커의 **생명주기 구성**을 활용해서 파이썬 패키지를 맞춤형으로 설치할 수 있다. 따라서 노트북을 실행하기 전에 필요한 패키지를 직접 찾아볼 필요가 없다.

소매 매출 데이터를 탐색하려면 seaborn의 최신 버전인 0.9.0을 설치할 필요가 있다.[5]

세이지메이커의 **노트북** 아래 **생명주기 구성**을 클릭한다.

1. 다음과 같이 **노트북 시작** 아래에 seaborn 파이썬 패키지를 업그레이드하는 명령을 입력한다.[6]

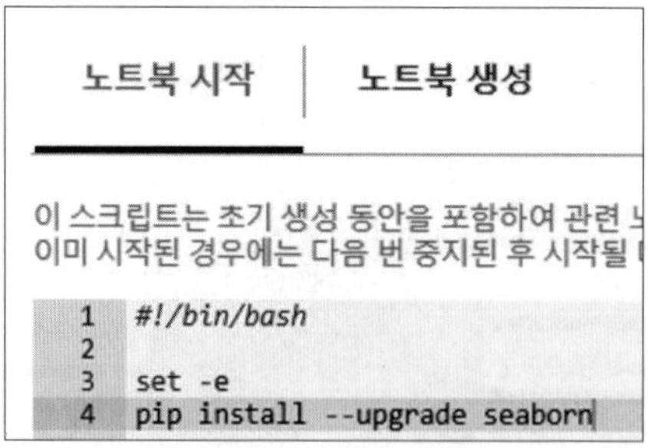

5 실습 코드의 그래프 그리는 부분에서 scatterplot이라는 함수가 없다는 에러가 발생하면 이 책을 학습하기 위한 소스코드의 앞부분에 있는 seaborn 설치 코드를 실행해 보자. – 옮긴이

6 'InstallPrereqs'라는 이름도 넣어준다. – 옮긴이

2. 노트북 인스턴스를 선택하여 **작업**을 누르고 **설정 업데이트**를 클릭해서 해당 노트북 설정을 편집한다.
3. **생명주기 구성** 섹션 아래 다음과 같이 새로 생성한 생명주기 구성의 이름을 선택한다.

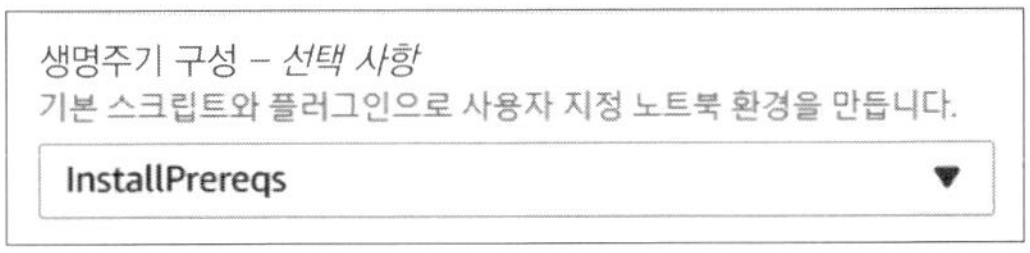

이 옵션으로 노트북 인스턴스를 사용하기 전에 세이지메이커가 모든 파이썬 필수 구성 요소를 관리하게 할 수 있다.

다음과 같이 매출sales, 매장store 그리고 특징feature에 해당하는 CSV 파일 전체의 데이터를 병합한다.

1. 다음과 같이 주요 파이썬 라이브러리를 임포트한다.

```
import numpy # 선형대수 방정식을 계산하기 위한 라이브러리
import pandas as pd
import matplotlib.pyplot as plt
import seaborn as sns
```

2. 다음과 같이 .csv 파일을 파이썬 데이터프레임으로 읽어온다.

```
features = pd.read_csv('Features data set.csv')
sales = pd.read_csv('sales data-set.csv')
stores = pd.read_csv('stores data-set.csv')
```

3. 다음과 같이 생성한 각 데이터프레임의 모양을 살펴보자.

```
features.shape # 8,190개의 매장, 날짜 및 휴일 데이터 조합이 있다.
sales.shape # 421,570개의 매출 트랜잭션 이력이 있다.
stores.shape # 45개의 대상 매장이 있다.
```

4. 다음과 같이 이제 features, sales 그리고 stores 데이터프레임을 병합해서 필요한 모든 정보를 포함하는 하나의 데이터프레임을 만든다.

```
merged_df = features.merge(sales, on=['Store', 'Date', 'IsHoliday']).
merge(stores, on=['Store'])
merged_df.head()
```

5. 다음과 같이 IsHodlidy를 숫자 형태로 변환해서 Date 필드를 pandas 데이터 형식으로 변환한다.

```
merged_df['IsHoliday'] = merged_df['IsHoliday'].apply(lambda x:1 if x==True
else 0)
merged_df['Date'] = pd.to_datetime(merged_df['Date'])
merged_df.head()
```

6. 다음과 같은 코드로 합친 데이터셋을 .csv 파일로 만든다.

```
merged_df.to_csv('retailsales.csv')
```

7. 다음과 같이 매출에 영향을 줄 수 있는 각 주요 요소(Temperature, Fuel_Price, Unemployment, CPI)의 분포를 살펴보자.

```
# 하나의 그림 요소와 그 하위 그래프를 생성한다.
f, ax = plt.subplots(4, figsize=(15, 15)) #f=figure; ax=axes
sns.distplot(merged_df.Temperature, ax=ax[0])
sns.distplot(merged_df.Fuel_Price, ax=ax[1])
sns.distplot(merged_df.Unemployment, ax=ax[2])
sns.distplot(merged_df.CPI, ax=ax[3])
```

seaborn 파이썬 라이브러리를 사용해서 데이터셋의 Temperature, Fuel_Price, Unemployment, CPI 분포 그래프를 그린다. 우선, 다음과 같은 그래프 출력을 살펴보자.

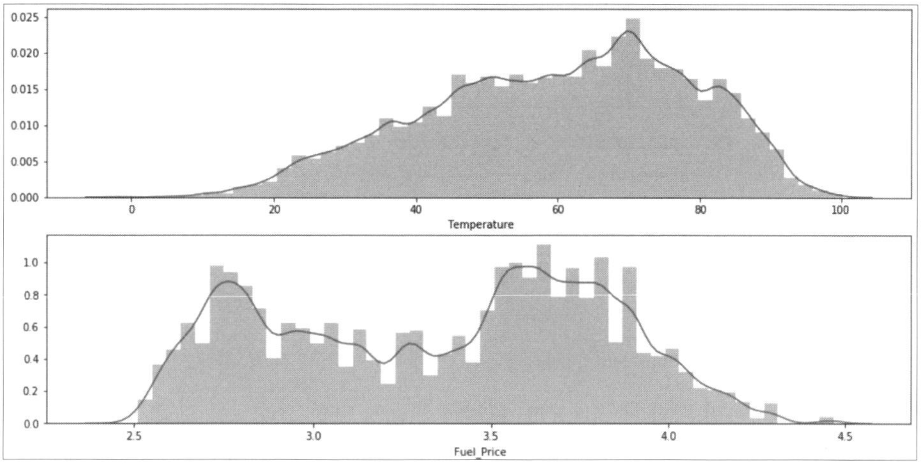

앞의 분포에서 볼 수 있듯이 매출이 이뤄질 때 기온은 대체로 화씨 60~80도이다. 또한 대부분의 매출 활동에서 연료비는 약 2.75달러와 3.75달러였다.

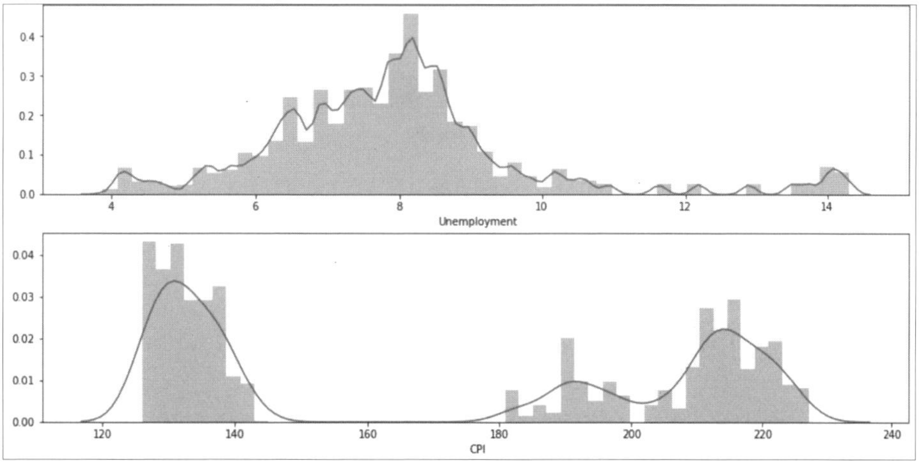

앞의 그래프를 보면 대부분의 매출 활동에서 실업률은 6%와 9% 사이였다. CPI와 관련해서는 낮은 CPI 수준과 높은 CPI 수준 두 구간에서 매출 활동이 이뤄졌다.

각 주요 특징의 분포를 살펴봤으므로 다음과 같이 각 특징이 월간 매출과 어떤 관련이 있는지 살펴보자.

1. 매출(목표)과 각 요인 변수(Holidays, Temperature, CPI, Unemployment, Store Type) 간의 산포도를 살펴보자.

```
    f, ax = plt.subplots(6, figsize=(20,20))
    sns.scatterplot(x="Fuel_Price", y="Weekly_Sales", data=merged_df,
ax=ax[0])
    sns.scatterplot(x="Temperature", y="Weekly_Sales", data=merged_df,
ax=ax[1])
```

앞의 코드에서 매출과 연료비 그리고 매출과 기온 간의 산포도를 그렸다. 연료비와 기온이 각각 매출과 어떤 관련이 있는지 다음 그래프를 보고 분석해 보자.

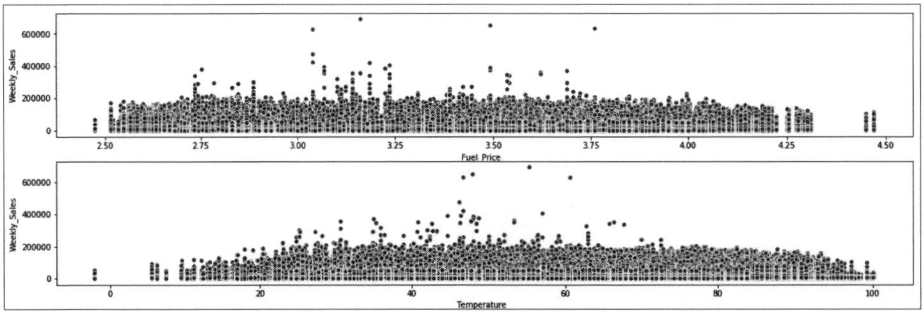

2. 앞의 그래프에서 연료비가 3.25달러에서 3.75달러 사이일 때 더 높은 주간 매출이 발생하는 것은 분명하다. 또한 기온이 화씨 50도에서 65도 사이일 때 더 높은 주간 매출이 발생하고 있다.

공휴일 유무와 CPI 대비 매출을 다음과 같은 코드로 그려보자.

```
sns.scatterplot(x="IsHoliday", y="Weekly_Sales", data=merged_df, ax=ax[2])
sns.scatterplot(x="CPI", y="Weekly_Sales", data=merged_df, ax=ax[3])
```

다음 그림에서 공휴일 유무와 CPI에 따라 각각 매출이 어떻게 달라지는지 살펴보자.

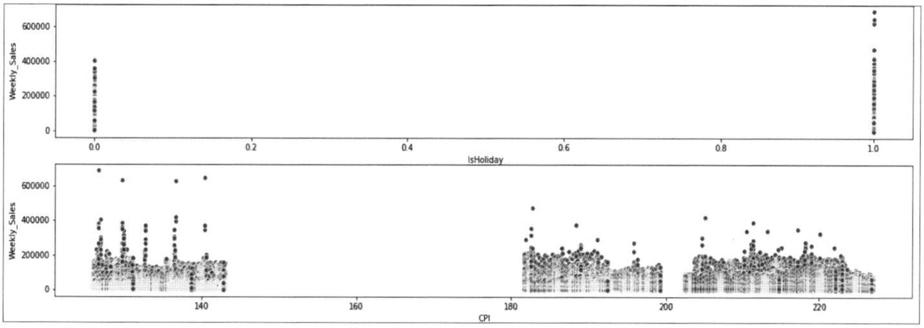

3. 공휴일 매출이 평일 매출보다 높은 듯하고 CPI가 주간 매출에 미치는 실질적인 영향은 없는 듯하다.

이제 실업률과 매장 유형 대비 매출을 다음과 같은 코드로 그려보자.

```
sns.scatterplot(x="Unemployment", y="Weekly_Sales", data=merged_df, ax=ax[4])
sns.scatterplot(x="Type", y="Weekly_Sales", data=merged_df, ax=ax[5])
```

다음 그림에서 실업률 및 매장 유형에 따라 매출이 어떻게 다른지 살펴보자.

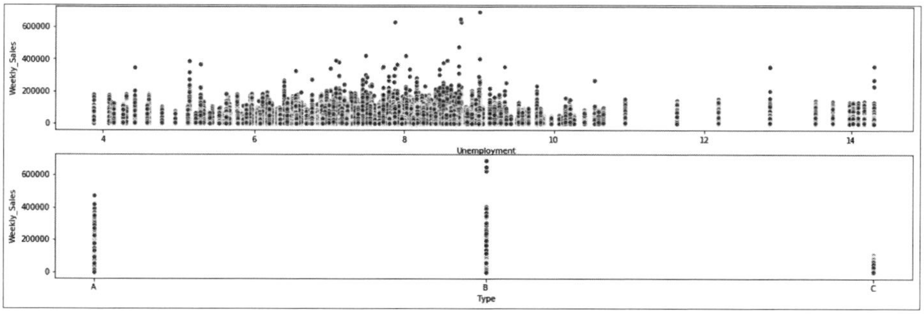

앞의 그래프에서 실업률이 낮을 때(7~8.5)와 매장 유형이 B일 때 주간 매출이 더 높은 듯하다.

4. 둘째, 모든 특징 전체에 걸쳐서 히트맵heatmap[7]을 보고 어떤 특징이 매출에 영향을 미치는지 판별해 보자. 히트맵을 그려보면 매출과 여러 매출 예측 변수 간의 상관 관계를 한번에 모두 볼 수 있기 때문이다.

   다음 그림은 데이터셋에 있는 수치 속성에 대한 히트맵이다(데이터셋에서 매장과 부문은 범주 별 변수이므로 제외).

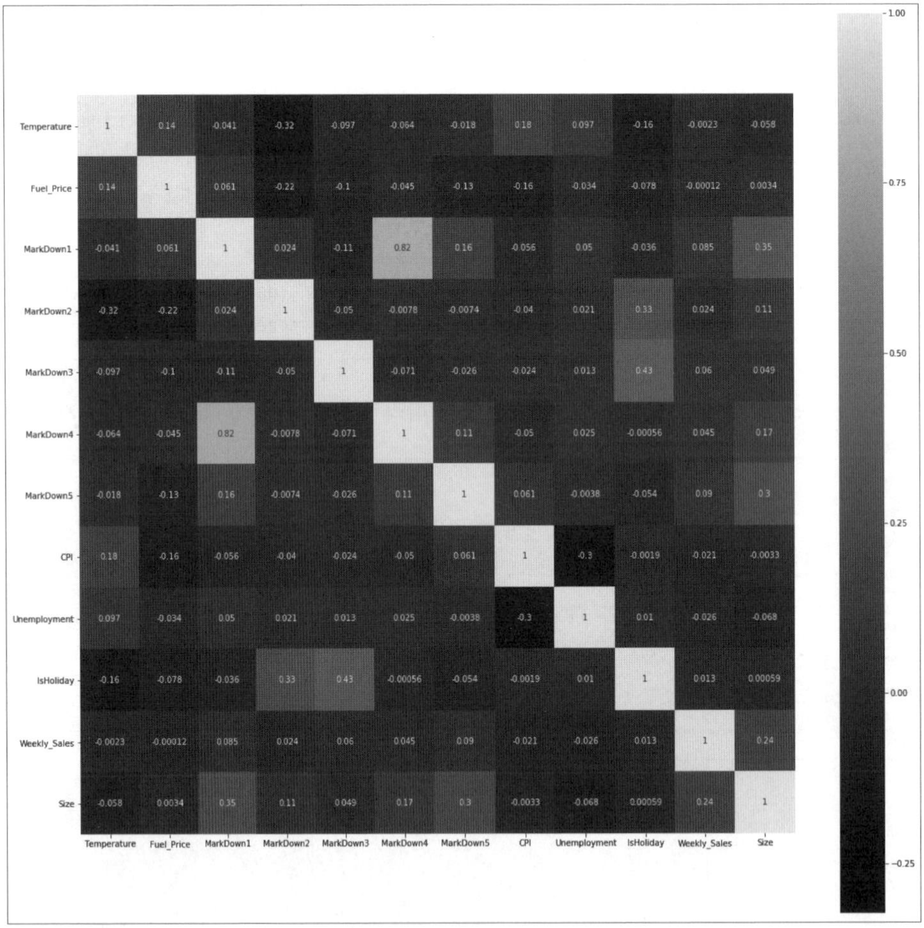

7 수준을 나타내는 다양한 정보를 일정한 이미지 위에 열 분포 형태의 색으로 표현하는 그래프– 옮긴이

산포도와 히트맵에서 다음과 같은 사실을 확인할 수 있다.

- 공휴일에는 가격 인하한다.
- 공휴일에는 매출이 더 높다.
- B 유형 매장의 매출이 더 높다.
- 연료비가 낮을수록(3달러와 3.75달러 사이) 매출이 더 높다.
- 이상적인 기온(화씨 50도에서 65도)에서 매출이 더 높다.

더 상세히 부문 및 연도 전체에 걸친 매출을 모델링하기 위해서 최고의 실적을 낸 매장인 20번 매장을 살펴볼 것이다. 해당 시계열의 각 시간 스텝에 해당하는 날짜가 휴일인지 여부도 같이 살펴볼 것이다.

데이터 전처리

모델링을 하는 데이터셋을 준비하는 것으로 시작해 보자.

- `retailsales.py`라는 모듈을 만들어서 DeepAR가 훈련과 검증을 하는 데 사용하는 JSON 파일을 생성한다.
- `salesinference.py`라는 이름의 모듈을 만들어서 추론 데이터를 구축하고 예측을 검색하며 그림을 그린다.

위의 모듈을 더 자세히 알고 싶다면 11장 관련 소스코드를 참조하라.

DeepAR 프로젝트에 필요한 코드를 모듈화하려면 `retailsales` 및 `salesinference`라는 두 모듈을 `deepar`라는 폴더로 패키지화한다. `__init__.py` 파일을 생성해서 해당 모듈을 임포트한다. 그런 다음 `setup.py`를 작성해서 설치해야 할 사전 요건 패키지를 명확히 정의한다.

다음은 DeepAR 프로젝트의 폴더 구조다.

```
DeepAR 프로젝트 구조
------------
    ├── notebooks/          <- 모든 노트북 코드가 여기에 있다.
    ├── data/               <- 입력 데이터가 여기에 있다.
    ├── deepar/             <- 이 실습 프로젝트에 사용할 파이썬 패키지와 소스코드가 있다.
      ├─retailsales.py      <- DeepAR에 사용할 훈련 및 테스트 데이터셋을 생성하는 모듈
      ├─salesinference.py   <- 예측에 사용할 데이터를 준비해서 DeepAR로 예측을 수행하고 예측
                               결과를 그래프로 그리는 모듈
    ├── README.md           <- 이 실습 프로젝트를 수행할 개발자가 참조할 README
    ├── setup.py            <- 설치하고 배포할 사전 요건 패키지를 정의한다.
```

다음 절차를 살펴보자.

1. setup.py에 설치해야 할 사전 요건 패키지를 정의한다.

```
import os
from setuptools import setup, find_packages

def read(fname):
    return open(os.path.join(os.path.dirname(__file__), fname)).read()

setup(
    name="deepar",
    description="DeepAR project structure.",
    author="<your-name>",
    packages=find_packages(exclude=['data', 'figures', 'output',
'notebooks']),
    long_description=read('README.md'),
)
```

2. __init__.py에서 사전에 정의한 retailsales 및 salesinference 모듈을 임포트한다.

```
from . import retailsales
from . import salesinference
```

3. 이제 다음과 같이 해당 모듈의 패키지를 설치해서 DeepAR 훈련 시에 사용할 수 있도록 한다.[8]

```
# deep-ar 디렉터리로 가서 공통으로 사용할 함수가 들어 있는 deepar 패키지를 설치한다.
path = ".."
os.chdir(path)

# 사전 정의한 함수의 설치
!pip install .
```

이제 주간 매출 데이터를 사전 처리하는 데 필요한 모든 패키지 준비를 완료했다. 사전 처리 시에는 범주형 데이터를 수치 데이터로 변환하고 DeepAR 알고리즘에 필요한 JSON 형식의 훈련 및 테스트 데이터를 만들 것이다.

DeepAR의 훈련

이 절에서는 DeepAR를 주간 매출 데이터로 적합화한다. JSON 형식의 훈련 및 테스트 데이터셋 준비부터 시작해 보자.

json 데이터를 생성하는 다음의 코드를 살펴보자.

```
import deepar as da

train_key = 'deepar_sales_training.json'
test_key = 'deepar_sales_test.json'
# DeepAR 모형을 훈련하는 데 사용할 예측 문맥의 길이
prediction_length = 9
salesfn = 'data/store20_sales.csv'

salesdf = da.retailsales.prepareSalesData(salesfn)
```

8 'Train_Sales_DeepAR.ipynb'에 대한 내용 – 옮긴이

```
testSet = da.retailsales.getTestSales(salesdf, test_key)
trainingSet = da.retailsales.getTrainSales(salesdf, train_key, prediction_length)
```

앞의 코드 블록에서는 데이터셋을 훈련하고 테스트하는 데 사용할 JSON 데이터를 다음과 같이 생성했다.

- preparingSalesData() 함수로 143주 전체에 걸쳐서 매출이 있는 부문을 선택한다. 이는 데이터에 결측 값Missing Value이 없는지 확인하는 단계이다. 비록 DeepAR가 결측 값을 처리할 수 있지만, 전체 주중에 매출이 있는 부문만 고려해서 문제를 간단히 만들기 위해서이다.
- 부문 번호를 사용해서 DeepAR 알고리즘의 시계열을 그룹화하거나 분류한다. 이 분류를 사용해 DeepAR가 부문 별 수요를 예측한다.
- 테스트 데이터셋 JSON 데이터를 만드는 데 getTestSales() 함수를 사용한다.
- 테스트 데이터셋의 하위 셋인 훈련 데이터셋에 대한 JSON 데이터를 만드는 데 getTrainSales() 함수를 사용한다. 또한 정의한 예측 길이(prediction_length)에 따라 각 부문 별 마지막 9주간의 매출 데이터를 잘라낸다.

이제 json 파일을 S3 버킷에 업로드하는 다음 코드를 살펴보자.

```
bucket = ' notebook-ch11.junho.her '
prefix = 'sagemaker/deepar-weekly-sales'

train_prefix = '{}/{}'.format(prefix, 'train')
test_prefix = '{}/{}'.format(prefix, 'test')
output_prefix = '{}/{}'.format(prefix, 'output')

sagemaker_session = sagemaker.Session()

train_path = sagemaker_session.upload_data(train_key, bucket=bucket, key_prefix=train_
prefix)
test_path = sagemaker_session.upload_data(test_key, bucket=bucket, key_prefix=test_
prefix)
```

앞의 코드에서는 세이지메이커 세션 객체(세이지메이커 파이썬 SDK)의 upload_data() 함수를 이용해 새로 만든 json 파일을 지정한 S3 버킷에 업로드한다.

다음 코드를 사용해서 DeepAR 도커 이미지의 URI를 얻는다.

```
role = get_execution_role()
output_path = r's3://{0}/{1}'.format(bucket, output_prefix)

container = get_image_uri(boto3.Session().region_name, 'forecasting-deepar')

deepAR = sagemaker.estimator.Estimator(container,
                                       role,
                                       train_instance_count=1,
                                       train_instance_type='ml.c4.xlarge',
                                       output_path=output_path,
                                       sagemaker_session=sagemaker_session)
```

앞의 코드 블록에 대한 설명은 다음과 같다.

- 세이지메이커 추정기 객체의 get_image_uri() 함수로 DeepAR 도커 이미지의 uri를 얻는다.
- uri를 얻은 후 DeepAR 추정기를 만든다.
- 생성자 매개변수에는 도커 이미지의 URI(container), 실행 역할, 훈련 인스턴스 유형 및 수, 알고리즘 및 세이지메이커 세션을 저장하는 출력 경로(output_path)가 있다.

초매개변수를 사용해서 학습 또는 훈련 프로세스를 설정한다. 다음 코드의 초매개변수를 살펴보자.

```
hyperparameters = {
    "time_freq": 'W',
    "context_length": prediction_length,
```

```
    "prediction_length": prediction_length,
    "num_cells": "40",
    "num_layers": "2",
    "likelihood": "gaussian",
    "epochs": "300",
    "mini_batch_size": "32",
    "learning_rate": "0.00001",
    "dropout_rate": "0.05",
    "early_stopping_patience": "10"
}
deepAR.set_hyperparameters(**hyperparameters)
```

앞의 코드에서는 다음의 매개변수를 볼 수 있다.

- learning_rate: 훈련 중 가중치를 얼마나 빨리 업데이트하는지 정의한다.
- dropout_rate: 과적합을 피하기 위해 각 반복 별로 은닉 뉴런 임의의 일정 부분을 업데이트하지 않는다.
- num_cells: 각 은닉 계층에 사용할 셀 수를 정의한다.
- num_layers: RNN의 은닉 계층 수를 정의한다.
- time_freq: 시계열의 빈도[9]를 정의한다.
- epochs: 훈련 데이터를 사용하는 최대 반복 횟수를 정의한다.
- context_length: 되돌아볼 기간, 즉 예측하기 전에 얼마나 많은 데이터 포인트를 살펴볼지를 정의한다.
- prediction_length: 예측에 사용할 데이터 포인트 수를 정의한다.
- mini_batch_size: 이 숫자만큼의 데이터 포인트를 처리한 후 가중치를 업데이트한다. 즉, 가중치 업데이트의 빈도를 정의하는 셈이다.

다음 코드에서는 deepAR를 훈련 데이터셋에 맞춘다.

9 시간 스텝의 간격에 해당한다. – 옮긴이

```
data_channels = {"train": train_path, "test": test_path}
deepAR.fit(inputs=data_channels)
```

앞의 코드에 대한 설명은 다음과 같다.

- S3 버킷에 있는 훈련 및 테스트 JSON 파일의 위치를 전달했다.
- 테스트 데이터셋은 해당 모형의 성능을 평가하는 데 사용한다.
- DeepAR 추정기의 `fit()` 함수를 호출해서 훈련을 수행한다.

다음은 DeepAR의 훈련 결과이다.

```
#test_score (algo-1, RMSE): 7307.12501604
#test_score (algo-1, mean_wQuantileLoss): 0.198078
#test_score (algo-1, wQuantileLoss[0.1]): 0.172473

#test_score (algo-1, wQuantileLoss[0.2]): 0.236177
#test_score (algo-1, wQuantileLoss[0.3]): 0.236742
#test_score (algo-1, wQuantileLoss[0.4]): 0.190065
#test_score (algo-1, wQuantileLoss[0.5]): 0.1485
#test_score (algo-1, wQuantileLoss[0.6]): 0.178847
#test_score (algo-1, wQuantileLoss[0.7]): 0.223082
#test_score (algo-1, wQuantileLoss[0.8]): 0.226312
#test_score (algo-1, wQuantileLoss[0.9]): 0.170508
```

앞의 출력에서 볼 수 있듯이 성능이 가장 좋은 모형을 선택하는 지표로 RMSE를 사용한다.

134주간 매출의 훈련 데이터셋으로 DeepAR 모형을 성공적으로 훈련했다. S3 버킷에 있는 훈련 및 테스트 JSON 파일의 위치를 정의해 놓고 훈련 데이터를 모형에 맞췄다. 또한 학습 또는 적합화 프로세스를 제어하는 초매개변수를 정의했다. 그런 다음 최고의 성능(예상 매출과 실제 매출이 최대한 비슷하도록 최저 RMSE 기반)을 내는 모형을 저장한다.

매출 예측 및 평가

이 절에서는 특정 부문의 향후 9주 동안 주간 매출을 예측할 수 있도록 훈련한 모형을 배포한다.

다음 코드를 살펴보자.

```
deepAR_predictor = deepAR.deploy(initial_instance_count=1, instance_type='ml.
m4.xlarge')
```

앞의 코드에서 해당 모형을 엔드포인트로 운영할 수 있도록 deepAR 추정기의 deploy 함수를 사용한다. 운영 인스턴스의 수와 유형은 다음의 매개변수를 사용해서 지정해야 한다.

```
initial_instance_count
instance_type
```

다음 코드와 같이 부문 번호 90을 사용해서 모형 성능을 평가한다.

```
# 어느 부문의 마지막 9주간 매출을 예측해서 실제 기준과 비교한다.

deepAR_predictor.content_type = 'application/json' dept = 90

prediction_data = da.salesinference.buildInferenceData(dept, trainingSet, testSet)


#print(prediction_data)
result = deepAR_predictor.predict(prediction_data)

y_mean, y_q1, y_q2, y_sample = da.salesinference.getInferenceSeries(result)
print("Predicted Sales: ", y_mean)
print("Actual Sales: ", list(testSet[dept]['Weekly_Sales'][134:]))

da.salesinference.plotResults(prediction_length, result, truth=True, truth_
data=testSet[dept]['Weekly_Sales'][134:], truth_label='truth')
```

앞의 코드에 대한 설명은 다음과 같다.

- JSON 형식의 데이터로 시계열 데이터를 준비하는 데 `buildInferenceData()` 함수를 사용한다. 해당 부문의 추론 데이터(143주 전체의 휴일 목록과 134주 동안의 주간 매출 및 아이템 범주)를 구축한다. 이번 실습에서는 지난 9주간의 매출을 추정하는 게 목표이므로 숫자 9는 예측의 길이이다.

  `buildInferenceData()` 함수가 생성한 JSON 샘플은 다음과 같다.


```
{"start":"2010-01-01 00:00:00","target":[15025.97, 10772.45, 11356.31, 16040.95, 13569.0, 13415.4, 16416.73, 11083.99, 9973.39, 9670.09,
10121.81, 10427.95, 8803.85, 17597.83, 13785.2, 14090.44, 9983.96, 8612.86, 8993.17, 11924.96, 10041.76, 10423.52, 9124.67, 12518.18,
11128.51, 13094.94, 15675.2, 11000.72, 13431.07, 11374.58, 8047.1, 10920.96, 15012.27, 12924.54, 15722.33, 27248.61, 13489.89, 12789.37,
12348.41, 11995.02, 15988.2, 35945.64, 16298.3, 12608.21, 14094.12, 29305.11, 37299.44, 14146.24, 12292.46, 11324.01, 9045.87, 9715.5,
11031.41, 14970.66, 15591.17, 20828.8, 14595.13, 8733.83, 13735.67, 11582.0, 18335.13, 14878.61, 14029.94, 10153.5, 11042.37, 9968.82,
12899.81, 11271.97, 11157.23, 8137.44, 12275.77, 10813.85, 10520.0, 12974.75, 16322.45, 11150.08, 14264.86, 13242.16, 13138.48, 13553.09,
15027.93, 11899.11, 16522.82, 18795.93, 15673.45, 14552.02, 16145.57, 8211.46, 13219.43, 12745.28, 11699.95, 20003.98, 13843.93, 13679.46,
14767.06, 30115.45, 14543.76, 24536.38, 37090.11, 21357.65, 10988.52, 11211.32, 10995.8, 10113.03, 15330.99, 19201.65, 18816.67, 15997.24,
15330.88, 14392.26, 13146.1, 12705.97, 11186.05, 10373.36, 9862.26, 9921.92, 15120.47, 9686.48, 9398.01, 12759.27, 12595.63, 12345.64,
11072.47, 10768.21, 9830.74, 14332.92, 12159.36, 12175.34, 13344.99, 12572.01, 13162.14, 13521.27, 12618.7, 18051.37], "cat":[18],
"dynamic_feat":[[0, 0, 0, 0, 0, 0, 0, 0, 0, 0, 0, 0, 0, 0, 0, 0, 0, 0, 0, 0, 0, 0, 0, 0, 0, 0, 0, 0, 0, 0, 0, 0, 0, 0, 0, 1, 0, 0, 0, 0, 0, 0,
1, 1, 0, 0, 0, 0, 1, 0, 0, 0, 0, 0, 0, 0, 0, 0, 0, 0, 0, 0, 0, 0, 0, 0, 0, 0, 0, 0, 0, 0, 0, 0, 0, 0, 0, 0, 0, 0, 0, 0, 0, 0, 0, 1, 0, 0, 0, 0, 0,
0, 0, 0, 1, 0, 0, 0, 1, 0, 0, 0, 1, 0, 0, 0, 0, 0, 0, 0, 0, 0, 0, 0, 0, 0, 0, 0, 0, 0, 0, 0, 0, 0, 0, 0, 0, 0, 1, 0, 0, 0, 0, 0, 0, 0, 0]]}
```


- 세이지메이커의 예측기predictor 객체를 추론에 사용한다.
- `getInferenceSeries()` 함수로 DeepAR 알고리즘의 JSON 결과물을 구문 분석해서 평균 매출, 10백분위 수[10] 매출, 90백분위 수 매출을 식별한다. DeepAR는 가우시안 분포를 사용해서 다음 9주 동안의 주간 매출의 100개 샘플을 생성하기 때문에 10 백분위 수 매출 및 90 백분위 수 매출은 예측 기간 동안 주간 매출의 하한 및 상한을 각각 나타낸다.
- 실제 매출 대비 엔드포인트가 리턴한 결과를 `plotResults()` 함수를 이용해서 그래프로 그려 9주의 각 주별 평균 매출, 실제 매출, 샘플 매출, 10백분위 수 매출, 90백분위 수 매출을 살펴볼 것이다.

다음과 같이 평균 예상 매출은 실제 매출에 가까운데 이는 DeepAR 알고리즘이 부문 전체에 걸친 매출 수요를 적절히 찾았음을 나타낸다. 부문 번호를 변경해서 모든 부문에 걸

10 백분위 수는 크기가 있는 값을 순서대로 나열했을 때 백분율로 나타낸 특정 위치의 값을 말하는데 10백분위 수는 제일 작은 값에서부터 10% 수준의 값이 위치한 지점을 말한다. – 옮긴이

친 모형 성능을 평가해 보자. 따라서 점 추정치보다 확률적 매출 추정치를 갖고 더 정확하게 수요를 추정할 수 있다. 앞의 코드 결과 출력은 다음과 같다.

```
Predicted Sales: [92707.65625, 101316.90625, 86202.3984375, 87715.5625, 95967.359375,
101363.71875, 106354.90625, 94017.921875, 103476.71875]

Actual Sales: [100422.86, 94987.08, 90889.75, 115695.71, 100372.02, 96616.19, 93460.57,
99398.64, 105059.88]
```

다음 그래프에서 아래 내용을 알 수 있다.

- 파란색 선은 향후 9주를 예측한 평균 매출을 나타낸다.
- 보라색 선은 실제 매출을 나타낸다.
- 두 줄은 충분히 가까운데 이는 휴일과 과거 주간 매출을 감안할 때 모형이 적절하게 매출 패턴을 수집했음을 나타낸다.

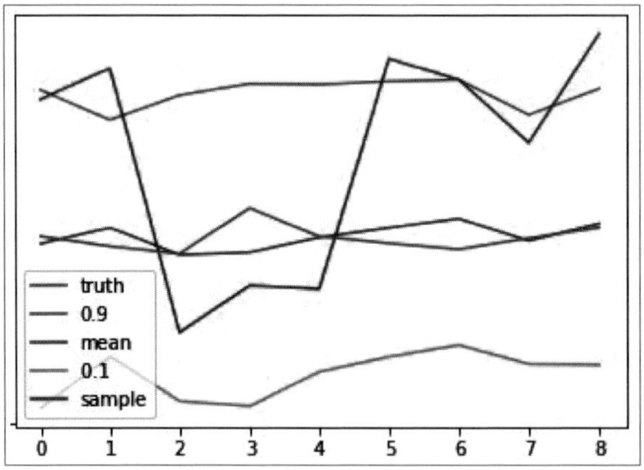

매장 20번의 매출만 살펴봤지만 카테고리 목록에 매장 번호를 넣는 식(훈련 및 테스트 셋에 있는 각 시계열에 다음 코드를 포함)으로 모든 매장의 매출을 훈련할 수 있다.

```
"cat": [department number, store number]
```

서로 다른 제품(부문) 및 매장 전체에 대한 여러 개의 시계열을 사용해서 더 나은 성능을 얻을 수 있었다.

요약

11장에서는 ARIMA와 지수 평활과 같은 단변량 시계열 예측 기법을 간단히 살펴봤다. 그러나 수요는 여러 변수에 따라서 달라지므로 다변량 시계열을 모델링해야 하는데 바로 DeepAR로 확률 예측과 함께 다변량 시계열을 모델링할 수 있다. 점 추정으로도 몇몇 상황을 잘 처리할 수 있긴 하지만, 확률 추정은 훌륭한 의사 결정을 도출할 수 있는 더 나은 정보를 제공한다. 이 알고리즘은 여러 시계열에 걸쳐 학습하는 포괄적인 모형을 생성해 동작한다. 여러 매장과 부문 별로 각 아이템 또는 제품의 주간 매출 데이터가 있는데 훈련한 모형은 신규 출시 아이템, 아이템 별 누락 매출 등 매출을 대변하는 여러 예측 변수를 감안한다. 세이지메이커의 DeepAR는 LSTM 망과 가우시안 우도로 수요 예측의 유연한 접근 방식을 제공한다. 아울러 세이지메이커 파이썬 SDK로 세이지메이커에서 모형 훈련, 선택, 운영 그리고 추론하는 방법을 살펴봤다.

이제 세이지메이커의 대규모 수요 예측 문제 해결 기능을 알았으므로 12장에서는 모형 모니터링 및 관리 방법을 살펴보고, 모형이 실 서비스에서 성능이 저하되는 이유를 알아본다.

더 읽을거리

다양한 단변량 시계열 예측 방법들의 개요를 알아보자.

- https://machinelearningmastery.com/exponential-smoothing-for-time-series-forecasting-in-Python/

- https://towardsdatascience.com/unboxing-arima-models-1dc09d2746f8

DeepAR 알고리즘이 동작하는 방식의 상세 설명을 알아보자.

- https://docs.aws.amazon.com/sagemaker/latest/dg/deepar_how-it-works.html

DeepAR 추론 형식의 상세 설명을 알아보자.

- https://docs.aws.amazon.com/sagemaker/latest/dg/deepar-in-formats.html

4부

머신러닝 모형 모니터링 및 관리 방법

4부에서는 모형을 출시한 후 꼭 필요한 안정화 기술을 이해하는 데 중점을 둔다. 특히, 모형 성능 저하가 무엇인지 알아보고 업무 의사 결정을 보다 최적화할 수 있는 대응 방안을 살펴본다. 또한 AWS의 AI 프레임워크와 AI 인프라를 다시 살펴본 후 대규모 AI 솔루션 구축 측면에서 AWS가 제공하는 무한한 가능성을 전망해 본다.

4부는 다음의 두 장으로 구성된다.

- 12장, 모형 정확도 저하 및 피드백 루프
- 13장, 다음으로 무엇이 필요한가?

12

모형 정확도 저하 및 피드백 루프

12장에서는 광고 클릭ad-click 전환을 예로 들어 모형 성능 저하의 개념을 배운다. 모형의 목표는 모바일 앱 다운로드로 이어지는 광고 클릭을 식별하는 데 있다. 이러한 광고는 모바일 앱 마케팅용이다.

모형 성능 저하를 해결하는 방법으로써 모형을 새로운 가용 데이터로 재훈련하고 모형의 성능을 평가하는 파이프라인인 **피드백 루프**Feedback Loop에 대해서 알아본다. 결과적으로 훈련한 모형은 입력 또는 훈련 데이터의 바뀐 패턴으로 최신 상태를 계속 유지한다. 피드백 루프는 모형 출력을 기반으로 온전한 사업 의사 결정을 내릴 때 매우 중요한데 훈련한 모형이 동적 데이터 속의 패턴을 충분히 파악하지 못하면 최적의 결과가 나올 수 없기 때문이다.

12장에서 다룰 주요 내용은 다음과 같다.

- 성능 저하가 발생한 모형의 모니터링
- 새로 추가되는 훈련 데이터 관련 사용 케이스(광고 클릭 전환) 개발
- 머신러닝 피드백 루프 생성

기술 요건

12장의 소스코드는 이 책의 깃허브 저장소에서 확인할 수 있다.

https://github.com/PacktPublishing/Hands-On-Artificial-Intelligence-on-Amazon-Web-Services

성능 저하가 발생한 모형의 모니터링

실제 상황에서는 배포한 머신러닝 모형의 성능이 점차 저하되기 마련이다. 사기 탐지Fraud Detection를 예로 들면 해당 모형은 날로 발전하는 사기 행각를 파악하지 못할 수도 있다. 사기꾼은 게임 시스템에 점차 사기 방법과 과정을 맞춰 나가므로 (변칙 행동을 반영한) 최신의 큰 가용 데이터로 사기 탐지 엔진을 재훈련하는 것이 중요하다. 다음 다이어그램을 살펴보자.

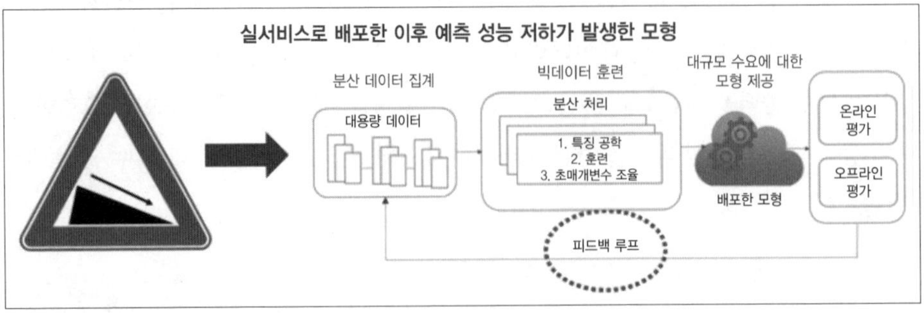

위의 다이어그램은 모형을 실 서비스로 배포했을 때 예측 성능 측면에서 성능이 저하되는 양상을 보여준다. 또한 추천시스템을 예로 들면 수많은 상황 및 환경 요인에 따라 고객의 선호도는 계속 변한다. 따라서 개별화 엔진으로 그러한 선호도를 파악해서 고객에게 가장 관련성 높은 제안을 제시하는 것이 중요하다.

▌ 새로 추가되는 훈련 데이터 관련 사용 케이스(광고 클릭 전환) 개발

항공, 소매, 금융 서비스 등 거의 모든 산업에서 사기 위험이 팽배해 있다. 특히, 온라인 광고에서 사기 위험성이 높아서 디지털 마케팅에 투자하는 회사는 사기성 광고 클릭 때문에 발생하는 비용을 포함하는 것이 중요하다. 따라서 모든 온라인 광고 채널에서 사기 행위가 난무하면 온라인 광고에 엄청난 비용이 든다. 12장에서는 모바일 앱의 광고 클릭 데이터를 살펴보고 어떤 클릭이 앱 다운로드를 일으키는지 예측한다. 이 예측 훈련의 결과로 모바일 앱 개발자는 온라인 마케팅 비용을 효율적으로 할당할 수 있다.

광고 클릭 행위는 매우 역동적인데 시간, 장소, 광고 채널에 따라 바뀐다. 사기꾼은 모바일 앱 광고 클릭을 자동화하고 클릭 ID를 숨기는 소프트웨어를 개발할 수 있는데 이러한 클릭을 여러 IP 주소, 장치, 운영체제, 채널을 기반으로 생성할 수 있기 때문이다. 이 역동적인 행위를 수집하려면 분류 모형을 새롭고 최근의 패턴을 다룰 수 있도록 재훈련하는 것이 중요하다. 어떤 클릭이 앱 다운로드로 이어지는지 정확하게 판단하고자 한다면 피드백 루프를 구현하는 것이 중요하다. 예를 들어 헬릭스 점프Helix Jump 앱의 광고 클릭이 하루의 마지막 시간 동안 동일한 IP 주소에서 몇 분 간격으로 발생하면 해당 앱이 다운로드되지 않을 수 있다. 그러나 이러한 클릭이 일과 시간 동안 서로 다른 IP 주소에서 시간 별로 고르게 발생한다면 앱 다운로드로 이어진다.

다음 다이어그램은 모바일 앱의 다운로드 여부를 알려주는 양자택일 결과와 함께 광고 클릭 행위를 설명한다.

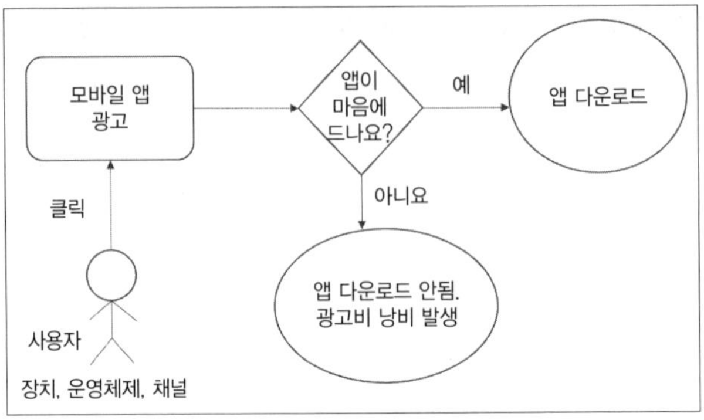

사용자가 광고를 클릭하는 방식(장치, 운영체제 또는 채널 사용 여부, 클릭한 시간 그리고 어떤 앱에서 클릭했는지)에 따라 해당 클릭이 모바일 앱 다운로드로 전환되거나 그렇지 않을 수 있다. 머신러닝에서 피드백 루프의 중요성을 설명하는 데 이러한 역동적인 클릭 행위를 활용한다.

머신러닝 피드백 루프 생성

이 절에서는 새로운 데이터를 사용할 수 있을 때 분류 모형을 재훈련하면 해당 모형의 성능이 어떻게 향상되는지 보여준다. 즉, 어떤 광고 클릭이 모바일 앱 다운로드로 연결되는지를 예측할 수 있다.

4일 동안(2018년 7월 2일 월요일부터 7월 5일 목요일까지)에 240만 클릭을 시뮬레이션하는 합성(인공) 데이터셋을 만들어 뒀는데 해당 데이터셋은 다음 URL에 있다.

https://github.com/PacktPublishing/Hands-On-Artificial-Intelligence-on-Amazon-Web-Services/tree/master/Ch12_ModelPerformanceDegradation/Data

이 데이터셋에는 다음과 같은 요소가 들어 있다.

- ip: 클릭이 발생한 곳의 IP 주소
- app: 모바일 앱의 유형
- device: 클릭이 발생한 기기 유형(예를 들어 아이폰 6 플러스, 아이폰 7)
- os: 클릭이 발생한 운영체제 유형
- channel: 클릭이 발생한 채널 유형
- click_time: 클릭이 발생한 타임 스탬프(UTC)
- is_downloaded: 앱 다운로드 여부의 예측 목표

최신의 대용량 데이터를 얻기란 매우 어려운데 데이터 레이크와 데이터 웨어하우스 환경은 보통 하루(24시간) 정도 지연되기 때문이다. 목요일이 끝날 무렵 발생한 클릭이 앱 다운로드로 이어질지 여부를 예측할 때는 목요일을 포함한 최신 데이터(모형 훈련을 위해 점수를 매기는 클릭은 제외)를 확보하는 것이 중요하다.

피드백 루프의 중요성을 파악하는 데 트리 기반의 모형(XGBoost)을 훈련해서 (앱 관련) 광고 클릭이 해당 앱의 다운로드로 이어질 확률을 예측해 보고자 한다. 이를 위해 다음과 같은 세 가지 다른 실험을 수행한다.

- **실험 1**: 월요일의 클릭 데이터를 훈련해서 목요일의 클릭 수 일부(목요일 끝날 무렵의 클릭 수)를 예측하고 점수를 매긴다.
- **실험 2**: 분류 모형을 재훈련할 더 많은 데이터를 데이터 레이크에 저장했다고 가정해 보자. 월요일, 화요일 그리고 수요일의 클릭 데이터를 훈련해서 목요일의 클릭 수 일부를 예측하고 점수를 매긴다.
- **실험 3**: 마찬가지로 월요일, 화요일, 수요일 그리고 목요일 일부 시간 대의 클릭 데이터를 훈련하고 목요일의 클릭 수 일부를 예측하고 점수를 매긴다.

각 실험을 수행하면서 다음 사실을 확인할 수 있다.

- AUCArea Under Curve로 측정한 분류 모형의 성능이 증가한다. 여기서 AUC는 오탐False Positive 대비 정탐True Positive을 그려서 측정할 수 있다. 랜덤 분류기의 AUC는 0.5이고 최적의 모형일수록 AUC가 1에 가까워야 한다. 다시 말해 정탐률(올바르게 식별한 앱 다운로드 비율)이 오탐률(앱 다운로드로 이어지지 않았는데도 앱을 다운로드한 클릭으로 탐지한 비율)보다 높아야 한다.

이제 데이터를 로딩하고 탐색해서 앱 다운로드를 예측하는 최상의 지표를 알아내야 한다.

데이터 탐색

아마존 세이지메이커는 피드백 루프를 이루는 머신러닝 파이프라인을 생성하는 기본 도구와 기능을 제공한다. 8장(머신러닝 추론 파이프라인 생성 방법)에서 머신러닝 파이프라인을 이미 다뤘기 때문에 여기서는 피드백 루프를 형성하는 데 초점을 맞춘다. 다음과 같이 시작해 보자.

1. 관련 파이썬 패키지를 설치하고, 다음과 같이 S3 버킷에 훈련, 검증, 모형 출력에 대한 위치를 설정하라.

```
!pip install pyarrow
!pip install joblib
!pip install xgboost==0.90

# S3 버킷에서 데이터셋을 읽는다.
s3_bucket = 'notebook-ch12.junho.her'
s3_prefix = 'Click-Fraud'
s3_train_prefix = os.path.join(s3_prefix, 'train')
s3_val_prefix = os.path.join(s3_prefix, 'val')
s3_output_prefix = os.path.join(s3_prefix, 'output')
s3_train_fn = 'train_sample.csv.zip'
```

2. 다음 코드와 같이 세이지메이커 인스턴스의 로컬에 있는 합성 데이터셋을 읽는다.

```
        file_name = 'ad_track_day'
        fn_ext = '.csv'
        file_path = '../Data'
        num_days = 4
        dict_of_ad_trk_df = {}

        for i in range(1, num_days+1):
            dict_of_ad_trk_df[file_name+str(i)] = pd.read_csv(file_path + '/'
+ file_name+str(i)+fn_ext)
```

3. 이제 데이터를 살펴보면 다음을 나타내는 특징을 파악할 수 있다.
   - **어디서** 광고 클릭이 발생하는지는 ip, device, os를 파악
   - **언제** 발생하는지는 day와 hr을 파악
   - **어떤** 경로로 들어오는지는 channel을 파악
   - 어디서, 언제, 어떤 조합

4. 각 실험 별로 데이터 청크를 만든다. 다음 코드와 같이 pandas 라이브러리를 사용해 각 실험 별로 광고 클릭 수를 일 단위로 취합한다.

```
df_ckFraud_exp1 = pd.concat([dict_of_ad_trk_df[key] for key in ["ad_track_
day1"]], ignore_index=True)

df_ckFraud_exp2 = pd.concat([dict_of_ad_trk_df[key] for key in ["ad_track_
day1", "ad_track_day2", "ad_track_day3"]], ignore_index=True)

df_ckFraud_exp3 = pd.concat([dict_of_ad_trk_df[key] for key in ["ad_track_
day1", "ad_track_day2", "ad_track_day3", "ad_track_day4"]], ignore_index=True)
```

앱의 유형, 기기, 채널, 운영체제 그리고 클릭이 발생한 IP 주소와 같은 주요 유발 요소가 실제 앱 다운로드로 이어지는지를 파악해 보자.
관련 광고 클릭 수를 기준으로 인기 앱을 산정하면 앱을 실제로 다운로드했을 때와 다운로드하지 않았을 때가 서로 다르게 나타난다. 다시 말해 특정 모바일 앱

광고를 자주 클릭했다고 해서 반드시 다운로드했다고 할 수 없다.

월요일의 최고 앱: 다음 코드와 같이 앱을 다운로드했을 때와 다운로드하지 않았을 때의 앱 별 광고 클릭 수 분포를 그려보자.

```
%matplotlib inline
plot_clickcnt_ftr(df_ckFraud_exp1, 'app', '1')
```

plot_clickcnt_ftr() 함수의 정의에 대해서는 12장 관련 소스코드를 참조하라. 첫 번째 막대 그래프는 앱을 다운로드하지 않았을 때를 보여주고, 두 번째 막대 그래프는 앱을 다운로드했을 때를 나타낸다.

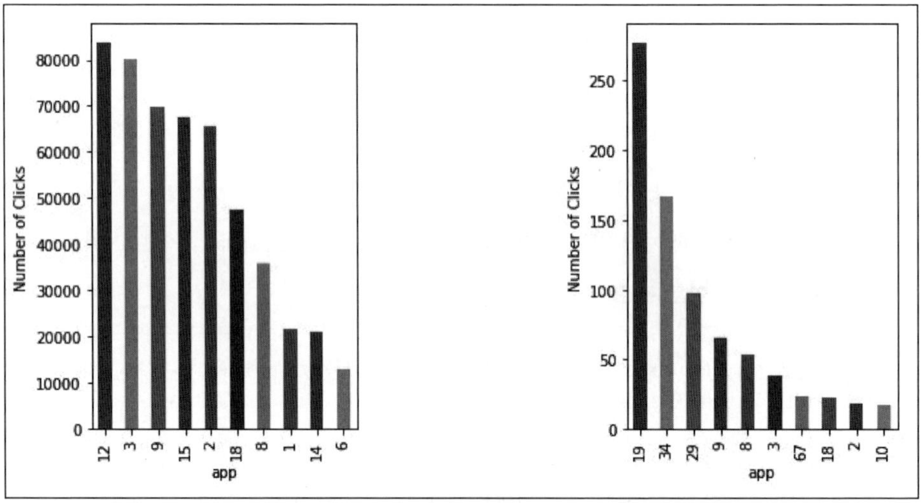

앞의 그래프에서 볼 수 있듯이 앱 12, 3, 9, 15는 다운로드하지 않은 앱 측면에서 상위 네 개 앱이다. 반면에 앱 19, 35, 29, 9는 광고 클릭이 앱 다운로드로 이어진 인기 있는 앱이다.

월요일의 최고 기기: 다음 코드와 같이 앱을 다운로드했을 때와 다운로드하지 않았을 때의 기기 별 광고 클릭 수 분포를 그려보자.

```
%matplotlib inline
plot_clickcnt_ftr(df_ckFraud_exp1, 'device', '1')
```

동일한 현상이 드러나는데, 다음 그래프 출력과 같이 클릭이 앱 다운로드로 이어지지 않았을 때 상위의 기기는 클릭이 앱 다운로드로 이어졌을 때 상위 기기와 다르다.

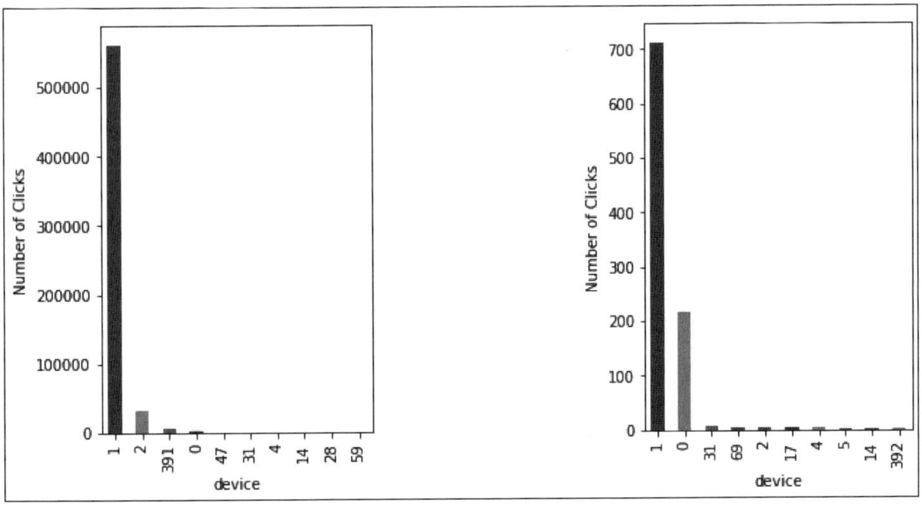

운영체제와 채널 별 분포에서도 동일한 현상이 발생한다. 따라서 특정 기기, 운영체제, 특정 앱의 채널에서 발생하는 광고 클릭 수는 앱 다운로드 수를 나타낸다고 해도 무방하다. 또한, 인기 있는 채널, 운영체제, 기기에서 발생하는 클릭은 앱 다운로드로 전환할 가능성이 더 높을 수 있다. 즉, 인기는 대량의 클릭과 동의어이다.

특징 생성

이제 데이터를 살펴봤으므로 몇 가지 특징을 생성할 차례이다. 해당 데이터에서 범주형 변수부터 살펴보자.

app, device, os 및 channel 등의 범주 열 고유 ID 자체는 유용하지 않다. 예를 들어 앱 다운로드를 예측할 때 트리 기반 모형에서 앱 ID가 낮을수록 좋은 것도 아니고, 앱 ID가 높을수록 좋은 것도 아니다. 따라서 다음 코드와 같이 각 범주형 변수의 빈도를 계산한다.

```
def encode_cat_ftrs(df_ckFraud):
    cat_ftrs = ['app','device','os','channel']

    for c in cat_ftrs:
        df_ckFraud[c+'_freq'] = df_ckFraud[c].map(df_ckFraud.groupby(c).size() / df_
ckFraud.shape[0])
    return df_ckFraud
```

1. 우선 각 범주형 변수 별로 cat_ftrs라는 범주형 변수 리스트를 생성한다.
2. 변수에서 발생하는 클릭 수를 데이터셋의 총 클릭 수로 나눠서 빈도를 계산한다.
   다음과 같이 각 실험 별로 encode_cat_ftrs() 함수를 호출해서 범주형 변수 별 빈도 관련 특징을 만든다.

   ```
   df_ckFraud_exp1 = encode_cat_ftrs(df_ckFraud_exp1)
   df_ckFraud_exp2 = encode_cat_ftrs(df_ckFraud_exp2)
   df_ckFraud_exp3 = encode_cat_ftrs(df_ckFraud_exp3)
   ```

3. 이제 시간 관련 특징을 살펴보자. datetime열로부터 다양한 시간 관련 특징인 day, hour, minute 및 second를 생성한다. 이러한 특징은 요일 및 시간 별로 클릭 패턴을 파악하는 데 도움이 될 수 있다.
   다음 코드와 같이 datetime열에서 day, hour, minute, second를 추출한다.

   ```
   def create_date_ftrs(df_ckFraud, col_name):
       """
       day, hour, minute 및 second 특징 생성
       """
       df_ckFraud = df_ckFraud.copy()
   ```

```
        ## dt는 날짜 속성에 대한 접근자 개체
        df_ckFraud['day'] = df_ckFraud[col_name].dt.day.astype('uint8')
        df_ckFraud['hour'] = df_ckFraud[col_name].dt.hour.astype('uint8')
        df_ckFraud['minute'] = df_ckFraud[col_name].dt.minute.
astype('uint8')
        df_ckFraud['second'] = df_ckFraud[col_name].dt.second.astype('uint8'

        return df_ckFraud
```

4. datetime열의 접근자 객체인 dt를 사용해서 시간 관련 특징을 얻는다. 각 실험 관련 데이터셋에 대해 encode_cat_ftrs를 호출할 것이므로 각 데이터셋에 대해 create_date_ftrs를 먼저 호출한다.
5. 마지막으로 클릭 발생 관련 when 및 where를 나타내는 특징을 만들어 보자. 따라서 다음과 관련된 클릭 수를 계산한다.
    - IP 주소, 요일, 시간
    - IP 주소, 채널, 시간
    - IP 주소, 운영체제, 시간
    - IP 주소, 앱, 시간
    - IP 주소, 기기, 시간

    각 조합별로 클릭 수를 계산하는 데 사용하는 함수인 count_clicks의 상세 내용은 12장과 관련된 소스코드를 참조하라. 각 실험 별 데이터셋으로 count_clicks를 호출한다.

    특징 처리가 끝나면 다음과 같은 결과 데이터셋을 살펴보자.

app	device	os	channel	is_downloaded	day	hour	minute	second	clicks_by_ip_day_hr	clicks_by_ip_hr_chnl	clicks_by_ip_hr_os
61	1	16	147	0	2	16	12	17	112	3	3
9	1	22	35	0	2	16	12	17	24	2	1
28	1	6	36	0	2	16	12	17	35	3	7
61	1	13	147	0	2	16	12	17	38	1	2
15	1	25	71	0	2	16	12	17	23	7	3

다음 그림에서 볼 수 있듯이 처리한 모든 특징이 들어 있다.

clicks_by_ip_hr_app	clicks_by_ip_hr_device	app_freq	device_freq	os_freq	channel_freq
2	98	0.012868	0.93571	0.018125	0.021568
4	20	0.116657	0.93571	0.036277	0.085962
1	35	0.004857	0.93571	0.025397	0.016295
1	37	0.012868	0.93571	0.221382	0.021568
5	23	0.112660	0.93571	0.023993	0.087570

앞의 그림에는 다음과 같은 데이터가 있다.

- 각 광고 클릭에 대한 day, hour, minute, second
- app, device, 운영체제(os) 및 채널channel 빈도수freq
- 시간(time), 장소(os, device, ip 주소) 및 경로channel 별 클릭 수

6. 이제 이 모든 특징이 어떻게 서로 연관이 있는지 살펴보자. 다음 코드와 같이 모든 속성 간의 관계를 살펴보는 상관계수 행렬을 사용한다.

```
# 상관계수 행렬
df_ckFraud_exp2.corr()
```

다음은 pandas 데이터프레임의 corr 함수로 생성한 상관계수 행렬의 일부이다.

	app	device	os	channel	is_downloaded	day	hour	minute	second	clicks_by_ip_day_hr
app	1.000000	0.151100	0.137169	-0.018555	0.056048	0.001745	-0.005837	0.004931	-0.000941	0.001318
device	0.151100	1.000000	0.859331	-0.085785	0.007017	0.006722	-0.007077	-0.000403	-0.001031	0.001357
os	0.137169	0.859331	1.000000	-0.063002	-0.001591	0.007669	-0.008201	-0.001073	-0.001552	0.003492
channel	-0.018555	-0.085785	-0.063002	1.000000	-0.017334	0.079463	-0.071021	0.013357	-0.001677	-0.013221
is_downloaded	0.056048	0.007017	-0.001591	-0.017334	1.000000	0.000225	-0.000714	0.003877	-0.000829	-0.006001
day	-0.001745	0.006722	0.007669	0.079463	0.000225	1.000000	-0.866023	-0.076775	-0.006746	-0.029464
hour	-0.005837	-0.007077	-0.008201	-0.071021	-0.000714	-0.866023	1.000000	0.086723	0.006825	0.065606
minute	0.004931	-0.000403	-0.001073	0.013357	0.003877	-0.076775	0.086723	1.000000	-0.069343	0.006743
second	-0.000941	-0.001031	-0.001552	-0.001677	-0.000829	-0.006746	0.006825	-0.069343	1.000000	-0.001377
clicks_by_ip_day_hr	0.001318	0.001357	0.003492	-0.013221	-0.006001	-0.029464	0.065606	0.006743	-0.001377	1.000000
clicks_by_ip_hr_chnl	-0.037514	0.004561	0.005728	-0.080853	-0.010094	-0.015959	0.030727	0.007289	-0.001305	0.646329
clicks_by_ip_hr_os	-0.020609	-0.025469	-0.038954	-0.019728	-0.008493	0.013620	0.000015	0.001920	0.000240	0.688075
clicks_by_ip_hr_app	-0.062875	-0.009378	-0.005215	-0.013609	-0.010055	0.014200	0.001225	0.004444	-0.001511	0.783809
clicks_by_ip_hr_device	-0.013790	-0.027942	-0.023132	-0.000984	-0.006998	0.033923	-0.019307	-0.002286	-0.001423	0.888336
app_freq	-0.428591	-0.042371	-0.041813	0.077422	-0.059781	0.034723	-0.023790	0.022301	-0.003575	0.012967
device_freq	-0.090975	-0.435897	-0.392699	0.087759	-0.043890	0.027705	-0.036760	-0.002642	-0.001152	-0.071263
os_freq	-0.044542	-0.109731	-0.187411	0.022104	-0.005233	0.008437	-0.009570	0.002827	-0.001051	-0.001953
channel_freq	-0.094525	0.034134	0.011814	-0.318993	-0.038705	0.060367	0.068526	-0.001650	-0.003392	0.003572

보다시피 앱 유형, 기기와 채널에서 발생하는 클릭의 빈도 그리고 앱에 대한 클릭의 빈도가 앱 다운로드를 예측하는 주요 지표이다. 각 실험의 히트맵을 그려봐도 이러한 내용을 확인할 수 있다. 더 자세히 알고 싶다면 12장 관련 소스코드를 참조하라.

아마존 세이지메이커 XGBoost 알고리즘으로 광고 클릭 데이터 분류

광고 클릭이 앱 다운로드되는 가능성을 예측하는 트리 기반의 모형(XGBoost)을 훈련해서 피드백 루프의 중요성을 파악해 보자.

전체 실험에서 사용할 하나의 테스트 데이터셋이 있는데 여기에는 목요일 막바지에 다운로드한 앱과 광고 클릭(그날 마지막에 발생한 120,000 클릭) 데이터가 들어 있다. 다음과 같이 시작하자.

1. 월요일, 화요일, 수요일, 목요일에 발생한 클릭이 있는 세 번째 데이터셋[1]에서 5%의 클릭을 선택한다. 그렇게 하려면 다음 코드와 같이 세 번째 데이터셋을 시간별로 정렬하고 목요일에 발생한 마지막 120,000 클릭을 선택한다.

```
    # 시간, 분, 초로 정렬 --> 레코드의 5%를 선택
    test_data = df_ckFraud_exp3.sort_values(['day', 'hour', 'minute', 
'second'], ascending=False).head(n=120000)
```

2. 목표 변수인 is_downloaded가 데이터셋의 첫 번째 열로 오도록 모든 실험의 데이터셋을 다음과 같이 재배열(이 형식은 세이지메이커 XGBoost 알고리즘에 필요)해야 한다.

```
    # is_downloaded가 데이터셋의 첫 번째 열로 오도록 테스트 데이터를 재배열
    test_data = pd.concat([test_data['is_downloaded'], test_data.drop(['is_
downloaded'], axis=1)], axis=1)
```

1 앞에서 이미 세 가지 실험 별로 데이터를 나눠 뒀다. – 옮긴이

3. 각 실험 별로 실험 데이터를 다음 코드와 같이 훈련 및 검증 셋으로 분할한다.

```
    train_data, validation_data = np.split(current_experiment.sample(frac=1,
random_state=4567), [int(0.7 * len(current_experiment))])
```

NumPy의 분할 함수로 이 절차를 수행하며 데이터의 70%를 훈련하는 데 할당하는 반면에 30%는 검증하는 데 할당한다.

4. 훈련, 검증, 테스트 데이터셋으로 나눈 후 각각 S3에 업로드한다. 더 자세히 알고 싶다면 12장 관련 소스코드를 참조하라.
5. 모형 훈련을 준비할 시간이다. XGBoost 모형을 훈련하는데 다음 초매개변수를 정의할 수 있다(실습에서는 그 중 일부만 정의). 더 자세히 알고 싶다면 AWS 문서를 참조하라(https://docs.aws.amazon.com/sagemaker/latest/dg/xgboost_hyperparameters.html).
   - max_depth: 트리의 루트와 리프 사이의 최대 레벨 수
   - eta: 학습 속도
   - gamma: 분할로 손실 함수 값이 어느 정도 감소할 때만 노드를 분할하는데 이 값은 노드 분할에 필요한 최소한의 손실 감소 값을 지정한다.
   - min_child_weight: 트리 구조의 복잡성과 자식 노드 인스턴스 가중치의 최소 합계를 제어하는 데 사용한다. 이 임계 값을 충족하지 못하면 트리 분할은 중지된다.[2]
   - subsample: 각 트리 별로 무작위로 추출할 관측 값의 비율
   - colsample_bytree: 각 트리 별로 무작위로 추출할 열의 비율
   - scale_pos_weight: 데이터셋은 앱 다운로드로 이어지지 않은 클릭 수가 많아(90 % 이상) 매우 불균형적이다. 이에 대한 방안으로 앱 다운로드로 이어진 클릭 수(데이터셋에서 아주 적게 나타남)에 더 많은 가중치를 부여하는데 이 초매

2 노드가 너무 작게 분할되면, 트리의 구조가 복잡해지고 트리 레벨 수도 증가하기 때문에 노드의 가중치가 어느 정도는 유지될 수 있도록 분할을 제어해야 한다. – 옮긴이

개변수를 사용한다.

- alpha: 과적합을 방지하는 정칙화 매개변수로, 특히 L1 정칙화를 구현하는 데 사용하며 여기서 리프 노드 가중치의 합이 (목적 함수) 해당 정칙화 항의 일부이다.
- lambda: L2 정칙화를 제어하는 데 사용하며 가중치 합의 제곱이 해당 정칙화 항의 일부이다.

6. 이제 다음과 같이 XGBoost 알고리즘의 몇 가지 초매개변수를 정의한다.

```
xgb.set_hyperparameters(max_depth=4,
                        eta=0.3,
                        gamma=0,
                        min_child_weight=6,

                        colsample_bylevel = 0.8,
                        colsample_bytree = 0.8,
                        subsample=0.8,
                        silent=0,
                        scale_pos_weight=scale_pos_weight,
                        objective='binary:logistic',
                        num_round=100)
```

전반적으로 초매개변수의 기본값을 수용하되, 몇 가지 값은 여기서 명백히 정의한다. 예를 들어 min_child_weight의 기본값은 1이지만, 6으로 설정한다. 이는 리프 노드를 지나치게 분할하지 않고 상당한 수의 인스턴스 또는 데이터 포인트를 포함시킨다는 의미한다. 이 값은 처리할 데이터에 맞춰 조정할 수 있다. 세이지메이커의 **초매개변수 최적화**(HPO)를 사용해서 초매개변수 최적 값을 찾는 과정을 자동화할 수 있다.

7. 다음 코드와 같이 XGBoost 알고리즘을 실험 데이터(훈련 및 검증)에 맞춘다.

```
xgb.fit({'train': s3_input_train, 'validation': s3_input_validation})
```

XGBoost 추정기 모듈(세이지메이커의 파이썬 SDK)의 `fit()` 함수를 호출해서 모형을 훈련한다. 이때, 학습 및 검증 데이터셋의 위치를 모형 학습의 입력으로 전달한다.

훈련이 끝나면 해당 모형을 지정된 장소(S3 버킷)에 유지한다. 각 실험마다 동일한 훈련 단계를 반복해야 하므로 총 세 가지의 훈련한 모형이 있다.

모형 성능 평가

이 절에서는 세 가지 훈련한 모형의 성능을 평가한다. 주요 가설은 다음과 같다. 월요일에 발생한 클릭을 훈련한 첫 번째 모형은 두 번째 및 세 번째 모형과 비교해서 목요일 후반에 발생한 앱 다운로드 예측을 잘하지 못한다. 마찬가지로 월요일부터 수요일까지 발생한 클릭을 훈련한 두 번째 모형의 성능은 월요일에서 목요일 대부분에 발생한 클릭을 훈련한 세 번째 모형의 성능보다 더 낮아야 한다.

다음 코드와 같이 각 모형 별로 여러 특징의 중요도 분석부터 시작한다.

```
exp_lst = ['exp1', 'exp2', 'exp3']

for exp in exp_lst:
    model_file = os.path.join(sm_output_loc, exp, s3_output_fn)
    print(exp)
    plot_ftr_imp(model_file)
```

해당 코드의 설명은 다음과 같다.

1. 각 세 가지 실험 별 훈련한 모형의 위치를 조회한다.
2. 특징 별 중요도 표시 다이어그램을 생성하는 `plot_ftr_imp()` 함수에 해당 위치를 전달한다. 특징 별 중요도를 그리는데 함수는 다음을 수행한다.
    - `.tar` 파일에서 훈련한 모형을 추출한다.
    - 해당 XGBoost 모형을 로딩한다.

◦ 로딩한 모형을 바탕으로 `plot_importance()` 함수를 호출한다.

다음 다이어그램은 왼쪽의 첫 번째 모형을 기점으로 세 가지 훈련한 모형의 특징별 중요도를 보여준다.

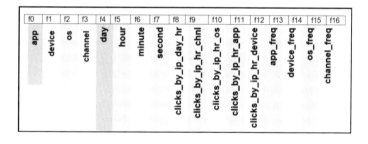

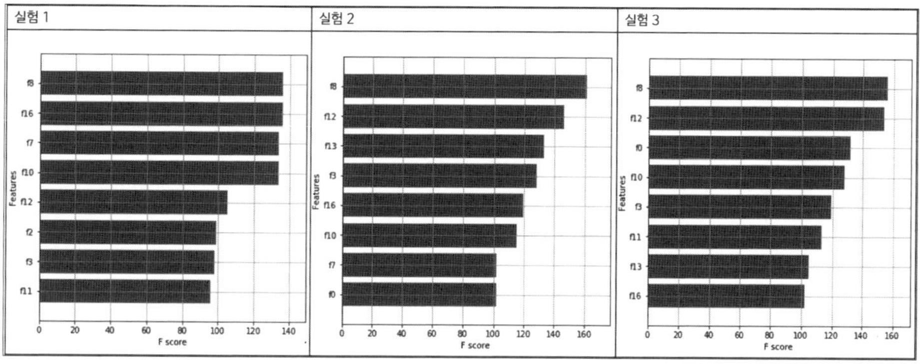

보다시피 대부분의 주요 예측 변수(특징)는 더 많은 데이터를 사용하더라도 상위 중요도 목록에 머물러 있지만, 세부 중요도의 순서는 서로 바뀌었다. 특징과 고유 번호 간의 관계는 다음 다이어그램을 보면 알 수 있다.

f0	f1	f2	f3	f4	f5	f6	f7	f8	f9	f10	f11	f12	f13	f14	f15	f16
app	device	os	channel	day	hour	minute	second	clicks_by_ip_day_hr	clicks_by_ip_hr_chnl	clicks_by_ip_hr_os	clicks_by_ip_hr_app	clicks_by_ip_hr_device	app_freq	device_freq	os_freq	channel_freq

XGBoost는 입력 데이터셋의 특징에 번호를 매기는데 여기서 첫 번째 열은 목표 변수이고, 두 번째 열부터는 특징들이 순서대로 있다.

3. 이제 세 가지 실험 모두의 성능을 평가한다. 다음 코드와 같이 훈련한 세 가지 모형 모두 엔드포인트로 배포한다.[3]

3 인스턴스 유형을 'ml.t2.medium'으로 지정해도 엔드포인트가 이번 실습의 추론을 수행하는 데 전혀 무리가 없으므로 비용 절감이 필요하다면 유형 변경을 고려해 보자. – 옮긴이

```
model_loc = os.path.join(data_loc, s3_output_fn)
xgb_model = Model(model_data=model_loc, image=container, role=role)
xgb_model.deploy(initial_instance_count=1, instance_type='ml.m4.xlarge')
```

앞의 코드는 각 실험 별로 훈련한 모형을 엔드포인트로 배포하는 다음의 절차를 수행한다.

1. 훈련한 모형을 저장한 곳(S3 버킷)에서 조회한다.
2. 훈련한 모형, XGBoost 알고리즘의 도커 이미지 및 세이지메이커의 실행 역할을 전달해서 세이지메이커 모형을 생성한다.
3. 새로 생성한 XGBoost 모형 객체의 `deploy` 메소드를 호출한다. 이때 해당 배포 함수에 프로비저닝할 EC2 인스턴스 유형과 수를 전달한다.

다음 그림은 훈련한 모형을 배포해서 발생한 엔드포인트를 보여준다.

○	sagemaker-xgboost-2020-07-13-09-04-47-768	arn:aws:sagemaker:us-east-1:697049166981:endpoint/sagemaker-xgboost-2020-07-13-09-04-47-768	Jul 13, 2020 09:04 UTC	InService	Jul 13, 2020 09:14 UTC
○	sagemaker-xgboost-2020-07-13-08-54-29-668	arn:aws:sagemaker:us-east-1:697049166981:endpoint/sagemaker-xgboost-2020-07-13-08-54-29-668	Jul 13, 2020 08:54 UTC	InService	Jul 13, 2020 09:03 UTC
○	sagemaker-xgboost-2020-07-13-08-42-44-168	arn:aws:sagemaker:us-east-1:697049166981:endpoint/sagemaker-xgboost-2020-07-13-08-42-44-168	Jul 13, 2020 08:42 UTC	InService	Jul 13, 2020 08:52 UTC

4. 배포한 모형을 보려면 우선 세이지메이커 서비스로 이동해서 **추론** 섹션을 확장한다. 그런 다음 해당 섹션 아래의 **엔드포인트**를 클릭하면 엔드포인트 이름, 생성 시간, 상태 그리고 마지막 업데이트 시간을 볼 수 있다.

   이제 목요일에 발생한 마지막 120,000번의 클릭 관련 앱 다운로드를 예측할 차례이다. 이렇게 하려면 다음 코드와 같이 `RealTimePredictor` 객체를 만든다.

```
xgb_predictor = sagemaker.predictor.RealTimePredictor(endpoint,
                                        sagemaker_session=sess,
                                        serializer=csv_serializer,
```

```
                                    deserializer=None,
                                    content_type='text/csv',
                                    accept=None)
```

엔드포인트 이름, 현재 세이지메이커 세션 그리고 컨텐츠 타입을 전달해서 RealTimePredictor 객체를 생성한다.

5. 다음과 같이 테스트 데이터의 predictions를 수집한다.

```
    predictions[exp_lst[ind]] =
        xgb_predictor.predict(test_data.as_matrix()[:10000, 1:]).
decode('utf-8')
```

6. 보다시피 처음 10,000개의 데이터 클릭을 전달하면서 RealTimePredictor(세이지메이커 파이썬 SDK)의 예측 메소드를 호출한다.
   이제 예상 결과와 실제 앱 다운로드를 비교할 준비가 됐다. sklearn 라이브러리의 confusion_matrix 모듈을 사용해서 정탐률과 오탐률을 얻는다. 아울러 sklearn의 roc_auc_score와 accuracy_score 모듈로 AUC 및 정확도를 각각 계산한다.

다음은 각 실험의 결과다.

```
For exp1 auc is 0.8003, accuracy is 0.9888, and confusion matrix is [[19755   209]
 [   14    22]]
For exp2 auc is 0.8265, accuracy is 0.9858, and confusion matrix is [[19691   273]
 [   12    24]]
For exp3 auc is 0.883, accuracy is 0.9878, and confusion matrix is [[19728   236]
 [    8    28]]
```

다음은 모든 실험의 성능을 보여주는 AUC이다.

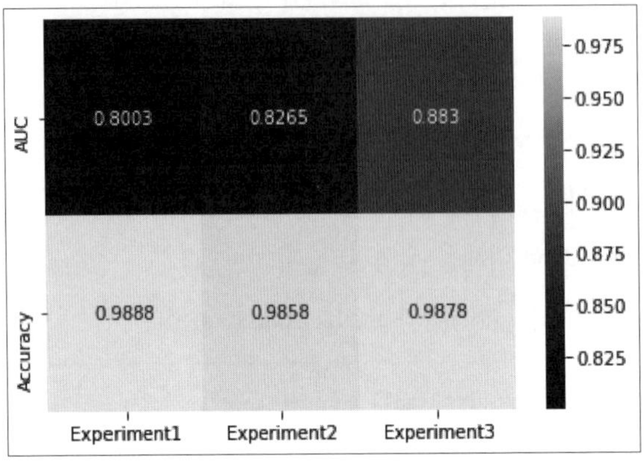

실험2는 **실험1**보다 더 좋은 성능을 달성했고, **실험3**은 가장 높은 AUC를 나타내기 때문에 최고의 성능을 달성했다. **실험3**은 **실험1**과 **실험2**에 비해 상대적으로 정탐률이 오탐률보다 더 높다. 모든 실험에 걸쳐서 정확도는 비슷하게 유지됐다. AUC는 테스트 데이터셋에 내재하는 클래스 분포Class Distribution와 무관하므로 모형의 분별력Discriminative Power을 측정할 때 중요하고도 핵심적인 지표이다. 반면 테스트셋을 변경하면 정확도, 재현율recall 그리고 정밀도precision와 같은 지표가 변할 수 있다.

따라서 훈련한 모형을 배포해서 출시한 후에는 모형 동작 중의 피드백을 얻는 것이 중요하다. 데이터 패턴이 바뀌고 새로운 데이터를 얻을수록 최적의 성능을 가진 모형을 재훈련하고 조정하는 것이 중요하다.

요약

12장에서는 성능 저하가 발생한 모형의 모니터링이 중요한 이유를 살펴봤다. 이 개념을 설명하는 데 모바일 앱 다운로드 광고의 클릭 행위를 반영하는 합성 데이터셋을 사용했다. 먼저, 앱 다운로드와 광고 클릭 간의 관계를 이해하려고 데이터를 탐색했다. 그런 다음 기존 클릭 속성을 다양한 차원으로 조합해서 특징을 만들었다. 다음으로 모형 성능 저하의 개념을 설명하는 데 있어서 점차 새로운 데이터를 사용할 수 있는 상황을 연출하려고 세 가지 다른 데이터셋을 생성해서 세 종류의 실험을 수행했다. 또한 각 실험 별로 XGBoost 모형을 맞췄다. 마지막으로 각 실험 별 성능을 평가한 후 최근까지의 가장 많은 클릭 행위를 고려한 모형이 최고의 성능을 낸다는 결론을 내렸다.

결론적으로 머신러닝 생명주기상의 피드백 루프 구현은 모형 성능을 유지하고 향상하며 비즈니스 목표(해당 목표가 사기 탐지이든 추천 관련 사용자 선호도 파악이든 간에)를 적절하게 해결하는 데 중요하다.

13장은 이 책에서 설명한 모든 개념을 요약하고 추가로 살펴볼 가치가 있는 아마존 웹 서비스의 머신러닝 및 심층학습 서비스를 중점적으로 다룬다.

더 읽을거리

모형의 정확도 저하와 피드백 루프를 더 자세히 알고 싶다면 다음 링크를 참조하라.

- https://docs.aws.amazon.com/sagemaker/latest/dg/xgboost_hyperparameters.html

13

다음으로 무엇이 필요한가?

이 책의 제목이 시사하듯, 앞에서는 AI 실무자로서의 역량 향상에 도움을 줄 수 있는 실습에 초점을 맞췄다. 이 책의 실습 프로젝트에서는 애플리케이션에 AWS AI 기능을 탑재하고 AWS ML (플랫폼) 서비스로 맞춤형 AI 기능을 생성하는 기술을 익혔다. 나아가 실생활의 문제 해결에 도움이 될 인공지능 솔루션 개발에 필요한 직관력을 길렀다. 이러한 프로젝트로 다양한 AI 기술을 익혔을 뿐만 아니라 AI를 적용할 수 있는 다양한 문제 영역과 업무상의 상황을 경험했다. AI 실무자는 AI를 단지 기술 자체로 보기보다는 업무 기능의 관점에서 바라 볼 필요가 있다.

13장에서 다룰 주요 내용은 다음과 같다.

- 1부에서 배운 개념 요약
- 2부에서 배운 개념 요약
- 3부에서 배운 개념 요약
- 4부에서 배운 개념 요약
- 다음으로 무엇이 필요한가?

1부에서 배운 개념 요약

1부에서는 AWS의 많은 AI 제품을 소개하고, 이를 다음과 같은 두 가지 범주로 나눴다.

- AI 서비스
- ML (플랫폼) 서비스

먼저, 솔루션 개발에서 레코그니션, 트랜스레이트, 컴프리헨드와 같은 AWS 관리형 AI 서비스를 활용하라고 권하는 바이다. 맞춤형 AI 기능이 필요할 때만 세이지메이커와 같은 AWS ML 서비스로 기능을 구축해야 한다. 이 접근 방식으로 AI 애플리케이션의 출시 속도가 높아지고 투자 수익을 내게 된다. 또한 AWS에서 인공지능 솔루션을 개발하는 진정한 강점은 AWS AI 서비스를 S3, DynamoDB, EMR 등 다른 AWS 클라우드 컴퓨팅 에코시스템과 손쉽게 결합하는 데 있다.

또한 AI 애플리케이션의 아키텍처 설계 방법과 더불어 잘 설계한 아키텍처로 시장 변화에 신속히 반복 개발하고 적용하는 방법을 논의했다. 2부에 나오는 실습 프로젝트의 아키텍처 템플릿을 설계하고, 3부에서 구축한 맞춤형 AI 기능을 해당 아키텍처에 쉽게 통합하는 방법을 보여줬다. 이 아키텍처 템플릿을 채택해서 수정하면 AWS AI 서비스 또는 맞춤형 AI 기능 기반으로 구축한 인공지능 솔루션을 수정하거나 향상할 수 있다.

2부에서 배운 개념 요약

2부에서는 다음과 같이 애플리케이션에 AI 기능을 탑재하는 데 중점을 뒀다.

- 다양한 AWS 관리형 AI 서비스를 사용해서 여러 가지 종단 간 인공지능 솔루션을 구축했다.
- 클라우드 서비스 및 인프라와 상호작용하는 AWS SDK인 boto3를 소개했다.
- AWS 챌리스 프레임워크로 서버리스 애플리케이션을 개발하고 API 게이트웨이와 AWS 람다에 배포했다.
- HTML, CSS, 자바스크립트를 사용해서 이러한 솔루션의 사용자 인터페이스를 구축했다.
- 그 과정에서 AWS에서 AI 애플리케이션을 개발하고 테스트하고 유지 보수하고 발전시키는 비법과 요령을 설명했다.

3장(아마존 레코그니션 및 트랜스레이트를 활용한 텍스트 탐지와 번역)에서 이미지 내 텍스트를 탐지할 뿐만 아니라 모든 언어(해당 프로젝트에서는 영어)로 번역하는 사진 번역기를 구축했다. 해외 여행자 또는 실세계와 상호작용하고자 하는 시각 장애인이 이 애플리케이션을 사용할 수 있다.

4장(아마존 트랜스크라이브 및 폴리를 활용한 음성-텍스트 변환과 텍스트-음성 변환)에서는 다른 언어를 사용하는 사람들이 구두로 의사 소통할 수 있도록 하는, 이름하여 만능 통역기를 구축했다. 여행자, 학생 등이 이 애플리케이션을 사용할 수 있다.

5장(아마존 컴프리헨드를 활용한 텍스트 내 정보 추출)에서는 명함 사진에서 연락처 정보 추출을 자동화할 수 있는 연락처 관리기를 구축했다. 또한 종단 간 솔루션의 정확도를 높이는 사람이 개입하는 방식의 개념을 소개했다. 이러한 유형의 애플리케이션 덕분에 수많은 백오피스 업무의 수작업이 줄어 사람이 보다 창의적인 작업에 집중할 수 있다.

6장(아마존 렉스를 활용한 음성 챗봇 구축)에서는 대화형 인터페이스로 연락처 정보를 검색할 수 있는 인공지능 비서인 연락처 도우미를 구축했다. 이 인공지능 비서는 사람의 자연어를 이해하고 해당 대화의 문맥을 기억해서 인터페이스를 더욱 유동적으로 이끈다. 이러한 유형의 인공지능 비서 인터페이스는 정보 검색, 의사 소통, 리마인더 등의 여러 일상 업무를 개선한다.

3부에서 배운 개념 요약

3부에서는 세이지메이커를 활용해 기본 제공형과 맞춤형 ML 모형을 훈련 및 배포해서 AWS AI 서비스로 쉽게 해결할 수 없는 업무 문제를 해결하는 방법에 중점을 뒀다.

우선, 7장(아마존 세이지메이커로 작업하는 방법)에서는 세이지메이커에서 대규모 데이터셋을 처리하고 훈련하며 초매개변수를 최적화하는 방법을 배웠다.

- 추가로 세이지메이커로 여러 가지 실험을 원활히 수행하는 방법과 최고 성능의 추론 모형을 배포하는 방법을 살펴봤다.
- 세이지메이커에 자체 모형과 컨테이너를 가져와서 대규모의 모형 훈련, 배포, 추론 등의 기능을 손쉽게 이용하는 방법을 설명했다.

8장(머신러닝 추론 파이프라인 생성 방법)에서는 서버리스 ETL AWS 서비스인 글루로 데이터를 전처리하는 방법을 배웠다. 추가로 훈련 및 추론 시에 데이터 전처리 로직을 재사용할 수 있는 머신러닝 파이프라인을 구축했다. 또한 실시간 및 일괄처리 예측에 해당 ML 파이프라인을 사용하는 방법도 배웠다.

9장(텍스트 집합에서 주제의 발견)에서는 텍스트 집합에서 주제를 찾을 수 있는 선형 및 비선형의 다양한 접근방식을 검토했다. 그런 다음 기본 제공하는 NTM 알고리즘(변분 자기부호기)으로 주제 모델링을 수행할 수 있는 방법을 살펴봤다. 세이지메이커에서 'Enron 이메일'의 샘플 데이터셋으로 해당 모형의 훈련, 배포 및 추론 단계를 설명했다.

10장(아마존 세이지메이커를 활용한 이미지 분류)에서는 합성곱 신경망을 검토하고 잔차 신경망의 목적을 살펴봤다. 그런 다음 전이학습으로 증분 학습의 개념을 소개했다. 또한 전이학습을 이용해서 소규모 이미지 데이터셋으로 베이커리 아이템을 분류하는 방법도 설명했다.

11장(심층학습 및 자기회귀를 활용한 매출 예측)에서 지수 평활 및 ARIMA와 같은 전통적인 시계열 예측 방법과 자기회귀 순환 신경망과 같은 더 유연하고 확장할 수 있는 방법 간의 차이를 살펴봤다. 그런 다음 세이지메이커의 DeepAR 알고리즘으로 공휴일, 프로모션, 실업 등의 다양한 요인을 갖고 소매 매출을 모델링하는 방법을 살펴봤다.

4부에서 배운 개념 요약

4부, 즉 12장(모형 정확도 저하 및 피드백 루프)에서는 광고 클릭 및 전환 관련 데이터셋을 이용해서 모형 성능 저하의 개념을 설명했다. 우선, 피드백 루프의 개념과 피드백 루프가 광고 클릭 행위을 모델링하는 데 중요한 이유를 살펴봤다. 그런 다음 광고 클릭이 앱 다운로드로 이어질지를 예측하는 모형의 성능이 피드백 루프를 통해 어떻게 향상되는지 보여줬다.

다음으로 무엇이 필요한가?

이 책에서 AI 관련 여러 개념과 기술을 다뤘지만, 광범위하고 심도 깊은 이 분야를 단지 수박 겉핥기 식으로 살펴봤을 뿐이다. 이러한 AI 관련 기본 기술 및 직관을 익힌 후 AI 실무자에게 무엇이 더 필요할까? 성장 중인 AI 애플리케이션을 포괄적으로 파악하려면 다음의 추천 내용을 살펴보자.

현실 세계에서 인공지능

AI 실무자로 성장하려면 다양한 AI 애플리케이션을 경험해 봐야 한다. 성장 중인 AI 애플리케이션은 AI 기능을 실세계의 센서 및 작동장치actuator와 결합하는 데 목표를 두고 있다. 이러한 실세계 애플리케이션의 예로는 가정 자동화, 스마트 팩토리, 자율 주행 자동차, 로봇 등이 있다. 실제 기계, 차량, 로봇을 만드는 일은 일부 AI 실무자에게 어려울 수 있다. 다행히 AWS는 이러한 AI 애플리케이션을 보다 쉽게 시작할 수 있도록 여러 제품을 제공한다.

AWS 딥렌즈

AWS 딥렌즈DeepLens는 비디오 카메라와 계산 모듈, 저장장치, 인터넷 연결 모듈을 작게 패키징한 실물 기기이다. 다른 AWS AI 서비스 및 도구와 함께 딥렌즈는 심층학습 애플리케이션으로 실무 경험을 얻고자 한다면 매우 효과적인 플랫폼이 된다. 다음 그림은 AWS 딥렌즈의 모습이다.

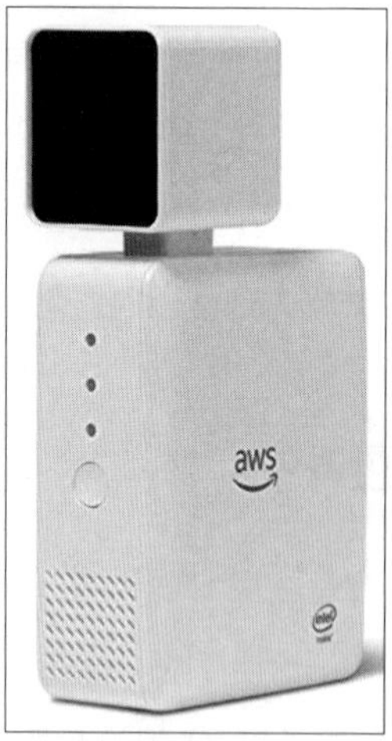

딥렌즈의 놀라운 기능 중 일부를 다음과 같이 설명한다.

- 딥렌즈는 **고화질**HD, high definition의 이미지와 비디오를 수집해서 실시간으로 HD 비디오를 처리하는 데 충분한 전원이 들어 있다.
- AI 실무자는 AWS AI 서비스로 딥렌즈에서 프로젝트를 빠르게 시작할 수 있다. 예를 들어 아마존 레코그니션과 통합해서 카메라로 촬영한 이미지와 비디오를 분석한다.
- AWS 람다를 이용해서 인터넷으로 연결한 여러 가지 기능과 작동장치를 호출하도록 딥렌즈를 완벽히 프로그래밍할 수 있다.
- 딥렌즈는 아마존 세이지메이커로 훈련한 맞춤형 ML 모형도 지원한다.
- AI 실무자는 텐서플로 및 카페Caffe를 포함한 광범위한 심층학습 프레임워크에서 선택한 후 ML 모형을 훈련해 딥렌즈에 탑재한 추론 엔진에서 실행할 수 있다.
- 이러한 맞춤형 ML 모형은 그저 몇 번의 클릭 또는 API 호출로 딥렌즈에 배포할 수 있다.

이 책을 읽었다면 방금 언급한 많은 도구와 AWS 딥렌즈를 시작하는 데 필요한 여러 가지 기술을 이미 익힌 셈이다. 이 매우 효과적인 플랫폼으로 AI 실무자는 광범위한 애플리케이션을 구축할 수 있다. 몇 가지 예를 들면 주택 보안 시스템, 조류bird 관찰, 교통 모니터링, 배달 알림, 가정 자동화 등이 있다. 다른 센서나 작동장치와 함께 사용하면 가능성이 무한하다.

AWS 딥레이서

AWS 딥레이서DeepRacer는 1/18 스케일의 경주용 자동차로, 통합 카메라, 가속도계, 자이로스코프가 장착돼 있고 계산 모듈, 저장장치, 인터넷 연결 모듈이 있다. 딥레이서는 AI 실무자가 자율 주행 자동차 경주로 강화학습을 해서 실무 경험을 얻도록 돕기 위해 설계됐다. 강화학습은 ML의 한 분야로, 정답 표본(지도학습) 또는 데이터의 고유 구조(비지도학습)를 바탕으로 학습을 하기보다는 보상 함수를 최적화하면서 학습하는 인공지능 에이전트를 만드는 데 목표를 둔다. 인공지능 에이전트가 달리거나 운전 또는 게임을 하도록 훈련하는 데 이러한 AI 기술을 사용한다. 예를 들어 세계 최고의 바둑 기사를 이기는 구글의 알파고AlphaGo는 이러한 강화학습을 이용한다. 다음은 AWS 딥레이서의 모습이다.

딥레이서는 다음과 같은 AI 기능을 제공한다.

- AI 실무자는 카메라와 여러 가지 센서로 딥레이서의 가속 및 조향 장치를 제어하는 강화 모형을 개발할 수 있다.
- 딥레이서에는 AI 레이싱 기능을 쉽게 개발하고 테스트할 수 있는 3D 레이싱 시뮬레이터가 딸려 있다.
- 딥렌즈와 마찬가지로 딥레이서는 AWS AI 서비스 및 클라우드 인프라와 연동한다.
- 아마존 세이지메이커로 강화학습 모형을 훈련하고 쉽게 딥레이서에 배포할 수 있다.
- 개발한 AI 레이싱 기능을 가늠해 볼 수 있는 딥레이서 리그도 있어 잘하면 상과 영예를 얻을 수 있다.

이 플랫폼으로 구축하는 애플리케이션을 레이싱으로 제한할 필요는 없다. 딥레이서는 본질적으로 바퀴 달린 카메라이므로 가정용 감시카메라, 애완 동물 훈련, 물건 배달과 같이 다양하게 활용할 수 있다. 향후에는 AWS가 딥드론DeepDrone을 제안할 것으로 본다.

사물 인터넷 및 AWS IoT 그린그래스

실세계에서 AI 애플리케이션이 제대로 작동하려면 엣지edge[1]에서 AI 기능이 필요하다.

AWS IoT 그린그래스Greengrass를 사용하면 연결한 기기가 다른 기기 및 클라우드 애플리케이션과 원활하고 안전하게 상호작용할 수 있다. 그린그래스는 AI 애플리케이션에 다음과 같은 많은 이점을 가져다 준다.

- 로컬의 이벤트와 데이터를 처리하고자 할 때 클라우드로 이동할 필요 없이 더 빠른 응답 시간을 제공한다.
- 엣지와 클라우드 간 데이터 전송에 필요한 대역폭을 줄여서 IoT 운영 비용의 효율을 높인다.
- 의료 서비스 등 특정 분야의 애플리케이션에서 중요한 정보를 로컬에서 처리하고 익명화해서 데이터 보안과 개인정보보호를 손쉽게 달성한다.

AWS IoT 그린그래스는 AI 기능의 강점을 엣지 기기로 확장해서 인공지능 엣지를 만들 수 있다. 다음 아키텍처 다이어그램은 엣지 기기가 머신러닝 추론을 로컬에서 실행한 다음 추가 분석을 하려고 그린그래스 코어를 거쳐 AWS IoT 코어Core에 연결해서 클라우드에 메시지 또는 추론을 보내는 방법을 보여준다.

---

1 센서에서 단말기기 그리고 클라우드 등의 서버로 연결되는 전형적인 종단 간 컴퓨팅 환경에서 센서에서 단말기기까지의 구간을 의미한다. 또한, 이 구간에서 미리 상당량의 컴퓨팅을 수행해서 서버로 가는 네트워크 및 컴퓨팅 부하를 줄여주는 컴퓨팅 환경을 엣지 컴퓨팅이라고 한다. – 옮긴이

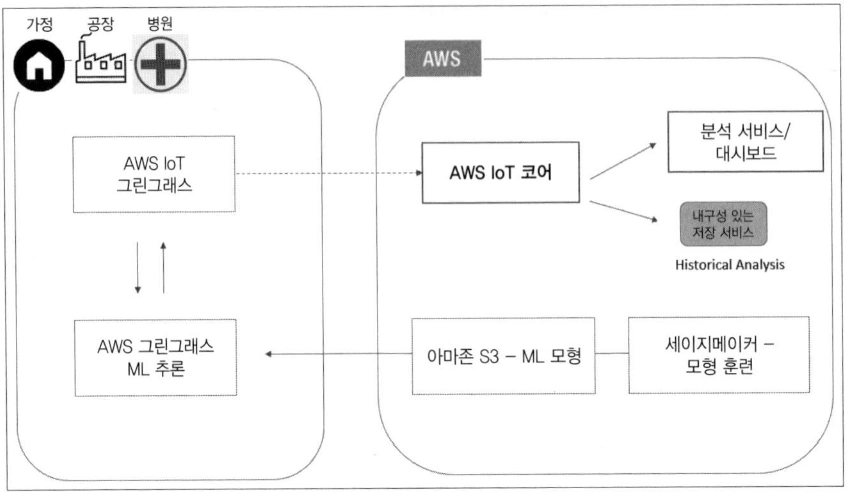

이 아키텍처에 대한 설명은 다음과 같다.

- 아마존 세이지메이커에서 학습한 모형을 S3 버킷에 저장한다.
- 로컬 람다 함수를 통해 훈련한 모형으로 엣지에서 생성한 데이터의 점수를 매긴다.
- AWS 그린그래스 코어는 보안, 메시징, 오프라인 컴퓨팅 작업 외에 엣지와 클라우드 간의 통신을 제어한다.
- AWS IoT 코어는 다른 AWS 서비스(즉, 내구성 있는 저장 서비스 또는 분석 서비스)와의 연결을 관리한다.

해당 엣지 인공지능 아키텍처로 여러 업무 문제를 해결할 수 있다. 자율 주행 차량은 네트워크 시간 지연 없이 로컬 환경에서 차량을 조종할 수 있는 인공지능 엣지가 필요하다. 공장을 운영할 때 엣지에서 ML 추론을 실행하면 기계의 수명을 로컬에서 예측하고 즉각적으로 조치해서 안전성을 개선할 수 있다. 의료 서비스 애플리케이션에서는 민감한 의료 정보를 로컬에서만 사용해서 환자의 개인 정보가 클라우드에 유출되지 않게 하면서도 저지연으로 지능적 진단을 내릴 수 있다.

자신의 분야에서 인공지능

특정 분야 또는 업무 영역을 더 깊이 파고드는 방법도 AI 실무자로 성장할 수 있는 또 다른 방편이다. 이때 이미 전문 지식이 있거나 관심이 있는 분야에 AI를 적용하는 편이 좋으며 최소한 어떤 분야를 선택해야 할지 정도는 잘 알고 있어야 한다.

선택한 분야에서 몇 가지 특정 업무 문제를 찾은 다음 해당 문제를 해결하는 데 필요한 AI 기술을 익힌다. 해당 분야의 문제 해결에는 컴퓨터 비전, 자연어 처리, 음성 인식, 지식 추론 또는 이러한 기법의 조합이 필요할 수 있다. 그런 다음 AI 실무자로서 이러한 AI 기법을 바탕으로 보다 전문성 있는 기술을 개발해 나간다.

선택한 분야에서 기존 문제로부터 이미 알고 있거나 새로운 문제를 찾아야 할 수도 있다. AI를 일반적으로 잘 아는 다른 이들에 비해 경쟁 우위를 선점하는 데는 이러한 문제를 찾고 정의하는 것이 핵심이다. 그러나 처음으로 이러한 접근 방식을 취할 때는 해당 분야와 관련된 소규모 실습 프로젝트부터 시작해 보기를 권고한다. 이 책에서 추천하는 바와 같이 해당 분야의 기존 솔루션을 모방해서라도 실습을 수행해서 직관력을 개발해야 한다. 그러면 관련 문제를 해결할 수 있는 통찰력이 점차 향상될 수 있다.

요약

이 책에서는 사전 정의한 AI API로 AI 애플리케이션을 개발하고 ML 파이프라인으로 모형을 구축, 훈련, 배포, 관리 및 실험하는 데 중점을 두고 다양한 AWS AI 기본 사항을 다뤘다. 즉, AWS 기반의 AI 실무자로 성장할 수 있는 두 가지 방법을 제안했다. 이 책을 즐겁게 읽었기를 바라며, AWS 인공지능 관련 서비스로 어려운 업무 문제를 해결할 준비가 됐으면 한다.

찾아보기

ㅇ

ㅈ

ㅍ

ㅎ

A

N

O

P

R

AWS 기반 AI 애플리케이션 개발
AI 유니콘 기업으로 도약하기

발　행 | 2021년 5월 31일

지은이 | 수브하시니 트리푸라네니·찰스 송
옮긴이 | 노설빈·허준호

펴낸이 | 권 성 준
편집장 | 황 영 주
편　집 | 이 지 은
디자인 | 송 서 연

에이콘출판주식회사
서울특별시 양천구 국회대로 287 (목동)
전화 02-2653-7600, 팩스 02-2653-0433
www.acornpub.co.kr / editor@acornpub.co.kr

ISBN 979-11-6175-519-9
http://www.acornpub.co.kr/book/ai-aws

책값은 뒤표지에 있습니다.